21世纪全国高等院校旅游专业现代应用型系列教材

总主编　叶骁军

中国旅游资源基础
第二版

主　编　叶骁军

副主编　马洪元　吴新宇　单鹏飞

南开大学出版社

天　津

图书在版编目(CIP)数据

中国旅游资源基础 / 叶骁军主编. —2 版. —天津：
南开大学出版社,2014.9
21 世纪全国高等院校旅游专业现代应用型系列教材
ISBN 978-7-310-04606-5

Ⅰ.①中… Ⅱ.①叶… Ⅲ.①旅游资源－中国－高
等学校－教材 Ⅳ.①F592

中国版本图书馆 CIP 数据核字(2014)第 202649 号

南开大学出版社出版发行

出版人:孙克强

地址:天津市南开区卫津路 94 号　　邮政编码:300071
营销部电话:(022)23508339　23500755
营销部传真:(022)23508542　　邮购部电话:(022)23502200

*

天津午阳印刷有限公司印刷
全国各地新华书店经销

*

2014 年 9 月第 2 版　　2014 年 9 月第 2 次印刷
230×170 毫米　16 开本　22.875 印张　416 千字
定价:45.00 元

如遇图书印装质量问题,请与本社营销部联系调换,电话:(022)23507125

21 世纪全国高等院校
旅游专业现代应用型系列教材
编撰指导委员会

（按姓氏笔画排列）

卜复鸣	王安国	王 冰	王仲君	王建平	王雅红
叶骁军	邓 辉	任 平	任昕竺	何若全	华国梁
朱 耀	朱俊彪	沈文娟	沈鸿秋	刘庆友	李亚非
李京霖	陆 峰	沙 润	杨新海	周武忠	肖 飞
俞晓红	喻学才	顾 钢	黄震方	蒋亚奇	鲁 斌
臧其林	魏向东				

21 世纪全国高等院校
旅游专业现代应用型系列教材
编写组

叶骁军	王建平	陈来生	马洪元	于德珍	邢夫敏
柯 英	李 晓	黎宏宝	谢 佳	李雪东	陈建军
吴 捷	吴新宇	曹灿明	邵 兰	王雅红	许云华
蔡军伟					

总 前 言

旅游,最时尚的活动。

旅游,最让人钟情的积极休闲方式。

当旅游成为一种产业,而且是世界最大的产业的时候,关于她的研究,关于她的人才培养——专业教育,便纷至沓来……

中国的旅游业离不开世界的土壤,中国的旅游教育是世界旅游教育的有机组成部分。中国最初的旅游教材主要是在借鉴国外教材的基础上编撰的。最初的教材,她们,是中国旅游教材的弹词开篇;她们,是中国旅游教育的奠基石;她们,是国产旅游教材的阶梯……

其后,旅游教材如雨后春笋,茁壮成长。

旅游科学是理论与实际密切结合的科学。中国高等教育已进入大众化时代,它要求每一个大学毕业生必须既具有高度的理论基础,也必须具备实际的工作能力。旅游教材应跟上现代社会的发展,告别一支粉笔一本书的时代,告别仅给教师一本书让教师自己制作 PPT 的时代,告别学生纸上写作业的时代,进入电脑网络教学的时代,进入通过现代教学手段实现理论与实践教学密切结合的时代。

我们这套教材是为适应高等教育大众化时代,要求本科教育培养现代化应用性新型人才的大趋势而产生的。她是由国内多所高等院校旅游类专业的资深教师联合编撰的最新旅游类专业新概念系列教材。

本教材适合旅游类专业(包括旅游管理、饭店管理、导游、餐饮与烹饪等专业)本科生使用,同时也适合于广大的旅游爱好者及相关培训使用。

教材具有以下特点：

1.系统性。全套教材每本约 30 万字,包括旅游理论、旅游资源、旅行社管理、酒店管理、财会管理等模块。

2.时效性。它采用了 21 世纪最新的体系、理论、观点、数据、资料和案例。

3.统一性。全套教材体例统一,教学要素完整,章节层次脉络清楚。各章节有内容提要和练习。其他教学要素如教学大纲、重要概念、图片、表格、阅读材料、资料卡片等刻制在光盘中。

4.实践性。重视实践活动,有书面及电子实训和练习。可用电脑和网络进行作业与实训。

5.方便性。为了方便教师课堂教学和学生课后学习的需要,本书配有与教材相配套的网页式辅教电子光盘。光盘采用 Frontpage 软件制作,版面活泼,色彩丰富,使用方便。内容包括课程教学大纲、全书各级目录、主要内容、重要概念、图片和表格、练习和思考,以及超级链接:扩展知识面的阅读材料、资料卡片等,生动、形象、直观,可与纸质教材相互配合使用。大幅度减轻教师负担,特别是基本免除教师板书之劳。

编者

2008.4

总前言(第二版)

旅游,最时尚的活动。

旅游,最让人钟情的积极休闲方式。

当旅游成为一种产业,而且是世界最大的产业的时候,关于她的研究,关于她的人才培养——专业教育,便纷至沓来……

中国的旅游业离不开世界的土壤,中国的旅游教育是世界旅游教育的有机组成部分。中国最初的旅游教材主要是在借鉴国外教材的基础上编撰的。最初的教材,她们,是中国旅游教材的弹词开篇;她们,是中国旅游教育的奠基石;她们,是国产旅游教材的阶梯……其后,旅游教材如雨后春笋,如林中蘑菇,茁壮成长。

旅游科学是理论与实践密切结合的科学。中国高等教育已进入大众化时代,她要求每一个大学毕业生必须既具有高度的理论基础,也必须具备实际的工作能力。旅游教材应跟上现代社会的发展,告别一支粉笔一本书的时代,告别仅给教师一本书让教师自己制作 PPT 的时代,告别学生纸上写作业的时代,引入电脑网络教学的时代,引入通过现代教学手段实现理论与实践教学密切结合的时代。

我们这套教材是为适应高等教育大众化时代,要求本科教育培养现代化应用性新型人才的大趋势而产生的。她是由国内多所高等院校旅游类专业的资深教师联合编撰的最新旅游类专业新概念系列教材。

本教材适合旅游类专业(包括旅游管理、饭店管理、导游、餐饮与烹饪等专业)本科使用。同时也适合于广大的旅游爱好者及相关培训使用。

教材具有以下特点：

1. 系统性。全套教材每本约 25 万字，包括旅游理论、旅游资源、旅行社管理、酒店管理、财会管理等模块。

2. 时效性。它采用了 21 世纪最新的体系、理论、观点、数据、资料和案例。

3. 统一性。全套教材体例统一，教学要素完整，章节层次脉络清楚。各章节有内容提要和练习。其他教学要素如教学大纲、重要概念、图片、表格、阅读材料、资料卡片等编制在虚拟光盘中。

4. 实践性。重视实践活动，有书面及电子实训和练习，可用电脑和网络进行作业与实训。

5. 方便性。为了方便教师课堂教学和学生课后学习的需要，随书附有与教材相配套的网页式虚拟辅教光盘。虚拟光盘采用 Frontpage 软件制作（部分教材采用 PPT 课件），版面活泼，色彩丰富，使用方便。内容包括课程教学大纲、全书各级目录、主要内容、重要概念、图片和表格、练习和思考、超级链接、扩展知识面的阅读材料、资料卡片等，生动、形象、直观，可与纸质教材相互配合使用。辅教光盘大幅度减轻教师负担，特别是基本免除教师板书之劳。

"21 世纪全国高等院校旅游类专业现代应用型系列教材"一套十余本自 2008 年 6 月出版以来，受到较好的评价，这也是对我们的一种鼓励和鞭策。为了更好地适应新的形势，在南开大学出版社的提议和支持下，我们开始陆续对第一版教材进行修改。这次修改，总的框架和体例保持不变，主要是根据旅游界最新的研究成果和变化了的现实更新数据与材料，抽换部分章节，更加强调了教材的现代教学手段，一些教材增加了电子作业。部分教材虚拟光盘中增加了 PPT 课件，以更方便教师应用。这些修改，目的是使教材能与时俱进。

由于我们水平和学识所限，本套教材一定存在不少缺陷和疏漏。我们衷心希望，使用本教材的院校和师生提出宝贵建议和意见。

总主编邮箱：yxjsz2004@yahoo.com.cn

编　者

2014 年 5 月

内容简介

　　本书是国内多所高等院校旅游专业的教师联合编写的纳入出版规划的旅游类专业全国通用系列教材之一，它采用了 21 世纪最新的体系、理论、观点、数据和案例。本书分上下两编。上编系统地论述了关于旅游区划分的相关理论，以及对世界和中国旅游区的具体划分；下编则将全国 34 个省级政区分为 10 个旅游区，分别论述其旅游环境、旅游业现状、重要景点景区的特色和欣赏价值。

　　本书的特点是，既有理论的阐述，又有景点景区的实际描绘，以增强该课程的生动性和实用性。本书具有较强的实用性和先进性，适合作为本科学生的教材使用。本书同时也适合于广大的旅游爱好者及相关学者使用。

　　为了方便教师课堂教学和学生课后学习的需要，随书附有与教材相配套的辅教光盘，内容包括全书各级目录、主要内容、重要概念、丰富的图片和表格、练习和思考，以及超级链接：扩展知识面的阅读材料、古典诗词、资料卡片等，生动、形象、直观，可与纸质教材相互配合使用，免除教师板书之劳。

目　录

下编　中国旅游资源分论

绪　论

一、学习旅游资源学方面系列课程的必要性

"中国旅游资源基础"是旅游资源学方面的系列课程之一。

旅游资源学方面系列课程一般应包括"旅游资源学概论"、"中国旅游资源基础"、"世界旅游资源基础"、"中国休闲旅游资源基础"等课程。

旅游资源学系列课程是旅游学专业的必修课。学习旅游资源学可以使我们了解旅游资源学的基本理论,了解我国和其他国家丰富多彩的旅游资源,从而更好地利用旅游资源、开发旅游资源,更好地为旅游业所利用。

学习旅游资源学可以更好地理解旅游资源的特征、观赏价值、开发价值及科学地位,提高我们的工作能力。

学习旅游资源学可以提高个人素质修养。旅游资源是大自然给予人类的财富,是前人智慧和勤劳的结晶,是人类共同的财富。它可以激发我们爱好大自然,培养良好的人文情怀;可以激发我们的爱国主义精神,更好地为旅游事业做出贡献,为建设美丽中国服务,实现中国梦。

二、旅游资源学的研究对象

旅游资源学的研究对象是一切客观存在的旅游资源,包括自然旅游资源、人文旅游资源和社会旅游资源三大类。

旅游资源有的已经为人们所利用,成为旅游业的客体,它们当然是我们的研究对象。对于暂时还没有为人们所利用,但存在进行开发的可能性、有潜在的吸

引力的旅游资源,也是我们研究的对象。

自然旅游资源是指自然形成的风光景物,包括地形地貌(如山景、水景)、气候气象、动植物以及一些特殊的自然现象,如潮汐、日食、月食等。但是,旅游资源学不是自然地理学,它不是全面的研究上述现象,它只研究与旅游活动有关的上述现象。

人文旅游资源是有关人类活动的一切遗存物,如城市、乡村、建筑物、文物、工艺品等,它们无疑也是旅游资源学研究的对象。

社会旅游资源是指特定社会文化区域中,对旅游者产生吸引力的人群及与其生活有紧密联系的事物和活动,包括文化风韵、民情风俗,以及正在兴起的休闲度假场所等。

三、旅游资源学方面系列课程的学习方法

旅游资源学是一门强调资源空间分布与外表形态的科学。因此,它与地理学有着密切的联系。在学习过程中,我们应该多看地图,多看照片,以取得感性的认识。不仅要看旅游地图,还应看地形图、交通图。当然,旅游资源分布图、景区景点平面图是读图的重点。凡能通过现代记录介质和手段阅读的材料与地图,亦可通过光盘和网络等进行阅读。

学习旅游资源学要抓住重点。本教材内容丰富,数据繁多,只有抓住重点和特征,才能收到较好的学习效果。

坚持课前预习;课堂上认真听讲,记好笔记;课后进行复习并阅读参考资料(不仅包括传统的论著和论文,也包括电子材料如光盘、网络等)的学习程序。对重点的材料要根据教材和笔记重新整理出应当记忆的简明材料,以便考试和应用,这才是大学里正确的基本学习方法。

上　编

旅游资源学通论

第一章　旅游资源的概念与特征

本章提要

　　本章论述旅游资源的概念、旅游资源的综合特征和自然旅游资源、人文旅游资源、社会旅游资源的个性特征，以及旅游资源的美学观赏方法。

第一节　旅游资源的概念

　　关于旅游资源（Tourist Resources）的概念，或者说定义，目前学术界和旅游界还没有公认的一致的说法。西方学者常常使用旅游吸引物这一概念。在有的情况下，旅游吸引物是指旅游地吸引旅游者的所有因素的总和，它包括了旅游资源、适宜的接待设施和优良的服务，甚至还包括了快速舒适的旅游交通条件。例如，霍洛韦（J. C. Holloway）1986 年在 *The Business of Tourism* 一书中认为："旅游吸引物必须是：那些给旅游者积极的效益或特征的东西，它们可以是海滨或湖滨、山岳风景、狩猎公园、有趣的历史纪念物或文化活动、体育运动，以及令人愉悦的舒适会议环境。"在大多数情况下，旅游吸引物是旅游资源的代名词，二者通用。近年来，"旅游吸引物"这一名词在我国的应用亦日益多见。

　　从资源学的角度看，旅游资源是资源的一个区种。从旅游学的理论角度看，旅游资源是旅游活动的客体,是旅游业赖以存在的基础。也可以说,没有旅游资源,就没有旅游业。

一、关于旅游资源的概念

我国学术界对旅游资源的概念,有种种不同的说法。

1.陈传康等在《旅游资源鉴赏与开发》一书中认为:"旅游资源是在现实条件下,能够吸引人们产生旅游动机并进行旅游活动的各种因素的总和。它是旅游业产生和发展的基础。"

2.保继刚等的《旅游地理学》认为:"旅游资源是指对旅游者具有吸引力的自然存在和历史文化遗产,以及直接用于旅游目的的人工创造物。旅游资源可以是有具体形态的物质实体,如风景、文物,也可以是不具有具体物质形态的因素。"

3.王洪滨等的《旅游学概论》认为:"凡是对旅游者具有吸引力的自然因素、社会因素或其他任何因素,都可构成旅游资源。"

4.班武奇等的《中国旅游资源》认为:"旅游资源是经过人类开拓创建、文化熏陶,有相对稳定的地理位置,能供多数人游览观赏,或者说多数人公认有旅游价值的山川景物。"

5.刘振礼等的《新编中国旅游地理》认为:"旅游资源(Tourist Resources),可称作'旅游吸引(因素)'(Tourist Attraction),即在现代社会能够吸引旅游者和产生旅游动机并实施旅游行为的因素的总和。它能够被旅游业利用,并且在通常情况下能够产生社会效益、环境效益和经济效益。"

6.杨时进等《旅游学》认为:"凡是自然力和人类社会造成的,有可能被用来规划、开发成旅游消费对象的物质或精神的诸多因素,都可以视作旅游资源。"

7.国家质量监督检验检疫总局颁布的《旅游资源分类、调查与评价》中对旅游资源的界定是"自然界和人类社会凡能对旅游者产生吸引力,可以为旅游业开发利用,并可产生经济效益、社会效益和环境效益的各种事物和因素"。

二、旅游资源概念的内涵

旅游资源概念就其内涵而言具有如下特点:

1.旅游资源相对旅游主体而言,处于旅游客体位置。因为旅游资源是旅游活动中现实的客观存在,它是被旅游主体实践活动和认识活动指向的对象。

2.旅游资源是自然创造物和人工创造物,它存在于旅游现象之前。

3.旅游资源不是单一性的专门类资源,而是复合型的专门类资源,其复合程度之大,可以囊括自然界和人类历史文化。

4.旅游资源之所以成为旅游主体的实践和认识对象,因为它具备一种特殊的美学功能,成为主体的吸引物。

5.旅游资源被旅游业(旅游媒体)所利用,能产生经济效益、社会效益和环境效益。

实际上,旅游资源所涵盖的范围是相当广泛的。它的范围几乎无所不包。有些看来不是旅游资源的东西,实际上都属于旅游资源的范畴,如都市风貌、宾馆建筑等。

综上所述,我们认为一切能够吸引旅游者的自然因素、人文因素和社会因素都是旅游资源。

第二节 旅游资源的特征

一、旅游资源的综合特征

旅游资源是自然、历史、社会等因素共同作用而形成的,是一种极为特殊的资源,它具有其他各种资源的一些共性,更具有它自己的特性,作为地理环境的一部分,它具有地理环境组成要素所具有的时空分布特征和动态分布特征;社会与文化因素又是旅游业这一被誉为"朝阳产业"的不可或缺的组成部分,同时赋予其特有的经济特征。正是这些因素共同作用的结果,使得旅游资源具有许多自己独有的特性。

(一)美学观赏性

旅游资源与一般资源最主要的区别是它具有美学特征,具有观赏性。在旅游活动中,旅游者是主体,旅游资源是客体;无论是名山大川、奇峰异洞,还是文物古迹、民族风情等,展现在旅游者面前,可以引发其美的感觉或美的联想。因此,美学观赏性一方面是强调旅游资源的观赏性,另一方面更是突出了人与自然的融合,具有和谐之美。"水似青罗带,山如碧玉簪","飞流直下三千尺,疑是银河落九天","欲把西湖比西子,淡妆浓抹总相宜",这是文人墨客笔下的山山水水,更是诗人想象的自由驰骋。由于旅游者性格、气质及审美的能力水平的差异,以及自然、人文、社会旅游资源和美感、价值、结构、布局的因时因地不同,广泛欣赏也是多层次和多样性的。但毫无疑问,旅游资源的美学特征越突出,观赏性越强,在国内外的知名度越高,对旅游者的吸引力也就越大。

(二)区域分异性

从旅游资源的分布来看,在空间上具有明显的区域性特征,即不同的旅游资源具有其存在的特殊条件和相应的地理环境。一个地区的自然风景,反映出所在地地质、地貌、气候、水文、土壤、生物等诸要素及其相互作用的结果和特点。例如,当前世界旅游活动热点的三"S"景观,主要分布在中低纬度基质砂岩海岸,如地中海沿岸、孟加拉国湾沿岸、中国南部沿海、夏威夷群岛和加勒比海沿岸。奇峰异洞的岩溶山水主要分布在热带和亚热带石灰岩发达的地区,如中国的云贵高原和广西盆地,斯洛文尼亚、克罗地亚与美国西部。而不同地理环境中的人类,在同自然界的适应过程中,也形成了具有不同地域特色的文化,它一方面融合于自然;另一方面更呈现出差异性,如世界佛教寺庙主要分布在印度、中国、日本、朝鲜和东南亚一些国家,基督教教堂主要分布在欧美一些国家,伊斯兰教清真寺主要分布在西亚、中亚和北非地区。我国园林有南方园林、北方园林和岭南园林之别,南方园林明媚秀丽、淡雅朴素;北方园林多富丽堂皇,具皇家园林气派;而岭南园林则具有明显的亚热带风光。

旅游资源的区域分异性,形成了千差万别的世界旅游区,也从根本上决定了旅游者的空间流动,一个地方的自然景物或人文风情越是具有独到的地方特色,对旅游者的吸引力也就越大。

(三)时间韵律性

旅游资源在时间向度上呈现出一定的变化性,并形成和具有一定的韵律。例如,自然景物随季节变化的特征,有些自然界景色只有在特定的季节和时间里才出现,隆冬季节的吉林树挂,秋意盎然时的南京栖霞红叶(枫树叶)和北京香山红叶(黄栌叶),夏季多雨时的黄山云海,春季烂漫的洛阳牡丹。有些景物甚至在一日之中会呈现出不同的形态,如庐山云雾,在一日内就可能会变化出多种姿态,或是在雨线交织之中的蒙蒙烟波,或是在蓝天衬映下的缥缥缈缈,给人以无尽的遐想。由于自然界节律或节气的影响,一些旅游节日也呈现出时间分布的韵律性,如哈尔滨的冰灯、潍坊的风筝节、洛阳的牡丹花会、云南的火把节,都有其不同的时间分布。

(四)要素组合性

构成一个旅游景观的要素是复杂的、多样的,而孤立的景物要素是很难形成具吸引力的旅游资源的。一般来讲,各要素在特定区域内相互联系、相互制约和相互依赖从而构成资源林。例如,黄山以奇峰、怪石、云海、古松而闻名,这包括了山、石、植被、天象等诸多组合要素。而长江作为我国的一条"黄金旅游线",沿途不仅可以观赏两岸的"风景长廊",而且可以探访巴楚古代遗址、古建筑及古战场,亦可以体验葛洲坝水利工程和三峡工程之雄伟壮观,这同样是自然、人文、社会等景观要素的有机组合。因此,旅游资源的组合形式是多样的,正是由于其组合的复杂性与多样性,才形成了不同特色的旅游景观体。一个地区的旅游资源要素种类越多,联系越紧密,则对旅游者的吸引力也就越大。

(五)开发利用的永续性和不可再生性

有些资源(如矿产资源)在利用过程中将被消耗掉,有些资源需要自然生长、人工饲养、培植和再生产来补充(如生物资源),但旅游资源在利用过程中,其本身并不会被旅游者的旅游活动消耗掉,旅游者只是从种种旅游活动中,如观光、泛舟、滑冰、休疗、度假等,获得自身所需的身心放松和美好感受。从这个角度来讲,旅游资源具有开发利用的永续性,因此旅游业也被称为"出口风景"的行业。

旅游资源开发利用的永续性并非是绝对的,它只是在对旅游资源进行适当的开发保护的条件下才能实现。也就是说,旅游资源一旦遭到破坏,又存在着不可再生性的一面。例如,对自然景观的过度开发利用,超过其环境承载力,则使得资源质量下降,不能为以后的旅游者提供同样高品质的风景;历史遗存下来的许多历史文物、人文古迹,是由过去特定的历史条件形成的,很多都是具有唯一性的,一旦破坏,即使进行人工修复,也难现昔日风采。因此,在对旅游资源开发利用时,尤其要重视旅游资源和环境的保护,这是旅游业存在和发展的基础。

二、自然旅游资源的个性特征

自然旅游资源是指自然条件和自然风景,即能使人们产生美感(悦耳悦目、悦心悦意、悦志悦神)的自然环境和物象的地域组合,包括地貌、水态、气候、动植物等。它所具有的独立特性大体有三种:

(一)不可移置性

自然旅游资源是大自然的恩赐,它们都是在互不相同的自然地理条件下形成的,其形态特征、生态环境和旅游功能都是独有的、不可复制和不可移置的。所谓泰山雄、黄山奇、华山险、雁荡秀、青城幽,它们的特征都是绝无仅有的,既不可替代也不可移置。

自然旅游资源的不可移置性主要体现其构成要素整体配置的不可移动性。如黄山有"四绝":奇松、怪石、云海和温泉,其湖、瀑、溪、潭,争奇斗艳,著名胜景有二湖、三瀑、二十四溪、七十二峰。正是这众多构成要素的特定组合,才使黄山兼具泰岱之雄伟,华山之峻峭,衡岳之烟云,匡庐之飞瀑,雁荡之巧石,峨眉之清凉,而享有"五岳归来不看山,黄山归来不看岳"的盛誉。青海湖粗犷、富饶,与其周围的环境、广阔的青藏高原草场的组合,更使其具有不可移置性。自然旅游资源的不可移置特性,保障了其在旅游业发展中的绝对垄断地位。

（二）物质实体性

自然旅游资源都存在于自然界的岩石圈、水圈、大气圈、生物圈之中，往往是有形的物质客体，是水、岩石、大气、生物这些实实在在的自然地理要素，是人们可以通过感官直接感受到的，因此可以从形状、颜色、规模、强度等方面来对之予以描述、分析、对比和评价。比如说庐山，长约 25 千米，宽约 10 千米，略呈椭圆形，最高的汉阳峰海拔 1474 米，夏季凉爽宜人；庐山云雾缥缈，年平均雾日为 190.6 天，年降水量 1833.6 毫米，这是对庐山这一自然旅游资源科学的测量与描述，也是对其作为自然旅游资源物质实体性的提示。这和部分人文旅游资源和社会旅游资源，如民俗风情、文学艺术、传统文化、语言历史等无形的精神文化内容形成对比，虽然后者也往往借助于一定的物质作为载体。

（三）时间变化性

许多自然旅游资源要素呈现出时间变化性，有的表现为周期变化特征，有的表现为随机变化特征。

呈现周期变化特征的自然旅游资源有可能呈现出不同的周期，如早上的日出、傍晚的日落、潮汐的涨落、兽类的出没等都有一定的变化规律；而在一定的气候条件下自然旅游资源也表现出季相变化的特点，如我国亚热带地区，春季万物复苏，夏季浓荫滴翠，秋季落叶翻飞，冬季满目肃杀。

具有随机变化特征的自然旅游景观，往往是在某些特定条件下才能出现的自然景观，其发生具有随机性，因此颇具神秘感，如佛光、海市蜃楼等。

三、人文旅游资源的个性特征

（一）精神文化性

精神文化的内容在人文旅游资源中占有极为重要的部分。相对自然旅游资源都具有一定物质实体形态而言，它可以是以一定的物质实体为载体，如历史遗存、古迹、古建筑、陵墓、园林等；也可以是一些无形的精神文化内容，以历史事件、传说典故、诗词书画等形式存在的。一般而言，有形的物质载体与无形的精神文化内容是相辅相成的、互相融合的。如到赤壁之战古战场游览，通过实际可以看到的一点遗迹，游客更能感受的是一种"大江东去，浪淘尽，千古风流人物"的英雄气概；孟姜女哭长城的故事广为流传，为平常的姜女庙增色不少，使其在旅游旺季人山人海；历史上遗留下来的许多传诵一时的篇章、书法艺术的珍品，如《岳阳楼记》、《滕王阁序》、《登黄鹤楼》使这些名楼名阁流传千古，所谓文因景名，景借文传。

（二）可移置性

相对于自然旅游资源的不可移置性，人文旅游资源是人类创造的，因此一般来说是可以复制也可以移置的,它可以不断创造或者改造其存在的形式。如曾被称为"万园之园"的圆明园,实际上是融会了江南园林和北方园林的多种风格;北京大钟寺的钟(华严钟)原藏德胜门内,后转西郊万寿寺,再后转该寺;陶然亭公园曾从中南海移来云绘楼、清音阁两组建筑。世界各地的文化交流、经济贸易乃至经济掠夺,更使旅游资源发生远距离的移植成为可能。人文旅游资源的可移置特性,并非代表对任何一种文化都可以采用"拿来主义",在进行资源开发中,必须注意整体景物的可融合性,而避免出现不平衡感。

(三)历史性

很多人文旅游资源是历史上遗留下来的,因此,历史悠久性往往成为衡量人文旅游资源价值的一个重要尺度。一般来讲,人文旅游资源的历史越悠久,所蕴含的文化内涵越丰富,旅游价值也就越大。被称为古代七大奇观之一的万里长城,被誉为"世界上最大的地下军事博物馆"的秦始皇兵马俑,古埃及的金字塔,意大利的古罗马斗兽场,这些人文旅游资源无不是因为其悠久的历史以及丰富的文化内涵而具有永久的魅力,成为世界人文资源中的瑰宝。从这个意义上来讲,有些人文旅游资源固然可以从形式上重塑,然而由于这个再造品未经过历史风雨的侵蚀,而只能成为赝品,真正的人文旅游资源因其真实的历史内涵而成为独一无二的历史遗迹。

四、社会旅游资源的个性特征

(一)民族性

一般而言,某一地区或某一类型的旅游资源,都具有自己的特征或民族特色,保持和发挥旅游资源与地方特色是发掘、发展和创造社会旅游资源的重要方面。例如我国云南的民族风情是对中外游客具吸引力的一项旅游资源,在滇池畔兴建的具有民族文化风情的旅游度假区,荟萃了26个少数民族村寨以及云南各民族优秀的人文景点和自然景观,吸引了无数中外游客,其民族服饰、民族歌舞、绘画雕刻、民风民俗等都成为重要的社会旅游资源。又如夏威夷,不仅气候良好、风光秀丽,而且其吉他声、草裙舞也为之增色不少,特别是那里的波里尼西亚文化中心,游客可以欣赏7个民族的艺术表演,参观各民族的日常生活方式,更令人难以忘怀。其他如北京的四合院、潍坊的风筝、自贡的灯会等对中外游客有着特殊吸引力的社会资源,更是验证了"只有民族的,才是世界的"这句话。因此努力拓展、深度开发具有民族性的社会资源应该受到重视。

(二)可创造性

社会旅游资源不同于自然旅游资源和人文旅游资源,它是同人类社会生活密不可分或融为一体的,不具有长效性和永续性的价值,因此可以由人们创造、

制作而再生、再现，是一种动态的旅游资源。如香港旅游业得以持续发展，很重
要的一方面，是以其购物天堂、美食之都的形象来吸引广大游客，而其又注重开
发社会旅游资源，建成了仿古建筑宋城、仿生建筑海洋公园等来吸引游客。因
此，创造和开发社会旅游资源在一些自然资源、人文资源比较贫乏的地区尤为
重要。

　　（三）参与性

　　社会旅游资源是动态的，更能够满足游客不仅要求游览观赏，而且要求亲身
体验、参与其中的心理需求。各类主题公园建设往往都包含许多可以让游客参
与其中的娱乐活动，如北京的"大观园"，游客就可以穿起各类服饰，在"怡红院"、
"潇湘馆"扮一回贾宝玉或林黛玉；有的国家推出在古堡吃一餐宫廷宴，过半天王
公贵族生活的"宫廷旅游"，这些富有参与性的旅游活动能极大地激发游客的兴
趣，对静态的自然旅游资源和人文旅游资源是有益的补充。因此，一些自然或人
文旅游资源丰富的国家和地区也应当重视对社会旅游资源的开发与利用。

第三节　旅游资源的观赏

　　旅游资源范围极广，美又是物质的自然属性和社会属性的统一，因此，从不
同角度观赏旅游资源所蕴涵的美便难以胜数。主要有如下几点：

一、千姿百态——形态美

　　无论是自然界还是人造物，都以某种形态存在，这也是人们能够感知其存在
的首要条件，其形态、数量、范围和某些特征，可以形成不同的美感。如山体高
大，岩石陡峭，垂直节理发育，则产生雄、险等美感；山势起伏蜿蜒，植被良好，则
产生秀、丽等美感；山环水复，植物葱郁，则产生幽、深等美感；平畴无垠，一望千
里，则产生旷、远等美感；人工建筑体量高大，位置适当，则有庄严、敬畏之效果，
如宫殿、会堂；若辅以苍松翠柏，则更有肃穆、景仰气氛，如碑、塔、陵寝。自然界
由于多方面的因素往往形成出人意料的景观，如花岗岩球状风化形成岌岌可危
的"风动石"；岩溶地貌、流纹岩地貌中常常形成的岩石造型，不仅肖似某种现实
形体，如动物、植物、人体、建筑物等，甚至于传说神话中的人物，如龙凤、神宫等，
人们为造化的神工而叹服。人工建筑亦不乏同类事例，如危石顶端的宝塔，柱子
不落地的楼阁，皆令人称绝，形成奇特美感。

二、色彩斑斓——色彩美

颜色是事物的基本属性之一,对人的感官最有刺激性。姹紫嫣红的花花草草,绚丽多姿的鸟兽虫鱼,色彩眩目的朝辉夕阳,晶莹光洁的冰雪雾凇,光泽艳丽的矿物结晶,红黑褐黄的土壤岩石,七彩纯正的霓虹佛光,幻化迷离的极光、海市以及色彩缤纷的建筑、服饰,莫不以其特有的色彩引人注目,色彩是生机的表征,色彩给人以激励。云雾缥缈,是造成朦胧景观的重要因素,它增加了景色的纵深感,也使静物产生了运动感,能够使游人充分发挥自己的想象力。而某些颜色也被赋予了特殊意义。黄色在我国古建筑中,是神权和君权的象征。构园者通过植物和岩石的颜色来表现四季景象,如扬州个园的四季假山和相应的植物培植,令人叫绝。

三、莺啼婉转——声音美

泉水叮咚、溪流潺潺、莺啼婉转、蛰蛙和鸣、雨打蕉荷、铁马风动、林海松涛、浪涛澎湃、空谷足音、鼓乐钟磬、人声天籁,各有其情。清浊徐疾,自有节奏。节奏感也是很易为人所接受并引起共鸣的一个方面,声音美对人的情绪所产生的影响最为显著。某些景象虽然并无声音,人们却感到声音的存在。某些时候,短暂的寂静更衬托出声音的美,即"此时无声胜有声"。而在另一种情况下,声音又有助于造成独特的声音效果,令人称奇,如北京天坛回音壁、山西永济普救寺舍利塔等。

四、巧作天工——结构美

人工创作,无论是艺术品、实用品,还是建筑、园林等都讲究结构完美。单体建筑物以其构件的组合显示出端庄、严肃,建筑群更以其巧妙的布局形成独特的韵律,表现某种特殊的意境,因而被称为"凝固的乐章"。自然界并不乏结构美,例如岩石、矿物的结晶体,水汽的结晶体(雪花、雾凇、霜),植物的花、叶,动物的躯体与花纹,都排列有序,显示出对称、均衡与和谐。正是自然界的结构美影响了人类的审美观念,并进而将这种观念运用于自己的创作中去的。所谓艺术结晶的"气韵生动",往往得力于其结构的完美协调。

五、天生丽质——质感美

质感是物质的各种物理与化学属性,如硬度、温度、比重、韧性、气味、牢固程度等,给人以视觉、触觉、嗅觉的刺激,形成了综合印象。人们对于某一物体质感美的评价往往在较大程度上受到价值规律的影响,例如铜与金相比,化纤制品与纯毛制品相比,它们在质感上相差不多,某些方面前者还优于后者,但人们总是重后者而轻前者。因此,人们在利用和制造某些物品时,往往想方设法模仿另一种物品,以获取评价较高的质感美。在旅游资源开发中,人们往往利用质感美的艺术效果。

六、百味芬芳——嗅味美

芬芳的鲜花、甘甜的泉水、诱人的果蔬、醉人的陈酿、丰美的肴馔,都刺激着人们的嗅觉和味觉器官,形成一种美感,并诱使人们去亲自体验。其中有解渴果腹的实用价值,但绝不可轻视其审美意义。

七、云飞水流——动态美

云岫飘忽、江河奔腾、潮汐涨落、瀑落深潭、鸟翔长空、鱼游浅底、风吹草偃、百兽出没、火山喷发、雪飘雨降、车驶船行,都在不停地运动。运动增加气势,运动是力的表现,运动美促使人精神振奋,追求自由。运动有相对性,因此在某种情况下本来静止的物体也能够呈现动态,如云飞而山摇,车行而地转。除此之外,在特殊情况下静止物体自身即呈现动态。如"五马奔朝"、"九马画山"等,由于岩石层理形成弧形线条而赋予一种奔跑的姿态。又如雁荡山的"灵猫捕鼠",因其岩石造型酷似一鼠一猫,恰巧山上山下相对,更给人以运动之感。至于陡崖、裂隙,常令人心惊胆颤,究其原因也是具有一种动态感。

八、傲然天成——巧合美

有时单一物体本不足为奇,而一旦数个单体相互配合,则往往产生出人意料的效果。例如,溶洞中不同形、色的沉积物常构成生动的画面;三块岩石叠压形成凌空飞架的"仙人桥";不同品种的树木生长为一体而形成"鸳鸯松"、"夫妻树";塔与树相互抱合形成"松抱塔"、"榕裹塔"、"塔裹榕";树与石相依形成"花盆山";甚至流云与山岩相配合形成"金龟凌海"的景象,此景转瞬即逝,却更因其千载难逢备感奇特。以上这些纯属偶然,非人力所为,故不妨称为"巧合美"。

上述种种美感一般不单独存在,形态美和色彩美是最主要的。对于某一种具体观赏对象来说,最普遍的现象是以某一个或两个方面的美感为基本特征,同时也具有其他美感,这就表现出美的综合性;从人类的认识规律来看,也必然是既注意到事物的总体情况,获得全局印象,又认真考虑其主要方面,抓住基本特征方获得全面知识。所以我们观赏旅游资源,要求了解其综合性,必须是和谐统一的方能认为达到了综合美的境地。只有具备了综合性,才可以实现某种意境,对自然旅游资源如此,对人文旅游资源的要求尤其如此。

第二章　旅游资源的分类

本章提要

本章吸收专家们已有的研究成果,从认识性和专项工作性两方面论述旅游资源的多种视角的分类。

旅游资源的分类,就是根据旅游资源的共性和个性,按一定目的、一定需要进行集合归类的一个科学区分过程。

有的学者提出,旅游资源的分类应该遵循整合性、独立性及实效性的分类原则。所谓整合性原则,就是从不同角度将旅游资源的基本架构分解为几大部类,而这几大部类整合在一起仍能够保持旅游资源基本架构的整体性与完整性。所谓独立性原则,就是所划分的几大部类相互之间应该是相对独立的,不会出现相互包容或重叠的情况。所谓实效性原则,就是对旅游资源的分类原则是建立在一定意义基础之上的,它可以从选定角度更加清楚地认识旅游资源的内容与特性,从而能更有效地对之进行开发、利用与保护。

旅游资源的分类,由于着眼的角度不同,可以有多种多样的分类方法。

第一节　旅游资源的认识性分类

一、按旅游资源的基本属性分类

这是目前较普遍的一种分类方法。它根据旅游资源的属性,将旅游资源分为自然旅游资源、人文旅游资源和社会旅游资源,即所谓三分法。

旅游资源三分法中的自然旅游资源与二分法中的同一概念是一致的,都是指能够使人们产生美感并能够成景成观的自然环境或物象的地域组合;而三分法中的人文旅游资源泛指古今人类创造和积累起来的文明成果,是物质财富和精神财富的总和,在一定条件下可以被利用来转化为旅游活动所需的产品;社会旅游资源主要是指民情风俗、人际关系、传统节庆、民间生活方式、特有的民族服饰与文化艺术形式等,还可以包括现代建设成就与新生事物等。

彭一万在《重视社会资源是现代旅游的发展方向》一文中提出:"自然旅游资源和人文旅游资源都具有长效性和永续性,是静态的,具有供人们反复、轮番使用的价值;而社会旅游资源与上述两者的主要区别在于:社会旅游资源与人类社会生活密不可分或融为一体,它不具有长效性和永续性的价值,但可以由人们创造、制作而再生、再现、瞬息变化,是动态的。"也有学者认为,自然旅游资源所涵盖的是可见可闻的客观存在,突出的是其物质的物理特性,特别强调人的官能感受(感觉、知觉);人文旅游资源则是以形写神,表现出历史文化的内涵和神韵,突出的是一种历史特性,强调的是一种凝动的感性形象,是将动态的历史静态地显示出来;而社会旅游资源是以人为载体的一种社会现实,突出的是心理特性,注重的是现实的人的一种心理触动。本书的分类系统采用三分法,具体分为三大类。

(一)自然旅游资源

自然旅游资源包括:

1.地质旅游资源;

2.地貌旅游资源;

3.气象气候旅游资源;

4.水文旅游资源;

5.生物旅游资源;

6.太空旅游资源。

（二）人文旅游资源

人文旅游资源包括：

1.历史文化名城旅游资源；

2.古迹旅游资源（含地面和地下的历史遗存、古迹等）；

3.宗教文化旅游资源（含各类宗教建筑、宗教园林、宗教艺术、宗教文化现象等）；

4.交通旅游资源（含古代交通及现代交通旅游资源）；

5.建筑与园林旅游资源（含古代与近现代建筑、园林及现代人造建筑）；

6.文学艺术旅游资源。

（三）社会旅游资源

社会旅游资源包括：

1.城市景观旅游资源；

2.购物旅游资源；

3.民俗风情旅游资源；

4.会议旅游资源；

5.商务旅游资源；

6.体育保健旅游资源；

7.娱乐旅游资源。

我们特别要提出的是城市景观旅游资源。城市是人类文明的高度结晶。城市，特别是著名大都市，作为一种社会景观，它既是旅游业发展的重要基地，又是一种旅游资源。城市的吸引力是各具特色的，城市一诞生，人们便纷至沓来。人们来到或计划去某一城市目的各异，情况复杂。可能只是办一件事，或购买某些日常商品，或是进行某种消费，他们一般不是旅游者。作为历史名城或现代名城，人们以到此一游为乐，来的目的就是观光旅游，它们吸引旅游者的是城市整体。这些城市的旅游结点是：城市政治中心，如北京天安门、故宫、中南海以及上海人民广场；城市商贸中心，如南京新街口、上海南京路、武汉江汉路；特色街区，如南京夫子庙、上海城隍庙、香港和开封的宋街；特色景观，如上海外滩，南京、武汉、重庆的江边景观和江上巨型大桥景观等。因此，我们必须把著名大都市作为整体旅游资源看待。著名大都市的一些小景点不是吸引旅游者的主要因素。现在流行的无景点旅游，实际上是不把特色不强的小景点作为旅游目的地，而是把城市、地区或国家作为旅游目的地。

二、按旅游资源的质量和管辖级别分类

根据旅游资源的质量和管辖级别可分为三类。

（一）国家级旅游资源

这类资源具有极大的游览观赏价值、历史人文价值以及科学考察价值等，对旅游者能够形成较强的吸引力，其客源市场往往定位于国际游客和国内游客，并蜚声国内外。我国国家级旅游资源大体有世界遗产（包括世界自然遗产、世界文化遗产、世界自然与文化遗产）、中国历史文化名城、国家重点风景名胜区、国家森林公园、国家地质公园、重点红色旅游景区等。国家级自然保护区、人与生物圈自然保护区虽然也有一定的旅游功能，但它们设置的主要目的不是为了进行旅游开发。

国务院曾分别于 1982 年至 2005 年审批通过了 6 批 187 处国家级风景名胜区。其中，第一批 44 处分布于我国 22 个省、市、自治区，面积约为 6000 平方千米，占我国国土总面积的 0.6‰。这些国家级风景名胜区是祖国美丽富饶江山的缩影，蕴含了中华民族的文化结晶，是我国旅游业发展的主要吸引物。

（二）省级旅游资源

这类资源在游览观赏价值、历史人文价值以及科学考察价值等方面较逊色于国家级风景名胜旅游资源，吸引方向是省内和省外的游客，在本省内具有较大的影响力。目前我国有省级风景名胜区 393 处。

（三）市（县）级旅游资源

这类资源具有一定的观赏、历史人文和科学价值，主要是对邻近地区或本地游客具有吸引力。

三、按旅游资源的开发程度分类

按照旅游资源的市场特性和开发现状，可以把旅游资源分为三类。

（一）潜在的旅游资源

潜在的旅游资源是指具有一定的游览、观赏价值，但目前尚未开发的旅游资源。这类旅游资源可以是自然景观、历史遗存，也可以是独特的吸引物。

（二）现实的和即将开发的旅游资源

这类资源是指已经开发或即将开发的客观存在的自然、人文或社会旅游资源，其配套的基础设施和服务设施已经通过可行性论证，对其开发价值取得认可，已经列入规划即将开发的资源。

（三）市场型旅游资源

这类旅游资源是比较适合市场需求的资源，它可能原本质量不高，但由于某一社会事件使其影响力倍增而成为旅游资源，或者是由于市场需要而可以创造出来的新的旅游资源，如各类主题公园。

四、按旅游资源的利用限度分类

按照旅游资源的利用限度,可以将旅游资源分成有限和无限两类。

(一)有限旅游资源

有限旅游资源是指有一些旅游资源不能够持续地、无限量地供给,对其使用必须制定计划性、保护性的措施,来保证以后的旅游者仍可使用该旅游资源。有限可以是指该旅游资源存在空间或时间的有限性,如一些古建筑;也可以是指某一类旅游资源供给数量的有限性,即存在一个游客容量的问题,需要旅游业经营者采用一定的供销途径来予以控制。

(二)无限旅游资源

所谓无限旅游资源,指的是相对无限的意思。例如,供人们游览、泛舟、滑冰的自然或人文旅游资源,它可以持续地或循环地被使用,可以说它们的使用时间是无限的。但这个无限,也必须是以对该旅游资源的合理利用作为前提的,对其过度开发和利用,有可能导致其质量的降低乃至毁坏,使其不能再维持原有的美的质量或者不能持续地被利用。

五、按旅游活动的性质分类

根据旅游活动的性质,一般可以分为观赏型旅游资源、运动型旅游资源、休(疗)养型旅游资源、娱乐型旅游资源以及特殊型旅游资源(如具有科学考察价值的旅游资源)。保继刚、楚义芳、彭华在《旅游地理学》一书中介绍了英国学者科波克的分类方法:1974 年,科波克等对英国旅游资源的分类是依据旅游资源适宜的旅游活动并考虑海拔高度等因素来划分的。分类情况如下。

(一)供陆上旅游活动的资源

1.露营、篷车旅行、野餐旅游资源:所有距乡间碎石小路 400 米以内的地方。

2.骑马旅游资源:已开辟有步行道、行车道和驰道的海拔 300 米以上的高地。

3.散步及远足旅游资源:海拔 450 米以上的高地,已建有驰道、步行道、行车道的地方。

4.狩猎旅游资源:有狩猎价值的地方。

5.攀岩旅游资源:高差在 30 米以上的断崖。

6.滑雪旅游资源:有效高差在 280 米以上,且有 3 个月以上的持续雪期。

(二)以水体为基础的旅游活动资源

1.内陆钓鱼水域:宽度在 8 米以上、未遭受污染的河流、溪谷以及运河面积在 5 万平方米以上的水域。

2.其他水上活动内部水域:面积在 20 万平方米以上,或宽度在 200 米以上、长度在 1000 米以上的未污染水域。

3.靠近乡间道路的水域:在距乡间碎石小路 400 米距离内、可供一般水上活动的未污染水域。

4.适于海上活动的未污染水域。

5.适于海岸活动的靠近乡间道路地带:有沙滩或岩石滩,位于乡间碎石道路 400 米范围以内。

(三)供欣赏风景的旅游资源(以绝对高差与相对高差分类)

1.低地:海拔高度在 150 米以下。

2.平缓的乡野:海拔高度在 150 米~450 米之间,相对高差在 120 米以下。

3.高原山地:海拔高度在 150 米~450 米之间,相对高差超过 120 米;或海拔高度在 150 米~600 米之间,相对高差在 120 米~240 米之间。

4.峻秀的小山:海拔高度不超过 600 米,相对高差在 120 米~240 米之间;或海拔高度在 450 米~600 米之间,相对高差超过 180 米。

5.高山:海拔高度在 600 米以上,相对高差超过 240 米。

六、按旅游资源当前的吸引程度分类

同一旅游资源在不同的时间和地区,其吸引程度是不同的。据此可以将旅游资源分为热点旅游资源、温点旅游资源和冷点旅游资源。

1.热点旅游资源:参观游览的人数很多,交通方便,设施完善。

2.温点旅游资源:参观游览的人数处于中等。

3.冷点旅游资源:参观游览的人数较少。

七、按是否收费分类

按是否收费分为专用性旅游资源与社会公用性旅游资源:

1.专用性旅游资源:专用性旅游资源是经营性的,对公众的进入通过有价售票进行限制。其开发开放的一个重要目的是经济方面的,即获得利润。

2.社会公用性旅游资源:对进入人员无任何限制。如北京天安门广场,上海南京路、外滩,南京的新街口、夫子庙地区等。它通过吸引旅游者来本城消费,增加整个城市的经济总量。

八、按旅游资源的复杂程度分类

按旅游资源的复杂程度可分为两类:

1.综合性旅游资源:一座城市,甚至一个国家作为旅游资源,内涵相当复杂。

2.单一性旅游资源:规模小、内涵单一的旅游资源。例如,山东淄博"孔子闻韶处",仅有一石碑。

第二节　旅游资源的专项工作性分类

一、旅游资源普查分类

根据国标 GB/T18972——2003《旅游资源分类、调查与评价》,旅游资源的专项工作分类如表 2-1 所示。

表 2-1　旅游资源分类表

主类	亚类	基本类型
A 地文景观	AA 综合自然旅游地	AAA 山丘型旅游地、AAB 谷地型旅游地、AAC 沙砾石地型旅游地、AAD 滩地型旅游地、AAE 奇异自然现象、AAF 自然标志地、AAG 垂直自然地带
	AB 沉积与构造	ABA 断层景观、ABB 褶曲景观、ABC 节理景观、ABD 地层剖面、ABE 钙华与泉华、ABF 矿点矿脉与矿石积聚地、ABG 生物化石点
	AC 地质地貌过程形迹	ACA 凸峰、ACB 独峰、ACC 峰丛、ACD 石(土)林、ACE 奇特与象形山石、ACF 岩壁与岩缝、ACG 峡谷段落、ACH 沟壑地、ACI 丹霞、ACJ 雅丹、ACK 堆石洞、ACL 岩石洞与岩穴、ACM 沙丘地、ACN 岸滩
	AD 自然变动遗迹	ADA 重力堆积体、ADB 泥石流堆积、ADC 地震遗迹、ADD 陷落地、ADE 火山与熔岩、ADF 冰川堆积体、ADG 冰川侵蚀遗迹
	AE 岛礁	AEA 岛区、AEB 岩礁
B 水域风光	BA 河段	BAA 观光游憩河段、BAB 暗河河段、BAC 古河道段落
	BB 天然湖泊与池沼	BBA 观光游憩湖区、BBB 沼泽与湿地、BBC 潭池
	BC 瀑布	BCA 悬瀑、BCB 跌水
	BD 泉	BDA 冷泉、BDB 地热与温泉
	BE 河口与海面	BEA 观光游憩海域、BEB 涌潮现象、BEC 击浪现象
	BF 冰雪地	BFA 冰川观光地、BFB 长年积雪地

主类	亚类	基本类型
C 生物景观	CA 树木	CAA 林地、CAB 丛树、CAC 独树
	CB 草原与草地	CBA 草地、CBB 疏林草地
	CC 花卉地	CCA 草场花卉地、CCB 林间花卉地
	CD 野生动物栖息地	CDA 水生动物栖息地、CDB 陆地动物栖息地、CDC 鸟类栖息地、CDE 蝶类栖息地
D 天象与气候景观	DA 光现象	DAA 日月星辰观察地、DAB 光环现象观察地、DAC 海市蜃楼现象多发地
	DB 天气与气候现象	DBA 云雾多发区、DBB 避暑气候地、DBC 避寒气候地、DBD 极端与特殊气候显示地、DBE 物候景观
E 遗址遗迹	EA 史前人类活动场所	EAA 人类活动遗址、EAB 文化层、EAC 文物散落地、EAD 原始聚落
	EB 社会经济文化活动遗址遗迹	EBA 历史事件发生地、EBB 军事遗址与古战场、EBC 废弃寺庙、EBD 废弃生产地、EBE 交通遗迹、EBF 废城与聚落遗迹、EBG 长城遗迹、EBH 烽燧
F 建筑与设施	FA 综合人文旅游地	FAA 教学科研实验场所、FAB 康体游乐休闲度假地、FAC 宗教与祭祀活动场所、FAD 园林游憩区域、FAE 文化活动场所、FAF 建设工程与生产地、FAG 社会与商贸活动场所、FAH 动物与植物展示地、FAI 军事观光地、FAJ 边境口岸、FAK 景物观赏点
	FB 单体活动场馆	FBA 聚会接待厅堂(室)、FBB 祭拜场馆、FBC 展示演示场馆、FBD 体育健身场馆、FBE 歌舞游乐场馆
	FC 景观建筑与附属型建筑	FCA 佛塔、FCB 塔形建筑物、FCC 楼阁、FCD 石窟、FCE 长城段落、FCF 城(堡)、FCG 摩崖字画、FCH 碑碣(林)、FCI 广场、FCJ 人工洞穴、FCK 建筑小品
	FD 居住地与社区	FDA 传统与乡土建筑、FDB 特色街巷、FDC 特色社区、FDD 名人故居与历史纪念建筑、FDE 书院、FDF 会馆、FDG 特色店铺、FDH 特色市场
	FE 归葬地	FEA 陵区陵园、FEB 墓(群)、FEC 悬棺
	FF 交通建筑	FFA 桥、FFB 车站、FFC 港口渡口与码头、FFD 航空港、FFE 栈道
	FG 水工建筑	FGA 水库观光游憩区段、FGB 水井、FGC 运河与渠道段落、FGD 堤坝段落、FGE 灌区、FGF 提水设施

续表

主类	亚类	基本类型
G 旅游商品	GA 地方旅游商品	GAA 菜品饮食、GAB 农林畜产品与制品、GAC 水产品与制品、GAD 中草药材及制品、GAE 传统手工产品与工艺品、GAF 日用工业品、GAG 其他物品
H 人文活动	HA 人事记录	HAA 人物、HAB 事件
	HB 艺术	HBA 文艺团体、HBB 文学艺术作品
	HC 民间习俗	HCA 地方风俗与民间礼仪、HCB 民间节庆、HCC 民间演艺、HCD 民间健身活动与赛事、HCE 宗教活动、HCF 庙会与民间集会、HCG 饮食习俗、HGH 特色服饰
	HD 现代节庆	HDA 旅游节、HDB 文化节、HDC 商贸农事节、HDD 体育节

数 量 统 计

8 主类	31 亚类	155 基本类型

[注]如果发现本分类没有包括的基本类型时,使用者可自行增加。增加的基本类型可归入相应亚类,置于最后,最多可增加 2 个。编号方式为:增加第 1 个基本类型时,该亚类 2 位汉语拼音字母＋Z,增加第 2 个基本类型时,该亚类 2 位汉语拼音字母＋Y。

二、旅游资源的质量等级分类

2003 年,国家质量技术监督检验检疫总局发布了《旅游景区质量等级的划分与评定》国家标准。该标准按照旅游交通、游览、旅游安全、卫生、邮电服务、旅游购物、经营管理、资源与环境保护、旅游资源吸引力、市场吸引力等条件,把我国旅游区(点)划分为五个等级,即从 5A 级到 1A 级。

AAAAA(5A)级旅游景区:旅游资源观赏游憩价值极高。同时具有极高历史价值、文化价值、科学价值,或其中一类价值具世界意义。旅游景区内有大量珍贵物种,或景观异常奇特,或有世界级资源实体。资源实体体量巨大,或资源类型多,或资源实体疏密度极优。资源实体完整无缺,保持原来形态与结构。年接待旅游者人次在 60 万以上,其中海外旅游者在 5 万以上。

AAAA(4A)级旅游景区:旅游资源观赏游憩价值很高。同时具有很高的历史价值、文化价值、科学价值,或其中一类价值具全国意义。旅游景区内有很多珍贵物种,或景观非常奇特,或有国家级资源实体。资源实体体量很大,或资源类型多,或资源实体疏密度优良。资源实体完整,保持原来形态与结构。年接待旅游者人次在 50 万以上,其中海外旅游者在 3 万以上。

AAA(3A)级旅游景区:旅游资源观赏游憩价值较高。同时具有很高的历史价值、文化价值、科学价值,或其中一类价值具省级意义。旅游景区内有较多珍贵物种,或景观奇特,或有省级资源实体。资源实体体量大,或资源类型较多,或资源实体疏密度良好。资源实体完整,基本保持原来形态与结构。年接待旅游者人次在 30 万以上。

AA(2A)级旅游景区:旅游资源观赏游憩价值一般。同时具有较高历史价值、文化价值、科学价值,或其中一类价值具地区意义。旅游景区内有少量珍贵物种,或景观突出,或有地区级资源实体。资源实体体量较大,或资源类型较多,或资源实体疏密度较好。资源实体基本完整。年接待旅游者人次在 10 万以上。

A(1A)级旅游景区(点):旅游资源观赏游憩价值较小。同时具有一定的历史价值、文化价值、科学价值,或其中一类价值具地区意义。旅游景区(点)内有个别珍贵物种,或景观比较突出,或有地区级资源实体。资源实体体量中等,或有一定资源类型,或资源实体疏密度一般。资源实体较完整。年接待旅游者人次在 3 万以上。

为了让读者更好地了解此国家标准的具体内容与要求,下面将 AAAAA 级旅游景区的条件摘录如下:

5.1 AAAAA 级旅游景区

5.1.1 旅游交通

a)可进入性好。交通设施完善,进出便捷,或具有一级公路或高等级航道、航线直达,或具有旅游专线交通工具。

b)有与景观环境相协调的专用停车场或船舶码头。管理完善,布局合理,容量能充分满足游客接待量要求。场地平整坚实,绿化美观,水域畅通、清洁,标志规范、醒目、美观。

c)区内游览(参观)路线或航道布局合理、顺畅,与观赏内容联结度高,兴奋感强。路面特色突出,或航道水体清澈。

d)区内应使用清洁能源的交通工具。

5.1.2 游览

a)游客中心位置合理,规模适度,设施齐全,功能体现充分。咨询服务人员配备齐全,业务熟练,服务热情。

b)各种引导标识(包括导游全景图、导览图、标识牌、景物介绍牌等)造型特色突出,艺术感和文化气息浓厚,能烘托总体环境。标识牌和景物介绍牌设置合理。

c)公众信息资料(如研究论著、科普读物、综合画册、音像制品、导游图和导游材料等)特色突出,品种齐全,内容丰富,文字优美,制作精美,适时更新。

d)导游员(讲解员)持证上岗,人数及语种能满足游客需要。普通话达标率100%。导游员(讲解员)均应具备大专以上文化程度,其中本科以上不少于

30%。

e)导游(讲解)词科学、准确、有文采。导游服务具有针对性,强调个性化,服务质量达到 GB/T 15971－1995 中 4.5.3 和第 5 章的要求。

f)公共信息图形符号的设置合理,设计精美,特色突出,有艺术感和文化气息,符合 GB/T 10001.1 的规定。

g)游客公共休息设施布局合理,数量充足,设计精美,特色突出,有艺术感和文化气息。

5.1.3　旅游安全

a)认真执行公安、交通、劳动、质量监督、旅游等有关部门制定和颁布的安全法规,建立完善的安全保卫制度,工作全面落实。

b)消防、防盗、救护等设备齐全、完好、有效,交通、机电、游览、娱乐等设备完好,运行正常,无安全隐患。游乐园达到 GB/T 16767 规定的安全和服务标准。危险地段标志明显,防护设施齐备、有效,特殊地段有专人看守。

c)建立紧急救援机制,设立医务室,并配备专职医务人员。设有突发事件处理预案,应急处理能力强,事故处理及时、妥当,档案记录准确、齐全。

5.1.4　卫生

a)环境整洁,无污水、污物,无乱建、乱堆、乱放现象,建筑物及各种设施设备无剥落、无污垢,空气清新、无异味。

b)各类场所全部达到 GB 9664 规定的要求,餐饮场所达到 GB 16153 规定的要求,游泳场所达到 GB 9667 规定的要求。

c)公共厕所布局合理,数量能满足需要,标识醒目美观,建筑造型景观化。所有厕所具备水冲、盥洗、通风设备,并保持完好或使用免水冲生态厕所。厕所设专人服务,洁具洁净、无污垢、无堵塞。室内整洁,有文化气息。

d)垃圾箱布局合理,标识明显,造型美观独特,与环境相协调。垃圾箱分类设置,垃圾清扫及时,日产日清。

e)食品卫生符合国家规定,餐饮服务配备消毒设施,不应使用对环境造成污染的一次性餐具。

5.1.5　邮电服务

a)提供邮政及邮政纪念服务。

b)通讯设施布局合理。出入口及游人集中场所设有公用电话,具备国际、国内直拨功能。

c)公用电话亭与环境相协调,标志美观醒目。

d)通讯方便,线路畅通,服务亲切,收费合理。

e)能接收手提电话信号。

5.1.6　旅游购物

a)购物场所布局合理,建筑造型、色彩、材质有特色,与环境协调。

b)对购物场所进行集中管理,环境整洁,秩序良好,无围追兜售、强买强卖现象。

c)对商品从业人员有统一管理措施和手段。

d)旅游商品种类丰富,本地区及本旅游区特色突出。

5.1.7　经营管理

a)管理体制健全,经营机制有效。

b)旅游质量、旅游安全、旅游统计等各项经营管理制度健全有效,贯彻措施得力,定期监督检查,有完整的书面记录和总结。

c)管理人员配备合理,中高级以上管理人员均具备大学以上文化程度。

d)具有独特的产品形象、良好的质量形象、鲜明的视觉形象和文明的员工形象,确立自身的品牌标志,并全面、恰当地使用。

e)有正式批准的旅游总体规划,开发建设项目符合规划要求。

f)培训机构制度明确,人员、经费落实,业务培训全面,效果良好,上岗人员培训合格率达100%。

g)投诉制度健全,人员落实、设备专用,投诉处理及时、妥善,档案记录完整。

h)为特定人群(老年人、儿童、残疾人等)配备旅游工具、用品,提供特殊服务。

5.1.8　资源和环境的保护

a)空气质量达到 GB 3095—1996 的一级标准。

b)噪声质量达到 GB 3096—1993 的一类标准。

c)地面水环境质量达到 GB 3838 的规定。

d)污水排放达到 GB 8978 的规定。

e)自然景观和文物古迹保护手段科学,措施先进,能有效预防自然和人为破坏,保持自然景观和文物古迹的真实性与完整性。

f)科学管理游客容量。

g)建筑布局合理,建筑物体量、高度、色彩、造型与景观相协调。出入口主体建筑格调突出,并烘托景观及环境。周边建筑物与景观格调协调,或具有一定的缓冲区域。

h)环境氛围优良。绿化覆盖率高,植物与景观配置得当,景观与环境美化措施多样,效果好。

i)区内各项设施设备符合国家关于环境保护的要求,不造成环境污染和其他公害,不破坏旅游资源和游览气氛。

5.1.9 旅游资源吸引力

a)观赏游憩价值极高。

b)同时具有极高历史价值、文化价值、科学价值,或其中一类价值具世界意义。

c)有大量珍贵物种,或景观异常奇特,或有世界级资源实体。

d)资源实体体量巨大,或资源类型多,或资源实体疏密度极优。

e)资源实体完整无缺,保持原来形态与结构。

5.1.10 市场吸引力

a)世界知名。

b)美誉度极高。

c)市场辐射力很强。

d)主题鲜明,特色突出,独创性强。

5.1.11 年接待海内外旅游者60万人次以上,其中海外旅游者5万人次以上

5.1.12　游客抽样调查满意率很高

第三章　旅游区域的划分与等级

本章提要

　　本章主要论述旅游区的概念,旅游区域划分的意义和旅游区域划分的等级系统,并对世界和中国的旅游区域进行了具体划分。全世界依据世界旅游组织的 6 个地区委员会划分为 6 个大旅游区,将我国 34 个省级行政区划分为 11 个旅游区和 3 个旅游地区。

第一节　旅游区域的划分与等级

一、旅游区的概念

　　旅游资源和旅游活动具有明显的地域性特征。例如,地中海、黑海和加勒比海,以及其海中的一些岛屿,多处于气候温和的中纬度或低纬度地带,适宜开辟为海水浴场、海滨疗养和以水上运动为中心的旅游区域。欧洲阿尔卑斯山上部常年积雪,下部森林茂密,风景壮观而秀丽,因而形成了以山地疗养、观光和滑雪等为主的旅游区域。中国、埃及、中东、希腊、意大利、印度和墨西哥等国家或地区,由于历史悠久,古代经济文化较发达,所以名胜古迹较多,各自形成了具有民族历史文化特色的旅游区域。

旅游者的兴趣和爱好,因受民族文化传统的影响,也具有明显的区域性特征。东南亚华侨较多的国家,华侨回国探亲访友观光旅游的居多。北欧人因长期居住在阴湿寒冷的气候中,他们偏爱阳光充足的南欧滨海旅游地。

为了便于组织旅游和发展旅游业,提出了旅游区的概念。旅游区应该是指以旅游资源特征为基础,具有组织旅游活动的相应机构、设施和旅游景区景点的旅游区域。但本书因我国的具体情况,旅游区仅仅是理论性的概念性旅游区。

旅游区和常说的旅游景区是两个不同的概念。景区往往是旅游区的组成部分,例如杭州旅游副区,可包括西湖旅游景区、富春江—新安江风景游览线,以及海宁观潮、千岛湖、建德的灵栖洞等旅游点。旅游区一般包括若干旅游城市和旅游景区景点景群的旅游资源区域。一个旅游区内可有自己的旅游路线,也可与相邻旅游区组成统一的旅游路线。

二、划分旅游区的意义

（一）有利于旅游业和其他经济部门的协调发展

旅游是涉及面很广的活动,旅游业的发展必须有其他部门的配合和支持。如果本区域确定为自成体系的经济区,在进行旅游区建设规划时,应全面考虑,树立整体观念,实现旅游业同各经济、文化部门相协调。划分旅游区,既有利于旅游业自身发展,也有益于其他部门。

（二）有利于旅游资源的合理开发利用,提高旅游资源的利用率

某一个旅游点的建设,很难做到旅游设施、服务网点、交通运输等项目齐全配套。如果若干个旅游点组合为一个旅游区,可以统一领导、统一组织客源、统一开发旅游资源、统一制定建设规划、统一对外宣传等,这样,从人力、物力和财力的使用上都是比较合理的。一个旅游区内,如果不同性质的旅游点,可以分别安排不同的旅游内容和旅游项目,使游客感到旅游内容丰富多彩,同时也会扩大客源,提高旅游资源和服务设施的利用率。

（三）有刊于突出本区的特色,增加对游客的吸引力

海南岛虽然有不同性质的旅游点,但该旅游副区最突出的是热带风光和隆冬避寒。海南岛在开发和建设中,就应当围绕着这个中心去发展旅游业。

三、旅游区划的等级系统

“旅游区”是一个通名,它的划分还必须有一个层次。在世界范围,基本划分为两级。我们可称之为大旅游区和旅游亚区。

我国的旅游区,刘振礼先生分为两级:一级称旅游区,二级称游览区。周进

步先生主张分为三级:大区、副区和小区,再到风景区和景点。雷明德先生主张分为旅游地区、旅游亚区和旅游区。其他也有主张一省市划成一区的。

我们主张,我国旅游区分为三级,分别为旅游区、旅游副区和旅游景区。从全球范围看,同大旅游区、旅游亚区不重名,层次比较清楚。若干省市划为一个旅游区;旅游区内,以大城市为中心划为若干旅游副区;各省市范围内如有必要可再划分为若干游览区。各级旅游区划,一般不打破行政区界限。旅游副区是旅游区中的重点旅游地区,它并不涵盖整个旅游区的全部地理区域。旅游副区包括若干特别重要的具有全国意义甚至世界意义的旅游景区和景点景群。旅游副区是仅从全国旅游业的角度着眼的,它并不能包含各地的全部旅游资源。

旅游景区是指具有参观游览、休闲度假、康乐健身等功能,具备相应旅游服务设施并提供相应旅游服务的独立管理区。该管理区应有统一的经营管理机构和明确的地域范围,包括风景名胜区、文博院馆、寺庙观堂、旅游度假区、自然保护区、主题公园、森林公园、地质公园、游乐园、动物园、植物园及工业、农业、经贸、科教、军事、体育、文化艺术等各类旅游景区。

旅游景点是指规模不太大、内涵比较单一的独立旅游点,或者是旅游景区内的各个观赏点。景群是指旅游价值较高、规模不大、类型相似的几个景点,或地域文化风貌相似的分散景点。如苏州园林景群、江南古镇景群、海南三沙景群等。

各省、直辖市、自治区在进行旅游规划时,可在旅游副区下再划分若干游览区。有些地区,如江苏省旅游局在所编写的导游资格考试教材中将全省划分为长江旅游区、太湖旅游区和淮海旅游区(实际即游览区)。本书中的南京旅游副区实际包括了江苏省导游资格考试教材中的长江旅游区和太湖旅游区。

关于旅游区域的专名,旅游区用地理方位命名(如华东、东北等),符合我国的传统习惯。我国自然地理区域、经济区划,以及某些时期的行政区域,均是如此定名的。旅游副区一般以大中城市命名比较合适。没有明显的旅游中心城市的副区,可以根据地理方位命名。游览区的定名,应按照当地习惯。但游览区的定名,不应与旅游区和旅游副区重名。

综上所述,本书的旅游区划体系如下:

世界旅游区划:大旅游区→旅游亚区

中国旅游区划:旅游区→旅游副区→旅游景区、景点和景群

地方旅游区划补充细分:游览区

四、世界旅游区划

世界旅游区划总的说来一般同世界旅游组织的六个地区委员会相一致,划

分为六个大旅游区,有的在大旅游区下再分为若干旅游亚区。南极洲还处于科学考察阶段,未对一般大众开放,没有交通上的可达性,也不具备旅游接待条件,我们未将其列入旅游区划序列。苏联解体后,从苏联独立出来的15个国家,有5个在中亚,3个在西亚,显然称为欧洲旅游区已不确切,我们暂时把它称为欧洲中亚大旅游区。这样,世界旅游区划系统如下:

欧洲中亚大旅游区,包括西欧地中海、北欧、中东欧与中亚三个旅游亚区;

东亚太平洋大旅游区,包括东亚、东南亚、大洋洲三个旅游亚区;

美洲大旅游区,包括北美、中美、南美三个旅游亚区;

西亚大旅游区;

南亚大旅游区;

非洲大旅游区。

当然,很多学者还有另外的划分方法。只要言之有理,言之有据,都不失为一家之言。

第二节　中国旅游区划

各种旅游资源在特征上都是历史演变过程中相互作用而形成的,在空间上有着显著的地域性,形成各具特色的旅游区;在时间上具有节奏性,使一些旅游区的旅游活动呈现季节性的特点。这种属性,是与旅游区所处的自然地理环境和人文因素密切相关的。因此,在研究旅游区划时,必须遵循各种自然条件的地域分异基本规律,并顾及人类社会政治活动和经济活动形成的特点。

由此可见,旅游区划是一项复杂的综合性工作。

按区划的性质可分为认识性区划和应用性区划两类。认识性区划的特点在于准确地反映地表上旅游资源的区域分异实际状况;而应用性区划则是依据认识区划所揭示出来的区域分异规律,结合旅游业某项工作要求而进行的区划。

认识性区划是旅游区划的基础,要求科学性强,应用性区划是根据某项任务派生出来的,要求经济意义大。本教材所讲述的中国旅游资源区划,论性质属于认识性区划。

一、中国旅游区划的目的和任务

我国旅游事业的发展,一定要走"中国式的旅游道路"。1981年10月国务院《关于加强旅游工作的决定》从五个方面阐述了"中国式旅游道路"的含义：

1. 它应是健康、文明的旅游；

2. 要充分利用我国的灿烂文化和秀丽风景，开展丰富多彩的旅游活动；

3. 要具有民族风格和地方特色；

4. 要适应我国幅员辽阔的特点，逐步开展区域旅游；

5. 在旅游服务收费和商品价格上要体现我国的特点。

其中 2、3、4 都涉及我国旅游区的开发、建设和区划问题。

我国旅游资源丰富多彩，地域差异显著，如何发挥各种旅游资源优势开展区域性旅游，如何做到合理布局，增加在国际上的竞争力并满足国内旅游业的需要，这就要求在全国旅游资源普查的基础上，划分其类型，并根据自然、经济、社会诸因素进行旅游分区研究，也就是进行旅游区划。区划的目的在于根据国家的方针、政策和各地旅游资源的类型，将全国划分为若干旅游区域，建设风格不同、各具特色的旅游区。

中国旅游资源区划研究的任务是：

第一，旅游资源尽管分布广泛、类型多样，究其成因，都深受自然地理环境和社会政治、经济发展规律的制约。研究和揭示旅游资源的形成机制、地域分异规律，并分析旅游区的特征和功能，这是区划的中心内容和区划的最基本任务。

第二，旅游活动的内容是广泛的。旅游行为是多层次的，要着重探讨各旅游区的旅游资源结构与层次，以便确定旅游中心（城市和地区）与周围地区的内在联系和相互关系。探讨各旅游点的主次关系，以便充分发挥旅游"热点"的优势，促进旅游"冷点"的开发，提高旅游区的整体功能。

第三，研究各区域在发展旅游业上的障碍因素。探讨障碍因素转化的条件和解决的途径，给旅游区的近期和远期开发提供科学依据。

二、中国旅游区划的原则

旅游区划的原则是进行区划的指导思想，它是根据旅游资源的地域分异规律确立的；原则又是确定区划的依据、建立等级系统和区划方法的准绳。区划是有目的的，原则应服从区划的目的和要求；否则，它将妨碍人们对旅游资源实体完整的认识，失去划分的客观依据，其结果会影响区划为一定目的服务的实用价值。区划原则有受区划目的制约的一面，还有正确反映客观事物的一面。因此，处理好两者的关系，是确定区划原则的前提。

根据旅游区划研究的对象和目的，其基本原则主要有两条：

1. 地域性原则：旅游资源的形成、开发和利用，因受自然条件和人为因素的影响，分布不均衡，具有明显的地域性，形成各具特色的旅游区。华南热带风光，东北林海雪原,西南奇峰异洞,西北沙漠绿洲,甚至宫殿庙宇、园林苑圃、生活习俗、节庆活动无不因地而异,风格各异。就自然旅游资源而言,导致旅游资源地域差异的原因是自然要素地域分异规律,如纬度地带性、海陆地带性和垂直地带性。纬度地带性,是自然景观由低纬度向高纬度,依纬度方向作有规律的递变。其原因是由于地表上的热量随纬度作有规律的递变。我国由南向北依次出现赤道雨林、热带森林、亚热带雨林、暖温带落叶阔叶林、中温带针阔叶混交林和寒温带针叶林等六个水平景观带。海陆地带性(经度地带性),简单地说是因距离海洋远近而使水分条件产生差异,造成沿海地区较湿润,远离海洋的地区则干燥。我国自东向西出现森林、草原、半荒漠、荒漠四个水平景观带。垂直地带性是由于山地高度不同而引起热量、水分及水热关系对比的变化,使得山地垂直景观呈现有规律的递变。前两个地带性是基本的,垂直地带性带有从属性。当然自然旅游资源空间分布的差异是这三条基本规律综合作用的产物,人文旅游资源的空间分布有其历史、民族和人文诸因素的作用,但也深受自然环境的影响和制约。因此,地域性原则是我们遵循的根本原则,也可以说是区划的总原则,它应贯彻全部区划过程之中。

2.综合性原则:旅游资源的实质既然是自然地理各要素与人类的经济活动过程中,经过长期相互作用所形成的,那么划分旅游区就应该运用综合性原则,综合分析自然和人文各要素间相互关系和组合结构形式,这样才能正确认识旅游资源的性质和特征,作出合理划分。

三、中国旅游区划

目前,我国的旅游区划基本上是认识性的区划。应用性的区划始见滥觞,目前有长江三角洲和珠江三角洲(包括香港)两个横向联合组成的旅游协作区。

根据前述旅游区域的划分原则,我们对我国一级旅游区域——旅游区的划分和定名,提出"11+3"的初步设想,即全国划分为11个旅游区和台、港、澳三个旅游地区:

东北旅游区:包括辽、吉、黑三省。此区域各家划分比较一致。

华北旅游区:包括京、津、冀、鲁四省市。山东与京、津、冀联系更为密切,旅游资源类型及开发方向与京、津、冀共同点较多,与陕、豫等差别较大,故划入此区。

中原旅游区:豫、陕、晋三省,是传统的中原文化区。三省名都、名城、名山等资源有强烈的共性。

华东旅游区:包括苏、浙、皖、赣、沪四省一市。四省市地域相连,习俗相近,商旅相通,交通联系密切,已自然形成一区。

华南旅游区:包括闽、粤、琼、桂四省区。四省联系便捷,旅游资源特点相近。

华中旅游区:包括湘、鄂两省,历史上称为两湖,是一共同文化地域,故划为一区。

西南旅游区:包括重庆市和川、滇、黔三省,地理上和习惯上自成一区。

西北旅游区:包括甘、宁、青三省区。三省区联系密切,自然形成以兰州为中心的旅游区。

内蒙古旅游区:该区地域狭长,区内没有完整的交通网,实际上分成东、中、西三部分。东部、中部与东北、华北两旅游区联系密切,西部与西北旅游区联系较多,但目前西部旅游业很不发达。

新疆旅游区:该区距我国东部沿海地区较远,且交通联系不太方便。国际旅游业主要面向独联体和中亚等地,故自成一区。

西藏旅游区:该区地势高峻,交通不便,可达性差,旅游业尚不发达。该区以高山雪原、民族风情为特色,单独划为一区比较合理。

香港和澳门特别行政区以及台湾省,三地区各单独称为一个旅游地区分别论述是比较合适。

第四章　旅游资源评价与旅游容量

本章提要

　　旅游资源评价与旅游容量都是敏感和不能回避的问题。本章论述了旅游资源评价的目的、原则与方法，阐明旅游容量的概念和旅游容量的构成体系以及心理感知容量、旅游生态容量、旅游经济发展容量、旅游地域社会容量的含义和测定方法。

第一节　旅游资源评价

　　旅游资源评价是在对旅游资源进行深入细致的研究之后，根据旅游资源的特点对其价值进行评判和鉴定，为管理与利用提供理论依据。

一、旅游资源评价的目的及原则

（一）旅游资源评价目的

　　1.为了便于管理与利用。通过对旅游资源的质量、规模、水平的评判与鉴定，为旅游资源的分级管理提供系列资料，为旅游线路的设计提供参考资料。

　　2.为规划与开发作好准备。通过对旅游资源特色、结构、功能、性质、旅游环境及开发利用价值的综合评价,直接为旅游资源规划与开发提供依据。

(二)旅游资源评价原则

1.全面系统的原则。全面系统的评价原则体现在两个方面:一是旅游资源的价值和功能是多方面、多层次、多形式、多内容的,功能也有观光、度假、娱乐、健身、商务、探险、科考等,故评价时要全面地系统地衡量。二是涉及旅游资源开发的自然、社会、经济环境和区位、投资、客源等开发条件要给予综合考虑。

2.科学的原则。这一原则主要是针对旅游资源的形成、本质、属性、价值等核心问题,评价时应采取科学的态度。适当地辅以神话传说来提高旅游资源点的趣味性,适应大众化旅游的口味。

3.客观实际的原则。旅游资源是客观存在的事物,其特点、价值和功能也是客观存在的,评价时应实事求是,对其价值和开发前景给予恰如其分的评价。

4.效益估算综合原则。旅游资源评价目的之一是为了开发利用,开发利用要能够取得经济效益,因此,评价时要进行投入产出估算,以期取得最好的经济效益。同时要考虑经济、社会和生态的综合效益,

二、旅游资源的评价内容

(一)旅游资源的科学价值

旅游资源的科学价值是指旅游资源的起因、形成和现状所包含的科学原理,它可借以对人们进行科学教育,或引导人们进行科学探索。旅游资源蕴含的科学原理,有些已经揭露,有些尚待研究揭晓。尚未揭晓的,称为××之迷,如野人之谜、尼斯湖怪之谜。人文旅游资源人们未知晓的历史事实,也是科学探索的对象。

(二)旅游资源的美学价值

人们总是爱美的。旅游活动从一定意义上看就是一种审美活动。春暖花开,莺啼蛙鸣;莲叶田田,荷花亭亭玉立;霜叶红于二月花;千里冰封,万里雪飘,这些是一年四季的自然之美。琳宫梵宇、雕梁画栋的古建筑是人们创造的人工之美。旅游资源给人们美之感受,美之欣赏,美之回味。旅游资源的美学价值是旅游资源评价中的一项重要内容。当然,某些并不完整的观赏对象形成的残缺美、遗迹美,如维纳斯塑像、罗马古遗迹、河西走廊的汉长城与烽火台等。

(三)旅游资源的历史文物价值

人文类旅游资源是历史的见证。例如,北京故宫、南京明城墙、四川都江堰,以及众多的考古遗址,是历史长河中的一串串珍珠。桃李不言,下自成蹊。这里我们借用一句:文物不言,见证历史。

（四）旅游资源的组合价值

孤立的旅游资源，即使特色、价值很高，功能也多，但其开发价值并不一定高。只有在一定地域和时间内，多种类型旅游资源的协调布局和组合，形成了一定规模的旅游资源群，才能构成一定的开发和利用规模，获得较高开发效益，故旅游资源的相关组合应是其评价不可缺少的内容之一。例如，无锡的锡山，高仅40余米，亦无很特殊的景观，如果孤立存在就构不成旅游景点。只因它位于锦绣江南，位于太湖之滨，与周围诸多旅游因素（寄畅园、天下第二泉、惠山泥人等）共同构成锡惠公园景区，使它具有了较高的旅游价值。

三、旅游资源评价的方法

科学地评价旅游资源在国外已有30多年历史，我国也有10多年了。旅游资源评价方法经历了体验性的定性评价、技术性的单因子定量评价和综合型的定量建模评价的历程。由于评价方法很多，我们仅选择体验性的定性评价加以介绍。

体验性的定性评价是基于评价者（旅游者或专家）对于旅游资源的质量体验。根据参与评价者的身份不同，可分为民众体验性评价、专家评价和旅游企业界评价。

（一）民众体验性评价

一般民众体验性评价是统计大量旅游者在问卷上回答有关旅游资源（或旅游地）的优劣顺序，或统计其在报刊、旅游指南、旅游书籍上出现的频率，从而确定一个国家或地区最佳旅游资源（地）的顺序，其结果能够表明旅游资源（地）的整体质量和知名度。1985年《中国旅游报》主持的"中国十大名胜"和1991年国家旅游局主持的"中国旅游胜地40佳"等的评选，就是运用这一方法的。这种方法仅限于少数知名度较高的旅游资源（地）。一般的或尚未开发的旅游资源（地）无法采用这一方法。

（二）专家评价

所谓专家评价，是指有关方面的专家，对涉及其领域的旅游资源进行的诸方面的评价。例如，地理地质专家、水文专家、气象专家、动植物专家对自然旅游资源的科学价值、观赏价值和开发价值的评价；园林专家、建筑专家、艺术家对园林、古建筑类旅游资源的评价；历史学家、考古专家、文物专家对历史类旅游资源的历史文物价值评价等。专家评价定位准确，有极大的参考价值，有利于提高旅游资源的知名度。

（三）旅游企业界评价

旅游企业界评价，实际是一种旅游资源的市场评价。旅游企业界根据市场营销的业绩,对旅游资源的市场价值作出自己的判断,决定是否经营该旅游资源。

第二节 旅游容量问题

一、旅游容量的概念

旅游容量又称旅游承载力或特定范围内的合理旅游规模,即为某一旅游空间内在某一段时间内所能容纳的合理的游人数量。旅游景区并非在某一段旅游空间内同时接待的游人越多越好。如果超过了合理的旅游容量,则称旅游饱和或旅游超载,其结果会造成各种矛盾,甚至严重后果。旅游容量涉及旅游者的心理和生理需要、旅游资源开发和保护、环境质量、生态平衡、旅游效益等多方面,因此对旅游容量问题必须进行综合性研究。

旅游容量问题只有当广大民众加入旅游者行列之后才会出现,这时一些旅游地人满为患,旅游资源被超负荷利用,加剧损耗,旅游环境质量迅速下降,旅游者怨声载道,经营者也疲于奔命。人们才逐渐认识到每个旅游地不可能,也不应该无限制的接待旅游者。于是,各类学科的专家都开始关注这个问题。

二、旅游容量的构成体系

旅游容量问题虽然基本得到公认,但它的构成体系、内涵与外延却众说纷纭。谢彦君在《基础旅游学》一书中对旅游容量的构成体系作了很好的总结,我门把它简介如下:

(一)按照旅游容量的内容划分

按照旅游容量的内容划分,有旅游生态容量、旅游心理容量、旅游社会容量和旅游经济容量。

旅游生态容量是指一定时间内在不导致旅游地域的自然生态环境发生退化的前提下,该地域所能容纳的旅游活动量。一般生态环境系统都有一定的纳污自净能力,即通过稀释、扩散、淋洗、挥发、沉降等物理作用,氧化和还原、化合和分解、吸附、凝聚等化学作用,以及吸收和降解等生物作用来消除污染物,使生态环境系统达到自然净化,保持生态系统的平衡和稳定。但是,如果生态环境系统长期或超量接纳外部尤其是人为的强制输入,这种稳定性就会被破坏,平衡关系被打乱,生态系统将陷入自萎状态,自动调节能力下降,最终可能导致整个生态系统的崩溃。所以,生态环境系统的自动调节能力和代偿功能是有一定限度的,当干预因素的影响超过其生态系统的阈值时,就意味着生态系统面临着失衡和崩溃的危机。旅游生态容量这个指标就是从这个角度来约束旅游活动量(包括旅游者活动和旅游产业活动)的。

旅游心理容量是一个十分综合的阈值,它包括旅游者的直接旅游心理容量和旅游目的地居民的相关旅游心理容量。不管是对旅游者还是对旅游目的地居民,心理容量都不能简单地用对旅游者人数的容忍量值加以反映,因为这个量值仅仅是一个单纯的外在指标。对旅游目的地居民来说,他们对旅游发展的淡漠甚至反感,绝不是仅仅根据旅游者的数量,还取决于旅游者的类型特征,同时,这种感情还会因他们从旅游所获得的经济、文化、社会方面的利益(或损害)的程度而被强化或弱化。同样,对旅游者来说,他们对旅游过程的心理感受的阈值既取决于旅游的性质、旅游者的经济背景、看待问题的方式、调整心态的能力,也取决于旅游者与当地居民在交往中角色扮演的效果。几乎可以肯定的是,在一般情况下,旅游心理容量都可能是一个最不稳定的量数,会因时、因地、因人而呈现出很大的不同。

旅游社会容量是一种建立在社会价值观、道德习俗、宗教信仰、文化传统和生活方式等社会规范基础上的量值。由于上述范畴在一定社会形态中的相对稳定性、普适性及其对社会成员的约束性,就使它们构成了该社会形态中成员用以衡量其他人(甚至包括非本社会内部的人们)行为方式适宜性的依据。由于旅游是多种文化背景中的人的接触和交流,于是就会出现彼此间能否相互接纳的问题。旅游社会容量就是衡量作为旅游互动行为主要方面的旅游者与旅游目的地居民彼此在社会价值观诸方面能够达成谅解的极限值。

旅游经济容量是指一定时间内在一定区域内由经济发展的整体水平所决定的旅游活动的极限。旅游作为一个产业——而且仅仅是一个产业,是与国民经济其他部门密切相关的。旅游接待能力受当地的经济发展水平的制约,从而形成了约束旅游发展和旅游活动规模的阈值。具体来说,在这方面包括五个因素:

1.基础设施与旅游专用设施的容纳能力,即设施容量;

2.投资和接受投资用于旅游开发(含基础设施)的能力;

3.当地产业中与旅游相关的产业所能满足的旅游需求程度及自区域外调入的可能和可行性;

4.如果发展旅游业不可避免地要使某些产业萎缩甚至完全终止,旅游业与这些产业之间的比较利益如何;

5.区域内所能投入旅游业的人力资源的供给情况。

（二）按照旅游容量的规范性划分

按照旅游容量的规范性划分，可分为旅游期望容量和旅游极限容量。

旅游期望容量是规范程度较高的容量指标，它含有合理容量的意义，是旅游相关个人、旅游相关群体或旅游相关社会对旅游活动质量的个人的或群体的心理预期。在一般情况下，这种预期是先在经验的总结和归纳并最终升华的结果。因此，这里的旅游期望容量近似于旅游最适容量，只是它不仅具有社会合理性，而且也往往被社会个体单独加以使用并因而具有个人合理性。旅游极限容量是一个预警临界容量指标，它指的是对旅游活动量的最大承受能力。如果说旅游期望容量的形成机制主要是效益、美感和愉悦，那么，旅游极限容量的形成机制就主要建立在对潜在的损害、丑陋和烦恼发生可能性的判断基础上。

（三）按照旅游容量的空间尺度划分

按照旅游容量的空间尺度划分，有旅游景点容量、旅游景区容量、旅游地容量、旅游区域容量。这是按照旅游活动的空间尺度从小到大进行的排列。景点容量是指作为游客活动基本空间单元的景点对旅游活动和旅游发展的容纳能力。如一个海滩、一处景观建筑、一条滑雪道等，它们常常是旅游容量的最基本和最直接的考察单位。景区容量是区内各景点的容量与景点间道路容量之和。旅游地容量是指各景区容量同景区间道路容量之和。而区域容量则是区域内各旅游地容量之和。

从上面的阐述可以看出，旅游容量既是一个客观量值，也是一个心理感受指标；既是一个空间量度，也是一个隐含时间意义的范畴；既是一个独立的可以阐释的实用概念，也是一个必须依据某种尺度的背景而建立的相对测量手段。在不同的情况下，旅游容量有着不尽相同的意义。这一点充分反映了旅游容量的丰富内涵和复杂结构，也预示着这一概念的巨大应用潜力。

其他一些专家还提出了旅游资源容量、旅游设施容量、旅游者心理承受容量等概念，在此不再一一叙述。

第三节　旅游容量的测定与影响因素

一个旅游地能够接待的旅游者数量，要在大量数据的基础上，经过分析测算得出测定模式。我们按照一些专家学者的研究，举几个例子加以说明。

一、各种旅游容量的测算

（一）旅游生态容量测定

测算旅游生态容量，一般以旅游景点（景区）为基本空间单元。在旅游生态容量测定中，对于旅游者活动行为对自然环境带来的影响，如践踏、折枝、乱刻乱画等，一般都可以通过严格的措施来控制、限制或杜绝。因此，旅游生态容量的测算往往要考虑自然生态环境净化与吸收旅游污染物的能力，以及一定时间内每个游客所产出的污物总量。其测算公式为：

$$F_0 = \sum_{i=1}^{n} S_i T_i / \sum_{i=1}^{n} P_i$$

公式中，F_0 为自然生态容量（日容量），即每日接待游客的最大允许值；P_i 为每位旅游者一天内产生的第 i 种污染物量；S_i 为自然生态环境净化吸收第 i 种污染物的数量（量/日）；T_i 为各种污染物的自然净化时间，一般取一天；i 为旅游污染物种类数。旅游者产生的主要污染物量如表 4-1 所示。

表 4-1　旅游者产生的主要污染物量（中国）

粪便	0.4 千克/人·日
BOD	40 克/人·日
氨氮	7 克/人·日
悬浮物体	6 克/人·日
不居住游人垃圾	200 克/人·日
居住游人垃圾	500 克/人·日

资源来源：旅游与环境编写组.旅游与环境.北京：中国环境科学出版社,1986

人工处理污染物的速度要比自然的净化和吸收速度快得多。据经验，1 万平方米面积的污水处理场，日可处理约 3330 人产生的污水。在旅游旺季高峰流量增大的情况下，为保护旅游区的生态环境，应配备旅游污染物的人工处理系统；同时，尽可能增加环卫人员，及时清除旅游景区内的旅游固体垃圾。

（二）旅游经济容量的测算

旅游经济容量也叫经济发展容量，影响经济发展容量的因素主要有旅游设施、基础设施和旅游支持产业，基础设施和支持产业由旅游目的地经济发展总体水平和当地政府决策水平决定。影响旅游需求最敏感的是旅游设施条件，最基本最重要的就是食宿条件。食宿条件决定旅游经济发展容量，实际上就是食品供应和床位供应量所决定的旅游容量。其测算公式为：

$$C_e = \sum_{i=1}^{m} D_i / \sum_{i=1}^{m} E_i$$

$$C_b = \sum_{i=1}^{n} B_i$$

公式中，C_e 为主副食供应能力所决定的旅游容量（日容量）；C_b 为住宿床位决定的旅游容量（日容量）；D_i 为第 i 种食品的日供应能力；E_i 为每人每日对第 i 种食品的需求量；B_i 为第 i 类住宿设施床位数；m 为游客所耗食物的种类数；n 为住宿设施的种类数。

（三）旅游心理容量与旅游资源合理容量的计算

旅游心理容量涉及三方面：活动性质和旅游地特性；年龄、性别、种族、社会地位和文化教育等；人与人之间喜欢和熟悉的程度。在计算旅游资源合理容量和旅游心理容量时，基本空间标准往往取决于旅游者平均满意程度达到最大值时的人均最低空间标准。

从理论上讲，每一位旅游者在心理上总希望在旅游地占有较大空间。但任何旅游资源都要受到空间限制，而且总希望接待更多的旅游者。这样，旅游者的心理感知满意程度只能是一个相对满意的空间。旅游资源合理容量就是旅游者平均满意程度达到最大值状态下旅游资源所能容纳的旅游接待量。此时旅游心理容量与旅游资源合理容量是相等的，即为同一个值。其计算公式为：

$$C_p = A/Q = kA$$
$$C_r = (T/T_0)C_p = k(T/T_0)A$$

公式中，C_p 为旅游心理时点容量；C_r 为日容量；A 为资源的空间规模；Q 为基本空间标准；k 为单位空间合理容量；T 为每日开放时间；T_0 为人均每次利用时间。

例如，湖南衡山祝融峰绝顶面积 477 平方米，每日开放时间 12 小时，每人占用时间 15 分钟，基本空间标准 8 平方米/人，旅游心理时点容量（旅游资源合理容量）为 59.6 人次，日容量为 2862 人次。

旅游者对环境空间的基本要求如表 4-2 所示。

表 4-2　旅游者对环境空间的基本要求

旅游者类型	对环境的基本要求
荒野爱好者	不希望有商业设施；寻求自然随意的环境，看到的人要少；期望宁静、清新、与世隔绝的气氛
运动爱好者	希望有基本活动设施；追求自然气氛，与他人冲突较大；期望有好的运动条件和较宁静的环境
野营爱好者	一般以家庭或者亲朋好友为活动团体；寻求自然的气氛，要求较大的活动空间，愿意看到周围有一些同类型的旅游者；要求有基本的活动设施
海浴爱好者	一般是小群体活动，希望看到有较多的同行旅游者；追求较为热闹的气氛；要求有完整的服务设施
自然景观观光者	希望充分体验自然美，不愿意看到很多人破坏宁静气氛

（四）旅游地容量的计算

旅游地容量取决于资源容量、心理容量、生态容量、设施容量中某两个或一个容量。旅游地容量测定公式为：

$$T = \sum_{i=1}^{m} D_i + \sum_{i=1}^{p} R_i + C$$

$$D_i = \sum_{i=1}^{n} S_i$$

公式中，T 为旅游地容量；D_i 表示第 i 景区容量；S_i 表示第 i 景点容量；R_i 表示第 i 景区道路容量；m、n、p 分别为景区数、景点数、景区内道路条数；C 表示非旅游游览活动区接待的游客数量。

二、旅游容量影响因素的分析

（一）游客素质对旅游环境容量的影响

旅游容量含义简明，不同的情况有不同的解释，不同的人有不同的理解，甚至旅游者在资源使用过程中发生的直接冲突会使各方面的旅游容量彼此也有冲突。因此很难得到准确的测定方法，而以上几个容量的基本关系是在多种假设的基础上得出的。关于旅游人口的环境影响问题，究其根源是要寻找到旅游的资源容量和生态容量，尤其是生态容量。确定上述旅游容量的障碍主要来自以下几个方面：

1. 不同群体对拥挤的感知差异。不同的人群包括不同素质、不同结构、不同来源的旅游人口。这种以每公顷面积的理想人数不能超过某个即定值来度量拥挤程度的做法显然没有将对拥挤的心理感受因素考虑进去。例如，一个颇受青睐的海滨度假地，海滨气氛的形成或许正是它的"拥挤"，游人的目的是为了在滔滔人海中寻求开心和寻找感觉。但在另一种情形下，如果游人的首选利益是安宁和静谧，一个海滨接待 10 个游人也会听到有关拥挤的满腹牢骚和不满。

由于旅游人口的从众心理和促销影响，旅游人口的空间配置造成了地域上的不平衡，局部的过剩造成了环境问题，因此研究中国旅游人口分布和环境问题是非常必要的。

2. 旅游者的素质对旅游环境容量的影响。旅游者的素质可以影响环境，这部分取决于旅游者的地域分布及其社会文化背景。例如，有些人喜欢独处，认为其他人的加入会给他的旅游享受带来不利影响，而有些人厌恶的并不是他人的加入，而是对他们所表现出的某些恶劣行为的反感，如乱丢果壳、言行粗鲁及不同的行为习惯；有些人出于社交缘故或仅从安全方面考虑，希望只有少数人来到旅游地。

旅游人口的素质问题影响着环境,就目前而言,我国旅游人口素质不是很高,环境意识淡薄。所以,提高旅游人口素质也是我们未来面临的一个问题。

(二)旅游者季节性波动对旅游容量的影响

旅游业有明显的季节性,只是在高峰需求期可能达到饱和状态,为使旅游业持续发展,充分发挥旅游业的经济效益和社会效益,针对旅游业所存在的环境问题,采取相应措施,如加强旅游环境立法;运用经济及其他手段,控制热点旅游景点的旅游规模;提高旅游者和居民的环境认识,以实施可持续发展战略为指导。

第四节　旅游容量在实践中的应用

一、旅游规划开发中对旅游容量的运用

(一)在旅游规划开发中加强旅游容量意识

时至今日,在旅游开发中存在的较为普遍的问题是容量确定得过高。尤其因旅游开发往往同房地产开发相结合,出于现实利益考虑,相当部分的项目规划中存在容积率过高和城市化倾向,即使在标明高档旅游度假区的规划中也屡见不鲜。我们应在旅游容量方面进行更深入的探讨,尤其应明确不同档次的旅游地的旅游容量标准。

(二)加强旅游规划开发的协调,解决旅游热点的超载

旅游超载通常集中出现在某些旅游热点,因此应该在其周围加大开发力度,或者开发新项目,以实现旅游分流。例如,颐和园近年陆续重建了后山的"苏州街"和西湖部分建筑,在北门扩建了停车场,对缓解前山的压力有明显作用,而且又可以开发新项目,取得更多的收入。

二、旅游经营管理中对旅游容量的应用

目前有些旅游地,特别是那些知名度很高的、常常出现人满为患的景区,当旅游高峰期一到来时,各种旅游接待设施供不应求,会造成接待地的全面紧张,而同时却又面临淡季的闲置,导致旅游业大起大落。而一些外界环境也会影响旅游业,使旅游业有一定的风险性。为此我们主要可以采取的措施是:

(一)有计划地分散旅游客流

旅游之所以有淡旺季,有需求和供给两方面的原因:旅游需求方面,旅游者

出游大部分在假期，人群聚集；而旅游供给方面，必然是具有垄断性的、知名度极高的旅游资源，容易出现超载。所以我们应该有计划地从时间和空间两方面分散客流。最普遍的方法是利用价格的杠杆来平抑旅游淡旺季的差距，使旅游地终年保持较高的接待规模而不超载；有计划的安排可能导致客流重大变化的各种大型活动，使之与高峰可能出现超载情况的旅游点实行机动车领取通行证的办法；对少数旅游点实行限时错开，安排在淡季。例如，北京在春游高峰期和秋季香山观赏红叶期间，都采用了错时开放或限量售票办法。在持续超载的旅游点的次要景区，开辟新的参观游览场所，增加新项目，以引导游人缩短在主要景区的停留时间，减轻其接待压力。

（二）把握旅游推销时机和力度

在旅游条件尚不完善时，若盲目进行宣传和推销，不仅损害宣传的真实性，而且客观效果也极为不好。游人蜂拥而至，却发现旅游资源开发粗放，接待设施、交通、供应等方面都不尽如人意，事后难免有意无意地做反宣传。

（三）妥善解决发展旅游业和当地居民生活间的矛盾

旅游业的发展，尤其是在超载情况下，给当地居民造成了不快，行动上，如交通阻塞等；经济上的，如物价上涨等。旅游业的发展，应该运用旅游容量理论，妥善解决发展旅游业和当地居民生活间的矛盾。

下 编

中国旅游资源分论

第五章　华北旅游区(京津冀鲁)

本章提要

　　华北旅游区位置优越,地形复杂,山海兼备,地势优越,加上悠久的人类活动历史留下的大量珍贵历史文物古迹,是我国旅游资源开发最早的地区之一,北京更是来华游客首选之地。本章在概述华北旅游区旅游环境的基础上,主要论述以北京为主的华北各省旅游资源的特点和分布情况。

　　华北旅游区由北京市、天津市、河北省和山东省组成。全区面积 37.7 万平方千米,人口 1.92 亿,是各旅游区中土地面积较小、人口密度较高的一区。该区有我国的政治中心,经济、文化发展水平居全国前列,旅游资源相当丰富,开发利用程度较高,是我国乃至世界著名的旅游区之一。

第一节　华北旅游区旅游资源基础

一、位置优越,地形复杂,地势西高东低

华北旅游区地处我国心脏地带,北枕燕山与内蒙古自治区、辽宁接壤,西倚太行山与山西交界,南连江苏、河南,东临渤海、黄海,地理位置十分优越,自古以来是我国东部地区海陆交通要地,十分有利于中外游客的往来。

本区地形复杂多样,地势起伏较大,总的趋势是西高东低。从西北向东南大致可分为三大部分:冀西北山地、华北平原和山东丘陵。

冀西北山地位于河北省西部和北部,是内蒙古高原和黄土高原与华北平原之间的过渡地区,包括张北高原、大马群山、桦山、七老图山、燕山、军都山和太行山的东侧,海拔均在 1000 米以上,最高峰为河北蔚县和涿鹿县交界处的小五台山,海拔 2837 米。其中,张北高原是内蒙古高原的东南边缘,俗称"坝上",是本区主要优良草场所在;燕山山脉为冀北山地南部边缘,山间多隘口,为南北交通要道,万里长城东段众多关口即设于此;太行山脉位于河北与山西之间,从河北平原西望,山势陡峭挺拔,山间"太行八陉"为联系两省的交通要道。

华北平原位于燕山以南、太行山以东,包括河北平原和鲁西北平原,海拔多在 50 米以下,自西向东缓缓倾斜,由山麓平原过渡到冲积平原和滨海平原。平原西部土层深厚,水利发达,为本区主要农业区;平原东部地势低平,有众多湖泊洼淀,号称"鱼苇之乡",著名的有白洋淀、微山湖等,是本区主要渔业区。

山东丘陵位于山东省中部和东部,又称齐鲁山地,包括泰山山地、胶莱谷地和胶东丘陵。其中泰山海拔 1545 米,为齐鲁大地最高峰,由此向四周逐渐降低为 500 米以下的丘陵。其边缘地带为 300 米左右的方形山体,当地称为"崮",如孟良崮、抱犊崮等;胶莱谷地为低丘广布的冲积平原,海拔仅 20 米左右,是山东半岛的分界地带;胶东丘陵是山东半岛的主体,突出于黄海、渤海间,海岸曲折,多岛屿和良港。山岭海拔 600 米左右,多为广谷浅丘,仅崂山海拔超过 1000 米,耸立于黄海之滨。

综上所述,本区地形复杂,地貌类型齐全,拥有长达 3700 多千米的海岸线,所谓山海兼备,形胜优越,为华北旅游区的风景旅游资源开发奠定了坚实的基础。

二、气候温暖湿润,四季分明

华北旅游区地处我国北方暖温带半湿润地区,属典型的大陆性季风气候,冬季长而寒冷干燥,但一般不出现酷寒,对大部分人文旅游景点影响不大;春季短暂且风沙较大,对本区旅游活动有不利影响;夏季高温多雨,十分有利于自然风景区的旅游活动,尤其是漫长海岸线上的海滨游览活动;秋季是华北旅游区的黄金季节,秋高气爽,风和日丽,景色宜人。由于本区旅游资源以人文景观为主,气候条件总的来说对旅游活动的开展较为有利。

从北向南,年平均气温由 1℃增加到 14℃,年降水量由 340 毫米增加到 900

多毫米。

三、历史悠久,名胜古迹众多

华北旅游区是我国古代政治、经济、文化的重要中心之一,早在 3000 多年前,北京地区即为我国北方军事交通重镇。春秋战国时期,本区为燕、赵、齐、鲁等国之地,不仅建有众多都城,还有孔孟故里、万里长城、五岳之首泰山等世界闻名的古迹名胜。自 12 世纪以来,北京作为历代政治文化中心长达 800 余年,华北地区成为历代中外名人必到之处。悠久的人类活动历史,为本区留下了大量珍贵的历史文物古迹,区内拥有历史文化名城 13 座,国家级重点文物保护单位 140 多处,明清时期的宫苑坛庙古建筑群居各区之冠。在我国已列入世界遗产名录的 40 多个项目中,华北旅游区即有 9 处,足见该区名胜古迹在全国的重要地位。丰富的人文旅游资源,是华北旅游区的优势所在,且在一定程度上弥补了气候条件的不足。

四、文化教育发达,高等学府云集

作为全国的文化中心,以北京为中心的华北旅游区不仅拥有众多高等学府和科研院所,还有相当数量的博物馆、展览馆、图书馆、体育馆等文化教育和体育活动场所,常年与世界各国保持着学术交往和举办大型会展、体育活动,不仅是吸引中外文化人士的重要源泉,也正成为新型旅游活动的重要场所。其中,为数众多的高等院校担当着培养旅游管理人才的重要任务,为提高本区旅游资源开发利用程度提供了充足的人才。

五、经济繁荣,物产丰富,海陆空交通便捷

华北地处我国东部沿海经济发达地区,城镇化水平较高,是我国重要的重工业基地、农副产品基地、高新技术集聚地区和对外开放地区。雄厚的经济基础和科技实力是本区发展旅游的最有力保障。与此相应,本区重要城镇有大量中外流动人口从事各行各业的工作,形成本区旅游业发展的最佳客源市场。

由于本区自然条件较好,人类活动历史悠久,因而各类物产相当丰富,其中不乏吸引中外游客的纪念品、工艺品和土特产。从富丽堂皇的宫廷贡品到琳琅满目的民间手工艺品,从满汉全席、仿膳菜肴到风味各异的民族特色食品,应有尽有,是中外游客游览自然风光和历史文化古迹之余饱眼福和享口福的佳品,也是扩大本区旅游影响的良好宣传物品。

在华北旅游区中,北京是中国交通网络的总枢纽和世界重要交通中心之一。京沪高速铁路和京津城际铁路北京始发站——北京南站已经建成。京沪与京广

高铁、京津城际准高铁,专门始发高铁的北京南站均已建成运营。连接东北哈大高铁的津秦准高铁已经通车。目前,从北京出发的主要普速铁路干线有京沪、京哈、京广、京九、京原、京包、京承等,本区南部有东西向的石太、石德、济荷、兖石、胶济等普速铁路,构成了本区纵横交错的铁路网。胶济客运专线高铁已经投入使用。北京通往全国各省市自治区首府及重要城市有高铁动车组、直达特快列车、快速快车和城际列车,且有国际铁路线通往俄罗斯、朝鲜、蒙古等国。豪华舒适的动车组列车进一步缩短了城市之间、旅游景点景区之间的距离。

北京是全国航空运输中心,有多条国际航线和国内航线通往国外和国内各大城市。首都国际机场规模巨大,有三座航站楼,还正在筹建北京第二国际机场。天津、石家庄、济南、青岛也有数十条航线通往国内各大城市和一些国外重要城市。

区内公路运输也以北京为中心,辐射全国的高速公路有 6 条,国道有 12 条,加上天津、石家庄、济南、青岛等,形成四通八达的公路交通网络。其中相当部分是高速公路和通往风景名胜区的旅游专线公路,京津高速的建成与京津塘高速一起构成京津双高速通道。此外,本区还拥有不少优良港口如塘沽、秦皇岛、京唐港等,开通了多条通往国内外重要港口的海运航线。

六、旅游设施齐全,旅游业欣欣向荣

华北旅游区是我国旅游业起步最早的地区之一。经过建国后 60 多年,特别是改革开放以来的开发建设与发展,华北旅游资源得到了较为充分的利用,建成了众多享誉国内外的旅游热点,开辟了巨大的国内外客源市场和众多的旅游热线,旅游业的发展速度居全国领先地位。北京作为来华游客首选之地,其旅游创汇量即占全国的 1/6 以上。同时,本区与旅游资源开发利用相对应的旅游基础设施和专门设施建设也较完善。北京是我国最早引进外资建造旅游饭店的城市,以其为首的各大中旅游城市高中低档饭店林立;旅行社的旅游线路和旅游服务项目层出不穷;主要旅游城市的市内交通都很发达,并开辟了通往主要旅游景点的旅游专列和专线;在各山岳风景区内大都建有观光索道,有的还开辟了夜间游览山道。这些齐全的旅游设施,确保了华北旅游区的旅游质量,是华北旅游兴旺发达的重要因素之一。

北京、天津、秦皇岛、承德、青岛是本区最重要的旅游城市。

第二节　北京旅游副区

一、北京城市

北京，是中华人民共和国首都，也是四大直辖市之一，位于华北平原北端，辖西城、东城、海淀、朝阳等 14 区 2 县，是我国历史最悠久的城市和我国九大古都之一。北京市域面积 17000 平方千米，人口 1281 万；其中市区面积 12189 平方千米，人口 1211 万。

早在 46～23 万年前，北京猿人就在周口店附近聚居。公元前 1045 年，西周封尧之后于今北京城西南房山，召公于琉璃河处建都城，称“蓟”。春秋战国时期为燕国国都。秦统一后北京一直是北方重镇和军事要地。公元 10 世纪初，北方的辽国以这里为陪都南京，称燕京。1153 年，金灭辽后在此建都，改名为中都。1267 年，元朝以原中都的大宁宫（今北海）为中心重建都城，命名为大都，是今天北京旧城的前身。据载，当时的大都城周长 30 多千米，人口稠密，商贸发达，皇城宫殿富丽堂皇，山池苑囿景色优美，是当时世界上最壮观的城市之一。1368 年明朝建立，定都应天（今南京），将元朝大都宫殿尽行拆毁，改名为北平。1403 年，受封于北平的燕王朱棣取得帝位后，决定迁都顺天府，称为北京。由此开始了长达 15 年之久的皇宫及都城的兴建工程。1421 年朱棣正式迁都，并从各省移民数十万户到北京，以加速京城的繁荣。此后的明清两代数百年间，北京建造了大量的皇家园林、寺庙、陵园，著名的有三山五园、九坛十八庙、十三陵等，大部分保留至今，成为珍贵的历史文物和旅游胜地。民国初期亦设都于此十余年。1928 年国民政府定都南京后，改为北平。1949 年 10 月 1 日中华人民共和国成立，设北京市，定为首都。作为一座具有 3000 多年建城史和 800 多年建都史的城市，北京是我国最负盛名的历史文化名城。

北京是我国博物馆、纪念馆最多的城市之一。北京众多的历史文化遗存和名人故居多数已开辟为博物馆或纪念馆。

北京有中国科学院、中国社会科学院等大型科研机构和北京大学、清华大学、中国人民大学等著名高等学府。

二、中心城区旅游圈

中心城区旅游以古城古都风光和现代商务旅游为主,是北京旅游资源精华所在。北京旧城北为内城,南为外城,呈"吕"字型形,系明代在元大都旧址上改建而成。内城东西 6650 米,南北 5350 米,开正阳等 9 门。外城东西 7950 米,南北 3100 米。外城原拟包围内城,后财力不济,仅筑南面后即草草收工,北京城垣是明代的一个未完工程。北京明代旧城以永定门-正阳门-天安门-太和殿-干清宫-地安门至北城垣为南北中轴线,长达 8 千米。近年为奥运会兴建体育场馆,这条中轴线继续向南北延伸:南起南苑路首,北达奥林匹克公园天辰路。

1.故宫

故宫位于北京市中心,始建于明永乐四年(1406 年),是明清两朝的皇宫,内为宫城,外为皇城。宫城原名紫禁城,1925 年成立故宫博物院。这座征募 300 余万劳工,历时 15 年建成的紫禁城东西 760 米,南北 960 米,四周城墙高 10 米,总占地面积 72 万平方米;其外为宽 52 米的护城河——筒子河围绕。内有建筑 980 余座,房屋号称 9999.5 间(现存 8700 余间),总建筑面积 15 万平方米。这座建筑群是中国宫殿建筑艺术的最高成就和总结,是我国保存最完好、规模最大的古代皇宫建筑群。

紫禁城正门为午门,东为东华门,西为西华门,北为玄武门(清避康熙玄烨讳改神武门)。

紫禁城内建筑群大致可分为前后两大部分,即"前朝后寝"。"前朝"由太和门至干清门,以太和殿(明称奉天殿、皇极殿)、中和殿(明称华盖殿、中极殿)、保和殿(明称谨身殿、建极殿)三大殿为中心,是故宫建筑群中的主体部分。三大殿建筑在高达 8 米的工字型三层须弥座白石台基上。台基周围"落水"雕成龙头型,大雨滂沱时,形成"千龙吐水"的奇观。太和殿是主体,俗称"金銮殿",高 27 米,加上台基总高度超过 35 米。面阔 11 间,进深 5 间,建筑面积达 2300 多平方米。地面以"金砖"铺筑。殿前广场面积达 3 万平方米,地面铺砖达 15 层,是明清两朝举行大典的地方,凡遇新皇登极,颁发重要诏书,以及元旦、冬至、皇帝生日、进士黄榜发布等,都要在这里举行庆祝仪式;中和殿在太和殿之后,是皇帝临朝前休息或大典前演习礼仪之处;保和殿居三大殿最后,是皇帝赐宴外藩王公和殿试的地方。除三大殿外,前朝的重要建筑还有东侧的文华殿(太子读书和皇帝讲学之处)、文渊阁(宫内图书收藏之处)、传心殿(供奉黄帝、尧、舜、汤、文、武、周公和孔子牌位之处)、内阁(政府最高行政机构所在地),西侧的武英殿(编印大型书籍之处)、南熏殿(历代帝后图像收集之处)等建筑。

"后寝"即内廷,由干清门至御花园,主体建筑为干清宫、交泰殿和坤宁宫,即后三宫,是皇帝及后妃们生活起居之处。其中干清宫分东西暖阁,是卧室兼日常办公之处。宫中有块"正大光明"匾额,自康熙之后,皇位继承人的名字就放在此匾之后。交泰殿是册封皇后、存放玉玺之处,现收藏宝玺 25 件。坤宁宫在明代是皇后的寝宫,至清代改为祭神场所和皇帝大婚仪典之处。三宫两侧,是东六宫和西六宫,俗称六院,为嫔妃们居住之处。三宫后面是御花园,占地 12000 平方米,园内古柏参天、山石嶙峋,在人工堆砌的假山——堆秀山上建有御景亭,是皇帝及后妃们登高远眺之处。

紫禁城外绕以皇城,东西 2500 米,南北 2750 米。皇城正门天安门(明称承天门),东西北分别为东安门、西安门、地安门。天安门与午门之间有端门。天安门前有大明门(清改大清门,民国改中华门,已拆),两侧有长安左门、右门和千步廊。从大明门始,依次为大明门、承天门、端门、午门、太和门,方可进入太和殿,即古谓"五门之制"。辛亥革命和建国后陆续拆除长安左右门和中华门、千步廊等,改建为天安门广场。拆除东西北三面皇城墙,改建为道路,称皇城根儿。

故宫是我国收藏品最为丰富的博物院。1925 年成立故宫博物院之时,清点查收的故宫文物即达 117 万余件。1931 年"九一八"事变后,出于安全考虑,故宫文物精品先运至南方,后转运至西南大后方。抗战胜利后,部分运回故宫,部分运至台湾。目前,故宫藏品总数近百万件,分为十多个藏馆,代表着中国历代文化艺术的最高水平。其中一部分是孤品,唯在故宫方能观赏到。

2. 天安门广场

天安门广场位于北京市区中心,是世界上最大的城市中心广场。广场南北880 米,东西 500 米。这里原是明清皇城前的禁区,原面积 11 万平方米,1949 年后逐步扩大至现在的 44 万平方米,可容纳 100 万人集会。广场平整开阔,北依天安门,南到正阳门,东为中国国家博物馆,西边是人民大会堂,气势雄伟。在广场中轴线上,由南向北有毛主席纪念堂、人民英雄纪念碑和国旗的旗座、旗杆。天安门是明清时皇城的正门,初建于永乐十五年(1417 年),经多次重修,明末被焚。顺治八年(1651 年)重建成现在的样式。高大城台上为宽九楹深五楹的重檐歇山式城楼,通高 34.7 米,造型雄伟庄重。天安门图案已成为我国国徽的组成部分。城台开券门 5 洞,门前有金水河、石狮、五座玉带般的金水桥,四角立华表。旧时皇帝出征、颁诏书、祭路、祭旗、献俘等都在这里举行仪式,现在这里是举行重大庆典的地方。

1949 年 10 月 1 日,中华人民共和国开国大典,在此隆重举行。从 1988 年起天安门城楼对中外游人开放。

毛主席纪念堂位于天安门广场南边,是座正方形建筑,每边长 105.5 米,高33.6 米,建筑面积 2 万平方米,44 根八角形花岗石柱环绕。由北面正门入内,进入北大厅,中央为 3.45 米高汉白玉雕毛主席坐像。绕至中部的瞻仰厅,黑花岗石棺床上,安放着水晶棺,毛主席遗体安详地躺在棺内,遗体上覆盖着中国共产党党旗。出门到南大厅,北墙上镌刻着毛主席手书的《满江红·和郭沫若同志》词。纪念堂内,分别设立毛泽东、刘少奇、周恩来、朱德的革命业绩纪念室,陈列有关文物、文献、图片和书信。

中国国家博物馆位于天安门广场东侧,由 12 根巨型方柱组成 33 米高门廊,气势巍峨。大厦长 313 米,宽 149 米,建筑面积 6.5 万平方米。中央大厅以南原为中国历史博物馆,其前身为北京历史博物馆,初建于 1912 年 7 月,现收藏中国历代珍贵文物 30 多万件,内有"中国通史陈列",展出文物约 9000 件,展出的实物表现了中国几千年灿烂的文化和科学技术的光辉成就;北半部原为中国革命博物馆,馆内收藏自 1840 年鸦片战争以来近、现代革命历史文物 10 万多件,照片 6 万多张,书刊资料近 20 万册。目前有"旧民主主义革命时期"(1840～1919年)和"中国共产党史"(1919～1949 年)陈列。展出文物、文献、模型、图表、照片和绘画约 4000 多件。2003 年两馆合并为中国国家博物馆,并扩建至 18 万平方米。

3. 中山公园

中山公园在天安门西侧,即明清时的社稷坛,为祭土地之神和五谷之神的地方,900 多年前这里有座兴国寺,原寺已毁,但园中仍有千年古柏 7 棵,园内面积24 万平方米。现社稷坛、拜殿(中山堂)保存完整。社稷坛为汉白玉砌成,方形三层,上层边长 16 米,中层 16.8 米,底层 17.8 米。坛面由对角线和中圆线分为五部分,正中立江山永固石,中圆铺黄色土,四边分铺东青、西白、南红、北黑,总称五色土,象征全国领土。园内有唐花坞、水榭、兰亭碑亭、长廊、保卫和平坊等景物和大片柏树林。1925 年孙中山先生逝世后,曾在此停灵,因此命名为中山公园,园内有中山先生全身塑像。

4. 中南海

中南海位于故宫西侧,是中海和南海的总称,明清时期作为皇家泛舟消夏之处,建国后是党中央、国务院的办公地和毛泽东主席的住处。至 20 世纪 80 年代才将中南海对外开放。中南海主要景点有流水音亭、勤政殿、瀛台、新华门、丰泽园、静谷园等。其中瀛台是南海中一小岛,三面临水、林木葱郁、叠石奇伟、建筑精巧、风景宜人,是清代皇帝听政赐宴之处,戊戌变法失败后光绪帝曾被囚于此。新华门是中南海的南门,原名宝月楼,民国初年袁世凯将中南海作为总统府,此处为总统府大门,将大门宝月楼改名新华门。丰泽园始建于康熙年间,园内有一块一亩三分的皇帝专用"演耕地",是清代皇帝祭祀农神之前演耕之处。建国后,毛泽东主席的办公住所即在园内的"菊香书屋",现为毛泽东主席日常用物陈列室。

5.景山

景山又名煤山,元代是一土丘,明清两朝建成为皇宫的后院。全园面积 23 万平方米,中峰海拔 88.7 米,1750 年在山上建了五座亭子,一字排开,有主有次,又造型不同,组成一组秀丽的景观。中峰万春亭是眺望京城的好地方。东山坡上,有明末崇祯皇帝自缢处;山前建倚望楼,山后有寿皇殿、观德殿(现在是北京市少年宫)等。

6.北海

北海是世界上现存最早的古典皇家园林,位于故宫的西北。它始建于金大定六年至十九年(1166～1179 年),原先是按海上仙山神话意境布局而建的离宫。元朝以这里为中心,设计建造大都城。明永乐皇帝朱棣迁都北京后,就在元大都城基础上,重建了北京城和宫殿,这就是今天北京城区的前身。清朝建都北京后,又继续修建。现存建筑,大部分都是清朝遗留下来的。现在面积为 68 万平方米,水面约占一半。园内以琼岛为中心,四面环水,岛上的亭廊殿塔,幽洞石室,掩映在浓荫之中。800 多年前的金代,这里是"燕京八景"之一,称之"琼岛春阴"。湖的东岸北岸有画舫斋、静心斋和濠濮涧三座精巧的园中园,造园技艺高超。北岸还有几处寺庙建筑和九龙壁、五龙亭、小西天等。南边隔永安桥有团城,这座三面环水的城堡内,有造型别致的承光殿,元代珍贵文物大玉瓮陈放在玉瓮亭内。城上亭斋环立,古松如盖,组成一处城堡式园林。

7.天坛

天坛是世界上最大的古代祭天建筑群,位于永定门内大街东侧,永乐十八年(1420 年)创建,占地 273 万平方米。全园建筑布局严谨,建筑结构奇特,建筑装饰瑰丽,是世界建筑艺术的珍贵遗产。主要建筑有祈年殿、皇穹宇、圜丘坛、斋宫等。在建筑物的平面和色彩上,有很多地方突出"天"的象征,如圆形、蓝色等;在建筑结构和造型上,巧妙利用了力学、声学、美学以及几何学原理。其中,祈年殿是三重檐木结构圆殿,直径 32.72 米,高 38 米。如此高大建筑,殿内没有大梁长檩,全部用木构件层层榫接支撑。圆殿矗立在三层围栏的汉白玉石台基上,殿檐层层收缩,更显得气势宏伟,通天接地;皇穹宇为单檐圆殿,殿内也不用大梁,殿顶为较为罕见的三层天花藻井。殿外有回音壁、三音石和对话石;圜丘坛的坛面、台阶、栏杆数目,都是九或九的倍数。这三座建筑的平面共有十一个圆,象征"天";殿檐覆蓝瓦,象征蓝天。数字"九"为奇数中最大的数,叫做极阳数,也象征天。天坛的建筑布局、设计,虽带有浓厚的神秘色彩,但具有极高的艺术水平和学术价值。

8.雍和宫

雍和宫是北京最大的喇嘛庙,位于北新桥北边,1725 年由雍正府宅的一半改建而成,占地 6.46 万平方米,建筑严整宏丽,有 6 进大殿。法轮殿造型别致,殿顶有 5 座小阁,殿内供奉 6.1 米高铜铸黄教祖师宗喀巴像,其后是檀香木雕的罗汉山,上有金、银、铜、铁、锡制成的五百罗汉。万佛楼最宏伟,高 30 米,内有一座白檀木雕成的弥勒佛,高 18 米(地下还有 8 米),造型恢弘壮观。每旬一日,这里举行法会;农历正月三十、二月初一举行跳布扎(俗称"打鬼")驱邪求平安。

9. 颐和园

颐和园是清代皇家避暑行宫,外国人称之为夏宫,位于市区西北部。这里原是一处风景胜地,乾隆十五年(1750 年)乾隆为祝母寿,开始建清漪园。全园面积为 290 万平方米,由昆明湖、万寿山组成,水面占四分之三。园内吸取全国各地造园艺术手法,依山湖形势,布置各式建筑,布局精当,各具巧思。湖上仿杭州西湖,筑两道堤和三个小岛,象征海上仙山,又以西山、玉泉山为借景,山湖秀丽,气象万千。此园曾两度受外国侵略军抢劫、焚烧,两度重修,但后山庙宇、园林仍未恢复旧观。园内有四个游览区:

(1)东宫门区,有仁寿殿、德和园、乐寿堂等,是皇帝理政和生活区;

(2)前山区,建筑集中,富丽堂皇,有排云殿、佛香阁、长廊等,为全园建筑的精华部分;

(3)后山后湖区,后山多宗教建筑和秀巧的园中园,林木葱郁,山路曲折;后湖忽宽忽窄,有南方水乡的秀丽,除藏式宗教建筑外,还有多宝塔、谐趣园、苏州街等;

(4)南湖区,有西堤云桥、南湖岛等,十七孔桥如玉带横空,美若长虹,廓如亭、铜牛、知春亭、景明楼、文昌阁、涵虚堂等,各有妙趣。

颐和园是世界上造景最丰富、保存最完整的皇家园林。

10. 圆明园遗址公园

圆明园遗址公园位于海淀西北,原是中国最大最美的皇家园林,有"万园之园"的美誉,包括圆明园、万春园和长春园,总称圆明园,总面积达 347 万平方米。从康熙四十八年(1709 年)连续施工 150 多年建成,移植全国最有名的园林胜境,集中国传统造园艺术之大成,还建造一组巴洛克式的欧洲古典风格建筑,俗称西洋楼。全园原有 160 多处景点,有仿杭州西湖、苏州园林、庐山秀色、绍兴兰亭等风景,还有蓬岛瑶台等,河湖环绕,山林棋布,五光十色,建筑雕饰、装修豪华,家具陈设考究,又收藏有历代珍宝文物,美不胜收。这座举世无双的名园,在 1860 年被侵入北京的英法联军洗劫、破坏后,纵火焚烧,大火三天三夜未熄,全园化为灰烬。现经局部整修,已建成遗址公园。

11. 世界公园

世界公园位于北京丰台区大葆台,按五大洲版图划分为 17 个景区,以 10:1

的比例,仿建了 40 个国家的 109 处景点。如埃及金字塔、法国巴黎圣母院、澳大利亚悉尼歌剧院、印度泰姬陵等。美国世界贸易中心大厦双子楼虽然遭袭被毁,但微缩模型在世界公园却依然存在。

12.奥运体育场馆

为迎接第 29 届奥运会,在北京新建和改扩建 31 座体育场馆,其中新建的 12 座。国家体育场"鸟巢"和国家游泳中心"水立方"等是北京最新的旅游吸引景点。

国家体育场"鸟巢"于 2008 年 6 月 28 日宣告竣工,其外部为用钢量 4.2 万吨的双曲线马鞍型网状结构,占地 21.4 万平方米,建筑面积 25.8 万平方米,南北长 333 米,东西宽 298 米,高 68 米,赛时座席 9.1 万个。

国家游泳中心"水立方"2008 年 1 月 28 日竣工,占地面积近 8 万平方米,是一座蓝色的水晶宫殿式的建筑。这座晶莹剔透的建筑,以巧夺天工的设计,纷繁自由的结构,简洁纯净的造型而引人注目。

"鸟巢"和"水立方"成为百年奥运史上的经典性标志性建筑。

此外,北京城区的旅游景点还有中南海门前的浑圆玻璃顶国家大剧院、人民大会堂、劳动人民文化宫(太庙)、琉璃厂(厂甸)、恭王府花园、北京大观园、中华民族园、北京动物园(皇家庄园)、大钟寺、孔庙(北京博物馆)、国子监(首都图书馆)、古观象台、宋庆龄故居、郭沫若故居、道教胜地白云观、伊斯兰教胜地牛街清真寺,以及星罗棋布的弥漫浓浓京味文化的大小胡同等。

三、近郊平原丘陵旅游圈

近郊旅游圈位于北京中心城区外围,地形上东南部是平原、西北部主要是低山丘陵。主要旅游点有:

1.香山

香山位于西山东麓,因山顶有巨石形如香鼎而称香炉山,简称香山,是北京地区一座历史悠久的山林公园。1186 年金代在此建香山寺,以后历代增建,乾隆时扩成 28 景,改名静宜园。1860 年和 1900 年曾遭严重破坏。现存双清别墅、见心斋、琉璃塔、玉华山庄、香炉峰等景点。近年又修复了知乐濠、璎珞岩等景点。全园面积约 160 万平方米。园内树木繁多,其中半数为黄栌、红枫,深秋时节是观赏红叶的著名胜地。同时,香山四季各有特色,早春时,花园锦簇,香飘满园;夏季如遇烟雨空蒙,云气弥漫,人称"香山烟雨";冬季雪后,"西山晴雪"为燕京八景之一。现半山腰尚存乾隆题写的"西山晴雪"碑。

2.碧云寺

碧云寺位于香山东北侧,是北京近郊风景区中最雄伟壮丽的一座古老寺院。

始建于元代,明清时多次扩建,寺内中路依山建殿堂五进,层层上升。第五进原名普明妙觉殿,1925年,孙中山先生在北京逝世后,曾在此殿停灵,以后就改为孙中山纪念堂。正厅中央有孙中山半身塑像,正厅两厢有展室,陈列孙中山从事革命活动的图片、手迹和著作。寺后有1748年建造的一座精美的金刚宝座塔。此塔高34.7米,全部用汉白玉砌成,塔身布满具有西藏民族风格的浮雕。在塔座基上层券门内石室中,曾暂停过孙中山的灵柩。1929年移葬南京时,孙中山衣帽就封存在室内,成为孙中山先生衣冠冢。中路南侧为五百罗汉堂,北侧为行宫院。

3.北京植物园

北京植物园位于西山卧佛寺附近,规划面积400万平方米,以收集、展示和保存我国华北、东北、西北地区的植物资源为主,集科学研究、科学普及和游览功能为一体。植物园现已建成开放区200余万平方米,由植物展览区、名胜古迹游览区和自然保护区组成。植物展览区包括观赏植物区、树木园、盆景园、温室花卉区。观赏植物区由牡丹园、芍药园、月季园、碧桃园、丁香园、木兰园、集秀园(竹园)、海棠枸子园、绚秋苑、宿根花卉园、水生植物园和正在筹建中的梅园等12个专类园组成;树木园由银杏区、松柏区、槭树蔷薇区、椴树杨柳区、木兰小檗区和正在兴建的悬铃木麻栎区、泡桐白蜡区组成;盆景园于1995年建成开放;2000年1月1日对外开放的温室栽培展示来自世界各地的数千种热带亚热带植物,是目前亚洲最大的植物展览温室。园内引种栽培植物56万余株,5000余种(含品种),铺草90万平方米。名胜古迹游览区由卧佛寺、樱桃沟、隆教寺遗址、"一二·九"纪念亭、梁启超墓地、曹雪芹纪念馆等组成。

4.卧佛寺

卧佛寺位于西山北部寿安山南麓,初建于7世纪,原名兜率寺,后改为十方普觉寺,1321~1331年重新扩建,并冶铜25万千克铸大卧佛,经一年铸成,故俗称卧佛寺。佛身长5米多,横卧于巨型木榻上,一臂平伸,一臂曲肱而枕,神态安详自如,据传说是释迦牟尼临终前向弟子们嘱咐时的情景,铸造工艺精美。寺内有殿四重,寺前有精美琉璃牌坊。

5.八大处

八大处是指分布在翠微、平坡和卢师三座山中的八座寺庙,故名。二处灵光寺辽塔塔基内,曾珍藏释迦牟尼佛牙舍利。据佛教典籍记载,释迦牟尼逝世后,留下四颗佛牙,其中一粒于11世纪传入中国,安放于此寺塔内。原塔于1900年毁于八国联军炮火。1964年中国佛教协会建成一座高51米、13层八角密檐砖塔,塔基石室中安放佛牙,故名佛牙塔。其余七座古庙(长安寺、三山庵、大悲寺、龙泉庵、香界寺、宝珠洞、证果寺),都掩映在林木之中,景色幽邃。每年秋季,山上五彩缤纷,是登高览胜、观赏红叶的好地方。

6.潭柘寺

潭柘寺位于北京西南 40 多千米潭柘山中,初建于晋代(265～316 年),是北京最古老的寺庙,故民间有"先有潭柘寺、后有燕京城"一说。潭柘寺原名嘉福寺,因寺前有柘树,寺后有龙潭,故名潭柘寺。寺内有千年古银杏树一株,高 10 多丈,树干粗数人之围,相传为辽代所植,曾被封为"帝王树",至今仍枝繁叶茂。全寺规模宏大,布局严整,有东、中、西路:中路有山门、天王殿、大雄宝殿、斋堂和毗卢阁;东路为方丈院、延清阁和行宫院;西路有楞严坛、戒坛、观音阁和一些经院,山门外有安乐堂和上下塔院,塔院内有 71 座金代以来的和尚墓塔,非常珍贵。寺后龙潭,方广丈余,清澈见底;而寺前原有的千株柘树都已失存,仅补植数株。

7.卢沟桥

卢沟桥位于广安门外永定河上,是北京最古老的联拱石桥,金明昌三年(1192 年)建成,桥长 266.5 米,宽 7.5 米,下有 11 孔。连同桥头大石狮,桥上共有石狮 498 只,生动活泼,形态各异。石桥造型优美,筑造坚固,至今仍保持原貌。桥东为宛平城,建于明崇祯十一年(1638 年)。1937 年日本帝国主义全面发动侵华战争,中国人民抗日战争序幕在此揭开,现宛平城建有"中国人民抗日战争纪念馆"。

四、远郊山地旅游圈

远郊山地旅游圈位于北京西北部,以山地景观为主,保留较多自然生态和文化遗产。主要旅游点有:

1.长城

长城是世界上最长的防御城墙,为世界七大奇迹之一。公元前 7 世纪战国时期,中国西北地区几个诸侯国,在各自领地上筑起防卫墙。公元前 221 年秦统一中国,把其中有用的防卫墙连接起来,增筑加固,建起从西北到东北的万里长城。其后,汉武帝增筑外长城,长达两万多里,以后历代都有修建。到了明代,进行大规模筑造,以条石为基,用城砖包砌,并在城上建敌楼,坚固壮观。明长城西起嘉峪关,东到鸭绿江边丹东市虎山,全长 7000 多千米。山海关以东用柳条为骨夯土筑成,又叫"柳条边",现在仍有迹可寻。长城历史悠久,工程浩大,施工艰险,是中华文化和民族精神的象征。1987 年,长城成为中国首批列入世界遗产目录的首项世界文化遗产。北京为明朝京师重地,京郊长城筑造格外宏伟坚固,郊区目前尚存长城 629 千米,敌楼 827 座,大部分属长城精华部分。其中八达岭、居庸关、慕田峪、古北口、司马台、白岭关、笔架山、黄花城等处已开辟为游览景点。

八达岭长城在延庆县境内,地势险要,又为交通隘口,城高平均 7.8 米,上宽 5.8 米,每隔二三米有敌台,气势雄伟。其北建有中国长城博物馆;其南居庸关有关城,城内有至正五年(1345 年)时建的过街塔,俗称云台,台下券洞内有梵、藏、汉等六体文字石刻及一批佛像浮雕,极为珍贵。

慕田峪长城在北郊怀柔县境内,离北京市区 73 千米。这里山势险峻,林木葱茏,植被覆盖率达 70% 以上。长城筑山脊、谷口,陡峭山脊直上 1039.8 米险峰。正关台三座敌楼相连并立,这种形式尚属孤例。在 4000 米长城间,敌楼密集,有 30 座之多。这一带长城始建于北齐天保六年(555 年),现有长城为明朝重修。

2. 周口店北京猿人遗址

周口店北京猿人遗址位于北京西南周口店镇龙骨山,是世界上发现直立人化石、用火遗迹和原始遗存最丰富最系统的旧石器时代早期阶段的古人类文化遗址。1929 年 12 月 2 日,在龙骨山北坡一个大洞穴内,发掘出第一个完整的北京猿人的头盖骨。这里是 46~23 万年前北京猿人聚居的地方。以后又在附近发掘出“山顶洞人”(原始黄种人)和“新洞人”遗骸、牙齿。这一带共有 20 处洞穴,发掘出大量古人类遗骸、用火遗迹、石器等,对研究古人类史有重要科学价值。

3. 明十三陵

明十三陵位于北京北郊天寿山下,是明代迁都北京后十三个皇帝陵墓的统称。陵区总面积达 40 平方千米,施工时期长达 200 余年,是目前世界上保存完整、埋葬皇帝最多的陵墓群。整个陵区以明成祖朱棣的长陵为中心,周围分布着献陵、景陵、裕陵、茂陵、泰陵、康陵、永陵、昭陵、定陵、庆陵、德陵、思陵。各陵除面积大小、建筑繁简有异外,布局与规制基本一致。其中以地面建筑规模最大的长陵和已挖掘地下宫殿的定陵最为著名。

长陵建于 1413 年,陵前神道长达 7 千米,起始处有一大石牌坊,高 14 米,宽 29 米,结构宏伟,配有石雕的麒麟、狮子和其他怪兽图案;神道中央碑亭上题名“大明长陵神功圣德碑”,碑文长达 3500 多字,这也是十三陵中唯一刻有文字的石碑;神道两侧是 18 对精美的大型石雕(石象生),石人都是立像,石兽六立六卧,体形高大,造型生动;神道后长陵的建筑中,以棱恩殿规模最为宏伟,是我国现存木构建筑中形体最大的一座大殿。全殿总面积达 1956 平方米,由 60 根巨大的金丝楠木柱支撑,中央 4 根直径达 1.71 米,极为珍贵;殿后为宝城,围绕着长陵的主坟。

定陵是明神宗万历皇帝朱翊钧与孝端皇后(王氏)、孝靖皇后(王氏)的合葬墓,位于长陵西南 2 千米的大峪山下。从万历十二年开始营建,历时 6 年完工,施工用料极为考究,地面建筑除明楼外,全部被毁。1956 年开始对定陵地宫挖掘。定陵地宫距墓顶 27 米,保存完好,有前、中、后和左、右侧室共五室,总面积1195 平方米,全部是石结构拱券式建筑。后殿高 9.5 米,长 30.1 米,宽 9.1 米,有汉白玉石砌棺床,放置着三具朱漆楠木棺,棺中有皇冠和凤冠 4 顶,大量金银玉器和金线织锦。棺外有红漆木箱 26 具,内藏随葬金银玉器 300 多件,后殿还有万历和两位皇后的谥册和宝印。定陵的地下建筑经过发掘整理,于 1959 年正式辟为定陵博物馆对外开放。

4.石经山

石经山位于上方山之南,原名白带山,又名小西天,因藏有大批石经而得名,山上有九个藏经洞,最大的是雷音洞。该洞又称千佛洞,洞内石柱上雕有 1000多个佛像。山上九洞和山下南塔内共藏石经 14000 多方,自隋朝静琬和尚开始建造,历代相承,直至明末清初才结束。石经山西沟云居寺是隋唐以来历代河北地区的佛教圣地,现存有一座辽塔。

此外,远郊山地的著名旅游景点还有十渡、龙庆峡、松山、百花山、康西草原、妫河漂流、京东大峡谷、沟崖、红螺寺、白河风景区等。

五、工艺品和土特产品

北京的工艺美术品以"四大名旦"最为著名,即景泰蓝、牙雕、玉器、雕漆。此外还有:地毯、绒鸟、绢花、宫灯、京绣、京剧脸谱及戏装、面人、泥人、绢人、风筝、剪纸、玻璃料器等。

北京的土特产品主要有北京烤鸭、蜜饯果脯、茯苓饼、金丝小枣、仿膳宫廷菜点、二锅头酒、中成药等。北京烤鸭起源于明代,迁都北京后皇室利用南京进贡的仔鸭圈养填喂,育肥后成为填鸭。全聚德烤鸭店以北京填鸭为原料,鸭体肥硕,采用挂炉果木烤制,成品皮脆肉嫩,脂肪层酥脆,香味扑鼻,配上甜面酱和葱白解腻,面皮包裹,食用方法独特,风味浓郁。

北京的地方戏曲种类繁多,韵味十足,主要有京剧、昆曲、京韵大鼓、琴书、单弦、相声、评书、快板等。

第三节　天津－冀北旅游副区

天津－冀北旅游副区包括天津市、河北北部滨海地带和冀西北山地,主要旅游城市有天津、承德、秦皇岛等。

一、天津城市

天津市是我国四大直辖市之一,中国北方最大的沿海开放城市,素有"渤海明珠"之称。天津市域总面积 1.2 万平方千米,总人口 1000 万;市区面积 7420 平方千米,人口 821 万,其中市中心区人口 370 万,辖 13 区(和平、河东、河西、南开、河北、红桥、东丽、西青、津南、北辰、宝坻、武清和滨海新区)、3 县(蓟县、宁河、静海)。

天津市地处华北平原的东北部,海河流域下游,东临渤海,北依燕山,西靠首都北京,是海河五大支流南运河、子牙河、大清河、永定河、北运河的汇合处和入海口,素来有"九河下梢"、"河海要冲"之称。天津距北京 120 千米,海岸线长 152.8 千米,地处中国北方黄金海岸的中部,不仅濒临首都,还是华北、西北广大地区的出海口,是中国北方对内、对外开放两个扇面的轴心,是亚欧大陆桥中国境内距离最短的东部起点。天津港是中国北方最大的综合性贸易港口,拥有全国最大的集装箱码头,与世界上 170 多个国家和地区的 300 多个港口保持着贸易往来。天津滨海国际机场有多条国际、国内航线。天津铁路枢纽是京山、京沪两大铁路干线的交汇处。目前天津已经形成了以港口为中心的海、陆、空相结合的立体式综合性现代化运输网络。

天津城市的形成,始于隋朝大运河的开通。唐中叶以后,天津成为南方粮、绸北运的水陆码头。宋金时期,称"直沽寨"。元朝改称"海津镇",是军事重镇和漕粮转运中心。明永乐二年(1404 年)筑城设卫,由于这里曾经是天子经过的渡口,所以赐名天津,称"天津卫"。清朝初年,随着天津地方经济的发展,原来卫的设置已经不能适应当时的形势,于是把天津卫改成天津直隶州;不久,又升为天津府,管辖天津、静海、青县、南皮、盐山、庆云、沧州等六县一州。清咸丰十年(1860 年)帝国主义强迫清政府辟为商埠,1928 年设天津特别市,1930 年改天津市。1949 年设为中央直辖市,1958 年改属河北省领导,1967 年复改直辖市。

天津有一部沧桑的近代史,却也因之而得以发展。《南京条约》、《天津条约》、《北京条约》相继签订后,天津被开辟为通商口岸。由于西方资本主义国家在这里抢占地盘,强划租界,建立自己的势力范围。自开埠以来到 20 世纪初,先后有 9 个国家在天津强设了租界。天津开埠以后,曾经使大批的外国商人欣喜若狂,他们非常希望能够通过天津占领中国北方的广大市场。据说,一些西方国家甚至盼望着有朝一日天津能"在重要性上压倒上海",或者至少把那些地区的商业吸引过来。所以各国租界的设立,都选在水深河阔的海河上游沿岸,而且陆续修筑了先进的停船码头,为租界发展成为天津港口的航运中心创造了条件,并由此促进租界的繁荣,使租界逐渐形成了城市的经济中心区。在天津开埠的当年,就有 100 多艘外国商船装着 5 万吨的货物来到了天津。也许很多外国商人抱着试探的心情来到天津,但是他们获得了利润,这告诉他们:到天津来对了。从此来天津的商人和商船与日俱增。到 1899 年的时候,天津的进口贸易额增长了 5 倍,出口贸易额增长了 9 倍,连外国人控制的海关在总结这种情况时,也不得不承认,历史为天津确定的主调是"本商埠不顾一切阻碍,持续地向前突进"。

1902 年起,市内和平路逐步形成著名的商业街。此街北起东南城角,南至渤海大楼,全长 2100 多米,自开辟以来就以繁华著称。20 年代末期,随着著名的天祥商场、劝业场、中原公司、国民饭店、惠中饭店、交通饭店及渤海大楼等高大建筑的出现,街道日趋繁华,交通线路汇集,形成了中外巨商、买办、达官显贵聚集游乐的豪华区域。

天津不仅是近代发展起来的工商业和港口贸易城市,而且还是一座历史文化名城。开埠以后,天津城市发展迅速。一方面,西方文化通过这个窗口传播进来;另一方面,居民生活中富有民间色彩的民俗文化获得空前的发展。天津不但是白话小说、话剧和中国北方三大剧种的摇篮,而且还是什样杂耍和多种民间工艺的发祥地,涌现出一批著名的表演艺术家,在中国近代文化史上,天津同样占有不可忽视的重要地位。

天津高等学校主要有南开大学和天津大学。

天津是著名的旅游城市。天津历史上曾有明代的"直沽八景"、清代的"津门八景"等景观。但由于年代久远,天津的城市面貌不断发生变化,明清景致大多已不复存在。1989 年 4 月,天津今晚报社发起推荐天津景观活动,历时两个月,共推荐景点 39 处。1990 年"津门十景"及其命名正式诞生。

"津门十景"即:

冀北雄关——长城黄崖关

海门古寨——大沽炮台遗址

独乐晨光——蓟县独乐寺

三盘暮雨——盘山游览口

沽水流霞——海河风景线

龙潭浮翠——水上公园

中环乡恋——中环路风景线

故里寻踪——古文化街

双城醉月——南市食品街、旅馆街

天塔旋云——天津电视塔

除津门十景外,全市已发现文化遗址、古墓群、古建筑革命遗址等各类文化遗址近千处。此外博物馆还收藏、积累名贵文物和具有科学价值的标本数十万件。

天津既是历史文化名城，又是北方文化重要发祥地。清初以水西庄文化为代表的天津文学曾鼎盛一时。天津书画、美术艺术源远流长，清代以来，更是名家辈出。在民间工艺方面，画面绚丽的杨柳青年画、形神兼备的"泥人张"彩塑、彩绘逼真的"风筝魂"、玲珑剔透的"砖刻刘"砖雕堪称天津工艺四绝。

天津饮食文化丰富多彩，从隋朝大运河的开通开始形成自己的风格，它不仅局限于中华民族的烹饪、酒、茶这三大饮食文化，更饱含着多年来天津地域文化的深厚历史积淀和人文精神。天津的美食餐饮在全国都是独具特色的，不但吃出了名气，还吃出了水平。据说乾隆几次下江南路过天津，"嗷"过几顿后赞不绝口，竟将黄马褂和五品顶戴花翎赐给厨师。走在天津，各种风味食廊和许多遍布街区闹市的各式餐厅、饭庄、快餐店不时有阵阵"撩人食欲"的香气扑鼻而来，一些有名气的食店甚至需要预约、排队才能就餐。

天津小吃有三宝：狗不理包子、十八街麻花和耳朵眼炸糕。狗不理包子的创业者名叫高贵友，脾气倔强，外号"狗不理"。他做的包子色白面软，包子馅肥瘦得当，肥而不腻，吃口流汁，远近闻名，人们就把他的包子称为"狗不理包子"，而其真正店号"德聚号"却几乎无人知晓。除此之外，还有煎饼果子、锅巴菜、糖炒栗子、茶汤等美味，让你感受到浓浓的津人生活气息。

津门菜系最有代表性的要属八大碗、四大扒和冬令四珍。所谓的八大碗酒席具有浓厚的乡土特色，每桌坐八个人，上八道菜，都用青一色的大海碗，八碗前的凉碟酒肴是六个或者十二个鲜冷荤。八大碗的做法还有粗细之分。细八大碗指熘鱼片、烩虾仁、全家福、桂花鱼骨、烩滑鱼、面筋、汆肉丝、串大丸子、烧松肉等选编而成。粗八大碗也由炒青虾仁、烩鸡丝、全炖、蛋糕蟹黄、海参丸子、元宝肉、清汤鸡、折烩鸡、家常烧鲤鱼等选编而成。四大扒则不同于八大碗，它不是可单独成席的菜肴，而是为成桌酒席的其他主菜起衬托作用的配菜。四大扒并不是只有四种，而是相对八大碗而言的，它只是配菜，所以称四大扒，主要包括扒整鸡、扒整鸭、扒肘子、扒方肉、扒海参、扒面筋、扒鱼等。冬令四珍指的是铁雀、银鱼、紫菜、韭黄。南市食品街汇集了全国各地著名味美佳肴，到这里尽可大饱口福。

二、园林寺庙之城——承德

承德位于河北省东北部，是一座具有北国风光兼江南景色的山城。该城始建于 18 世纪初，是清朝皇室为避暑和加强民族团结，巩固北方边防，在此大兴土木修建避暑山庄等建筑，进而逐步形成城市，成为清朝的第二政治中心。承德

1928年至1956年曾为热河省省会。承德城市本身不大,是我国唯一的园林规模超过城市规模的城市。

1.避暑山庄

避暑山庄位于承德市区北部,也叫"热河行宫",或俗称"承德离宫"。建于清康熙四十二年至乾隆五十五年(1703~1790年),占地560万平方米,周围宫墙长10千米。行宫园内围进了许多山丘,行宫周围山岭环抱,故康熙题名"避暑山庄"。原为清代皇帝避暑和从事各种政治活动的地方,是我国现存最大的古代皇家园林。山庄内有大小山岭、溪谷、平原和湖泊。宫墙随山势的起伏而修筑,有丽正门、德汇门、碧峰门等5道门出入。宫墙内分别按地形恰如其分地布置了一系列宫殿、楼阁、亭台、庙宇、塔寺等,构成一处富有民族风格的大型园林。宫殿园林落成后,康熙曾在山庄内题咏了三十六景"御制诗",并附入图画。后乾隆也题三十六景,即所谓七十二景。整个山庄,湖水清流、山峦苍翠、林木葱茏、殿宇巍峨,有各类建筑100多处,分成宫殿区和苑景区两部分。

宫殿区位于山庄的南部,包括正宫、松鹤斋、万壑松风、东宫四组建筑,是清帝处理朝政和居住的地方。这些宫殿全为青砖素瓦,被参天的古松包围其中,别具一格。正宫中的澹泊敬诚殿,整个为楠木结构,俗称楠木殿,是山庄的正殿,各种隆重的大典大都在此举行。

苑景区又分为湖区、平原区和山区三部分。湖区在宫殿区北面,主要以山庄诸泉为水源,利用堤岸、亭榭、小桥将湖面分割成多个独立而又相互联系的风景区。这里有的仿镇江金山寺,有的仿苏州狮子林,有的仿嘉兴烟雨楼,有的仿杭州芝径云堤,置身湖区,一派江南风光。湖区以北是平原区,沿湖岸自东而西有"甫田丛樾"、"莺啭乔木"、"濠濮间想"、"水流云在"四亭,往北有万树园。在平原区西部,仿浙江天一阁建有文津阁,贮藏过一部"四库全书"。山区在山庄的西北部,约占山庄面积的五分之四。那里有连绵起伏的山峦,有幽静深邃的峡谷。几个高峰上原有四亭,现仅有"南山积雪"一亭。登亭远眺,磬锤峰、蛤蟆石、僧帽山、天桥山、鸡冠山等奇峰怪石和外八庙的幢幢建筑,均一览无余,颇为壮观。

2.外八庙

外八庙位于避暑山庄东面和北面的山麓,于清康熙五十二年至乾隆四十五年(1713~1780年)陆续建成。当时先后共建寺庙11座,其中8座归北京皇宫统辖,故称"外八庙",现仅存7座。依次排列为:溥仁寺、普宁寺、安远庙、普乐寺、普陀宗乘之庙、须弥福寿之庙、殊像寺。外八庙主要是一些喇嘛庙。清帝之所以建筑这些庙宇,按照乾隆的说法,就是要采取"因其教,不易其俗"的政策,把喇嘛教颁布为国教。这是为了顺应各少数民族(特别是蒙古族)上层人物对喇嘛教的信仰,密切他们同中央政府的联系,以达到"合内外之心,成巩固之业"之目的。外八庙的最大特点是吸取了中国各地建筑布局特征,表现了各不相同的民族建筑风格,可以说是集古代庙宇建筑之大成,是难得的艺术珍品。其中建造年代最早的是溥仁寺,俗称前寺,位于武烈河东岸的山麓下,建于清康熙五十二年(1713年)。这一年,各部蒙古王公贵族来承德庆祝玄烨六十寿辰,特建此庙以为纪念。溥仁寺依山傍水,坐落平原。渡桥入寺,幽静宜人,确有寺内碑文所说"带水尘风隔,屏山秀色融"之感。外八庙中规模最大的是普陀宗乘之庙,位于山庄后狮子沟北峰,占地面积22万平方米,气势雄伟,仿当时喇嘛教中心——拉萨布达拉宫,于清乾隆三十二年(1767年)建成,"普陀宗乘"是藏语"布达拉"的意译,因此,此庙又称小布达拉宫。此外,普宁寺的"大乘之阁"有一尊22米高的千手千眼观世音菩萨,是我国最大的木雕佛像。

3. 金山岭长城

金山岭长城位于滦平县南缘101国道东侧京冀交界处,全长47.5千米,其中24.5千米是用城砖建造,7.5千米为石砌,另有15.5千米因险而只筑楼台不筑墙,或筑马鞍形简易墙。城墙一般下宽6米,上宽5米,高4米至7米不等。共有敌楼战台242座,关隘22处。这里的敌楼大体分木结构和砖结构两种,但建筑形式一楼一样,式样繁多。它的建筑规格之严,质量之高,建筑艺术之精,可与举世闻名的北京八达岭相媲美,故称"第二八达岭"。其特点是:碉堡密集,设计精巧,造型多样,仅25千米的距离内,就有敌楼140多座。从外看,敌楼有正方形、长方形、圆形、扁圆形;从楼里看,有平顶、船篷顶四角和八角钻天顶;射孔有三眼、五眼、六眼等。

三、海港名城秦皇岛

秦皇岛位于河北省东北部由燕山余脉构成的小半岛处,背倚燕山,面临渤海,是我国北方优良的不冻港。周代属燕国,公元前215年秦始皇东巡时到此,曾遣人由此渡海求取长生不老药,故得名。

1. 北戴河

北戴河位于秦皇岛市西南部,南临渤海,北靠联峰山,东自鸽子窝、金山嘴起,西至戴河口止,全长约13千米,为一狭长的沿海地带,面积约17平方千米。据史书记载,远在2000多年前的汉代,这里就是舟楫聚泊、物资聚散之地。汉武帝于元封元年(公元前110年)"行幸泰山,东巡海,至碣石"。清光绪二十四年(1898年),清政府正式辟北戴河为避暑区。当时在中国的各国公使都在这里购地修建别墅,或临时租房避暑。北戴河因地处海滨,冬暖夏凉,气候温和,全年平均温度为10℃左右。即使盛夏七月,最高温度也只有24.5℃,并无酷热之感。海水温度,七八月份为25℃。海水含盐度为28.5‰。海潮每天两次,大潮为

1.66米,低潮为1米,潮差仅为0.66米。据医学专家验证,这里最适于休养、疗养,而洗海浴对治疗皮肤病效果较显著。北戴河风景名胜众多,联峰山上下,骆驼石、对语石、观音寺、韦驮像、南天门以及老虎石、莲花石、鸽子窝、鹰角亭等,统称为北戴河二十四景。海岸滩软潮平,到处是天然的海水浴场。上千栋造型精巧、具有各种艺术风格的海滨别墅,散布在绿树丛中。

2.山海关

山海关在秦皇岛市东北部,是万里长城东部的一个重要关口。依山临海,形势险要,为华北通往东北的咽喉。长城从山上蜿蜒而下,与关城相连,再从关城向南伸展入海,素有"两京锁钥无双地,万里长城第一关"的赞语。现存山海关关城和附近长城、城堡、墩台都是明代建筑。据历史记载,明洪武十四年(1381年),大将军魏国公徐达见这里"枕山襟海,实辽蓟咽喉,乃移关于此,连引长城为之址",更名为"山海关"。这里形势险要,自古以来,为兵家必争之地。山海关有东、西、南、北四个关门。"天下第一关"是山海关的东门,原名"镇东关"。因为它是通往关外的大门,所以在建筑布置和结构上更为坚固。门外有加强防守的瓮城和东罗城,外有护城河环绕。城外还有古代驻兵用的营盘和烽火台,相互连接,彼此呼应,形成一套完整的古代城防体系。关门为两层楼,高约10米,宽15米,上为重檐歇山顶,下为砖木结构。北、东、南三面共68个箭窗,为作战射击之用。在门楼的上层房檐之下,悬有"天下第一关"匾额,字迹浑厚有力,每字高达1.6米,与这座雄关的建筑风格浑为一体,远远即可看到。

3.孟姜女庙

孟姜女庙又称贞女祠,在山海关城东6千米处的望夫石村后,坐落在凤凰山下小丘陵之上,始建于宋朝。整座庙宇灰瓦红墙环绕,苍松翠柏簇拥,显得格外肃穆、庄重。庙宇系砖木结构,占地1000多平方米,主要建筑包括山门、钟楼、前殿、振衣亭等。前殿大门镌刻著名的楹联:海水朝朝朝朝朝朝朝落,浮云长长长长长长长消。殿内有彩绘泥塑孟姜女像,身着青衫素服,面带愁容,遥望南海,两旁有童男童女。塑像上方悬金字匾额"万古流芳"四字。两侧柱上楹联为:秦皇安在哉,万里长城筑怨;姜女未亡也,千秋片石铭贞。相传为南宋文天祥所作。殿后有几块巨石,即望夫石,上刻"望夫石"三字和乾隆题姜女诗。庙东南4千米的渤海中,有两块礁石突出海面,高者似碑,低者似坟,相传为姜女坟。站在姜女庙望夫石上,北望群山峻岭,古城如带,南望浩瀚大海,白浪滔滔,是一处观览海山景色的好地方。

四、清代皇家陵寝

清朝是我国最后一个封建王朝,许多皇陵保存较为完整,全国现有5处,其中 3 处在辽宁省,统称盛京三陵;另外 2 处是清朝入关后在京城附近所建的清东陵和清西陵,是清代皇室陵寝的主要部分。

1.清东陵

清东陵位于河北省遵化县马兰峪,是清世祖顺治帝福临等 5 个皇帝和皇后皇妃的陵墓区。规模宏大,体系完整,始建于 1661 年,当时陵区南北长 125 千米,东西宽 20 千米,总面积达 2500 平方千米,分为"前圈"和"后龙"两部分,前圈是陵园建筑区,后龙是衬托山陵建筑的绿化区,范围很广,地跨遵化、蓟县、密云等县。清东陵葬有 5 个皇帝、15 个皇后、140 多个妃嫔等;建有帝陵 5 座,即孝陵(顺治)、景陵(康熙)、裕陵(乾隆)、定陵(咸丰)、惠陵(同治),后陵 4 座,妃嫔园寝5 座,公主陵 1 座。15 座陵寝依山而筑,东西丘陵起伏,南面天台、烟墩两山对峙,中间是近 50 平方千米的开阔原野。现挖掘清理可供参观的有孝陵、裕陵和定东陵(慈安皇后和慈禧皇后陵寝)。

顺治的孝陵是东陵的主陵。孝陵最南起点有石碑楼 1 座,牌楼六柱五门,宽32 米,高 13 米。其北为大红门,门内 500 米处是碑亭,前后有华表各 1 对。再北即为 18 对石象生。有獬豸、马、象、狻猊、麒麟、文臣、武将等。石象生以北是龙凤门(三门六柱三楼)和清东陵近百座石桥中最大的一座七孔桥,桥长约百米,全部用汉白玉拱砌而成。桥身栏板 120 多块,选料奇特,如顺栏板敲击,就会听到五种音阶、金玉般的声响,人称五音桥。七孔桥后,穿过小碑亭,即为方城的隆恩门。方城内有正殿隆恩殿和东西配殿。隆恩殿为重檐歇山式,面阔五间,进深三间,黄琉璃瓦。殿后有方城明楼和宝顶。昌瑞山在其后,为天然屏障。

乾隆的裕陵地宫为拱券式结构,由四道石门、三重堂券组成,全长 54 米,总面积达 300 多平方米,地宫中布满佛教题材的石刻。地宫石棺床上安放着乾隆和两皇后、三贵妃的棺椁。棺椁内外有丰富的随葬品,包括衣服被褥、金银器、宝剑等。

慈禧的定东陵前的龙凤彩石一反其他陵墓龙凤并列的规矩,用高浮雕的手法,使凤在上,龙在下,形成一幅金凤戏龙的画面。

2.清西陵

清西陵位于河北省易县城西的永宁山下,始建于雍正八年(1730 年),陵区周界约 100 余千米,内围墙长 21 千米。葬有雍正等 4 个皇帝、9 个皇后、57 个妃,此外还有亲王、公主等人的园寝 6 座,共葬 76 人。建有帝陵 4 座:泰陵(雍正)、昌陵(嘉庆)、慕陵(道光)、崇陵(光绪);后陵 3 座:泰东陵、昌西陵、慕东陵。陵内殿宇千余间,石建筑和石雕刻百余座,建筑面积达 50 万平方米。各陵的规制和建筑形式,都严格遵守封建等级制度。

西陵以雍正的泰陵为主陵。泰陵有三座高大的牌楼和长达 2.5 千米的神道,神道两侧有石兽 3 对,文臣武将各 1 对。方城内有隆恩殿和东西配殿、明楼、宝城、宝顶及地宫等建筑;道光慕陵规制最为简约,没有方城、明楼、地宫、神功圣德碑和石象生。隆恩殿均用金丝楠木构建,不施彩绘,以蜡涂烫,精美异常。

五、工艺品和土特产品

天津-冀北旅游副区主要工艺品有泥人张、内画烟壶、石雕、木雕、金丝挂毯、挂锦、贝雕画、剪纸、铁面画、陶瓷、人造琥珀、羔皮等。

主要土特产品有葡萄酒、鸭梨、雪梨、板栗、海鲜、塞外口蘑、清真卤鸡以及天津十八街大麻花等。

主要地方戏曲有河北梆子、丝弦戏、杂技、皮影戏等。

第四节　济南旅游副区

济南旅游副区位于山东省中西部,是我国古文化发祥地之一,春秋时期主要为齐国、鲁国属地,故有"齐鲁大地"之称。文物古迹和风景名胜众多,最为著名的是享誉国内外旅游市场的"一山一水一圣人"。主要旅游城市有济南、泰安、曲阜等。

一、泉城济南

济南位于山东中部偏西,是山东省省会。因市内泉源溪流众多,素称名泉七十二,故称"泉城",著名的有趵突泉、黑虎泉、珍珠泉、五龙潭等。诸泉北流汇成一片巨大的湖面,即大明湖,加上城南的千佛山,使济南成为一座山水齐备、风景秀丽的旅游城市。主要旅游点有:

1. 趵突泉

趵突泉位于济南市区中心西门桥南,与大明湖、千佛山并称济南三大名胜。趵突泉名列济南诸泉之首,有"天下第一泉"之誉,三股清泉自地下跃出,水涌若轮。"趵突"二字即形容泉水跳跃奔腾的声势。水盛时,泉水翻上水面近半米,翻腾不息,清冽甘美。趵突泉及附近的金线泉、漱玉泉、马跑泉等名泉同属趵突泉群,1956 年辟为趵突泉公园。漱玉泉北为宋代著名女词人李清照纪念堂,相传其故宅在漱玉泉、柳絮泉附近。

2.大明湖公园

大明湖公园位于济南中心偏东北部,总面积86万平方米,湖水面积为46.5万平方米。湖水是由珍珠泉、芙蓉泉等众多泉水汇集而成。名胜古迹点缀其间,主要景点建筑有:历下亭,坐落在湖心岛上,始建于北魏,唐代诗人杜甫与大书法家李邕在此宴饮时,曾留有"海右此亭古,济南名士多"的佳句;铁公祠,是一座民族形式的庭院,位于湖西北岸,系纪念明代兵部尚书铁铉所建。这里是观赏大明湖景色最佳之处,可看到千佛山映入大明湖的倒影,故祠西门两侧镌有描绘济南风景名胜特色的名联"四面荷花三面柳,一城山色半城湖";南丰祠,又称曾公祠,位于大明湖北岸,是为纪念北宋文学家曾巩所建;辛弃疾纪念祠,又名稼轩祠,位于大明湖南岸,是为纪念南宋爱国词人辛弃疾所建。

3.千佛山

千佛山古称历山,相传帝舜耕稼于此,又称舜耕山。位于济南市南,海拔285米。隋开皇年间(581~600年),沿崖镌刻佛像多尊,建千佛寺,故称千佛山,有唐槐亭、齐烟九点坊、兴国禅寺、千佛崖、一览亭等名胜古迹。兴国禅寺为千佛山主体建筑,建于唐贞观年间(677~649年)。寺居半山,寺内千佛崖刻有隋唐佛像百余尊,崖下有龙泉洞、黔娄洞等。寺东有舜王庙、鲁班寺等。寺西南山壁上,刻有"第一弥化"四字,每字高可越人,深20余厘米,为济南著名石刻。一览亭建于山顶,站在亭上可以看济南全城、大明湖、远处的黄河以及附近九座孤山(即齐烟九点)。此外,山脚下于1992年凿建有万佛洞,集我国敦煌、龙门、麦积山和云岗四大石窟精华于一洞,共有佛像2.8万余尊,壁画1万多平方米。

4.灵岩寺

灵岩寺在济南市西南长清县方山下,始建于东晋,盛于唐宋,与天台国清寺、江陵玉泉寺、南京栖霞寺同称天下寺院四绝。寺内有汉柏、摩顶松,树龄均逾千载。千佛殿是寺内主体建筑,殿内塑有40余尊彩塑罗汉,被梁启超誉为"海内第一名塑"。殿西有辟支塔,宋代所建,八角九层,通高54米。寺院西侧墓塔林,有唐以来历代灵岩寺住持僧人的墓塔、墓牌248座。石碑中有日本僧人邵元撰写《息庵禅师道行碑》,是古代中日两国人民友好往来的见证。

二、泰山与岱庙

泰安位于济南以南,泰山南麓,以"泰山安,四海皆安"之意取名,是一座历史悠久、文化灿烂的城市,主要风景名胜为泰山和岱庙。

泰山古称岱山,又名岱宗,亦称东岳,为我国五岳之首,总面积426平方千米,其中主要游览区约69平方千米。主峰天柱峰,在泰安市区北部,海拔1545米。历代封建帝王把泰山当成神的化身,历史上曾有72代君主来登山封禅,自古即为游览胜地,文物古迹极为丰富。泰山是中国几千年文明的代表之一,是中华民族庄重的象征。

　　泰山雄伟壮丽,景点遍布。按一般游览路线和景观分布情况,可分为 5 个游览区:一是东路游览区(幽区),是登泰山的正路,也是最长的一段游览区,共有台阶7000余级,主要景点有:一天门、孔子登临处、红门宫、万仙楼、斗母宫、经石峪、壶天阁、中天门、云步桥、五松亭、对松山、十八盘等;二是西路游览区(旷区),主要景点有:龙潭水库、白龙池、黑龙潭、长寿桥、无极庙、扇子崖等;三是岱顶游览区(妙区),主要景点有:南天门、月观峰、天街、白云洞、孔子庙、碧霞祠、唐摩崖、玉皇顶、探海石、日观峰、瞻鲁台、仙人桥等,此区为登山各路会合抵达极顶、景点较为集中的游览区;四是岱麓游览区(丽区),主要景点有:虎山公园、王母池、普照寺、范老墓、冯玉祥墓、五贤祠遗址等;五是后石坞游览区(奥区),在岱顶以北 2 千米,主要景点有:后石坞、元君庙、八仙洞、独足盘、天烛峰、莲花洞等。为满足游人夜间登山和装点泰山新貌,从登山起点至山顶,每相间 30 米设制有大型路灯,使泰山成为一座不夜山,夜间登临,别有一番情趣。同时,泰山建有观光索道三条:中天门索道,由中天门至南天门,是我国第一条大型现代化双牵引往复式客运索道,长 2000 余米;后石坞索道,由天空山避尘桥至北天门,长 500 余米,是一条双人吊椅脱索循环式索道;桃花源索道,自泰山西北麓桃花源至岱顶天街坊,长 2000 余米,是一条六人吊箱脱索循环索道。

　　岱庙在泰安市区,旧称东岳庙,是历代帝王举行封禅大典和祭祀泰山神的地方,建于唐开元十三年(725 年),后经历代扩修,逐渐形成现在规模,占地 96500 平方米,殿舍建筑 160 余间,仿照帝王宫殿式,以南北为中轴,东西配以庑廊亭殿,四周围以城堞。岱庙是我国保存较好的古代大型建筑群之一,为全国重点文物保护单位。主要文物古迹有天贶殿、汉柏院、迎宾堂及大量碑刻。天贶殿是岱庙主体建筑,与故宫的太和殿、孔庙大成殿并称中国三大殿。殿内供奉东岳泰山之神。墙壁上绘有传为宋代的巨幅壁画,高 2.3 米,长 62 米,名"启跸回銮图",描写东岳泰山神出巡盛况。岱庙碑碣林立,有书法艺术珍品多种。其中有秦代李斯小篆残碑和宋代青帝碑等;庙东有汉柏院,院内有五株古柏,相传是汉武帝所植,距今两千多年;院北有迎宾堂,乾隆年间为驻跸亭,是皇帝祭祀岱岳时居住的地方。岱庙后院有明代金阙,即铜亭、铁塔各一座。

三、鲁国故都曲阜

　　曲阜位于山东西南,是一座具有 5000 多年历史的古城,中国远古时期三皇五帝中的炎帝、黄帝、少昊帝都曾在此建都。周为鲁国国都,孔子故乡。1982 年列为全国首批历史文化名城,是东方文化的发祥地。这里保留有文物景点 340

多处,其中 100 多处列为各级文物保护单位。主要旅游点孔府、孔庙和孔林被列入《世界遗产名录》。

1. 孔府

孔府亦称"衍圣公府",是孔子世代嫡系长子、长孙居住的府第。孔府始建于北宋宝元元年(1038 年),经过明清两代大规模修建,成为现今仅次于故宫的贵族府第。孔府占地 14 万平方米,有楼、轩、厅、堂 480 余间,前后九进院落,分三路布局。东路为东学,是衍圣公习读的地方,主要建筑有一贯堂、慕恩堂、孔氏家庙及作坊等。西路即西学,是衍圣公会客与书房所在地,有红萼轩、忠恕堂、安怀堂及花厅等。主体部分在中路,分前衙与后宅两大区,前衙五进,后宅四进。前衙是由中间三堂,旁侧六厅,层层庭院组成的气势威严的衙门大院。三堂布置和故宫的前、中、后位序的三大殿的基本礼制格局一样。大堂是衍圣公宣圣旨、审案件、接见官员、申明家规族法及举行仪式的公堂。二堂是他会见四品以上大官和受命考试礼学、乐学童生之处。大堂与二堂之间有廊子连接,平面呈"工"字形。三堂是他处理家族纠纷和处罚奴仆的家族公堂,有时也在此接见大官。东西两庑六厅,是掌管孔府事务的六个机构。三堂之后便是后宅区,也称内宅区,包括三进宅院和一进后花园。宅院有前上房、前堂楼、后堂楼、佛堂楼、后五间等。中路最后为后花园,也称铁山园,因园内有大块铁矿石和太湖石堆砌的假山,风格别致,故名。花园幽雅清新,布局别具匠心,可称园林佳作。孔府是我国封建社会中典型的官衙与内宅合一的封建贵族庄园,府内珍藏丰盈,所存大量的宝贵档案资料,对研究我国封建社会的政治、经济、文化、思想、宗法关系等,具有重要价值。

2. 孔庙

孔庙在曲阜城内,东邻孔府,是历代祭礼孔子的地方。全庙九进院,殿堂466 间,门坊 54 座,碑碣 200 余块,共占地 21.8 万平方米。孔庙主体建筑大成殿,规模仅次于北京故宫太和殿,为历代祭孔活动之处。"大成"是取孟子"孔子之谓集大成"语,赞颂孔子集古圣贤之大成。殿前 10 根浮雕盘龙石柱,为曲阜独有的石刻艺术瑰宝。殿内供有孔子和四配、十二哲塑像。殿前甬道中央为杏坛,有杏坛碑,是根据《庄子·渔父篇》关于孔子曾在杏坛之上教授弟子读书的记载建立的。东西两庑陈列历代碑刻,为书法、绘画、雕刻的艺术宝库。其中,汉魏六朝的石刻共 26 块,最为珍贵,大成殿后为圣迹殿,是存放圣迹图的地方。圣迹图共 120 幅,以孔子经历故事为题材,刻成连环画石刻。殿内保存的晋代顾恺之、唐代吴道子等名画家的孔子石刻画像,也是艺术珍品;大成殿东侧为诗礼堂、孔子故宅、礼乐库、崇圣祠以及唐槐、宋银杏、鲁壁、孔宅故井遗迹;两侧为乐器库、金丝堂、启圣祠和启圣夫人祠。

3.孔林

孔林原名至圣林,是孔子及其家族的墓地,位于曲阜城北1千米处,有神道与城门相连。史载,"孔子死,葬鲁城北泗上",那时"墓而不坟",占地不过数亩。后来,随着孔子地位的日益提高,孔林规模不断扩大,到清朝孔林扩至200万平方米的现今规模。孔林作为一处氏族墓地,两千多年来葬埋从未间断。现在长孙已葬至76代,旁孙已葬至78代。林内墓冢累累,有周以来历代墓葬约十万座。汉以来子孙始立墓碑,现有宋、金、元、明、清、民国至今的墓碑3600余块。其中有李东阳、严嵩、翁方纲、何绍革、康有为等明清书法家亲笔题写的墓碑。因此,孔林又是名副其实的碑林,是研究我国历代书法艺术的珍贵资料。另外,在孔子及其长孙、显宦族孙的墓前,还刻立着石仪,保存着石人、石马、石羊、石狮、望柱、供桌和神道坊等汉、宋、明、清石刻艺术品,林内还有为表彰儒家思想,配合祭礼仪式所建的门、坊、享殿、碑亭等明清建筑。孔林也是一处古老而宏大的人造园林,北魏郦道元《水经·泗水注》载,孔子死后,"弟子各以四方奇木来植,故多诸异树","古木千年在,林深五月寒"。林内有历尽沧桑的古柏,龙干虬枝的楷树,楷、柞、榆、桧、枫、朴、槐等高大的古树,这些古树盘根错节,枝繁叶茂,四季苍碧。还有安贵、五味、谗檀、野菊、柴胡、太子参等数百种植物依时峥嵘。林内还栖住着多种禽鸟,显得更加清幽。

四、工艺品和土特产品

本区主要工艺品有羽毛画、抽纱刺绣、黑陶器具、面塑、木鱼石茶具、三叶虫化石刻件、碑帖拓片等。

主要土特产品有煎饼、核桃、德州扒鸡、泰山药材、板栗、鲁菜及孔府菜等。俗语说,临沂的枣子肥城的桃,亦是名产。

主要地方戏曲有吕剧、山东梆子、柳琴戏等。

第五节　青岛旅游副区

青岛旅游副区位于山东省东部半岛,三面环海,丘陵起伏,兼有山海之胜,青岛崂山和胶东半岛海滨,是我国著名的旅游疗养胜地,主要旅游城市有青岛、烟台、威海等。

一、五彩青岛

青岛是一个"五彩"缤纷的城市。蓝色的海水,蓝蓝的天空白云飘荡,海滨山坡上,绿树丛中,欧美风情的别墅与教堂红瓦黄墙,这不就是一幅奇妙的由蓝、白、绿、红、黄构成的五彩图画吗? 正是九天阊阖开天宇,五彩梵宫降人间。

青岛位于山东半岛南部胶州湾畔,旧称胶澳,原为一渔村。1897 年被德国强占,辟为军港和商港,1922 年收回。青岛是我国北方优良海港之一,夏季气候凉爽,是我国著名海滨旅游和疗养胜地,也是华北旅游区中海滨旅游旺季最长之地。青岛主要旅游景点有:

1. 崂山

崂山在青岛市区以东,南部和东部临海,面积 446 平方千米。主峰名巨峰,亦称崂顶,海拔 1133 米。崂山群峰嵯峨,自古即被认为是神仙所居之地,是我国道教著名道场之一,相传邱处机、张三丰等均在此传经布道,鼎盛时号称有"九宫八观七十二庵",道士逾千。至今保存完好的道观有 10 余处,以太清宫、太平宫规模最大。崂山气候湿润,四季常青,水气岚光,变幻无常。虽高度不大,但濒临黄海,山海相连,更显高大险峻,故有"泰山虽云高,不及东海崂"之说。古人择其佳者列为 12 胜景,今则分为流清、太清、仰口、北九水、华楼 5 个游览区。

2. 栈桥

栈桥在青岛市南青岛湾,由海岸前伸入海,北端与中山路相接,为一海上长廊,全长 440 米,宽 8 米,全部用巨大花岗石砌成。桥南端筑有回澜阁,北端海岸辟有栈桥公园。栈桥东南有小青岛隔海相望。小青岛又名琴岛,距岸 720 米,有长堤相接。岛上山岩清秀,灌木葱茏。栈桥西南设有海上皇宫,有游览码头可乘游艇沿海游览观赏市区沿岸景貌。附近还有水晶城、天后宫等景点。

3. 八大关

八大关在青岛市南部,西起汇泉湾畔,东至太平角,南靠大海,北依太平山,面积约 80 万平方米,为市内著名的旅游疗养区。其间八条主要道路分别以山海关、正阳关、嘉峪关、武胜关、韶关、宁武关、居庸关、函谷关等命名,故称"八大关"。后又增加紫荆关、临淮关二路。八大关地区地势起伏,别墅幢幢,风采各异;道路两侧分植碧桃、海棠、雪松等树林,吐红披绿,色彩纷呈,空气清新湿润。

4. 鲁迅公园

鲁迅公园位于栈桥以东,原名海滨公园,1950 年为纪念鲁迅而易名。这是一个利用海滨天然起伏的山岩建立起来的小公园。公园内道路蜿蜒曲折,树木葱茏,怪石兀立,配以亭阁,小巧玲珑。公园东部为青岛水族馆和海产博物馆。馆内设有玻璃展池 60 多个,展出各种新奇的海洋生物,仅鱼类就有六百多种。

水族馆附近有露天海豹池,为游人作各种精彩表演。公园南部为青岛第一海水浴场,长达 600 米,浪小沙细坡缓,被誉为"远东最佳浴场"。

二、烟台景群

烟台位于山东半岛北部,北临黄海,明代为防倭寇在此设狼烟墩台,由此得名,是山东省重要海港和渔业生产基地,也是我国著名黄金产地。烟台依山傍海,气候宜人,旅游资源丰富。

1.烟台山

烟台山位于市区北部,面积约 8 万平方米,海拔 42 米,南接陆地,北伸海中,明洪武三十一年(1398 年)在山顶筑有狼烟墩台以报警,故名烟台山。山顶龙王庙旧址院内,立有"燕台"刻石一幢,上刻四言爱国诗一首。庙址内侧建有革命烈士纪念碑一座。山阴半腰处有巨石屹立于危岩,如舟行海上,俗称"石船"。烟台山东北海岬之上有惹浪亭,是人们远眺海天船行和观赏海上日出的地方。山东侧为海岸公园、海上乐园和烟台第一海水浴场。

2.蓬莱阁

蓬莱阁位于蓬莱城西北临海的丹崖山上,占地约 3.28 万平方米,是由白云宫的三清殿、吕祖殿、苏公祠和天后宫、龙王宫、蓬莱阁、弥陀寺等几组不同的祠庙殿堂、阁楼亭坊组成的建筑群,统称蓬莱阁。优美的景色连同始皇求仙、八仙过海等传说,使蓬莱阁更添一层神秘色彩,自古以来即有"仙境"之称。主体建筑蓬莱阁在后部居中,是一座双层木结构建筑。沿石阶登阁凭栏眺望,有时能看到"海市蜃楼"奇景。主楼西侧有避风亭,阁东侧是卧碑亭和苏公祠,苏轼手书"登州海市"诗文石碑侧卧亭内。祠东有宾日楼、普照楼(灯塔楼)和观海亭,是观海听涛和看日出的好地方。阁后山下海岸有结构精巧的仙人桥,传为八仙过海之处。主阁东侧前部为白云宫,阁西部为天后宫,每年农历正月十六日有传统的天后宫庙会。蓬莱阁下建有古船博物馆,近海建有盛唐海市新景观,新增八仙渡和仙人望海楼等景点,连同聚仙宫、游乐城和跨海索道,整个游览区已扩展到 4.8 万平方米。

3.水城

水城又名倭城,位于蓬莱市北丹崖山东麓,北与长山列岛隔海相望。北宋庆历二年(1042 年)设刀鱼寨。明洪武九年(1376 年)为抵御倭寇侵扰,筑建水城。水城沿丹崖绝壁向南构筑,周长约 1.8 千米,面积 25 万平方米。整个水城由小深水门、炮台、码头、灯楼等部分组成,有南北两门。水城负山扼海,地势险要,是我国现存的古代海军基地之一。明代抗倭名将戚继光曾以此为基地守卫山东沿海,城内尚有戚继光父子总督坊。

4. 长岛

长山列岛又称庙岛群岛,由南、北长山岛,庙岛,黑山岛等 32 个岛屿组成,自南至北延伸 120 千米。岛上风光绮丽,气候温和,名胜古迹遍布,主要有半月湾、庙岛天后宫及长岛航海博物馆、水晶洞、烽山公园及候鸟馆、九丈崖、九门洞、万鸟岛、龙爪山、长岛历史博物馆等。

5. 芝罘岛

芝罘岛位于烟台北部,是一典型陆连岛。芝罘岛为长条形,东西长 5000 多米,南北宽 500 多米,最高处约 300 米。芝罘岛北岸为连绵陡壁,直插海中,波涛拍岸,景色壮阔。岛上古迹很多,有始皇道、射鱼台、阳主祠等。据载,秦始皇东巡时,曾先后来芝罘三次,后一次,"至芝罘,见巨鱼,射杀一鱼",并"封禅立阳主祠而去"。海外原有二礁,兀立海心,称婆婆石、公公石,现存其一。

三、威海景群

威海位于山东半岛东端,三面环海。明代为防倭寇,在此设卫屯兵,威镇东海,故名,是我国著名良港之一。威海风光优美,名胜古迹甚多,与烟台共同构成国家级重点风景名胜区"胶东半岛海滨"。主要旅游景点有:

1. 刘公岛

刘公岛位于威海市区以东的威海湾,距岸 21 千米,素有"不沉的战舰"之称,是闻名中外的海防重镇。清光绪十三年(1887 年)清政府建北洋水师并设提督署于此。清光绪二十年(1894 年)中日甲午海战为近代史书写了壮烈一页。岛上保留有北洋水师提督署、丁汝昌寓所、水师学堂、炮台及铁码头等遗址。北洋水师提督署已开辟为"中日甲午战争博物馆",中部海滩新建有"甲午海战馆",是全国重点文物保护单位。

2. 环翠楼

环翠楼坐落在威海城西奈古山东麓,明弘治二年(1489 年)初建,1977 重建。主楼三层,高 6.8 米,建筑面积 800 平方米。前有两座凉亭,一名望月亭,一名观海亭。现已将其周围 20 万平方米土地辟为环翠楼公园。公园前广场矗立有著名将领邓世昌铜像。自明代开始,登环翠楼观日出,便是威海八大景之一的"山楼初旭"。

3. 成山头

成山头位于胶东半岛最东端,为成山山脉尽头的一座山峰,三面环海。相传始皇东巡时,曾两次登临成山头,留有许多遗址和传说。成山头东端立有"天尽头"石碑一幢,碑西有观海亭一座。成山头北部离岸 2 千米处有海鸥云集的海鸥岛,西南部成山卫乡马山脚下有冬日天鹅群栖的马山港天鹅湖。

四、工艺品和土特产品

本区主要工艺品有绒绣、花边、草柳编、锡镶工艺品、生丝台布、钟表等。

主要土特产品有青岛啤酒、高粱饴、德式火腿、崂山矿泉水、烟台张裕葡萄酒、贝雕画、鲁菜胶东帮、烟台苹果、莱阳梨等。

第六节　本区其他旅游资源

一、盘山

盘山位于天津市蓟县西北,国家级重点风景名胜区,以林峦秀异,山水清奇,被称为"京东第一山"。盘山旧名四正山,又名盘龙山。相传因东汉末年,田畴隐居于此,而称为"田盘山",简称盘山。作为游览胜境,盘山已有 1200 多年的历史。至明清两代,盘山胜地已具相当规模,入山游胜极为盛行。历代帝王将相接踵前往,行宫、云楼比比皆是。清乾隆皇帝曾先后 28 次游盘山,并在这里建造了规模宏大的行宫"静寄山庄"。盘山的主要名胜有五峰、八石、七十二佛寺、十三座玲珑宝塔。主峰挂月峰海拔 858 米,为盘山绝顶,峰势上锐下削,上有唐建定光佛舍利塔。峰巅有石刻"一览众山小"。从这里极目四望,群峦起伏,盘山诸脉多发于此。盘山风景可分为三盘:上盘松胜,劲松苍翠,蟠曲翳天;中盘石胜,巨石嵯峨,千奇百怪;下盘水胜,飞泉响涧,溅玉喷珠。

二、独乐寺

独乐寺位于蓟县县城内,是全国重点文物保护单位。始建于唐代,主体建筑山门和观音阁为辽统和二年(984 年)重建,是我国现存最古老的木结构建筑之一。山门的门额上悬挂"独乐寺"三字大匾,相传为明代严嵩所题。山门正脊的鸱吻,长长的尾巴翘转向内,犹如雉鸟飞翔,十分生动,是我国现存建筑中,年代最早的鸱尾实物;观音阁是我国现在最古老的木结构高层楼阁。唐代诗人李白为之题写额匾"观音之阁"。阁面阔 5 间,进深 4 间,上下两层,中间设计别具匠心,28 根立柱,用梁枋、檩、椽、斗栱等联成一整体,斗栱多达 24 种,建筑技艺高超,是古建筑的瑰宝,历经 28 次大地震而不毁。阁内观世音菩萨塑像高 16 米,因头上塑有 10 个小头像,故称"十一面观音",系辽代原塑,为我国最大的彩泥塑之一。阁内有彩绘壁画,长 45 米,高 3 米,为明代重描的十六罗汉和两明王像,辅以佛教和世俗题材故事,是研究我国绘画和佛教史的重要资料。

三、野三坡

野三坡位于河北省涞水县西部,国家级重点风景名胜区,总面积约 470 平方千米。野三坡自然风光旖旎,山清水秀间饱蓄了十足的"野"味,山峰雄奇、险峻,峡谷幽深、曲折,是一处寻幽探险的好去处。风景区由南向北随地势升高而分下、中、上三坡,故名。野三坡内又分为 6 大景区:百里峡是最有特色的景区之一,由三条总长 50 多千米的峡谷组成,群峰错落,层次更叠;拒马河有宽百余米的河滩,是进行水浴、沙浴的天然浴场;佛洞塔海拔 1028 米,顶有平台,上有玉皇阁、娘娘庙等古迹;龙门峡有城堡、摩崖石刻等明代长城遗迹;白草畔有典型的原始森林自然风貌;金华山除了清禅寺、蔡树庵城堡等古迹外,还有高达百余米的拉拉湖瀑布。

四、赵州桥

赵州桥位于石家庄东南赵县境内,国家级重点文物保护单位,包括安济桥(大石桥)和永通桥(小石桥)。早在 1400 多年前的隋代,这里就是华北交通要道,南通隋都洛阳,北接要地涿郡(今北京),号称"四通之域"。至今保存完好的这两座古代石桥,和陀罗尼经幢相互衬托,使赵州古城生辉不少。

安济桥建于隋代(约 600～610 年间),距今已有 1300 多年的历史。这是一座单弧形桥,由 28 道独立拱纵向并列组成。桥长为 64.4 米,宽 9 米。该桥的建成,标志着世界桥梁史上的巨大成就,特别是拱肩加拱的"敞肩拱",可谓世界桥梁史的创举。安济桥的造型、石雕艺术和点缀性建筑都极为奇特,具有高度的艺术性和科学性。安济桥在历史的长河中,经千百次洪水冲击、地震摇撼、战争破坏、车辆重压、风化腐蚀,至今岿然不动。

永通桥建于金代明昌年间(1190～1195 年),结构形式仿赵州大石桥,属于单孔弧坦拱,主拱也采用纵向并列砌筑技法,由 21 道独立拱并列组成,跨长 26 米,宽 6.34 米,拱尖约 5.2 米,矢跨之比和大石桥取同 1:5。大拱上同样伏着四个小拱,每个小拱也有 21 道拱圈,不过其小拱与大拱幅度之比,大于赵州大石桥,这是匠师因地制宜的妙用。

赵州大小石桥相距五里之遥。当地流传着这样一句佳话,"大石桥看功劳,小石桥看花草",意思是说,大石桥看的是对世界桥梁史的贡献,小石桥看的是精美的装饰。在各小券的撞券石上都雕有河神像,造型奇特、神态各异。

五、隆兴寺

隆兴寺位于石家庄北 15 千米的正定县城内，又称大佛寺，创建于隋开皇六年（586 年），当时叫龙藏寺，唐代改为龙兴寺。唐开宝四年（971 年），宋太祖赵匡胤令在龙兴寺内铸铜像并建大悲阁，遂大兴土木进行扩建。这样，以大悲阁为主体的一组宋代建筑群便相继告成。清康熙年间改名为隆兴寺，是全国十大佛教寺院之一，国家级重点文物保护单位。寺院占地约 50000 平方米，坐北朝南，平面略呈长方形，主要建筑在一条南北中轴线上及其两侧。迎门一座高大琉璃照壁。由三路单孔石桥往北，分别是天王殿、大觉六师殿（遗址）、摩尼殿、戒坛、转轮藏阁、慈氏阁、御碑亭、大悲阁、弥陀殿、毗卢殿等。寺院东北角有一座龙泉井亭。寺院主体建筑大悲阁，高 33 米，是一座五檐三层楼阁。始建于宋代开宝年间，它与东西两侧的御书楼、集庆阁相连，是一组气势雄伟的建筑群阁。著名的铜铸大悲菩萨（又称千手千眼观音），矗立在大悲阁内，高 24.3 米，42 臂，各执日月、净瓶、宝剑、宝杖、宝塔、金刚……神态自若，衣衿流畅，可谓古代铜冶工艺品中之上品。据碑石记载，大铜佛的铸造采用"先铸佛，后盖楼"和"就地支锅，屯土增高，分节铸造再加雕刻"的办法。

六、响堂山石窟

响堂山石窟位于河北省邯郸市西南鼓山之上，国家级重点文物保护单位。石窟建于北齐（550～577 年），至元、明时代共建成 16 座，有大小佛像 3000 余尊，这些雕像造在山崖石窟四壁宝坛上，大小不一，形态各异，很像一个雕刻展览馆。由于石窟凿在山腰中，谈笑走动均发出铿锵的回声，故名"响堂"。石窟分南北响堂山两处，相距 15 千米。南响堂山石窟位于鼓山南麓，滏阳河北岸，距地面高约 100 米，有石窟大小 7 座，分上下两层。上层五座，下层二座，最大的第一窟，宽、深均 6.3 米，高 4.9 米。石窟近旁有正殿、配殿、靠山楼阁、古塔等附属建筑。其第 7 窟为南响堂山石窟之精华，四柱三门窟廊，窟内为标准的三壁三龛式，天幕盝顶。此窟传为北齐神武帝高欢的墓窟。中国墓窟除此高欢墓窟，仅见天水麦积山西魏皇后乙弗氏之墓窟。北响堂山石窟与南响堂在同一山上，较南响堂高约 2 倍，有大小 9 座，分南、北、中三组，每组都有一个大窟。其中最大的称"大佛洞"，宽 13.3 米，深 12.5 米，坐佛高达 3.5 米左右。

七、古莲花池

古莲花池位于河北省保定市中心，初建于元太祖二十二年（1227 年）。原名雪香园，元初，诗人元好问有"荷芰如绣"的描绘，具"三湘七泽之美"。因池内荷花茂盛,明代改为古莲花池。元代,古莲花池是王侯将相私人别墅;明代,古莲花池为官府独占,成为达官贵族饮宴游览之地;清代,乾隆曾先后六次出巡五台,皆驻跸保定,改莲花池为行宫。古莲花池的特色是环水筑榭,小巧玲珑。整个园林占地8万多平方米,分南北两塘,近似正方形。园林以池为主体,池又以北塘中央的临漪亭(水心亭)为中心,环周建有一组玲珑剔透的古典式建筑群,相互衬托,倒映成趣。每当荷花盛开时,微风轻拂,香气四溢。园林中较有名的景点有濯锦亭、观澜亭等。

人说河北有三宝:沧州狮子定县塔,还有正定的大菩萨(响堂山石窟)。沧州铁狮子位于旧州城内,距市区20千米,重达40吨,铸于公元10世纪。定县宝塔即开元寺料敌塔,高84米。另外还有淡水湖白洋淀、北方桂林天桂山、革命圣地西柏坡、邢台开元寺、邯郸赵都故城、衡水景州塔、易县狼牙山五勇士纪念馆、唐山李大钊故居、承德木兰围场、张北中都草原、涿鹿黄帝城等。

八、台儿庄古城

台儿庄古城位于枣庄市台儿庄区,地处山东省最南端。台儿庄古城面积2平方千米,11个功能分区、8大景区和29个景点。8种建筑风格融为一体,72座寺庙汇于一城,是运河文化的活化石;拥有京杭运河最后3千米古运河,以及18个汪塘和15千米的水街水巷,可以舟楫摇曳,游遍全城,是名副其实的中华古水城。

九、五礼记碑

大名石刻博物馆位于大名城东,有碑刻200余通。五礼记碑是镇馆之宝,高12.34米,重约140吨。碑文是唐开成五年(840年)著名书法家柳公权奉唐文宗之命,为魏节度使何进滔所写的德政碑,是目前全国最大的古碑。

本旅游副区的重要旅游景点还有济南的山东博物馆、青岛中山公园、平度大泽山、泰安徂徕山国家森林公园、邹城孟子故乡和峄山、烟台毓璜顶、潍坊十笏园和风筝博物馆、临朐山旺古生物化石博物馆、淄博齐国古城遗址和朝阳洞等。

第六章　华东旅游区(沪苏浙皖赣)

本章提要

华东旅游区是我国最重要的综合性工业基地,具有优越的地理位置和便利的交通条件,其中上海是全国最大的工商业中心。本区的古典园林名冠中华,而且历代的许多重要政治军事遗迹,加上温暖湿润的气候,景色如画的大小河湖,数量众多的风景名山,使本区成为世界著名的旅游胜地。本章在概述全区旅游环境的基础上,主要论述以上海、南京、杭州等旅游城市为主的华东各省旅游资源的特点和分布情况。

华东旅游区位于东南沿海中部,范围包括上海、江苏、浙江、安徽、江西四省一市。全区面积51.6万平方千米,人口近2.53亿。本区地处长江下游,濒临东海、黄海,其中苏、浙、沪属于沿海省市,因此具有近海位置优势,是一个自然山水风光和人文景观兼优的旅游资源区。

第一节　华东旅游区旅游资源基础

一、平原丘陵相间分布，名山众多

华东旅游区地势比较平坦，间有丘陵起伏，山峰耸峙，形成众多风景名胜区。
本区地形大致可分为三个部分：中部长江下游平原、南部低山丘陵和北部淮北平原。

长江下游平原是本区的主体，包括长江三角洲、苏皖平原、鄱阳湖平原等。长江三角洲海拔多在 10 米以下，平畴沃野，地势低平。丘陵低山点缀，大小湖泊镶嵌其中，形成一幅天然图画，即所谓锦绣江南；南京以西，有苏皖平原和鄱阳湖平原；长江以北的皖西大别山脉有少数高峰海拔超过 1000 米。

长江下游平原以南是低山丘陵，包括赣西、赣东、皖南、宁镇、浙东南丘陵等。其中幕阜山、九岭山、罗霄山、括苍山等海拔 1000 米左右。宁镇丘陵海拔一般不超过 400 米，与沿江平原相间，自然景观丰富；赣南为南岭山地，山体破碎。

本区北部为淮北平原，是华北大平原的最南端。本区为侵蚀平原，由于黄河数度南泛，水系紊乱，泥沙淤积，排水不畅，形成一系列的湖泊。

本区风景名山数量众多，其中属国家重点风景名胜区的有：钟山（紫金山）、云台山、黄山、九华山、齐云山、天柱山、琅琊山、雁荡山、普陀山、天台山、莫干山、雪窦山、庐山、井冈山、三清山、龙虎山等。

二、气候温暖湿润，河湖密布，水景秀丽

本区大部分地区属亚热带季风性湿润气候，仅淮北平原属暖温带季风气候。气候主要特征是冬暖夏热，四季分明，降水丰沛，季节分配比较均匀。

1 月份大部分地区平均气温在 0℃ 以上，长江三角洲在 4℃ 左右。7 月份平均气温约 28℃ 左右。南京、南昌、九江等河谷盆地 7 月气温较高。

本区降水丰富，从北往南，由 1000 毫米递增到 1300 毫米左右，山区达到 1500毫米。地表水很丰富，河湖密布，水景秀丽。

本区河流分属淮河、长江和钱塘江水系。河流流经山地的河段风景秀丽，钱塘江及其支流沿岸景色如画；淮河的峡山口、荆山峡、浮山峡合称淮河小三峡；赣州至吉安间的赣江河段有 18 滩及唐、宋、明古迹；长江沿岸山崖伸入江中称为

"矶",以采石矶、燕子矶最为著名;鄱阳湖、太湖、巢湖、洪泽湖等沿岸湖光山色,风景秀美。嵊泗列岛、普陀山、朱家尖是本区著名的滨海旅游区。长江、京杭大运河、富春江—新安江、楠溪江是我国重要的江河旅游线,尤其是京杭大运河,贯穿数座旅游名城。本区还有众多泉水和瀑布,其中著名的有黄山温泉、庐山三叠瀑、杭州虎跑泉和龙井泉、镇江中泠泉、南京汤山温泉、无锡惠山泉和雁荡山大龙湫等。

三、历史悠久,文物古迹众多

本区历史悠久,古迹众多,近年在南京东郊汤山发现两具南京猿人头骨,距今约 50 万年,是中国目前发现最早的人类遗址之一。在安徽和县,也发现了和县猿人遗址。

本区新石器时代文化遗址星罗棋布,如河姆渡文化、草鞋山文化、良渚文化、湖熟文化、青莲岗文化、吴城文化等。

南京、苏州、杭州、绍兴等一大批著名城市,留下了吴、越、晋、南朝、南唐、南宋、明等朝的许多重要政治军事遗迹。如南京的明代皇宫、明城墙,苏州的平江府城遗迹,杭州的南宋遗址,绍兴的越国遗址等。

本区是国家历史文化名城最多的地区,有上海、南京、苏州、扬州、镇江、常熟、徐州、淮安、歙县、安庆、寿县、亳州、杭州、绍兴、宁波、衢州、临海、南昌、景德镇、赣州等共 20 个。

四、江南园林甲天下

本区古典园林名冠中华。"江南园林甲天下,苏州园林甲江南"是其真实的写照。

由于本区水热资源丰富,河流、湖泊及丘陵较多,而且靠近城市,造园石料丰富,取用方便,气候温和,常绿阔叶树及花卉灌丛品种多,因而为营建园林提供了优越的自然条件。

本区园林主要集中于苏州、南京、无锡、扬州、杭州等地。尤其是苏州,它是我国园林艺术精华荟萃之地,据《苏州府志》载,苏州一地,明代有园林 271 个,清代有 130 个,至今仍有不少园林精品被保存下来。

本区著名的园林有上海的豫园、古猗园,南京的煦园、瞻园,苏州的沧浪亭、狮子林、拙政园、留园、退思园,无锡的寄畅园、蠡园、梅园,扬州的个园、何园,杭州的刘庄,绍兴的沈园等。

五、交通便捷,经济发达,产品丰富

本区地处长江下游,濒临黄海、东海,长江、淮河横贯东西,京杭大运河纵贯南北,全境地貌大部分广阔平坦,交通便捷,土地肥沃,物产丰富,经济发达。

本区是我国现代化交通最发达的地区,有以铁路、公路、水运、航空、管道组成的完善的客货立体交通运输网络。

本区高速铁路网已经基本建成,形成四通八达的高速铁路运行机制。京沪高速铁路(时速 350 千米)和京沪普速铁路穿越本区,南京与上海之间还有宁沪城际高速铁路(时速 300 千米),形成三线平行的铁路交通线。京沪高铁南京大胜关长江大桥是世界首座六线铁路大桥,全长 15 千米,有 11 座桥墩,桥型为 M 形,流畅优美。钢结构总重量 36 万吨,水中每个主桥墩用钢量达 1 万吨。本区高速铁路还有沪杭高铁、宁杭甬高铁、南京—合肥—武汉—重庆—成都高铁、宁安(安庆)城际高铁、宁波—温州—厦门—深圳—广州高铁。除宁安城际在建,其余均已通车。目前在建和准备开建的主要铁路还有宁启(启东)城际、宁淮城际、连淮扬镇城际、沿江城际以及沪通铁路等。

本区配合高铁建设新建了多座大型的现代化高铁车站。有南京南站、上海虹桥站、杭州东站等。南京南站是华东最大的交通枢纽,亚洲最大的现代化火车站。由此辐射出的高速铁路有京沪高铁、宁蓉高铁、沿江高铁、宁杭甬高铁、宁沪城际高铁、宁安城际、宁合城际、宁启城际等,每天始发和经过的列车三百多趟,并且逢车必停。车站为五层的立体交通组合,铺设有自动步道。顶层是候车大厅,南北长 417 米,东西宽 156 米,二层平台(火车从二层楼面通过)有 15 个站台、28 条轨道。地面和地下两层配套有长途汽车站,多条地铁和市内公交站台等。

本区普速铁路线有京沪普铁、沪杭普铁、京九普铁、浙赣普铁、杭甬普铁、宁铜普铁、皖赣普铁、宣杭普铁、沂长普铁等,主要承担货运和普速列车的运输任务。

本区高速公路密度居全国之首。主要高速公路干线有京沪高速、沈海高速、长深高速、宁洛高速、沪陕高速、沪渝高速、沪蓉高速、京台高速、济广高速、沪昆高速、大广高速、杭瑞高速等。南京至上海的沪宁二通道宁常高速和沪常高速基本建成。南京绕城高速辐射出十多条高速。苏州与上海之间有五条高速通道。

长江、大运河是本区重要水运干线,长江上有南京、九江、芜湖公铁双层大桥,还有铜陵公路大桥、马鞍山长江大桥、南京长江二桥至四桥、泰州长江大桥、润扬长江大桥、江阴长江大桥、苏通长江大桥、南京大胜关京沪高铁大桥和南京长江过江隧道等,以及上海洋山跨海大桥、上海沪崇通道(沪长隧道—上海长江

大桥崇—启大桥)、嘉绍钱塘江大桥、舟山跨海大桥、杭州湾跨海大桥,以及建设中的沪通城铁长江大桥。这些大桥以及许多中小桥梁、过江隧道使公路、铁路、水运运输线连为一体。

上海、南京、杭州是本区最重要的航空运输中心和铁路枢纽。上海是我国最大的空运和铁路运输中心之一,它还是我国三大进出境口岸之一。上海是我国最大的海港,南京是我国最大的河港和唯一的内河海港。

优越的地理位置和便利的交通造就了华东旅游区发达的经济,本区是我国最重要的综合性工业基地。机械、电子、石油、化工在全国居首要地位,其中上海是全国最大的工商业中心。

本区物产丰富,素有"鱼米之乡"之称。土特产品和工艺品种类繁多,工艺精良,著名的土特产有上海松江四鳃鲈鱼,江苏东山碧螺春茶叶、太湖银鱼、阳澄湖大闸蟹、南京烤鸭(鹅)与桂花盐水鸭、如皋火腿(北腿)、高邮双黄蛋、吴江四鳃鲈鱼、江苏洋河酒、盱眙龙虾(学名克氏原螯虾)、浙江金华火腿(南腿)、黄岩蜜桔、西湖龙井茶叶,安徽古井贡酒、祁山红茶、屯溪绿茶、砀山梨等。工艺品有上海金银饰品与顾绣,江苏南京云锦、苏州刺绣、宜兴陶瓷、无锡泥塑、扬州漆器,浙江杭州织锦、宁波草席、东阳黄杨木雕,安徽芜湖铁画等。

上海、南京、苏州、无锡、扬州、杭州、绍兴是本区最重要的旅游城市。

第二节　上海旅游副区

一、上海城市

俗话说:看2000年的文明到西安,看500年的文明到北京,看100年的文明到上海。上海是一座生机勃勃、充满时代魅力的城市,早在19世纪30年代就享有"东方巴黎"的美称,是中国近代史的缩影。随着浦东新区的开发建设,上海的面貌发生了日新月异的变化。

上海位于我国海岸线的中心,是长江出海的门户。地处长江三角洲冲积平原的前缘,东濒东海,北界长江,南临杭州湾,西与江苏苏州、浙江嘉兴接壤。上海市辖16区(黄浦、徐汇、长宁、静安、普陀、闸北、虹口、杨浦、闵行、宝山、嘉定、金山、松江、青浦、奉贤、浦东新区)和崇明县。市域面积6340平方千米,总人口1419万。

上海地势平坦,海拔平均高度在 4 米左右。山脉少而低小,仅在西北部有佘山、天马山等,高度都在 100 米以下。我国的第三大岛——崇明岛位于上海境内。苏州河和黄浦江纵横交错贯穿上海全境。上海的气候特征是四季分明,属亚热带季风气候,温和湿润,年平均气温 15.7 摄氏度,年降水量 1123.7 毫米。冬夏季较长,春秋季较短,3 月至 5 月为春季,4 月后温度上升较快,雨量明显增多;6 月中旬至 7 月上旬为梅雨季节,而 7～9 月则受台风侵袭和影响,常有雷雨。既无严寒,也无酷暑。

上海是我国最大的交通运输枢纽之一和著名的国际贸易港口,交通四通八达,海陆空畅通无阻,往来市区的地铁、出租车、公交车、轮船、观光巴士日夜穿梭。航空方面,上海已经和国内的近百个城市通航,几十个国外航空公司也已开通上海航线。普速铁路方面,有京沪、沪杭甬两条干线。铁路上海虹桥站、上海站、上海南站每天有通往全国各大中城市的以高铁为主的客运列车,跨江的沪通铁路也正在建设之中。水运一直在上海的经济运行中起到重要作用。上海港是华东地区重要的水上运输枢纽,也是我国兼有海运、长江内河航运的重要港口。上海的公路建设发展很快,目前有高速公路、内环高架路、南北高架路。上海的公路就像一张纵横交错的网络,把江、浙、皖、鲁、闽等省紧密地连结在一起。长江隧道—上海长江大桥—崇启大桥构成长江口便捷的南北通道。

上海是我国重要的科技文化和高等教育中心之一。这里有中国科学院上海分院等重要科研机构和复旦大学、同济大学、上海交通大学等著名高等院校。

上海的旅游资源丰富,大都市风光、大都市文化、大都市商业、大都市建筑、大都市时尚、大都市流行风,形成了上海都市型旅游特征和魅力。

东方明珠广播电视塔高 468 米。其设计寓意"大珠小珠落玉盘",颇有创意。

上海中心大厦位于浦东小陆家嘴,是上海最高的摩天大楼,总高 632 米,地上 118 层,地下 5 层,总建筑面积 57.6 万平方米。大厦分 9 个区,1 号区是零售区,2～6 号区是办公区,7～9 号区是酒店和观景台。塔楼为双层结构,内外墙之间的空间近一米,类似于热水瓶结构,有利于降低能耗的要求。

上海中心大厦与临近的上海环球中心、金茂大厦、东方明珠塔构成了上海密集的超高层建筑独特景观。

上海环球金融中心 474 米高的观光天阁是世界上最高的观景平台,整个观光天阁的天花板被设计成玻璃幕墙,两旁的玻璃还被设计成倾斜的,这使得 55 米长的观光天阁如同一个太空舱,置身其中,会不由联想到正在"太空漫步"。观光天阁位于大楼顶部倒梯形风洞的上方,而相距 34 米的风洞下方,则是 97 楼 439 米高的观光天桥,它像一座浮于天际的桥梁。进入其中,除地板外,侧壁及顶部均由巨大的玻璃幕墙构成,宽达 270 度的观光视角能使游人得到更多的视觉享受。而抬头向上，通过玻璃天顶，可以看到一个巨大的"T"形。在天气晴好时，玻璃天顶通过电子遥控装置，还可以向两边滑动打开，形成一个巨大的天井。身处"敞篷大厅"中的游客，此时可与蔚蓝的天空来一次"亲密接触"。

金茂大厦坐落于陆家嘴金融贸易区，紧邻东方明珠广播电视塔，高 420 米，88 层。作为著名的历史文化名城，上海曾是中国新文化运动的发祥地之一，相当长时间内曾是"群贤毕至，人文荟萃"之地，许多教育家、书画家、文学家、音乐家、表演艺术家、京剧大师的传世精品都在这里诞生。不少外国名人的足迹也能在此找到。京、越、沪、昆、淮、滑稽戏等地方戏剧在这里得到了发展。上海已成为海内外游客了解近代中国社会和领略中国人民生活习俗的一个窗口。上海还是国际会议与展览中心，世界体育比赛场所。上海的夜景更是让人流连忘返，"夜上海，雾重庆，雨桂林"，已成为中国旅游景观的一大特色。上海由商而兴，因商立市，是中国极负盛名的购物胜地，也是国内外商品的集散中心和荟萃地。各种百货公司、购物中心、百年老店、专营店铺鳞次栉比，各领风骚。

二、南京路与外滩

南京路是中华第一商业街。目前，全路沿街有商业营业用房 30 万平方米。有人说没有到过王府井，就不能说到过北京；没有去过南京路，就等于没有到过上海。去南京路上走走看看，能领略以上海商业特点为基础的上海商业文化，进而感受"中华第一商业街"的无穷魅力。在上海有四大商业街被称为"购物天堂"，它们分别是南京路、淮海路、四川北路和金陵路，而南京路则是其中最热闹、最繁华、最有名的商业大街。南京路由中山东一路向西延伸，直至静安寺与延安西路交汇。它横贯上海市区中心，全长 10 千米，最繁华的地段从外滩至静安寺，人们称之为"十里长街"。从中山东一路外滩至西藏中路被称为南京东路，自西藏中路过乌鲁木齐路与延安西路相交叫南京西路。

最早在南京路上开设的有先施公司、永安公司、新新公司和大新公司。新中国成立后，大新公司改为上海第一百货商店；新新公司改为上海第一食品商店；永安公司改为第十货商店，现改称华联商厦；先施公司改为上海服装公司。这四大公司是南京路的历史见证。抗战期间，上海人民开展了"爱用国货"运动，南京路上出现了不少国货商场，其中最大的就是"中国国货公司"。随着中国人自己经营的五大百货公司的崛起，南京路成了上海滩名副其实的"中华商业第一街"。

1999 年 9 月，南京东路经过改造，在设计上体现了以人为本、华丽多彩的风格。南京路步行街有 26 处文化设施，步行街中段建有 880 平方米的世纪广场，广场的露天舞台上方有一块 288 平方米的超大电子显示屏。主题为"旅游购物"

的 3 座雕像,"一家三口"、"少妇"、"母与女"分别安置在步行街的东西两段和中段。步行街灯光工程的平面布局为"四大高潮,五个主题",即在西藏路、湖北路、浙江路、河南路四个人流汇聚点营造灯光高潮,将整条步行街划分为温馨、繁华、大气、现代、高雅五个不同灯光主题,同时向分支马路拓展。立体层面由 4 部分组成,建筑顶部用灯光勾画廊线,建筑立面用内光外透的泛光灯照明,建筑的视觉水平由门楣装饰灯光、橱窗灯光和店堂灯光组成,地面层由地灯、庭院灯组成。

南京路的公共交通也十分便捷。南京路上有 26 条马路与之相交叉,平均 200 米就有 1 个路口可以分流人群。这就使得逛街的人感觉南京路进出很方便,四通八达,地下铁路直通到新世界大厦旁边,公交车虽然不能上南京路,但是附近与南京路平行、交叉、能停车的小马路很多,车站也多,距离南京路又非常近,几乎走几步就到了。每当夜幕降临,南京路上又是另一番景色,它成了一条流光溢彩、火树银花的长龙。到处荧光灯闪烁,橱窗灯光、各种广告灯箱、激光橱窗、电子显示屏、跨街灯架跳跃生辉,亮如白昼,让人体验"夜上海"的独特风韵。

南京东路东口即名闻世界的上海外滩,是上海的窗口,人们将它作为上海市的象征。外滩原为黄浦江两岸上海市区的一条带状滩地。资料记载,外滩原来叫黄浦滩、黄浦路,后改为扬子路、黄浦滩路。1945 年为了纪念孙中山先生,改名为中山东路。我们所讲的外滩一般指从苏州河口外白渡桥至金陵东路的黄浦江西岸的道路,全长 1.5 千米。今天广义的外滩则往北跨过外白渡桥延伸至提篮桥,往南直达南浦大桥,也就是所称的北外滩和南外滩。外滩这条过去有着"东方华尔街"之称的滨江大道,随着上海城市建设的高速发展,显得更加宽阔壮丽,更具有现代都市的气息,1995 年被评选为"90 年代上海十大景观"之一。外滩,百余年来一直作为上海的象征出现在世人面前,它的东侧是浩荡的黄浦江和漂亮的外滩新堤岸,在这里,游客可以领略上海母亲河—黄浦江的风采,远眺对岸浦东陆家嘴地区的新姿,或是散步于绿树花坛之间,感受大都市园林的别有风味,享受大都市少有的清新空气和明媚阳光。外滩的西侧便是一群当年尽显"远东华尔街"风采、今天被称为"万国建筑博览"的建筑群……如今,新外滩以四季常青的绿树、绚丽多彩的灯光而愈加青春焕发。

上海海关大楼和原汇丰银行紧靠在一起,从建筑艺术角度来讲,这两幢大楼是一对姐妹楼。海关大楼的鲜明特征,就是高耸的楼顶有一钟楼。钟楼上 4 个钟面,直径 5.3 米,钟楼内置有自动开关的电灯 72 盏,为亚洲第一大钟。

苏州河口的上海人民英雄纪念碑高约 60 米,由 3 根上尖下宽宛如曲棍球拍的棱柱体组成,底部鼎足而立,顶部 3 柱成束状。这 3 柱分别表示为旧民主主义革命、新民主主义革命和上海解放三个历史阶段,预示着永远不要忘记那些为洗刷民族耻辱,为新上海的诞生而流血牺牲的先烈们。

三、豫园与城隍庙等

1. 豫园

豫园是上海市区内唯一的明式园林，位于上海市黄浦区，坐落在豫园旅游商城内，与城隍庙相邻，占地 2 万多平方米，是著名的江南古典园林，全国重点文物保护单位。豫园始建于明嘉靖三十八年（1559 年），历时 28 年，至明万历五年（1577 年）竣工，至今已有四百多年的历史，因是曾任四川布政使的潘允端为孝敬父母而造，取意于"愉悦双亲，颐养天年"，故起名为"豫园"。1853 年，上海小刀会起义时，豫园点春堂曾作为起义军的城北指挥部。豫园曾被誉为"奇秀甲于东南"，是一糅和了我国明、清两代园林艺术的名园，因有很多虚实掩映、大小对比、高下对称、疏密有致等建筑艺术手法而著称。一进园门，迎面的建筑是三穗堂，原名"乐寿堂"，乐寿寓有福如东海、寿比南山之意。三穗堂是豫园主要建筑之一，建于清乾隆二十五年（1760 年），单檐歇山式屋顶，屋顶出檐部分呈现向上仰翻的曲线形状。其作用有两点：一是为了缓冲雨水急骤下流，二是为了檐深而阻碍日光射进。整幢建筑全部都是木结构，梁柱都用木头衔接，不用一根钉。抬头仰望，"城市山林"的四字匾额，形象地反映了豫园所处的环境。周围是喧闹繁华的都市，园内则充满了山林野趣。穿过仰山堂，一座大假山隔池相望。山高12 米左右，是用 2000 吨武康黄石堆砌而成，迂回曲折，气势磅礴。豫园的围墙由蜿蜒起伏的五条龙组成，龙头高昂，造型精致，栩栩如生，有吞云吐雾的气势。其中两条龙龙头相对，中间有一颗珠，被称为"二龙抢珠"。豫园内园系清康熙四十八年（1709 年）建，全园面积不大，但山石池沼、大厅堂室、亭轩楼台一应俱全，花墙小廊，布置得宜，曲折迂回，疏密有致。内园还建有古戏台一座。点春堂因宋代文豪苏东坡的诗句"翠点春妍"而得名。"点春"在这里暗喻点看喜欢的戏曲和演员的意思，因为对面就是一座大戏台。玉华堂前，临水而立的有三座石峰，中间一座，便是著名的玉玲珑（它与苏州的瑞云峰、冠云峰，杭州曲院风荷的绉云峰合称为江南园林四大名石），高 3.3 米，石上有 72 个孔洞，从下面烧一炷香，上面孔孔冒烟；从上面浇一盆水，下面洞洞流泉，相传是宋代花石纲的流散物。

豫园的围墙，上饰游龙蜿蜒起伏，把园林分隔成不同的景区，以虚隔作幛景，似隔非隔透出园林丰富的景层，成为豫园内一大特色。

2. 城隍庙

上海城隍庙是道教宫观，位于方浜中路安仁街西。大殿祀金山神汉博陆侯霍光，二殿祀上海城隍神秦裕伯。城隍庙前身是金山庙，相传是三国吴王孙皓所建。明永乐年间（1403 年）改建为城隍庙，乾隆年间将与城隍庙相比邻的豫园作为城隍庙的附属园林。咸丰、同治年间盛行庙会，使小商小贩云集在此，逐步形成小商品、土特产的市场。1924 年 7 月，城隍庙遭大火，大殿被毁，同年 11 月又遭火灾，庙宇全毁，后集资修复的城隍庙在 1927 年 11 月 25 日落成。大殿、二殿改为钢筋混凝土结构，外观仍完全是古庙形式，歇山顶，飞檐高脊，内部的梁枋、天花上多为彩绘三国故事。重建城隍庙时将九曲桥改成了一条不古不洋的钢筋水泥桥，不是九曲而是十八曲，长达 104 米。

如今，城隍庙牌坊式的头门和第三进寝宫（即城隍爷和城隍夫人的住处，西厢有城隍的父母）还保留部分明代建筑。该处现为城隍庙。"上海小商品王国"就在老城隍庙市场，1965 年后改名为豫园商场，是全国小商品的重要集散地。

地方风味的特色小吃、点心在豫园商场尤为集中，例如南翔小笼馒头、宁波汤圆、桂花糖粥、猪油八宝饭、面筋百叶、杭州油包子等。

3. 上海植物园

上海植物园位于龙吴路上，创建于 1974 年，占地 81 万平方米。植物园栽培植物 3000 余种，辟有植物进货区、环境保扩区、盆景区、草药区、展览温室、兰室、绿化示范区、植物楼等，是一个融园林植物引种驯化、科研、科普、教育、游览、生产相结合的综合性植物园。植物园包括药园、玉兰园、牡丹园、杜鹃园、蔷薇园、桂花园、竹园等，还有松柏园、蕨类园及环境植物区等。多年来，该园从国内外广泛收集引进各种观赏植物，尤以珍稀、濒危植物为多。

第三节　南京旅游副区

南京旅游副区包括江苏省的长江以南和长江以北的沿岸地区，有南京、镇江、常州、无锡、苏州、扬州、南通、宜兴、常熟等主要旅游城市。

一、虎踞龙盘的南京

（一）南京城市

南京是江苏省省会，位于江苏省西南部的长江下游。北连江淮平原，东南临长江三角洲，是全省的政治、经济、文化和交通中心。市域面积 6501 平方千米，人口 635 万，现辖 11 区（玄武、秦淮、建邺、鼓楼、浦口、六合、栖霞、雨花台、江宁、溧水、高淳）。

南京地形以低山、丘陵为主，平原占总面积的 24.1%，市域平原、山丘、河流、湖泊交织，虎踞龙盘、山环水绕、山水城林集于一体。城市绿化闻名全国，市区绿化覆盖率为 45％。南有十里秦淮朱雀航,北有名湖玄武,东有钟山龙盘,西有石城虎踞,是中国四象标志最完美的城市。王安石《桂枝香·金陵怀古》写南京风光:"千里澄江似练,翠峰如簇。征帆去棹残阳里,背西风,酒旗斜矗。彩舟云淡,星河鹭起,画图难足。"所以人们称南京是山环水绕画金陵。

流经南京段的长江约 95 千米,江阔水深,万吨海轮可终年通航,秦淮河和滁河的河谷平原是全市的重要农业区。

南京属亚热带湿润气候,四季分明,雨水充沛,光能资源充足,年平均温度为15.6℃,年降雨量约 1106.5 毫米,每年的 5 月下旬到 7 月中旬为梅雨季节。据中央气象台多年积累的气象统计资料,南京夏季气温大幅降低,已跌出前十名之外,再也不是火炉城市。

南京名称始于明代。历史上先后称为越城、金陵、秣陵、建业、建康、白下、上元、升州、江宁、集庆、应天、天京等,尽管屡屡更换城名,依然以其悠久的历史、灿烂的文化、雄奇的丰姿、绮丽的风光盛名百世,在中华民族发展史上占有重要的地位。

南京是中国九大古都之一,历史文化底蕴深厚的名城。考古发现表明,大约50 万年前南京就有了古人类的活动,6000 年前南京就出现了原始村落,聚居着本地原始居民,时至今日,已经历了无数世代的生息繁衍。

1993 年 3 月,在距离南京市区 27 千米的江宁区汤山镇葫芦洞,发现一具猿人头骨化石,后来又发现了另一具猿人颅骨化石和臼齿化石。经考古测定,两具头骨是不同时期的猿人头骨,分别标识为 1 号头骨和 2 号头骨。1 号头骨距今约 50 万年,2 号头骨距今约 30 万年,且分别为成年女性和男性,现已正式命名为"南京人",俗称南京猿人。与猿人头骨同时出土的还有几千件古代哺乳动物的骨骼化石。"南京人"是目前所知的南京地区最早的人类祖先。

"江南佳丽地,金陵帝王州"。公元前 472 年,越王勾践在雨花台下筑城,史称"越城"。这是南京建有城堡的最早记载,至今已有 2470 多年的历史。229年,三国东吴迁都于此,始创建业城,而后,东晋、宋、齐、梁、陈、五代南唐、明、太平天国、中华民国先后在此定都。1700 多年来,南京曾是十朝都会,六朝金粉之地。吴宫花草、晋代衣冠、明祖殿堂、天国烽火留下了历朝历代的众多遗迹。从东吴到陈朝,六个朝代建都南京,长达 320 多年,唐朝人因称南京为"六朝古都"。

到唐末五代十国期间的南唐,金陵再次被作为国都,恢复了昔日东南重镇的地位。作为南唐国都的金陵城,在南京城市发展上也是一个重要的转折点,即改变了六朝时建康都城将政治区与工商业区和居民区分离的状况,而将城池南迁到以秦淮二十四航为中心的位置。在南唐金陵城的范围内,千余年来一直是南京人口最密集、工商业最繁盛的地带。

1368 年朱元璋登上皇帝宝座,国号大明,下令改应天府为"南京",南京的名称从此肇始。1378 年改南京为京师,明初建都南京,历洪武、建文、永乐三帝,前后 53 年。1421 年明成祖朱棣迁都北京,以南京为"留都",仍保留着皇宫,设五府、六部、都察院等中央机构。

明初修筑应天府城时,南京周围 118 个府县为其烧造城砖,筑成号称外城周一百八十里、内城周九十六里的大城。南京城在现存的古城垣中,不仅是我国第一,而且是世界之最。明代南京皇宫位于城的东部,建筑宏伟壮丽,曾为明初洪武、建文、永乐三代皇帝所使用。明成祖迁都北京,建造北京皇宫时,就是以南京皇宫为蓝图的。

清朝政府在南京设立了两江总督衙门,管辖江苏、江西和安徽三省,仍然保持了南京作为东南重镇的地位。

在清代前期,南京的城市经济持续发展,特别是丝织业发展到了鼎盛时期。清政府特设江宁织造署来管理丝织业,小说《红楼梦》作者曹雪芹的祖上就曾经先后担任江宁织造官近 60 年之久,从而构成了《红楼梦》书中内容的重要历史背景材料。

1853 年 3 月,太平军进抵南京城。天王洪秀全进驻两江总督署,不久改建为"天朝宫殿",宣布改江宁府为天京,定为首都。1864 年 7 月天京被清军攻陷。

1911 年爆发辛亥革命,同年 12 月,十七省代表在南京集会,宣布定国号为中华民国,以公元 1912 年为中华民国元年,以南京为临时首都,并选举孙中山先生为临时大总统。孙中山先生于 1912 年元旦从上海乘专车来南京就职,临时大总统府设在清代的两江总督署内。1927 年至 1949 年期间,中华民国政府又再度定都于南京。至此,前后有十代建都南京,故南京今日被称为"十朝都会"。抗战时期,国民政府所属机构分别迁往武汉和重庆。1945 年 8 月 14 日,日军宣布投降,9 月 9 日"中国战区日本投降签字典礼"在南京黄埔路陆军总部大礼堂举行。1946 年 5 月,国民政府还都南京。

南京临江近海,是我国重要的中心城市和综合性工业基地。主要工业门类有电子、汽车、化工、服装、食品等。南京也是我国重要的交通枢纽和通讯中心,全国重要的科研和教育中心城市之一,有中国科学院南京分院等科研机构和南京大学、东南大学、南京航空航天大学等数十所著名的高等院校。

南京是中国著名的风景旅游城市。春游"牛首烟岚",夏赏"钟阜晴云",秋登"栖霞胜境",冬观"石城霁雪",都是南京美景胜境。南京地理位置优越,风景优美,赢得历代政治家、军事家和文化名人的赞誉。诸葛亮曾赞叹说:"钟山龙蟠,石头虎踞,真乃帝王之宅也。"孙中山在《建国方略》中赞美南京:"其位置乃在一美善之地区。其地有高山、有深水、有平原,此三种天工,钟毓一处,在世界中之大都市，诚难觅此佳境也。——南京将来之发达，未可限量也。"

南京城垣与中华门。南京城垣建于明初，东傍钟山，南凭秦淮，西据石头（即清凉山、石头城），北控后湖（即玄武湖），自元至正二十六年（1366 年）八月开工兴建，至明洪武十九年（1386 年）十二月完成，历时二十年零四个月之久。

南京内城墙长达 35.267 千米（现存 25.1 千米），明代修筑时号称九十六里，高度一般在 14 米至 21 米之间，最高处达 25 米；城墙用巨大的条石砌基，用巨砖砌筑墙身，以糯米汁拌石灰浆作粘合剂，十分坚固。沿城有垛口 13616 个，窝棚 200 座，均为御敌之用。沿城外围尚有数十米宽的护城河，可谓"金城汤池"。南京外郭城号称一百八十里，实际长度约 60 多千米，故南京城号称世界第一大城。

南京城墙的城门历称"内十三，外十八"。外郭的十八座城门今已无存，但麒麟门、沧波门、凤台门、上方门等地名沿用至今。内城（即现存南京城墙）明初原开十三座城门，现存明代城门只有聚宝门（今中华门）、石城门（今汉西门）、神策门（今和平门）、朝阳门（重修过，今中山门）和清江门（今清凉门）等五座。

中华门在明南京城原十三座城门中是规模最大、最雄伟壮观的，是我国古代城垣建筑的瑰宝。它位于城南内外秦淮河之间，南有雨花台作为天然屏障，城门前后有长干桥、镇淮桥贯通，是军事要隘。明初名聚宝门，因城南聚宝山（雨花台）而得名。1931 年修建中华路时改名为中华门。古城堡外壁用条石砌成基础，墙高 20.45 米，城门东西宽 118.5 米，南北进深 128 米，占地总面积 15168 平方米，整个建筑以垒砌巨砖而成，极为坚固。而且，布局严整，构造精巧，有三座瓮城，四道城门，平面呈"目"字形。瓮城是指城门之间的空间，每道城门除置有木质外包铁皮的两扇大门外，均设可上下运动的千斤闸。现闸已无存，但门闸石槽如故，从中可以窥知千斤闸的机关原理。城内建有 27 个藏兵洞，总计可藏兵 3000 以上。既可埋伏士兵，又可储备物资。

明代南京城墙集南京古代城池之大成，它包容了古代的越城，六朝的建业、建康，南唐的金陵府等。其平面布局从军事防御出发，因地制宜，使城墙穿插在自然山水之间，雄伟、古朴、逶迤曲折，蜿蜒起伏，形似蛟龙，山水城林，相得益彰。城墙之形状，犹如长江之滨的宝葫芦，源源不断地汲长江之水。

明代南京城繁华竞逐，吴敬梓的《儒林外史》一书中有详细的描写："这南京乃是太祖皇帝建都的所在，里城门十三，外城门十八，穿城四十里，沿城一转足有一百二十多里。城里几十条大街，几百条小巷，都是人烟稠集，金粉楼台。城里一道河，水满的时候，画船箫鼓，昼夜不绝。城里城外，琳宫梵宇。在六朝时，是四百八十寺，到如今何止四千八百寺！大街小巷，和共起来，大小酒楼有六七百座，茶社有一千余处……到晚来，两边酒楼上明角灯笼，每条街道上足有几千盏，照耀如同白日，走路人并不带灯笼。那秦淮到了有月色的时候，越是夜色已深，更有那细吹细唱的船来,凄清委婉,动人心魄。"又说:"这聚宝门,当年说每日进来有百牛千猪万担粮;到这时候,何止一千个牛一万个猪,粮食更无其数。"

600 余年的岁月沧桑,南京明代古城墙历经战火、洪涝等人为和自然的破坏,毁损严重,现存城墙约 21.351 千米,巍然屹立,仍为我国目前保存最好的古城墙之一,也是世界上现存规模最大的古城墙,其囊括面积之大、内外相连之长、用材之坚以及依山傍水之胜,堪称举世无双,为研究都城史、城垣建筑史和古代战争史提供了第一手的直观材料,具有极为重要的历史、艺术和科学价值。

南京是我国博物馆和纪念馆较多的城市。据不完全统计,总数有 60 多座。著名的有南京地质博物馆、中国云锦博物馆、江宁织造府博物馆、江南贡院历史陈列馆、金陵刻经处博物馆、六朝建康都城遗址博物馆、南京大学考古与艺术博物馆、南京明城垣史博物馆以及十余处遗址博物馆等。

南京是著名的佛教圣地,号称中国佛教之都。东吴建初寺是建寺之始。唐代杜牧诗句"南朝四百八十寺,多少楼台烟雨中",充分反映了当时建康佛事的繁华兴盛。明代建有三大名寺:灵谷寺、天界寺和大报恩寺。

大报恩寺原位于南京中华门(明代聚宝门)外,是明代永乐年间明成祖纪念其生母硕妃按照皇宫的标准营建。寺内有殿阁 20 多座,画廊 118 处,经房 38 间。历时 19 年,耗银 248.5 万两。大殿后的大报恩寺琉璃塔九层八面,高达78.2 米。塔身白瓷贴面,拱门琉璃门券。塔檐、斗拱、平坐、栏杆是饰有狮子、白象、飞羊等佛教题材的五色琉璃砖。角梁下悬挂风铃 152 个,日夜作响,声闻数里。自建成之日起就点燃长明塔灯 140 盏,每天耗油 64 斤,金碧辉煌,昼夜通明。塔内壁布满佛龛。该塔是金陵四十八景之一。明清时代,将它与罗马斗兽场、亚历山大地下陵墓、比萨斜塔相媲美,称之为中古世界七大奇观之一,也是中国的象征之一。大报恩寺塔 1856 年毁于太平天国战争中。

2008 年发掘的地宫出土石碑《金陵长干寺塔身藏舍利石函记》记载,地宫属于北宋长干寺。两层大铁盒中安放的鎏金阿育王塔高 1.1 米,边长 0.48 米,重50 千克。塔身纹饰精美繁复。内容为佛本生故事。塔四周刻有萨垂太子舍身饲虎、尸毗王割肉饲鹰救鸽等四幅佛教故事画。塔内有鎏金银椁金棺。银椁金棺打开后恭请出诸圣舍利 3298 枚和佛祖顶骨舍利,浅褐色,呈蜂窝状。另有一银函中藏有感应舍利 10 颗。长干寺地宫出土的稀世珍宝震惊国内外考古界。

新街口是南京最大的商业中心,号称中华第一商圈。在 100 万平方米的范围内,商业营业面积达 50 万平方米,远大于同样闻名全国的上海南京路(30 万平方米)、北京王府井(34 万平方米)和西单(23 万平方米),故号称中华第一商圈,辐射范围远远超出南京,达到扬州、镇江、马鞍山、芜湖、滁州等地,即 1 小时商圈。

新街口广场原名国民政府广场，广场中心建有孙中山先生铜像。周围高楼林立，道路四通八达。此处中山路、中山东路、中山南路、汉中路四线汇集，又有洪武路、长江路、华侨路、淮海路、石鼓路、王府大街等道路周边环绕，新街口形成一个路网完善、临街店面鳞次栉比、大型商厦云集的商业繁华区。

新街口地区，有购物、金融、餐饮、娱乐、休闲等功能。新街口百货商店、中央商场、华联商厦、东方商城，或是数十层的摩天大楼，或是面积数十万平方米的巨型商场。商场内外，肩摩毂击，日流量达数十万人次，高峰时达百万人次。

目前，南京有关部门按照"国际一流，国际接轨"的标准，正在对新街口商圈进行扩容改造。其范围将扩充至南到建邺路、白下路，东抵太平路，北至长江路、**华侨路**，西达莫愁路、上海路，届时将形成一个面积达 3 平方千米的中华经典商圈。

秦淮风光。秦淮河是南京古迹古风的集中体现。杜牧曾有"夜泊秦淮近酒家"的诗句。夫子庙位于内秦淮河北岸，又称孔庙，为祭祀孔子的庙宇。东晋成帝司马衍时（337 年，晋咸康三年），纳王导谏立太学于此。宋仁宗宋景祐元年（1034 年）在东晋学宫基础上扩建成夫子庙，包括三大建筑群：孔庙、学宫和贡院。著名建筑和景点有大成殿、大成门、棂星门、明德堂、尊经阁、奎星阁、聚星亭、天下文枢坊、明远楼、大照壁等，占地 2.63 万平方米。夫子庙以秦淮河自然河流为泮池，南岸建有 110 米长的大照壁，环卫成月牙形，故又称月牙池。照壁建于明万历三年（1575 年），为中国之最，俗称"万仞宫墙"，意即孔子学问高深莫测，表达出后人对孔子的敬重与赞扬。

江南贡院始建于南宋乾道四年（1169 年），是县府学考试场所，因清代设江南省，故又称江南贡院。明初乡试、会试都集中于南京，县学、府学曾另建考棚。明清两代对贡院均有扩建，至光绪年间规模之大，建筑之雄伟，为当时 23 个行省贡院之最。至同治年间，供考试用的"号舍"达两万多间。清末废科举兴学校，贡院失去科举制度下的作用，1919 年开始拆除，遗下明远楼、衡鉴堂和部分号舍成为历史文物。明远楼为贡院内栋宇之一，三层四面，四面皆窗，原位于贡院中心，以监视应试士子入院考试过程中的行动与院内执役员工有无传递关节的设施。现楼下有 1922 年立的《金陵贡院遗迹碑》，记载了拆贡院辟市场的始末。

夫子庙附近，有王谢古居、乌衣巷、桃叶渡、李香君居住过的媚香楼等古迹。唐刘禹锡曾说："朱雀桥边野草花，乌衣巷口夕阳斜。旧时王谢堂前燕，飞入寻常百姓家。"

瞻园、白鹭洲及众多的著名商业名店和市场，南京特色菜肴和名小吃，元宵节金陵灯会，夫子庙地区形成南京最大最有特色的传统商业街区。元宵节夫子庙金陵灯会号称"秦淮灯火甲天下"，千万盏彩灯照亮秦淮河两岸，汇成灯的海洋。

　　夫子庙以南、中华门以东的老门东箍桶巷一带历史文化街区集中展示了老城南的民居街巷、市井风貌和居民生活，体现了南京传统的市民生活风貌。

　　雨花石是南京著名的特产。南京地下有雨花砾石层，集中分布于秦淮、滁河入江口附近，其中常见彩色玛瑙、蛋白石等晶莹明澈的美石。质、色、纹、影兼于一石，自古称之"非石非玉，自是一类"。红、黄、黑、白、紫、褐各色为多，绿色、蓝色极少。花纹千姿万状，线条圈眼，变化无穷，集大自然之美。

　　云锦是南京传统的提花丝织工艺品。其用料考究，织工精细，图案色彩典雅富丽，宛如天上彩云般的瑰丽，故称"云锦"。它与苏州的宋锦、四川的蜀锦齐名，并称我国三大名锦。云锦生产的历史，最早可追溯到三国时期，明朝时织锦工艺日臻成熟和完善，并形成南京丝织提花锦缎的地方特色。清代在南京设有"江宁织造署"，云锦织造盛极一时，这一时期的云锦品种繁多，图案庄重，色彩绚丽，代表了南京云锦织造工艺的最高成就。如今生产的云锦用做高档服装面料及供少数民族服饰、演出服饰外，又发展了新的花色品种，如云锦台毯、领带、被面、提包、马夹、挂屏、靠垫等日用工艺品。

　　南京江宁获中国金箔城称号，金箔产量占全世界的80％。大型宫殿、寺庙等的贴金装饰都用金箔。1两（50克）黄金可打成23.5平方米金箔。

　　南京香肚、鸭肫、牛脯、剪纸、绒花、金陵折扇等也都是极富盛名的土特产品。李白曾写过唐代南京之酒店和服务："风吹柳花满店香，吴姬压酒唤客尝。"反映了南京服务业的悠久历史风貌。

　　南京的餐饮文化源远流长。本帮京苏大菜，仅菜名的典雅就吸引了无数食客，如六朝素翅、玄武三丝、莫愁鲜夹、秦淮什锦、雨花凤尾、梅花明珠、清蒸鸡孚、炖菜核等，诗情画意，融于一席之中。京苏大菜的特点，在于口味醇和，咸淡适中，讲究原汁原味，酥烂脱骨而不失其形，滑嫩爽脆而不减其味。原创于民国时期的民国大菜，现在多家宾馆酒楼推出标准民国大菜20道，除金陵烤鸭外，还有复兴炖生敲、瓢儿鸽蛋凤尾虾排等。

　　金陵鸭馔甲天下。无鸭不成席，到南京才能真正体会鸭文化。南京的家禽人均消费量是全国最高的。南京板鸭、金陵烤鸭（鹅）、桂花盐水鸭（鹅）、料烧鸭、香酥鸭、茄汁鸭块等，都是席间佳肴。南京板鸭是腌制品，耐久藏，是起源于南朝的军中干粮。金陵烤鸭（鹅）采用当年散养的瘦肉型仔鸭仔鹅，腌制入味，烤制火候适中，咸甜适度，价廉物美，南北皆宜。桂花盐水鸭（鹅）一般现制，以中秋前后桂花盛开时制作的最佳，称桂花鸭，特点是皮白肉红骨头绿。南京用鸭的心肝肾肠血制作鸭血粉丝汤，成为美味小吃。鸭头、鸭舌、鸭脖、鸭爪等单独加工成鸭小件。名菜"美人肝"用鸭胰子烹制，鸭蹼亦可做菜。鸭绒羽毛均有用处，对鸭产品的利用真是达到极致。

（二）南京主要景区景点

1. 中山陵景区

中山陵是伟大的革命先行者孙中山先生的陵墓，坐落在紫金山第二峰南麓，初称总理纪念陵园。1925 年 3 月 12 日孙中山先生在北京逝世，暂厝北京香山碧云寺。根据孙中山先生临终嘱咐，葬事筹备委员会决定归葬南京紫金山。1926 年 3 月 12 日陵墓奠基，1929 年春基本建造完工，孙中山先生灵柩于 5 月28 日运抵南京，在国民党中央党部公祭 3 天，6 月 1 日举行奉安大典。孙中山先生灵柩在狮子山 101 响礼炮声中安葬于墓室下 5 米的墓圹中并用混凝土封闭。墓室位于海拔 158 米高处，从牌坊到墓室平面距离 700 米，上下高差 73 米，陵墓面积 8 万平方米。陵墓由建筑师吕彦直设计，依山建筑，平面呈警钟形。主要建筑牌坊、陵门、碑亭、祭堂和墓室都在一条中轴线上。取形于钟，象征着孙中山先生致力于唤醒民众，反抗压迫，争取民主自由，为挽救民族危亡而奋斗不息的精神，警醒后人"革命尚未成功，同志仍需努力"。

博爱坊，四柱三楹，高 12 米，宽 17 米。坊额有孙中山手书"自由、平等、博爱"字样，故称博爱坊。南京因此而称为博爱之都。"博爱"原出自唐代韩愈《原道》"博爱之为仁"一语，引申为反对封建专制主义的革命口号。坊后通过一条480 米长的墓道，进入陵墓正门，两侧种植雪松、松柏、银杏、红枫，代替了古代惯常的石人石兽，象征着孙中山先生的革命精神和崇高品质。陵门门额镌刻孙中山手书"天下为公"四字，表达了孙中山毕生奋斗的理想，也是他所倡导的"三民主义"中民权主义的极好注解。碑亭中石碑高 9 米，用福建花岗岩刻成，有"中国国民党葬总理孙先生于此　中华民国十八年六月一日"24 个镏金颜体大字，系国民党元老谭延闿所书。从博爱坊到祭堂共有 10 层平台，392 级台阶，一路登行，"高山仰止，景行行至"。顶台上是祭堂，为仿木结构的宫殿式建筑，长 30 米，阔 25 米，高 29 米。祭堂屋顶为重檐九脊，上覆盖蓝色琉璃瓦。祭堂三个拱门的门额上有"民族"、"民权"、"民生"阳文篆字，这是孙中山先生从事革命活动最基本最概括的指导思想。堂壁大理石上刻有孙中山遗著《建国大纲》全文。祭堂正中是孙中山着长袍马褂的石刻全身坐像，像高 4.6 米，是当时著名的波兰雕塑家保罗·阿林斯基采用意大利汉白玉雕刻而成。像座四周有反映孙中山从事革命活动的六幅石刻浮雕。墓室是半球形封闭建筑，顶呈西式穹隆状，墓穴上安放着孙中山穿中山装的大理石卧像，这是捷克雕塑家高琪按孙中山的遗体的形象而作。孙中山的紫铜棺就在卧像下 5 米左右处。

广场两侧花园后墙设有中山陵建设史料展，近 200 幅珍贵历史资料展现了中山陵的建设和中山先生的遗体奉安全过程。

中山陵除陵墓主体建筑外,四周还有一些纪念性建筑物,是当年各界人士和海外侨胞为缅怀孙中山而修建的。陵墓广场正南的铜鼎,高 4.27 米,腹径 1.22 米,内藏六角形铜牌,刻有戴季陶母亲黄夫人手书《孝经》全文。鼎面铸"智"、"仁"、"勇"三字,是 1933 年戴季陶与中山大学同学捐款建造。

光华亭建于中山陵左侧小山上,全亭均为石构建筑,共享石料 850 吨,屋脊、椽、斗拱、梁柱、雀替和藻井均用福建花岗岩,全亭无寸木根钉,图案古朴,花纹细致,刻石浩繁。

广场东南侧树林中的音乐台建于 1932 年,由旅居美国圣弗朗西斯科的华侨和国民党辽宁省党部合建。此台平面图样呈半圆形,高约 3 米,后台大壁高 11.3 米,宽 16.7 米,用以汇聚音响,台前有荷花池,池底有伏泉,泉水终年不断。观众席为扇形,可容 3000 人聚会,周围树木蔚然成林,青障似屏。陵东梅花岭有仰止亭,为 1932 年叶恭绰捐建。中山陵至灵谷寺公路南侧的流徽湖和流徽榭,由中央陆军军官学校 1932 年捐建。陵西陵园大道与明陵路交叉口的行建亭,由广州市政府 1933 年捐建,主要供行人休息。位于钟山第二峰之顶万福寺古刹旁的永慕庐,1929 年为孙中山家属守陵而建,有房屋一排和花坛、围墙,环境清幽,建筑古朴。陵西密林中有一"丁"字形建筑,是当年的革命历史图书馆,阅览室为 2 层楼房,书库为 3 层楼房,建于 1932~1935 年。陵东有原中华民国政府主席林森别墅,又称桂林石屋,1930 年广州市政府捐建,由条石和石块砌筑,屋前砌阶 170 级,周围广种桂花。中山陵东西两侧,有国民党元老谭延闿、邓演达、廖仲恺与何香凝的陵墓。

藏经楼是孙中山先生奉安中山陵后修建的纪念性建筑,是一座仿清式藏传佛教寺庙的古典建筑。位于中山陵之东、灵谷寺之西的山谷之间,包括主楼、僧房和碑廊三大部分。主楼是一座重檐歇山式宫殿建筑,高 20.8 米,长 31.8 米,宽 21.2 米,钢筋混凝土结构,屋顶覆绿色琉璃瓦,屋背及屋檐覆黄色琉璃瓦,正脊中央竖有紫铜銮金法轮华盖,梁、柱、额、枋均饰以彩绘,整座建筑内外雕梁画栋,金碧辉煌,气势宏伟,十分壮观。僧房建造在中轴线上,有五间,在其身后建有东西厢房四间,东西碑廊各长 125 米,左右对称,环绕主楼与僧房。东西碑廊各 25 间,共有碑刻 138 块。

正气亭位于中山陵西、紫霞湖之上,是蒋介石当年为自己选定的墓址。抗战胜利后国民政府还都南京,蒋因喜钟山之胜、林壑之美,考虑到自己日后归葬,余暇时亲临明孝陵东勘察。以在"西安事变"中一身正气为由建正气亭。他自诩要比明代开国皇帝朱元璋高明,故要将墓地高于明孝陵;但又要尊重孙中山先生,就把墓地选在低于中山陵的现址。1947 年春动工兴建,亭为方形,重檐飞角,顶覆蓝色琉璃瓦,基座是苏州花岗石,亭子内外,彩画浓抹,金碧辉煌。亭前匾额为蒋介石亲题"正气亭"三个字,其意为"养天地正气,法古今完人"。两侧楹联为"浩气远连忠烈塔,紫霞笼罩宝珠峰",落款"蒋氏中正"。亭后竖有正气亭碑记,由孙科撰文。该亭隐约在苍松翠柏之中,景色宜人,名胜古迹回绕,是不可多得的好去处。

紫霞湖位于明孝陵东北侧,开凿于 20 世纪 30 年代中期,湖水面积近 5 万平方米,是汇集钟山山泉和天然雨水而成的人工蓄水湖。该湖由爱国华侨胡文虎捐建,因湖水清纯,林木环抱而赢得"林海中的明珠"之誉。

美龄宫位于明孝陵四方城以东 200 米处的小红山上,是一座两层楼的建筑,原名"国民政府主席官邸",俗称为"小红山官邸"。美龄宫建于 1931 年冬,是为国民政府主席蒋介石建的官邸,迨至房屋落成时,蒋介石已不是主席了,于是改为去中山陵谒陵的高级官员的休息室。汽车可沿环山道直抵宫门,四周树木葱茏,百花飘香。1947 年,国民党政府从重庆迁回南京后,把房屋维修一新,设为蒋介石官邸,并将大厅改名为"凯歌堂"。因蒋介石常与宋美龄来此休息和度假,于是被称作美龄宫。二楼东首是宋美龄的卧室,室内陈设保留原状。

梅花山位于明孝陵御河桥南,因山上多红梅而得名。旧名孙陵岗。三国时东吴大帝孙权与夫人步氏葬于此。明代朱元璋建孝陵时,有人建议把孙权墓移开,朱元璋说:"孙权也是一条好汉,留着他为我守大门吧。"于是仅将孙墓前的一对麒麟迁至别处,孙陵岗遂改称梅花山。遥想当年东吴帝国,正是:"金陵昔时何壮哉,席卷英豪天下来。冠盖散为烟雾尽,金舆玉座成寒灰。"孙权墓旁建有孙权故事园,内有孙权雕像和孙权故事碑廊。孙权故事碑廊长 50 米,有"赔了夫人又折兵"、"据守江东成霸业"等展示三国争雄的故事情景。

大汉奸汪精卫看中孙权和朱元璋的栖身之地——梅花山,1944 年汪死后其部下曾仿中山陵图案设计其陵墓,真可谓"青山不幸埋奸骨",玷污了这块清净的洁地。抗日战争胜利后,在一片声讨声中,汪坟被国民政府炸得烟消云散。

梅花山(包括梅花谷)面积 100 万平方米,号称"天下第一梅山",遍植猩猩红、骨里红、照水、宫粉、玉蝶等珍品梅花,在红、白、绿诸色中,以红梅居多。栽种 330 多个品种,3.5 万余株梅花。每到春天,梅花怒放,遍山雪浪翻滚,簇簇锦团,分外妖娆,整座山宛如一片引人入胜的"香雪海"。山顶上有天下第一梅山碑、观梅轩、博爱阁等景点,山下梅花谷有以水景为中心的花溪水韵、清溪思源等景点。

2. 中山植物园

中山植物园位于钟山南麓,明孝陵附近,原为金陵大学教授、英国人裴义,受孙中山先生的热情支持,于 1917 年创办义农会林场。1928 年,为纪念孙中山改建为"总理陵园纪念植物园",并定每年的 3 月 12 日中山先生逝世祭日为"植树节"。该园也是我国最早的植物园。它占地 187 万平方米,以研究植物园资源的发掘、利用和改造为主要任务。有花木展览温室、药用植物园、植物分类系统园、树木园、蔷薇园、地中海景区园、经济植物选育区、科学成果推广区、科学普及展览区、水生植物展出区、试验苗圃、自然植物保护区和盲人植物园等,收集培育植物 3000 多种,1980 年与美国密苏里植物园结成姐妹园。园内收集了国内外的植物 700 余种,是我国四个重点植物园之一。植物分类系统园中有香榧、金钱松、铁杉、中国鹅掌秋、红豆树、夏蜡梅等稀有物种。

灵谷寺在中山陵以东约 1 千米处,原建在钟山南麓独龙阜下,前身为梁天监十三年(514 年)梁武帝为名僧宝志所建的开善精舍,唐代改名宝公院,南宋改称开善道场,明初改名蒋山寺。1381 年,朱元璋为建造自己的陵墓,迁寺于此,并赐名灵谷禅寺,山寺书“第一禅林”。清咸丰年间,毁于战火。同治年间,在无梁殿东侧建龙神庙,后又陆续修建了宝公塔、金刚殿和天王殿,但规模大大缩小。1928 年,因建阵亡将士公墓,改龙神庙为灵谷寺。寺内有大雄宝殿,其东原有观音殿,后改为玄奘法师纪念堂。堂内陈列着玄奘法师的部分头顶骨及他西行印度的线路图和回长安后的情形介绍。1949 年后,辟为灵谷寺公园。现有万工池(旧名放生池)、宝公塔、阵亡将士碑坊、无梁殿、松风阁以及灵谷塔等旅游景点。其中,灵谷塔原称阵亡将士纪念塔,建于 1933 年,塔高 9 层 60 米,底层直径 14 米,顶层直径 9 米,为八角形。塔内外嵌有山东青石碑,刻有蒋介石、于右任、吴敬恒、叶楚伧、戴季陶等名人字迹。而无梁殿乃是灵谷寺唯一的基本保持完好的明代建筑。原名无量殿,因供奉无量寿佛得名。从殿基到屋顶,全部用大砖砌成,不用寸木根钉,也无梁椽,故称无梁殿。正因为无梁所以它才得以在战火中幸存,但仅残留拱券,在造公墓时加修重檐屋顶。这是我国最古老、规模最大的一座拱券结构建筑,比苏州开元寺、宝华隆昌寺、山西显通寺、峨眉山万年寺的无梁殿都大得多。此殿高 22 米,五楹三进,宽 50.4 米,纵深 37.8 米。外部仍为仿木结构,檐下挑出斗拱,立面没有门窗。中券正中三个券龛内,原供奉无量寿佛居中的西方三圣,顶上直至屋脊有一亮孔,据说是升天孔。其实可能一方面是造成顶上佛光的效果,另一方面是用于通风采光。造公墓时,请走佛像,改为北伐阵亡将士公墓祭堂,并嵌石勒文,中为“国民革命烈士之灵位”,左碑为民国国歌,右碑为“总理遗嘱”。祭堂四周嵌有按战役地点、军阶职务分类的阵亡将士姓名青石碑 110 块,共计 33224 人,16.5 万字。殿内前二券布置有辛亥革命名人蜡像馆,以舞台居景的特殊方式,按时间顺序塑造了 10 组动态场面,表现了辛亥革命历程中影响最大的十大历史事件,分别为:建革命党、宣传革命、华侨支援、武装斗争、武昌起义、建立民国、捍卫共和、国共合作、黄埔建校、挥师北伐。馆内珍藏名人蜡像 38 尊,按真人 1∶1 比例制作,再现了孙中山、黄兴、蔡锷、周恩来等一批历史风云人物当年的英姿丰采,造型精确,惟妙惟肖,使整座馆呈现出格调庄重而气势辉煌的艺术氛围。

三绝碑嵌于无梁殿西的宝志塔的南面，梁代张姓大画家专为开善精舍绘制了一幅宝志像。唐代，大画家吴道子根据此画像又重新绘制了宝志像，由大诗人李白作像赞，再由大书法家颜真卿书写，刻在同一块碑上，故世称唐贤三绝碑。

3. 明孝陵

明孝陵是明朝开国皇帝朱元璋的陵墓，位于紫金山南麓独龙阜玩珠峰下。陵墓从 1376 年筹建，1381 年动工，历时两年建成。传说动用了"十万军工"。明孝陵建成后，朱元璋于 71 岁时病故葬入。因为马皇后谥号"孝慈"，故明代称为"孝陵"。孝陵是明代帝陵中规模最大的。陵内许多建筑毁于清初攻江南和后来镇压太平天国的两次战争。孝陵布局分为两个部分：前部从下马坊到棂星门，长约 1800 米，是作为引导的神道设施；后部是墓的主体的陵寝建筑。

碑亭顶部已毁，俗称"四方城"。亭中竖一石碑，是现在保存于南京附近最大的一块明代碑刻，是明成祖朱棣为颂扬其父功德而立，名曰大明孝陵神功圣德碑，通高 8.78 米。碑文长达 2764 字，详细叙述了朱元璋的一生。碑亭屋顶原已毁坏，近年已复建。

神道两侧有石狮、石骆驼、石像、石麒麟和石马。形体硕大，造型生动逼真。有四对身躯魁梧的石人，即文臣武将。孝陵的主体建筑均按中轴线对称配制，这是我国传统的陵寝建筑风格。陵门后今存大殿基础，清末在原来旧址的中部重建碑亭。

孝陵殿原用于供奉朱元璋神位，规模十分宏大，可惜毁于战火，现仅存大柱础石 56 个。现享殿是清末修建，规模比原来小得多。方城城高 16 米，东西长 75 米，南北宽 31 米。东西两侧各有一堵八字墙，墙壁青砖雕花，是明末建筑艺术的代表作品。在方城宝顶的残墙为宝城遗迹。朱元璋和马皇后就葬于此丘下，宝顶石墙正面刻有"此山明太祖之墓"。

在钟山风景区内，除明孝陵外还有许多明初功臣墓。由太平门至栖霞山的途中，王侯将相的坟墓罗列，丰碑石马陂陀相接。这些已经历 600 多年的坟墓，大多已倾圮，有些已荡然无存，现尚有徐达墓、李文忠墓和常遇春墓可以观瞻。

4. 玄武湖

玄武湖位于南京城北部，整个湖呈椭圆形，水陆面积约 532 万平方米，其中水面积约 366 万平方米，陆地 166 万平方米，周长约 9.5 千米，是国家级钟山风景名胜区的重要组成部分。玄武湖三面环山，两面临城。东有紫金山，西有鸡笼山、覆舟山一脉相连，北有幕府山、观音山等作屏障，西、南耸立着雄伟壮丽的古城墙。湖水波光粼粼，湖中的环洲、梁洲、翠洲、菱洲、樱洲由堤桥相连，绿树掩映，垂柳婆娑，古人曾有"钱塘莫美于西湖，金陵莫美于后湖"的赞语。

玄武湖古名桑泊，秦改为秣陵湖，三国时称蒋陵湖、练湖，东晋时称北湖，并作为训练水师的场所。南朝时常在此湖练兵和检阅军队，称习武湖、昆明湖、饮马塘。相传南朝宋元嘉二十三年（446 年），湖中屡现"黑龙"，遂改名为玄武湖。梁昭明太子萧统曾于湖中广植莲荷，在洲上建梁园和亭台馆阁，集文人学士咏读其间。陈后主在湖畔建临春、结绮、望仙三阁。隋唐时，玄武湖日渐冷落，唐升州刺史颜真卿将其改名为放生池。李白游湖后感叹道："亡国今春草，王宫及古丘。空余后湖月，波上对瀛洲。"韦庄、杜牧、李商隐等游过玄武湖并留有诗篇。宋王安石任江南府尹时，废湖为田，得良田两万多亩。元至正三年（1343 年）为解决南京水患问题，重新疏浚玄武湖，复田为湖，规模大为缩小。明代，朱元璋用玄武湖作为天然护城河，湖之西南角被圈入城内。又在太平门外修长堤，使湖水不再直逼钟山脚下，现在的玄武湖，约为六朝时的 1/3。明洪武十四年（1381 年）诏天下府、州、县论赋役，凡天下所造黄册（人口统计册）、鱼鳞册（田亩统计册），储于后湖，梁洲即黄册库所在。从此，玄武湖成为禁区。清朝后期，玄武湖逐渐开放，供种田养鱼，官民四六分成。太平天国失败后，曾国藩为粉饰太平，于清同治十年（1871 年）修复湖神庙、湖心亭、大仙楼、观音阁、赏荷厅等。后为举办南洋劝业会，将玄武湖辟为公园。张人骏辟丰润门（今玄武门），筑堤通环洲。民国初，改玄武湖为五洲公园，将原来的长、新、老、菱、趾五洲改名为亚、欧、美、澳、非五洲。1949 年后改称玄武湖。

五洲中的环洲，曾称亚洲，旧名长洲，呈圆环形。门内有宽阔的翠红堤，堤后就是环洲，洲上有假山亭台，环洲是樱洲的外围，向东过小桥即抵樱洲。

樱洲曾称欧洲，四周被环洲围着，其间隔一道湖水，因此是洲中之洲。洲上遍植樱桃，故名樱洲，又名莲萼洲、新洲。洲上有藏传佛教庙宇和九级砖塔——诺那塔。为纪念抗战时的将军诺那而建。

梁洲，曾称美洲，位于湖之西北，为梁代昭明太子编《文选》读书处，是五湖中开辟最早、风景最佳的所在，亦称过老洲、旧洲、祖洲，明代曾在这里建黄册库，贮藏全国户籍赋税档案。洲上览胜楼，建于清宣统元年（1909 年），二层楼亭，别具风格，登上亭楼临窗四望，可观全洲风景。闻鸡亭挺立一隅，也是梁洲古建筑之一。梁洲展览馆，原为湖神庙旧址。庙的附近有铜钩井，传为六朝古井。清光绪三年（1877 年）掏井时，从井底发现一把铜钩，因而称铜钩井。

菱洲位于湖心，原四面环水，不与它洲相连，1953 年筑了新堤，南通解放门，北接环洲，绕堤出玄武门。菱洲原称太平洲、澳洲。菱洲以形状如菱和盛产红菱而得名，1954 年洲上建动物园，今改为鸟类馆，动物园已迁往红山。

翠洲在湖之东北，与梁洲有堤、桥相连，过去叫趾洲、非洲。此洲最为幽静，雪松如半撑之伞，草坪绿茵如毯，故名翠洲。

玄武湖内的五洲之间,有桥堤相连,环湖有公路。五洲各据其胜,表现为环洲烟雨、樱洲花海、梁洲秋菊、菱洲山岚、翠洲云树五个风景点的不同特色。玄武湖碧水映衬着东面雄伟的钟山和西面古老的城墙,显得非常典雅壮丽。

5. 莫愁湖

莫愁湖位于南京西郊的水西门外,总面积约 40 万平方米,其中陆地面积约 13 万平方米,水面约占 2/3。莫愁湖以幽雅的景色并与古石头城相伴而闻名遐迩。明清之际,墨客骚人聚会于此,题咏唱和,盛极一时,莫愁湖因而有"金陵第一名胜"的称誉。清代著名诗人袁枚曾以"欲将西子西湖比,难向烟波判是非。但觉西湖输一著,江帆云外拍天飞"的诗句,赞美莫愁湖。

莫愁湖由长江、秦淮河冲积平原积水而成。此湖处在南京古老的石头城下,旧时曾经称之为石城湖。而莫愁湖名称的出现始于北宋。据当时的《太平寰宇记》记载:"莫愁湖在三门外,昔有妓卢莫愁家此,故名。"相传南朝宋、齐时,有一位叫莫愁的洛阳女子,十五岁嫁于建康(南京)的"卢员外"家,居住在石城湖畔。人们为怀念这位美丽善良的莫愁女,将石城湖改名为"莫愁湖"。庭院水池中的莫愁女雕像就是根据这一美丽的传说塑造的。

莫愁湖,北面滚滚长江东流,东面蜿蜒如带的秦淮河环绕,构成一个幽静清雅的环境。莫愁湖临长江之滨,登高即可望见大江东流,以及点点白帆与行云相伴的胜状。相传当年的明太祖朱元璋和中山王徐达经常来此下棋,每次都以徐达失败而告终。朱元璋非常明白徐达的用意,是怕胜君有罪。朱元璋事先要求徐达拿出真水平下一盘棋。结果徐达不但胜棋,且棋局摆得十分巧妙,用棋子摆成了"万岁"两字。朱元璋由惊转喜,暗暗地佩服徐达棋艺高超。遂将整座楼连同莫愁湖一起赠与徐达,胜棋楼由此而得名。清初诗人袁枚有《胜棋楼》诗曰:"一代元勋异姓王,弹棋赌得小沧浪,算来还是卢家福,世世王孙替管庄。"

莫愁湖内的著名建筑郁金堂,是一座古色古香的四合院,相传这里就是莫愁女居所,因莫愁女喜欢郁金花,所以称之为郁金堂。郁金堂系由清朝江宁知府李尧栋在清乾隆五十八年(1793 年)营建,李尧栋有诗曰"乐府谁家唱阿侯,洛阳风景逊升州,生憎湖水千年碧,只洗繁华不洗愁"。当时袁枚和诗曰:"造成精舍托山僧,李白王维各署名。似比郁金堂更好,莫愁何事不重生。"不过,原有建筑已毁于兵火,现在的郁金堂是 1795 年重建的。院内有梁武帝萧衍为莫愁女所作的《河中之水歌》诗碑、清代绘刻的莫愁女石刻像和郭沫若题写的《莫愁歌》。室内陈设古朴、庄重典雅。在郁金堂两侧,红栏曲廊环抱着的一方水池中,立有一尊根据历史资料精心雕塑的汉白玉莫愁女雕像,神态自若,栩栩如生,是根据《河中之水歌》中"十四采桑南陌头"的诗意雕刻而成的。

莫愁湖南岸,有占地约 370 多平方米的粤军殉难烈士墓。墓建于 1912 年 3

月,毁于抗战期间,是为纪念在与封建余孽张勋企图复辟帝制的战斗中英勇牺牲的粤军烈士而建立的。墓前有孙中山先生手书的"建国成仁"墓碑,背阴刻有黄兴所撰墓志。1948年姚雨平将军重修烈士墓。同时将散埋的61位烈士,加上北伐前因造炸弹而不幸身亡的炸弹营营长周达,共62位烈士遗骸集于一座大坟之中。

清代乾隆时,莫愁湖还筑有湖心亭、赏荷亭、光华亭等。清代道光时,又筑有六宜亭、长廊,配以曲榭,号称"金陵第一名胜"。李尧栋的《湖心亭》诗曰:"楼牟中山异姓王,亭当少妇郁金堂。但教香火因缘在,儿女英雄孰短长。"余宾硕写的《金陵览古》,描绘莫愁湖风光为:"澄波清澈,素气若云,若柳映堤,丝杨披浦,山色湖光,荡漾几席,最为佳观也。"

莫愁湖曾经有著名的八景:波镜窥容、月梳掠鬓、山黛描眉、莲粉凝香、莺黄偷语、柳丝织恨、秧针倦秀、燕剪裁绮。清代诗人以此八景作诗唱和的自有不少。莫愁湖以幽雅著称,又以观赏江景为妙,雅丽动人。

6. 阅江楼

俗语说:"吴楚名楼今则四,水天明月古来双。"这四大名楼是滕王阁、黄鹤楼、岳阳楼和阅江楼。

明朝开国皇帝朱元璋御书《阅江楼记》,豪气冲天:"宫城去大城西北将二十里,抵江干曰龙湾。有山蜿蜒如龙,连络如接翅飞鸿,号曰卢龙,趋江而饮水,末优于平沙。一峰突兀,凌烟霞而浸汉表,远观近视实体之状,故赐名曰狮子山。"大臣宋濂《阅江楼记》则充满文人关怀:"京城之西北有狮子山自卢龙蜿蜒而来,长江如虹贯蟠饶其下,上以其地胜雄,诏建楼于巅与民同游观之乐,隧赐嘉名为阅江,云登览之顷万象森林,千载之秘一旦轩露,岂非天造地设,以俟夫一统之君而开千万世之伟观哉!"虽然朱皇帝下诏要建阅江楼,并有两篇《阅江楼记》广泛流传于世,但因种种原因六百年来始终未能建成。阅江楼因"有记无楼"、"有诗无楼"、"有画无楼",成为文化史上独一无二的憾事。

1993年南京下关区政协有关人士提议建设阅江楼。1998年正式开工,2001年年底,阅江楼风景区建成并对外开放。阅江楼高52米,总建筑面积4000多平方米,整体成大"L"形,外观三层,实为七层,并按照古代皇家楼阁规范建造。

阅江楼的内部布局围绕明太祖朱元璋和明成祖朱棣两代帝王的政治主张展开。底层最值得注意的是一椅、一壁、一匾额。大厅正下方一张金色的雕花蛟龙椅放在中央,椅子前放着四只精致大鼎,金色底上刻着缠在一起的青色双龙,这是帝王权力的象征。厅的正上方是金色榜文书朱元璋《阅江楼记》全文。东侧匾额"治隆唐宋",为康熙所书。二层有一船、一画:船是明代郑和下西洋的象征,画则反映了郑和受皇帝的旨意到西洋各国宣传中华文明的盛况。二层的建筑以雕刻为主,雕刻艺术精湛卓越。阅江楼的顶层有蟠龙藻井。屋顶盘踞的金龙用整根香樟木雕刻而成,龙身表面用 24K 黄金贴面。楼内外共用 11 千克黄金,显得金碧辉煌。

阅江楼是"大手笔",创造了五个"全国之最"。阅江楼内的瓷画《郑和下西洋》全图高 12.8 米,宽 8 米,为全国最大;《长江四大名楼》双面绣,长宽分别是 2.5 米和 1.2 米,全国最大的双面乱针绣;正反两侧分别雕刻朱元璋和宋濂的《阅江楼记》,是全国最大的整块汉白玉雕刻;重达 4000 千克的阅江楼鼎,是全国最大的仿商朝后母戊青铜鼎;狮岭阅江浮雕,表现明太祖朱元璋率文武大臣阅江时的情景,是全国最大的巨型铜浮雕。

明代 16 位皇帝的巨幅画像及一批明代家具、书画建筑构件、陶瓷石刻等落户阅江楼。登楼俯瞰,烟波浩淼的长江滚滚东流,雄伟的几座长江大桥横跨江面,古朴厚重的明城墙、城区林立的高楼大厦、巍然耸立的紫金山、幕府山尽收眼底。

7.总统府和民国建筑

"江南佳丽地,金陵帝王洲"说的就是"十代都会"的南京城,在 2400 多年的城建史中曾经 8 次作为封建王朝的国都。

1853 年,洪秀全由水西门进入南京,下令大兴土木,在原两江总督府的原址上建造天王府。1864 年 6 月 1 日洪秀全"升天"。1864 年 7 月 19 日,湘军破城,"十年壮丽天王府,化作荒庄野鸽飞"。

清同治年间,曾国藩在布满瓦砾和灰烬的废墟上修复两江总督府,奠定了后来民国时期总统府大致的面貌。

1912 年 1 月 1 日,孙中山在总督署大堂暖阁宣誓就职,总统办公室设在原两江总督署的西花厅。1912 年 4 月 1 日,孙中山正式卸任临时大总统,两天后离开总统府。从 1 月 1 日就职起,一共只在总统府 91 天。

从 1912 年至 1927 年的 15 年中,总统府(都督府、督军署、督办公署等)主官 20 次易人,府邸 18 次更名。

大门上"总统府"的三个字是 1948 年蒋介石当选总统后换下原来的"国民政府"四个字,由当时国民党的四大书法家之一、总统府资政周钟岳所书。当时的国府大院基本上是北洋军阀时期留下来的旧屋,作为国民政府的府邸,却依然沿用着督军署的大门。蒋介石采纳外长王正廷的建议,决定在清两江总督署辕门原址上重建大门。新大门朝南立面,有八根古罗马爱奥尼式石柱,立面向外有三座拱形门洞,四周是巴洛克式脚线。

总统府中轴线依次是大门、大堂、礼堂、会客室、总统办公楼(子超楼)。今天已经基本恢复了民国时期的原貌。

总统府作为"中国近代史遗址博物馆",全馆依中、东、西三条轴线分布,中轴线是蒋介石时期的总统府;东线是国民政府行政院办公楼、国民政府五院文物史料陈列以及清两江总督署、太平天国史料遗迹等;西线是孙中山任临时大总统办公室、秘书处、参谋本部以及西花园。

民国建筑是南京的宝贵财富。南京是十代故都,古代帝王对此情有独钟,虎踞龙盘更显示出不凡气势。建筑对于一个城市来说可谓是重要仪表,民国建筑艺术始于鸦片战争后西风东渐之时。如 1868 年以后建筑的天主教堂、医院、金陵女子大学等,我们能见到中西结合之风成为南京民国建筑艺术的前奏。辛亥革命以后,20 世纪 20 年代,南京聚集一大批建筑精英,在南京这块宝地一展身手,中西建筑风格在这里发生融会碰撞。中山陵作为中西方建筑艺术结合的范例蜚声海内外。国民政府正式建都南京后,民国建筑艺术达到高潮。南京民国建筑在中国建筑史上占有十分重要的地位。

据统计,现存民国建筑千余处,其中 119 处为中国近现代建筑史上首屈一指的优秀建筑。代表性建筑有国民政府外交部、国立中央研究院、美国大使馆等。国民政府外交部是当时国民党进行外交活动事务的部门。国民政府外交部大楼建筑面积 5050 平方米,面对鼓楼,平面成"T"字形,钢筋混凝土结构,平屋顶,入口处有一个宽敞的门廊。中部高四层,两翼高三层,半地下室一层。整座建筑的平面设计与立面构图基本采用了西方现代建筑手法,同时结合了中国传统建筑的特点。从建筑物的外观上来看,立面上下分为勒脚、墙身和檐部三部分:底层半地下室部分外墙用水泥粉刷,象征基座;墙用褐色砖贴面;檐口部分用同色琉璃砖作成简化斗拱装饰。建筑物内部大厅天花装饰清式彩画,室内墙面做传统墙板。建筑物的外墙、隔墙及地板皆用空心砖,有效地解决了隔音问题。民国年间出版的《中国建筑》杂志评价了外交部办公楼为"首都之最合现代化建筑之一"。

8.南京博物院

南京博物院是中国第二大博物馆,全国综合性历史艺术博物馆。南京博物院前身是 1933 年蔡元培等倡建的国立中央博物院,占地 13 万平方米。当时集中全国第一流珍品约二三十万件,包括绘画中的《历代帝后像》、《唐明皇幸蜀图》;铜器中的毛公鼎、后母戊鼎(1959 年借展于中国历史博物馆即今国家博物馆)等稀世国宝。1950 年更名为南京博物院。

南京博物院大殿为仿辽代宫殿式,是博物院主楼。整个大殿雄伟壮观,是近代建筑史上的杰作。南京博物院 2009 年开始扩建,新建馆舍 84500 平方米。2013 年二期扩建工程完工,老大殿高度整体提升 3 米,与新馆舍底层相互连通,体量风格也能协调。

　　扩建后的南京博物院将呈现"一院六馆",即在原有的历史馆、艺术馆基础上,增加民国博物馆、非遗展示馆、数字博物馆和特展馆。扩建后文物馆展出文件增加到 4 万多件。《长江下游五千年文明展》《我们的昨天——祖国的历史、民族和文化展》《江苏考古陈列》三个基本陈列常年开放。大殿前方西侧的仿古宫殿式艺术陈列馆,即 20 世纪 30 年代原计划兴建的工艺馆,内设珍宝馆、青铜馆、瓷器馆、书画馆、玉器馆、江南锦绣馆、陶艺馆、漆艺馆、民俗馆、现代艺术馆、名人书画馆等 11 个专题陈列展馆。

　　南京博物院管藏文物 42 万件,国宝级文物和国家一级文物有两千件以上。其中考古发掘品、少数民族文物、外国文物、宫廷器皿、清代文书以及日寇投降仪式的文物,都是全国独有的罕见品,价值较高。

　　南博展厅一楼长廊尽头的沁园,园中鹅卵石铺设的道路蜿蜒前伸,绿树成荫,回廊曲折,溪水潺潺,秀竹飒爽,假山嶙峋,一口古井幽静深邃。清代的砖雕刻画得栩栩如生,描绘春秋史事、水浒传奇、秦淮佳话等。

　　9.友恭堂与民俗博物馆

　　友恭堂位于南京新街口南捕厅,是清代著名学者甘熙宅第,今为南京民俗博物馆、南京非物质文化遗产馆。友恭堂由三组五进穿堂式古建筑群组成,民间称九十九间半(实际有 162 间),是我国大中城市中规模最大的民宅。甘熙故居始建于清嘉庆年间,由其父亲甘福始建,甘熙又续建,堂号友恭堂。

　　友恭堂占地面积 14000 平方米,建筑面积 5400 平方米。甘氏家族从小丹阳到南京以经商发家。堪舆术认为商家宅第不宜南向,故甘熙故居坐南朝北。因北向为水,金生水相生相吉。甘姓源自渤海,南迁后悬挂对联"余湖世泽,渤海家声",以感念先祖。故居内大小天井 35 个,据说有水井窖井 32 个,目前已发现十余个。故居布局严谨对称,主次分明,中高边低,循序前进,步步推向高潮。

　　正落一进门厅、二进轿厅、三进正厅、四五进内厅。边落没有直接对外的主要街道出入口,也没有正厅,体现了不能另立门户的封建礼制。色调上小青瓦屋面、白粉墙、棕红色光漆门窗柱廊,形成了江南青山绿水相协调的建筑主色调,显得淡雅、恬静、安宁、平和的风格。故居非徽派亦非典型苏派建筑,而是南京本土建筑风格:门楼简朴大方,风火墙高大实用,体现了金陵士绅阶层文化品位和伦理观念。

　　梁架、雀替、柱棋、华板、窗扇、栏杆、门楼等处有精细的雕刻和砖雕。木雕题材有竹节高升、葡萄结子、五福奉寿、延年益寿、郭子仪拜寿、平升三级、蟠桃与鹤等;砖雕有八仙过海、福禄寿喜等。室内还装饰有落地照,挂落,代表琴棋书画、梅兰竹菊。精细的雕刻是建筑、雕刻、绘画、书法、戏曲艺术的综合运用,提高了建筑的文化品位。

"双馆"是研究展示和保护南京民俗文化和非物质文化遗产的专业性博物馆。有南京非遗和民俗方面的工艺巧匠、甘熙家庭历史、梨园雅韵、婚嫁、金陵十八坊六个专题展览。

10. 东王府与太平天国历史博物馆(瞻园)

瞻园是南京仅存的一组完好的明代古典园林建筑群,与苏州拙政园和留园、无锡寄畅园、上海豫园,并称"江南五大名园"。瞻园原系明朝开国元勋中山王徐达府邸西圃,至清代成布政使衙署。乾隆第二次江南之行,驻地于此,亲题"瞻园"二字,砖刻于园门之上,并谕内务府仿瞻园造园艺术,在北京长春园内建"如园"(已毁于英法联军之手)。太平天国定都天京后,瞻园曾先后为东王杨秀清和幼西王萧有和王府。瞻园内深院回廊,奇峰叠嶂,有蜚声明清两代的"十八景",称"山川尽在掌心中"。该园是秦淮风光带的著名景点,乾隆皇帝南巡时,题书"瞻望玉堂"。全园典雅精致,小巧玲珑,回廊曲折,尤以石取胜。面积5300多平方米,假山占2000多平方米,其中仙人峰奇石,高约丈余,玲珑剔透,具瘦、透、漏、秀之奇,相传为宋徽宗征集天下名石"花石纲"的遗物。园中遗存的几块明代奇石峭拔耸峙,如林如戟。北部的假山群高低参差,疏密有致;主峰巍峨矗立,气势磅礴;峰下曲径婉转,水石交融。南部假山山上有喷泉,三叠而泻,形如瀑布。山腰有石洞横穿,洞中听泉,意趣横生。峰顶盘虬古松,伴以红枫、花竹、松柏,远望峰险洞邃,疏朗多姿,宛如山水画。园内种有紫藤、木瓜、银杏、梧桐、海棠、樱花等花木。主题建筑为临水面山的静庙堂,把全园分为两个空间,北静而南喧,南近而北远,相映成趣。

太平天国历史博物馆1956年10月1日成立于瞻园,是全国唯一的太平天国专门性博物馆,现已成研究太平天国史和收藏太平天国文物的中心。馆藏太平天国文物1660件,遗迹、文物照片资料5000余幅;收藏原始档案数万件,计1080卷,1000万字,以及有关抄本、刻本8000余册,各种资料1200万字以上。至今海内外发现的太平天国历史博物馆所珍藏的《钦定士阶条例》、《钦定军次实录》和《钦定英杰归真》3种,就占了三分之一,且都是孤本。咸丰、同治年间官至苏松太道、署理江苏布政使的吴煦留下的"吴煦档案",是研究太平天国史的重要资料,也收藏于该馆。

《太平天国史陈列》是迄今为止最全面的太平天国通史陈列,展示了太平天国从起义、兴盛到失败的全过程,分为五个部分:起义金田,大军东下;建都金陵,北伐西征;天京事变,重振军威;浴血江浙,抗击侵略;天京失陷,坚持斗争。另有《太平天国文物精品展》,其中"团龙马褂"系清将席保田在江西俘获幼天王后收藏的,其后人捐献给太平天国历史博物馆,为不可多得的宝贵文物。

11. 雨花台

雨花台位于南京中华门外，是一处悼念民族英雄和革命先烈的胜地。它属丘陵地带，最高海拔 60 米，占地面积 113.7 万平方米。山冈顶部如平台，布满大大小小的砾石，都是距今 1200 万年到 300 万年第三纪晚期和第四纪早期，由长江古河道的滔滔流水从长江河床上冲刷而来。

因雨花台产雨花宝石，古人将这一带山岗称为"聚宝山"和"玛瑙岗"，三国时称石子岗，东晋初年称梅岗。

雨花台，明清两代又分别被列入"金陵十八景"和"金陵四十八景"之一。

雨花台风景名胜区目前由六个功能区组成：雨花台烈士陵园纪念区、雨花台名胜古迹区、雨花石文化区、雨花茶文化区、雨花游乐活动区、雨花生态度假区。

雨花台有三个山岗，中岗凤台岗，为雨花台之主峰，革命烈士陵园纪念碑竖立于此。立于山顶的纪念碑高 42.3 米（南京于 1949 年 4 月 23 日解放）。雨花台烈士陵园面积约 113.3 万平方米，经过几十年的绿化，林木葱郁，庄严肃穆。

12. 白鹭洲与三山

唐代的诗仙李白在其诗《登金陵凤凰台》中曰："凤凰台上凤凰游，凤去台空江自流。吴宫花草埋幽径，晋代衣冠成古丘。三山半落青天外，二水中分白鹭洲。总为浮云能蔽日，长安不见使人愁。"李白诗中提到的凤凰台，今在南京城南的花露岗。三山指南京西南板桥镇的上三山。南京江宁区板桥镇有上三山和下三山，下三山位于板桥镇东，而上三山位于镇西的长江东岸，距南京城约 18 千米，山高 95 米，因有南北相接的三峰而得名。

李白诗中所说的白鹭洲原在石头城西，今已淤为陆地。今日的白鹭洲公园乃是明代中山王徐达的东花园，又名太傅园，清道光年间被毁。重建的白鹭洲公园中有世恩楼、心远堂、月台等建筑。园西为长塘，旧日长板桥横跨其上，桥西名为旧院，又称曲中，隔秦淮与贡院相对，是明代歌舞的胜地。正德年间，皇帝朱厚照曾来东园钓鱼，诗"太傅勋老重，名园夹岸开，诗人题凤去，帝子钓鱼来"，就是写的此事。今附近的钓鱼台地名因此而得名。

13. 幕府山与燕子矶

南京长江大桥下游、北郊观音门外，沿江排列着幕府山、直渎山（又称岩山），如同古城北部的屏障。东北一峰突兀临江，三面悬绝，巍峨险峻，形似燕子展翅欲飞，故名燕子矶，与长江中下游的马鞍山采石矶、岳阳城陵矶并称为长江三大名矶。燕子矶自古以来是长江下游南来北往的重要津渡与军事要地。隋灭陈时，晋王杨广驻军北岸六合镇，相传从六合渡江，经八卦洲由此攻占南京；朱元璋率兵由上游当涂乘舟顺流而下，也由此入据金陵；清代康熙、乾隆两帝巡游江南，都曾在此停舟夜泊，题词作诗；1840 年鸦片战争时，英军也在这一带登陆，攻破观音门,胁迫南京。晋王司马睿南渡,在南京草创东晋王朝后,这里由昔日寂静的角隅渐渐成为文人墨客雅聚咏怀的地方。如今,矶头屹立御碑亭,碑的正面刻着乾隆皇帝亲书"燕子矶"三个大字。碑的背面以及左右两侧均有诗刻,尤以背面乾隆1751年下江南时所书七绝最为著名:"当年闻说绕江澜,撼地洪涛足下看。却喜涨沙成绿野,烟村耕凿久相安。"

14.侵华日军南京大屠杀遇难同胞纪念馆

该纪念馆位于城西江东门,是1937年日军大屠杀现场之一的江东门"万人坑"遗址。1985年8月15日纪念抗日战争胜利40周年之际落成开放。占地3万平方米,主体建筑面积近4000平方米,以大理石、花岗石、青条石铺砌墙面,为纪念性墓地。入口处有中、英、日3种文字镌刻的石碑,上书"死难者300000"。打开这部"史书",人类历史最血腥黑暗的一段历史,用史料、文物、雕塑和影视等再现,震撼人心。

死难同胞尸骨陈列室内陈列的尸骨均为现场挖掘出的层层白骨,遗骨上的伤痕依旧清晰可见。陈列室分为六个部分:"日军在江南一带的暴行"、"日军烧杀抢掠的暴行"、"抗日战争的胜利"、"历史的审判"、"历史的见证"和"前事不忘,后事之师"。另有史料陈列厅、电影放映室等。日中友好协会每年春天组织一批日本国民来植树除草,称为"绿色的赎罪"。

15.南朝陵墓

南京南朝陵墓石刻指分布在南京市包括郊县17个地点的南朝宋、齐、梁、陈帝王陵墓前的神道石刻遗存,总称"南京南朝陵墓石刻"。其中刘裕初宁陵、陈霸先万安陵为皇帝陵寝,其余均为王侯墓葬。帝陵前各有一对石雕麒麟、天禄。麒麟独角、天禄双角,两者都体形高大,腹部两侧刻有双翼。麒麟和天禄是我国传说中的神兽、瑞兽,把它们放在帝陵前表示死者的高贵地位。王侯墓前的石雕辟邪体型高大,威猛雄壮,用来辟除邪恶。在神道两侧还有墓碑和华表柱。目前只有萧秀墓前保存的石刻最多。南朝陵墓石刻的形象浑厚朴实,造型精巧,雕刻技法高超,成为中外闻名的珍贵艺术品。

宋武帝刘裕初宁陵位于江宁区麒麟铺村,公路两侧各陈列有麒麟和天禄。两石刻东西相距23.4米。东边是天禄,身长2.96米,体围3.1米,高为2.8米,双角双翼,身体前上部布有鳞纹,后面为长翅,下部是卷云纹。天禄风化损坏较重,现在身下是用五个水泥墩支撑着,上面的雕刻纹还隐约可见。西面的是麒麟,身长3.18米,体围3.21米,高2.56米,独角,体型雕刻与天禄相似。胸前用墩支撑着,整体风化程度比天禄要轻。

萧秀墓位于栖霞区甘家巷小学内。现在有神道石刻8件,是墓葬中神道石刻遗存最多、布局最完整的。萧秀墓1974年被发掘,椭圆形单室穹隆顶砖室墓,

石门拱上有浮雕。地面遗存神道石刻自南向北是两座辟邪:东辟邪体长 3.35
米,胸宽 1.55 米,高 2.94 米,比较完整;西辟邪体长 3.07 米,宽 1.55 米,高 3
米。石碑趺两座:东龟趺体长 3.54 米,宽 1.43 米,高 1.02 米;西龟趺体长 2.7
米,宽 1.49 米,高 1 米。两座石柱:东石柱石础边长 1.45 米,高 0.66 米;西柱高
4.62 米。最北端是两座石碑:碑高 5.1 米,宽 1.46 米,厚 0.31 米。碑额圆首,
当中有孔,碑侧有浮雕。

　　萧景墓位于南京市栖霞镇十月村。墓前神道石刻有辟邪、华表柱各一座。
东辟邪长 3.8 米,体围 3.98 米,高 3.5 米。西辟邪距东辟邪 25 米,1956 年挖出
后因破缺严重无法修复,仍旧埋在原处。石柱高 6.5 米,直径 0.7 米,柱础高
0.98米,柱身高 4.2 米,宝莲盖高 0.41 米。柱础为方形,分两层,下层四侧是立
面浮雕神怪图案。柱呈圆形,2/3 以下是 24 道瓦楞,以上是蛟龙纹带与辫纹带
各一道,柱正面辫纹之上有一小巨型额,面刻两种瑞兽图案。柱顶有一小兽,形
状和大辟邪有所相似。此柱是现存南朝陵墓石刻中保存最完整的神道石柱。

　　萧宏墓位于南京市栖霞区。墓前存有辟邪 2 座,石柱 2 座,石碑 1 座,龟趺
2 座。东辟邪长 3.2 米,宽 1.48 米,高 2.84 米。辟邪张口垂舌,昂首挺胸,双翼
刻有鳞纹,在所有的南朝陵墓石兽中,此辟邪最别具一格。西石柱高 4.96 米,柱
高 3.2 米,刻有 28 道直瓜棱纹。东柱高 6.41 米,柱础高 1.08 米,柱高 4.95 米,
顶盖高 0.38 米,柱底端直径为 1.02 米,顶部直径为 0.7 米,两柱在南朝陵墓石
柱中最粗壮。柱南面有石碑,东碑已被毁坏,西碑保存完好。碑通高 5.1 米,龟
趺高 1.08 米,长 3.4 米,宽 1.58 米;碑身高 4.33 米,宽 1.58 米,厚 0.36 米。碑
侧分八格刻有纹饰。第一格刻半人半兽怪物,第二格刻双奇鸟,第三格刻有翼蛙
形怪兽,第四格刻有双角飞兽,第五格、第七格刻怪物,第六格刻鼓翼飞鸟,第八
格刻飞鸟。

　　16.南唐二陵

　　南唐二陵位于南京南郊祖堂山南麓,是江南地区最大的地下宫殿,系南唐列
祖李昪及皇后宋氏的钦陵和中主李璟及皇后钟氏的顺陵。若从远处综观群山,
形如一条巨龙,祖堂山乃龙首,二陵正位于龙口位置。显然,这是精心选择的皇
家风水宝地。两陵依山为陵,相距百米。李昪钦陵规模较大,建于 943 年,长 21
米余,宽 10 米余。陵墓有前中后 3 个主室和 10 个侧室。前室深朱彩绘,鲜艳瑰
丽,是我国早期的建筑彩绘杰作。中室北壁石门楣上浮雕"双龙戏火珠",左、右
壁各有一尊石雕武士像,足踏祥云,披甲持剑,敷金涂彩。后室停放梓棺,正中为
青石棺床,棺座两侧刻有 6 条飞龙,边饰卷草纹和海石榴花纹。石铺墓顶绘有带
彩的日、月以及星辰 100 多颗,石砌地面雕刻蜿蜒曲折的江河图案,"上具天文,
下具地理",象征着封建帝王统治的天地。李璟顺陵形制与李昪钦陵相似,但规

模较小,计有前中后 3 个主室以及 8 个侧室,全部用砖砌成,在结构装饰和绘画艺术上已失去南唐前期那种富丽雄伟的风魄。李璟生性懦弱,在后周的武力威逼下,献出江北大片土地,屈辱称臣。时人讥讽他:"桃李不须夸烂漫,已输了春风一半。"但李璟却是一个出色的词人,他的词中"细雨梦回鸡塞远,小楼吹彻玉笙寒,多少泪珠无限恨,倚栏杆"正反映了他的满怀愁绪。南唐二陵相传是才华横溢的江文蔚和韩熙载所设计。但该墓在历史上曾多次被盗,文物毁损殆尽。1950 年秋对这座江南的地下宫殿进行了科学发掘,出土 600 多件文物,特别是人首兽身、姿式各异的陶俑,尤为稀奇珍贵。

南唐二陵的发现,对研究唐宋时期的建筑、石雕、彩绘画、陶瓷、服饰、帝王生活和墓葬制度等,均提供了极其珍贵的实物例证。

17. 汤山温泉与阳山碑材

汤山温泉位于城东汤山镇,是著名的温泉疗养区之一。温泉已有近 2000 年的开发史。目前,镇上开设有十多处不同档次的温泉浴室,分布在镇东以及东南坡一带,泉水来自地下 2 千米处。水温常年保持 50℃~60℃,冬夏温度相差不大。据化验,温泉中富有钙、镁等 30 多种微量元素。人们利用汤山温泉治疗疾病至少已有 1500 多年的历史。早在南朝萧梁时期,有一位太后因洗温泉澡而治好了皮肤病,以致皇上龙心大悦,封汤山温泉为"圣泉"。在汤山镇汤泉路 3 号,坐落着蒋介石的汤山温泉别墅。那里层峦环抱,绿树掩映,鸟语花香,温泉喷涌。

阳山碑材位于汤山镇西北,南京城东郊 25 千米处的阳山,是 600 多年前明成祖为其父亲明太祖朱元璋竖碑开凿形成的巨型石材奇观。这一组巨型石材分碑座、碑身、碑额三部分,其中碑座石材高 13 米,宽 16 米,长 30.35 米,重达 16000 吨;碑身石材高 10.70 米,宽 4.40 米,长 49.40 米,重约 8700 吨;碑额石材高 10.70 米,宽 8.40 米,长 20.3 米,重约 6000 吨。如果将 3 块碑材叠起,其总高度可达 73 米。当年明成祖夺得王位,采取了一系列巩固政权的措施,其一就是为其父竖碑以笼络人心,但因碑材太大太重,无法运输,只得另以 8.87 米高的大明孝陵神功圣德碑代替。如今,沉睡在深山几个世纪的碑材仍以其硕大无比,而被赞誉为"世界第一碑"。

18. 栖霞山

栖霞山位于南京市东北郊,距市区 22 千米,古名摄山,南朝时曾建有"栖霞精舍",因此得名。景区以栖霞山为中心,兼有许多南朝陵墓巨型石刻碑记,自然景观以山景和森林景观著称。每当深秋,层林尽染,"秋栖霞"名闻遐迩,"金陵第一名秀山"千古流传。

主要景点有:栖霞山、栖霞寺、舍利塔、千佛岩、南朝陵墓群及石刻。山有三峰,东峰如龙,西峰似虎,名龙山、虎山。主峰三茅峰,又名凤翔峰,海拔 286 米。

栖霞山清幽怡静，风景迷人，名胜古迹，遍布诸峰。尤其是深秋的栖霞，枫林如火，漫山红遍，宛如一幅美丽的画卷。南京人素有"春牛首，秋栖霞"之说，"栖霞红叶"是南京的著名胜景之一。杜牧诗"停车坐爱枫林晚，霜叶红于二月花"是最好的写照。

栖霞寺位于栖霞山中峰西麓，始建于 489 年（南朝宋永明七年），至今已有1500 年历史。南朝刘宋年间，明僧绍隐居于此，南齐时舍宅为寺，取名"栖霞精舍"。唐代时更名功德寺，增建了殿宇宫室 40 余所，异常壮观，与山东长清的灵岩寺、湖北荆山的玉泉寺、浙江天台的国清寺齐名，并称"天下四大丛林"。后多次被毁，多次重建，现寺院为 1908 年（清光绪三十四年）重建，是南京地区最大的佛寺。现有山门、天王殿、毗卢殿、藏经楼、摄翠楼等主体建筑。

在栖霞山门右侧碑亭内有明征君碑，是唐代上元元年为纪念栖霞寺创建者明僧绍而立。明僧绍几次被皇帝征为记室参军、国子博士等，都称病不去，隐居山中，故称"征君"。碑高 2.74 米，宽 1.31 米，厚 0.36 米，相传碑阴"栖霞"二字为唐高宗李治所撰，碑文是关于明僧绍的传说，由书法家高正臣所书。

舍利塔位于栖霞山栖霞寺东侧，藏经楼南。始建于 601 年（仁寿元年），重建于南唐，是隋朝唯一留下的一座石造宝塔。全塔用白色的梅花石垒砌而成，此梅花石乃海底化石，距今约 2 亿年。八面五层，自座底至塔顶高 18 米。塔座为仰莲花座，雕有海水、龙、凤、鱼、鳖等图像。上为束腰八面"基坛"，其上浮雕释迦八相图，叙述了释迦牟尼脱胎诞生、出游、逾城、成道、说法、降魔、入灭的故事。这组精美的浮雕，为唐宋之际石雕艺术的代表作品，是中国江南佛教艺术的代表作。

彩虹明镜在栖霞寺前，是栖霞山风景区第一景，为乾隆皇帝南巡时在栖霞山行宫驻跸期间兴建，面积约为 3000 平方米，水清如镜，故名明镜湖。湖上有九曲桥，湖亭设计精巧，浑为一体，合称"彩虹明镜"。

19. 珍珠泉与老山森林公园

珍珠泉旅游度假区位于江北浦口区境内，南北朝时即为游览胜地，明清时为"江北第一游观之所"。区内山峦蜿蜒，峰岭环合，林木葱郁，泉水淙淙，谷深幽峻，碧湖如镜，形成了以珍珠泉为中心、融湖光山色园林于一体的风景区。度假区占地 14.8 平方千米，群峰叠翠，湖水清澈，尤以奇泉最具特色。其中最著名的珍珠泉又称喜客泉，每逢岸边游人击掌欢呼，泉水如无数珍珠上涌，像在喜迎宾客，令人叫绝。且浮出水面的气泡因爆裂而引起水珠如小雨点在水面跳涧，故又有"情雨泉"之称。泉水源头，水清澈见底，游鱼可数。

老山森林公园位于长江北岸浦口区境内，占地面积 2000 多万平方米。老山山脉由安徽和县延伸至江浦、浦口境内，山体不高，多在 300 米左右。1991 年 9

月林业部批准建设老山森林公园。老山现有森林近 6700 万平方米,740 多种
树,常栖息于此的鸟类有 30 多种。老山森林属于落叶阔叶林与常绿林混交林,
季节变化明显。老山之中还分布着许多神秘莫测的洞穴,如龙洞、天井洞、祖师
洞等。其中以龙洞、天井洞最为奇险,即使好奇感极强、胆子极大的游客也切莫
入洞底探险。老山公园内动植物资源十分丰富,共有蕨类和种子植物 148 科
726 种,其中野生的有 586 种,尤以马尾松、银杏、枫香、丝棉木等为古、大、珍稀
树种。规划七佛寺、狮子岭、平坦等三个景区,目前已开放的七佛寺景区,主要有
老鹰山游览区、蛇园、鹭园三大景点和狩猎场、森林浴场,其中鹭园万只白鹭蔚为
壮观。

二、东方水都——苏州

苏州位于江苏省东南部的长江三角洲平原,东靠上海,南界浙江,西濒太湖,
北临长江。苏州市现辖沧姑苏、苏州新区(虎丘区)、吴中、相城、吴江、工业园六
区和常熟、张家港、太仓、昆山四市。市域陆地面积 6267 平方千米,总人口 642
万;市区面积 2755 平方千米,人口 325 万。

苏州城建于公元前 514 年,距今已有 2500 多年的历史。春秋时期,这里是
吴国的都城,至今还保留着许多有关西施、伍子胥等的古迹。589 年(开皇九年)
始称苏州,沿用至今。因城西南有姑苏山,又称姑苏城。苏州城垣建城早,规模
大,变迁小,水陆并行,河街相邻,是"双棋盘"格局,为国内外罕见的水城。

苏州位于太湖之滨,全境几乎全是冲积平原,海拔仅 3～5 米。西南部太湖
之滨有零星低山分布。太湖中的东西两山,是著名的花果山和旅游圣地。西山
缥缈峰海拔 337 米,是太湖诸山中的最高峰。太湖水面 2/3 以上在苏州境内。
太湖周围,平畴沃野,人杰地灵,物产丰富,民谚"上有天堂,下有苏杭",白居易的
诗"十万夫家供课税,五千子弟守封疆",是苏州富庶的真实写照。

"江南园林甲天下,苏州园林甲江南。"苏州园林是建筑、山水、花木、雕刻、书
画的综合艺术品,集自然美和艺术美于一体。全市现有园林 60 多个,其中拙政
园和留园列入全国四大名园,并同网师园、环秀山庄一起于 1997 年 12 月被联合
国教科文组织列入《世界遗产名录》。2001 年,沧浪亭、藕园、环绣山庄和狮子
林、退思园也被列为世界文化遗产。

苏州既有园林之美,又有山水之胜,自然、人文景观交相辉映。苏州是一座
典型的水城,素有"东方威尼斯"之称。金门外护城河边著名的"南浩街十八景",
闾门外一直通到虎丘的山塘街,是感受"东方威尼斯"神韵的好去处。走街串巷、
访古探幽,一定能体会到"小桥、流水、人家"的意境。杜荀鹤诗句"君到姑苏见,
人家尽枕河"形象地反映了苏州的特色。苏州自古"泽国环城,内外皆水",因水

成市,因水成街,因水成景。水城必定桥多,古诗有"绿浪东西南北水,红栏三百九十桥"、"画桥三百映江城"等咏桥佳句,清朝统计苏州有桥 400 余座,至今市区仍有古桥百余座。

苏州是吴文化的发祥地,文坛贤能辈出,有西晋文学家陆机,宋代政治家范仲淹,诗人范成大,明代戏曲家冯梦龙,"吴门画派"唐寅、文征明,清代及近代文人顾炎武、俞樾、章太炎等。古拙清新的书法大作,淡雅秀丽的山水画卷,空灵简洁的篆刻艺术,欢乐明快的桃花坞年画都是吴文化的代表作品。在苏州整个古城格局建筑、民俗民风等方方面面的文化积淀中可以时时感受到吴文化的深邃,同时可观赏可触摸的苏州艺术文化的精华多见于各大博物馆,主要有苏州博物馆、戏曲博物馆、民俗博物馆、碑刻博物馆、苏绣艺术博物馆、丝绸博物馆、钱币博物馆。评弹、昆曲、苏剧被喻为苏州文化的"三绝"。已有 400 多年历史的昆曲,是"中国戏曲之母",现已被列为世界非物质文化遗产名录。评弹是用苏州方言表演的说唱艺术,已在江、浙、沪流传了 300 余年。苏州的工艺美术闻名中外,苏绣与湘绣、蜀绣、粤绣同被誉为我国的"四大名绣";桃花坞木刻年画与天津杨柳青木刻齐名,世称"南桃北杨";苏州的缂丝、雕塑、宋锦、玉石和红木雕刻等,巧夺天工,各有千秋。

姑苏城外,自然风光秀丽,灵岩、天平和洞庭诸山,点缀于太湖之滨,形成了富有江南风情的湖光山色。

近年来,苏州经济发展很快,城市建设也突飞猛进。苏州国民生产总值在全国大中城市中名列前茅。除了有 2500 年历史的古苏州,城东金鸡湖畔正在崛起"洋苏州"——苏州工业园区;城西大运河畔,太湖之滨,"新苏州"——苏州高新技术开发区欣欣向荣,蓬勃发展。苏州北部高铁新城和太湖东北部苏州湾太湖新城正高速发展。

苏州的主要特产有"太湖三白"(太湖银鱼、白鱼、白虾)、东山白沙枇杷、碧螺春茶、阳澄湖和太湖所产清水大闸蟹、西山杨梅、桂花栗子、卤汁豆腐干、苏式糖果、太湖莼菜、吴江鲈鱼、苏绣等。碧螺春以"一嫩(芽叶)三鲜(色香味)"著称,素有"一斤碧螺春,四万春树芽"之说。据说康熙皇帝在苏州品茗时将茶名"吓煞人香"赐名碧螺春。

1. 拙政园

拙政园位于苏州市娄门外,是苏州最大的具有江南特色的园林。拙政园占地近 5 万平方米,原址为唐代诗人陆龟蒙住宅,明正德年间为御史王献臣所得,旋以十六年之功,建为园林。后又多次易主,几经兴废。

拙政园分为三区,东有茶室和稻香馆等建筑与大片草地,中部为全园之精华,面积约 1 万平方米,水面占 1/3,楼、台、亭、榭皆临池布局,高低大小错落有致,名花古木,参差掩映,临流而植,池中植荷种菱,一派水乡特色。远香堂坐南朝北,是中部的主体建筑。西部有"三十六鸳鸯馆"和"十八曼陀罗花馆",各有特色,风格各异。

2. 留园

留园位于苏州城东北阊门外,始建于明嘉靖年间,为太仆徐泰时的私家花园,名东园。清嘉庆年间刘恕改建成寒碧庄,也称刘园。太平天国时,阊门外独留此园未毁,谐刘园之音,改名留园。留园占地约 2 万平方米,有中、东、西、北四个景区。中部以山水景色为主,是原先寒碧庄的基础,东部以建筑院落为主,西部系光绪时扩建的土阜枫林,北部是桃园等田园风光。园中的冠云峰高约 9 米,为宋代花石纲遗物,也是江南最大的太湖石。留园以 700 多米长的曲廊为脉络,贯通四个景区,因结构布局紧密、装饰精美典雅、分割空间巧妙得当而享有"吴中第一名园"之誉。

3. 沧浪亭

沧浪亭位于苏州城内三元坊内,占地约 1 万平方米,是江南现存最古老的园林。原系五代吴越广陵王之池馆,北宋时苏舜钦购置此园,临水建亭,因感于"沧浪之水清兮,可以濯我缨"而取园名为"沧浪亭",并作《沧浪亭记》,聊以表白官场失意而投情山水之意。

沧浪亭素以古朴简洁著称,它巧借园外优美水景与园内自然结合,给人以疏朗开敞、富有山林野趣之感。主要景点有:明道堂、五百名贤祠、看山楼、藕香水榭、闻香妙室等。

4. 狮子林

狮子林位于城东园林路,始建于元代,由元朝大画家倪云林等设计。狮子林素有"假山王国"之称,假山重峦叠嶂,曲折盘旋,石洞连绵不断,幽深莫测,咫尺之间,可望而不可及,变幻无穷,如入迷宫。全园布局紧凑,风格独具。

5. 网师园

网师园位于苏州阔家头巷,原为南宋侍郎史正志宅第,清乾隆中叶,为官僚宋宗元所得,建成园林,为隐居养老之用,占地仅 5000 平方米,但科学而完善地利用狭小空间,建造了一系列风格独特的园林设施,丝毫无狭小拥挤之感。全园结构精巧,简洁利落,淡雅闲适,被誉为"苏州中小古典园林之极则"。

6. 虎丘

虎丘在苏州西北约 3.5 千米处,是一座高约 36 米,面积 20 万平方米的小山,春秋时期吴王阖闾死后葬于此。山顶有虎丘塔,建于五代,七级八面,高47.5米,全为砖砌,颇为雄伟,登塔顶可俯视苏州全城。此外,山中还有大量石景和名胜古迹,故苏轼曾言:"到苏州而不游虎丘,乃是憾事也。"

7.寒山寺

寒山寺位于苏州城西大运河畔。寒山寺因诗而兴。唐代张继的诗和寒山子的诗,使寒山寺名扬中外。

唐代张继的诗《枫桥夜泊》:"月落乌啼霜满天,江枫渔火对愁眠。姑苏城外寒山寺,夜半钟声到客船。"其后唱和这首诗的诗书画,可以说连篇累牍,不计其数。许多诗篇,刻石立碑。寒山寺院内,松柏枫树掩映之下,碑石林立,"诗依寺传,寺因诗兴",寒山寺也就成为我国诗书画碑最丰富的寺院。明代高启诗句"画侨三百映江城,诗里枫桥独有名"。

寒山寺始建于公元502～519年的南朝梁代天监年间,名"妙利普明塔院"。唐朝贞观年间,诗僧寒山子与拾得来此"缚茆以居"。在此修行弘法,施舍助人,从此留下美好的传说。唐玄宗时,希迁禅师创建伽蓝,将寺名定为寒山寺。从此,寒山被尊为寒山寺的祖师。宋嘉祐年间,改名普明禅院;南宋时又改为枫桥寺;元代复称为寒山寺。明代合并三寺四庵,列为丛林。梵宇历经劫难,屡建屡毁。今寺舍为光绪三十二年(1906年)江苏巡抚陈夔龙开始复建。清宣统二年(1910年),程德全巡抚江苏,复建大殿等。寒山寺重现生机,金绳宝地,焕然一新,几乎为吴下伽蓝之冠。

民间传说,寒拾二人是文殊和普贤菩萨的化身,称寒山拾得为和合之神,道教称其是和合二仙。雍正敕封为和合二圣。儒释道,官方和民间都认为寒山拾得是中华和合文化的人格化身,是和合的象征,寒山寺是人们向往的和合圣地。

寒山寺特色:一诗,二圣,两桥,三宝,诗书画碑四合一。看不够寒山十二胜景,听不尽绵延千年半夜钟。

一诗是张继诗,二圣是和合二圣,两桥是枫桥和江村桥,三宝是诗韵、钟声、塔影,诗书画碑四合一。

寒山寺十二胜景是枫桥夜泊、山门夕照、塔影伴楼(枫江楼)、古碑长廊、寒拾问道(大雄宝殿)、和合祖庭(寒拾殿/藏经楼)、寒拾遗踪(寒拾泉)、千年钟声(钟楼)、普明宝塔、和合福道(寒山子诗碑廊)、天籁响音(大钟楼梵音阁)、华夏诗碑(大诗碑),还有弘法堂、大悲殿、罗汉堂以及新建设的江枫洲景区。

江村桥年代久远,清同治年间重修。这是江南水乡常见的单孔石拱桥,桥宽3米,桥垮11米。桥形秀美娇美,似乎是一位江南女子。

枫桥,唐朝原称封桥,运河上皇粮北运经过时,封锁河道,禁止通行,故俗称封桥。可能受张继诗的影响,宋宰相王珪居住苏州时,书张继诗刻石时作"枫",相沿至今。枫桥也是单孔石拱桥,跨度10米,桥面宽4米,桥顶用三块条石铺砌。

枫桥桥堍建有铁铃关。铁岭关建于公元1557年,城垣雄伟,城楼高耸,是防御倭寇的军事设施。清道光年间,改名文星阁。20 世纪 80 年代重修时,拱形门洞重新嵌上"铁铃关"条石,重称铁铃关。铁铃关前运河边有张继听钟青铜像,和衣半卧,凝神而潇洒,静听钟声悠扬。

寒山寺是一座诗书画碑四合一的艺术博物院。寺院内外,处处诗碑,处处画廊,使您如置身于雅致的艺术世界。寒山寺现在有三处诗书画碑比较集中的碑廊,枫江楼东侧的古碑廊,普明塔院四周的塔院碑廊,和合福道的寒山子诗碑廊,在十二胜景中统称为"古碑长廊"。古碑廊和塔院碑廊有王珪、岳飞、文征明、唐寅、俞樾、康有为、乾隆皇帝等所书张继诗及相关诗文碑刻上百通。

名闻遐迩的"夜半钟声"的钟楼,在和合祖庭的左前方。唐钟早已湮没。楼上悬挂的铁钟铸于清光绪三十二年(1906 年),当时的江苏巡抚陈夔龙监督铸造。外径 1.3 米,口径 1.24 米,重约 2 吨。

1979 年 12 月 31 日除夕夜,苏州举办首届除夕寒山寺听钟声活动,108 声钟声就来自这里。此后年年连续举办。是时,海内外嘉宾云集,人流如潮,聚会枫桥,涌入寒山寺,来到钟楼下聆听夜半钟声。

近年新铸造的仿唐青铜合金大钟,高 8.6 米,钟底裙边最大直径 5.2 米,重约 108 吨。钟面铭文是佛说《妙法莲华经》,有七万余字,阳文楷体。

新刻制的寒山寺大碑高 15.9 米,宽 6.6 米,碑石重大约 400 吨,采自山东嘉祥县。大碑正面刻的是张继的《枫桥夜泊》诗,清代著名学者俞樾所书,阴刻白线雕。新大碑背面刻乾隆皇帝手书《般若波罗蜜多心经》一卷,共 289 个字,也是阴刻文字。

寒山寺大碑为全国目前最高的诗碑,被称为"中华第一诗碑"。

8. 太湖

太湖与东西山太湖古称"震泽"、"具区"、"笠泽"、"五湖"。因湖面宽阔,碧波万顷,美丽富饶,遂称"太湖"。太湖位于江苏和浙江两省的交界处,处于长江三角洲的西南边缘,全湖面积 2420 平方千米,湖面海拔 3 米左右,湖岸线全长 393.2 千米,平均水深 1.3 米,最深 4.8 米,全湖蓄水量达 27 亿多立方米,是我国东部近海区域最大的湖泊,在我国五大淡水湖中居第三位。

太湖平原地势低平,海拔仅 10 米左右,湖河水网交织,地理环境具有明显的水乡特点,湖北和湖东有江南名城无锡和苏州,西面紧邻江南低山丘陵,南面连接钱塘江三角洲。沿岸港口密布,现有河、湖港口 315 个。众多的港口与太湖周围约 180 个湖荡沟通,构成了以太湖为中心的稠密水网,素有"水乡泽国"之称。湖区地属北亚热带,在东南季风的影响下,气候温热湿润,四季宜人。太湖有鲚、鳗鲡和沙豚等洄游性鱼类,有青、草、鲢、鳙、鳊、三角鲂等半洄游性鱼类,还有大银鱼和太湖短吻银鱼等定居湖中的鱼类。

太湖岛上的平原,适于发展水稻生产。太湖又是我国著名的果区之一,杨梅、柑橘、板栗、梅、柿、银杏、桃、石榴、李、枣、杏等20余种水果远近驰名。

太湖沿湖平原是国内重要的粮食和丝绸产地,全国著名的鱼米之乡。

太湖分布着大小岛屿共48个,总面积105.75平方千米,占全湖面积的4.7％。这些岛屿和沿岸的半岛、山峰合在一起,号称七十二峰。

“平湖万顷碧,峰影水面浮”,湖中最大也是最美丽的岛屿为洞庭西山,面积62.5平方千米。太湖七十二峰,西山占41座,耸峙于岛中央的主峰缥缈峰,又叫杳渺峰,海拔336米。西山因位于太湖洞山、庭山之西而名,和洞庭东山遥遥相对。山中除寺宇和避暑建筑外,主要以自然美取胜,最有特色的是秋月、晚烟、积雪、梅雪之类的四时景物。

古人说西山是“虽然无画都是画,不用写诗都是诗”。西山系由石灰岩所构成,长期受水的侵蚀,怪石嶙峋,形成玲珑剔透的太湖石,将全岛装点得颇为别致。宋代“花石纲”中的“石”,即指此处太湖石。太湖石以皱透漏瘦为美。至今在北京、南京、上海、杭州、苏州等地尚有著名的太湖石遗存,如留园的冠云峰,苏州十中(原苏州织造署旧址)校园内的瑞云峰,南京玄武湖的观音峰等。

著名的石公山岩溶风景区和远近闻名的道教“天下第九洞天”的林屋古洞,给西山增添了天然景色。西山因受太湖调节气候的好处,冬季比附近地区暖和,能够生长典型亚热带的果树,如枇杷、柑橘、杨梅等,果品质量优良,因此被誉为江南花果山,真正是“四季好花常开,八节鲜果不绝”之地。

西山主要景点有林屋洞和石公山。石公山有顺治所书“佛”字碑、归云洞、浮玉北堂、来鹤亭、断山亭、一线天、夕光洞、明月坡等。海灯法师曾在此居住,建有海灯法师灵骨塔。

东山因在太湖洞山、庭山之东而名。东山的主峰大尖顶是七十二峰之一,山中主要古迹有紫金庵的宋代泥塑罗汉像、元代轩辕宫、明代砖刻门楼以及近代的雕花大楼等。宋塑罗汉像比例适度,容貌各异,造型正确,姿态生动,相传是南宋雕塑名家雷潮夫妇所作,制塑技艺精湛,令人赞赏。轩辕宫面阔三间,进深九檩,雄居山垣,面临太湖,气势确是磅礴。还出产全国十大名茶之一的东山碧螺春茶,它是驰名中外的绿茶珍品。

太湖北岸邓蔚山是著名的梅花山。清代江苏巡抚宋荦题名“香雪海”,香表香味,雪表颜色,海表数量之多,真是绝笔。

9. 穹窿山

穹窿山位于苏州城西南藏书之南,主峰箬帽峰海拔341.7米,号为“吴中之巅”。相传是古代青松子炼丹升仙处,因其山势高峻深邃,故名穹窿,今为东吴国家森林公园。这是一个以宗教文化、儒家文化、军事文化为主的山林风景名胜区,号称"中华第一智慧山"。穹窿山气势雄伟,地域宽阔,苍松翠竹,景色优美。登山眺望万顷太湖,七十二峰浓淡有致,宛若一帧天然图画。山上绿树相围,石梁曲洞,山泉潺潺,曲径深邃。万鸟园鸟语花香,真是犹有"百鸟深树鸣"。

穹窿山四季山花烂漫,山珍品类丰富。春天万物生,三月桃花,四月樱花,红色白色的春梅,满山的杜鹃花,路边林中的野花,破土而出的竹笋;夏季穹窿山是避暑胜地,野菜、菌菇,农家风情;秋季枫红杏黄,红枫之红,银杏叶之黄,交相辉映;冬季雪花飘飘,满山皆白,黄腊梅格外显眼。

穹窿山历来是名人逸士隐居的地方。朱买臣在此砍柴,读书,今有景点朱买臣读书处。韩世忠与部下相聚于此登山赏月。传明代建文帝避争位之祸曾在此隐匿,明少师姚广孝在此出家,近代大居士高鹤年在此隐居读书。

上真观始建于西汉平帝年间,为吴中最早的道院,全盛时殿宇多达5048间,塑像两千余尊,名胜七十余处,为江南道教中心,香火极盛。清帝南巡时,康熙两次、乾隆六次来此朝山进香,题词赋诗,并建有行宫。康熙帝御赐"餐霞挹翠"匾额一块,乾隆帝也御题望湖诗五首,今安置在御碑亭内。穹窿福地上真观道教文化氛围深厚,相传三茅真君在此得道成仙,今留有"断碑"残迹可考,还有炼丹台、升仙台等也是仙人赤松子炼赤石脂的地方。汉刘邦的谋士留侯张良也曾来此跟他修炼。清顺治年间铁竹真人施亮生民间尊为奇人,募修上真观和玄妙观等巨构,经手累万,一钱不私,又从龙虎山学得五雷法驱邪治病,撰《正一偶商》一文记述道家内炼法。并著有诗集留于世,被道徒们奉为开山祖师,其墓在观内,其信徒弟子常来顶礼膜拜。今上真观重建于1991年,规模宏大,号称"江南第一道观"。

孙武苑为纪念孙武而建。世人尊称"兵圣"的古代大军事家孙武,生于齐而其建功立业则在吴,他和伍子胥辅佐吴王竟成霸业,故而苏州是孙武的第二故乡,是孙武功成名就之地。孙武避乱奔吴隐居穹窿山潜心著述,《孙子兵法》在此诞生。今天人们陶醉于江山如此多娇的美景,兵圣堂前瞻仰孙武塑像,在碑院里雅读品赏用汉、英、日、俄、阿拉伯、西班牙文字书刻的孙子兵法十三篇,领略中华古典军事文化之精华。

穹窿寺在东岭山腰,经一座造型古朴的跨涧石桥,从陡峭盘山石级,登上坪地,有屋四间,粉墙黛瓦,乃古穹窿寺遗址。传说,是西汉朱买臣故宅。据史载,古穹窿寺建于梁代天监年间,屋后有百丈泉,清净甘冽,可与天平山的吴中第一泉——钵盂泉媲美。深山古刹,皓月流泉,美不胜收。寺西玩月台即为南宋抗金名将韩世忠赏月处。在寺东南高大麻栎树下,有一块深褐色盘石,高、宽1米,长3米,石面平整似床。相传朱买臣读书其上,后人称读书台,上刻明人镌刻"汉会稽太守朱公读书处。正德已巳,都穆题"。右上方刻有"民国十五年仲夏六月李根源题字"。这里环境清幽,确是读书绝佳处。寺旁尚有隐龙池、仙人洞诸胜。

茅蓬坞千亩林海,高干密枝,郁郁葱葱。树多阔叶,有樟、栋、枫、栎等,还有江南少见之楠木。漫步林间,密林浓荫,山泉潺潺,枝头山鸟竞唱,别具情趣,是森林浴佳处。从茅蓬坞可登上最高峰——笠帽峰,俯瞰天平、灵岩、邓尉诸山,顿有"一览众山小"之感受;远眺万顷太湖,烟波浩瀚,七十二峰浓淡有致,呈现一幅天然山水画卷。

穹窿山之东脉为小王山,这里松林遒劲挺拔,松涛阵阵,林中有国民革命元老李根源和夫人马树兰合葬墓。李根源(1879～1965)字印泉,云南腾冲县人。早年留学日本,1909年回国。先后在云南"重九起义"、"讨袁之役"和"护法斗争"中,起过重要作用。1922年任北洋政府农商总长、代总理。1927年息隐苏州,次年在吴县小王山买山葬母,庐墓十年,并疏泉凿石,栽竹植松,辟建湖山堂、听松亭等十处景点。在此期间,国民党元老、社会名流如章太炎、于右任、蔡锷、章士钊、吴昌硕、黎元洪等纷纷前来探访,并留下数以百计的题词题诗,遂请人摹刻于山石之上,正草隶篆,风格各异,此外还有美国人苏迈尔的英文两行。小王山摩崖石刻数量之多、书法之美、镌刻之精,堪称近代名人书法艺术之林,被誉为"现代名人书法艺术露天博览馆"。1965年李根源在北京逝世,后与夫人马树兰合葬于小王山李母墓侧。1985年,值纪念李根源逝世二十周年之际,对墓地进行整修,当年庐墓的"阙茔村舍"也重建为李根源纪念馆。该地背倚峰岳崇峙的穹窿山,四周群峰拱护,翥凤惊鸿,形胜地美,有"小隆中"之称。

10.周庄

周庄位于苏州市区东南30余千米处,属昆山市,是一"镇为泽国,四面环水,港汊多岐,咫尺往来,皆需舟楫"的水乡古镇,被《经纬》杂志誉为"中国第一水乡"。主要景点有四桥二厅一楼一寺。

周庄古名贞丰里,宋元祐元年(1086年)鲁迅及周恩来的先祖迪功郎周谨居此,后舍宅为寺,献田为庙产,当地居民为纪念他遂改贞丰里为周庄。镇区河道呈井字型构架,分别建于元明清三代的15座古桥横架水上,其中四座桥最为有名,即闻名中外的双桥(世德桥和永安桥),因一横一竖,形似钥匙,又名钥匙桥。旅美画家陈逸飞的名画《故乡的记忆》即以此桥为题材。有国内仅存"桥楼"的富安桥和迷楼旁古老的的贞丰桥。迷楼是柳亚子等南社诗人饮酒作诗之处,《迷楼集》诗集有诗一百多首。

现存民居临水而筑,其中60％为明清建筑,风格集苏、徽、绍等地之长,其中以元末明初江南首富沈万三后裔在清乾隆七年所建"沈厅"、明中山王徐达之弟徐孟清所建怡顺堂(现称张厅)最为著名。张厅特点是"轿从前门进,船从家中过。"

全福讲寺即周谨舍宅献田的寺庙。经历代不断扩建,楼阁峥嵘,碧水环绕,梵音阵阵,香火鼎盛。该寺 20 世纪 50 年代被毁,90 年代重建南湖园时作为重点工程复建。新全福讲寺山门内过拱桥后为指归阁,可登高而望远。再进为大雄宝殿,正中释迦牟尼铜坐佛高 5 米,重 3 吨。最后面是藏经楼,殿堂宽畅,装饰精美。

11. 同里

同里属吴江区,是明代园林专家计成的故乡,原名富土,后析字而为同里。同里主要景点有一园二堂三桥。

一园指光绪年间,凤颖六泗兵备道任兰生退职隐居时所建的私家园林——退思园。取“退思补过”之意,占地 6500 平方米,为著名的贴水园林,已被列为世界文化遗产。园内主要景点有退思草堂、揽胜阁、覆廊式天桥、辛台、眠云亭、闹红一柯石舫等。坐春望月楼、菰雨生凉轩、桂花厅、岁寒厅点出了春夏秋冬四季景色。老人峰顶的灵璧石(又称美人石)、漏花窗上取意李白诗句的石鼓文、退思草堂内的《归去来辞》碑拓合称退思园三宝。

同里的二堂是名宅嘉阴堂(旧称柳宅)、崇本堂,三桥是喜庆吉日必走的太平、吉利、长庆三座桥,还有近年新建的景点松石悟园、中国性文化博物馆等。

12. 静思园

近年,农民企业家陈金根在同里西郊庞山湖新建的仿古私家园林——静思园蜚声国内外,使中断一百多年的江南园林重新得以延续。该园占地一百多亩,湖水假山,亭桥楼阁,水榭石舫,曲径通幽。静思园以收藏陈列灵璧石著称,勘称集灵璧石(美人石)之大成。镇园之宝庆云峰形似风帆,高 9 米,重 130 多吨,有鹤亭桥、九曲桥、小垂虹、静远堂、天香书屋、科学家碑廊、诗碑廊、盆景园等景点。

13. 师俭堂

师俭堂位于苏州吴中区震泽镇。师俭堂三面临水,南濒颊塘河,西傍斜桥河,北枕藕河(建国后填满)。可前门上桥,后门下船,为典型的江南水乡大宅门。

师俭堂建成于清同治三年(1864 年),由明代偃王徐旷的十四世孙徐汝福所建造。徐氏徐旷自淮渡江到江南,十四世孙徐汝福,官至礼部郎中,师俭堂即由徐汝福于同治年间在毁于太平天国兵燹的徐氏旧宅上建造的。他时任江苏省抚恤总局局长。

师俭堂是一座地地道道的商住楼,它集商铺、住宅、官邸于一体,亦将河埠、行栈、店铺、街道、厅堂、内宅、花园、下房等融于一炉,组合合理,功能齐全。

师俭堂规模宏大,建筑精致,堪称江南水乡小故宫。

师俭堂前后六进,通宽五间。为穿堂式高墙深宅,南北全长 105 米,东西宽 20 多米,最宽的地方 50 余米,占地 2700 余平方米,共有大小房屋 147 间,建筑面积 3500 余平方米。

第一、二进,当时是大顺米行。

第三进是门厅,临街建有门楼,门楼上面三根月梁上的雕刻非常精美。第一幅雕刻说得是宋代状元蔡伯皆的故事。第二幅说的是三国时,刘备去东吴招亲的故事。第三幅刻的是"福禄寿喜"四神。

穿过门厅进入第四进敞厅。敞厅朝南不设门墙,向外敞开,面阔五间,是整座师俭堂的中心。厅内"师俭堂"大匾高挂,这里曾是恒懋昶丝行。重要的祭祀礼仪也在这里举行。

第五进楼厅,基本上是内宅。今楼上为民俗陈列馆。

第六进当年既是内宅,又是徐氏家族聚财之处。安全防范措施极为严格。如六进门楼内安装了三档门栓,而五六进上下,厢相同处也都是石库门,门厚栓粗。楼下边房内设有地窖,以备贮藏贵重财物。第六进的东北贴墙建有更楼。

师俭堂边院的小花园仅 240 平方米,亭台楼阁,回廊假山,花卉树木,小巧玲珑,一应俱全。

益寿轩为锄经园的主体建筑,为书房兼客厅,楼下东西厢口都有挂落,雕有"瓶升三戟"图案(寓意"平升三级"),即瓶子里插着三支戟。天井口四个琵琶撑分别雕刻福、禄、寿、喜四神,正面为和合二仙,烘托轩内祥和之气。

走出益寿轩,经过月洞门,题额"玩月",再前为四面厅,一丈见方,由 32 扇细花透雕长裙窗和坐栏围护,精美绝伦。

花园内还有黎光阁、半亭等。

14.慈云寺塔

慈云寺塔坐落在苏州吴江区震泽镇东,相传始建于三国赤乌年间,历经沧桑,几经重修,仍翼角轻举,玲珑剔透,被誉为吴中胜景。慈云寺塔是慈云寺唯一遗存的古建筑。

传说塔为孙权妹妹孙尚香所建。三国东吴主孙权,命妹妹回东吴,不准回蜀。孙夫人思念丈夫,在震泽建塔,登塔遥望丈夫,因称"望夫塔"。

又有说是宋徽宗之女慈云公主重建。北宋时金兀术带兵大举进犯中原,攻下宋都汴京,金兵掳去钦徽二帝,宋室南迁建都临安(今杭州)。宋徽宗之女慈云公主避难到震泽,此时,原来的塔早已坍塌,慈云公主发愿重建宝塔,望北祈祷,盼望父皇、皇兄能平安南归。塔以人名,从此称慈云寺塔。

塔身下面三层部分构件为宋代形制,其他均为明代建筑形式,总高 38.44米,六面五级,由塔壁、回廊、塔心组成。塔壁外有平座、腰檐,每层二面辟壶,上下门相错而开。自第二层起每层施平座腰檐,并辟有壶门三,开门方向上下相闪。塔内的第四、五层有楠木刹柱直透顶端。慈云寺塔的塔刹建造精美,比例适度,塔刹约占塔高的四分之一,由铁质的覆盆、仰莲、五重相轮、宝盖、宝珠、受花和铜质的宝瓶组成。塔刹亦为明代遗物。塔外观翼角檐,玲珑挺秀,塔下有禹迹桥,顿塘河波光粼粼,塔桥相映,风光旖旎。

三、江南明珠——无锡

无锡位于江苏省南部,是一座有 3000 多年历史的江南古城,南有太湖,湖不深但辽阔,矶渚散见于湖滨,西有惠山、锡山,山不高但清秀,群峰出没于波涛。湖山相映,水秀山青,园林错落,古迹名胜众多。

1. 鼋头渚公园

鼋头渚在太湖之滨南犊山西端,因三面临水,状如鼋头伸入湖中而得名。全园依山临水展开,园林布局,别具一格,四季景色迥异,阴晴雨雪意境各别。郭沫若赞为"太湖佳绝处,毕竟在鼋头"。主要景点有:充山隐秀、十里芳径、鹿顶迎晖、藕花深处、鼋头春涛等十景,为太湖第一名胜。

2. 梅园

在无锡市区西南,原为清末徐氏小桃园旧址。梅园背靠龙山九峰,南眺太湖万顷,以梅饰景,有珍贵品种梅树数千株,故得名,为江南著名赏梅胜地。

3. 蠡园

在无锡市西南的蠡湖滨,蠡湖为太湖东北的湖汊,1930 年在此建园。蠡园傍水构筑,以水饰景,为江南名园之一。千景长廊壁上修有 89 个图案各异的花窗,嵌有苏轼、米芾、王阳明的书法碑刻,极具特色。

4. 太湖影视城

太湖影视城位于无锡市西南,太湖之滨,是我国第一个集影视制作和文化旅游两大功能于一体的影视旅游胜地。主要由唐城、三国城、水浒城三大仿古景区组成,占地约 10600 平方米。人造景观仿古三城规模宏大,自然山水风光得天独厚,影视设施完备,拍摄功能齐全,在此拍摄的影视剧已达上百部。

5. 华西村

华西村属江阴市,全国农业旅游示范点,是集生态旅游、度假旅游、农业观光、人文景观于一体的农村特色旅游景区。大华西村面积 30 平方千米,有华西金塔、千米巨龙、万米长廊、百米喷泉、华西之路展览与高科技农业生态园等景点。

无锡著名景点还有锡惠公园、寄畅园等。无锡特产有"假(泥人)大(大排骨)空(油面筋)"之称。

四、山林城市镇江

镇江是一座历史悠久的古城，自然景色壮观，名胜古迹甚多，被誉为"天下第一江山"，亦有"城市山林"之雅称。

1. 金山

金山位于镇江西北隅，距市中心约 3 千米。山高约 44 米，周长约 520 米。寺庙建筑傍山而造，布局独特，亭台楼阁层层相接，殿宇厅堂幢幢互连，把整座山密密围裹，只见寺不见山，故有"金山寺裹山"之说。西北峰有慈寿塔，又名金山塔，高 30 米，为砖木结构，八面七级，层层有走廊栏杆，面面有不同风光。山上还有法海洞、楞枷台、白龙洞等胜迹。

著名民间故事《白蛇传》中"水漫金山寺"即发生于此，故金山又有"神话之山"之称。

2. 北固山

北固山陡立于镇江市区东北江岸，突入江中，长约百米，海拔 53 米。北临长江，石壁嵯峨，形势险固，故名"北固"。梁武帝题"天下第一江山"，故又称"京口第一山"。由从南到北的前、中、后三峰组成。后峰是主峰，高悬江上，形势险峻，名胜古迹多集中于此，有甘露寺、多景楼（号称天下第一楼）、凌云亭等。景点大多与孙权刘备联合抗曹的史事有关，故北固山又有"故事之山"之称。

3. 焦山

焦山位于市区东北约 5 千米的长江中，高 70 余米，东汉隐士焦光于此结庐，故名。全山寺院楼阁多掩映于山荫云丛中，故有"山裹寺"之说。名胜古迹有定慧寺、御碑亭、观澜阁、华严阁、宝墨轩、摩崖石刻、古炮台遗址等。

除金山、北固山、焦山这"京口三山"外，镇江南郊山林亦面积广大，景色优美，古迹众多。内原有三古刹：竹林寺、鹤林寺、招隐寺，均建于东晋，负有盛名，现存若干遗迹。

五、淮左名都扬州

扬州位于江苏省中部，长江北侧，与镇江隔江相望，是一座具有 2500 年历史的文化名城。隋炀帝时始称扬州，唐代时乃名扬海内外的大都会，宋词中说扬州是"淮左名都，竹西佳处"。扬州是著名的"中国月亮城"。唐徐凝诗句："天下三分明月夜，二分无赖是扬州。"唐杜牧也说："二十四桥明月夜，玉人何处教吹箫。"

扬州风光绮丽，园林众多。著名的有瘦西湖、个园、何园等，具有"兼南方之秀，北方之雄"的独特风格，为我国园林艺术之杰作。

1.个园

个园位于扬州东关街,建于清代,为盐商黄以泰的私家园林。园内广种修竹,因竹叶形如"个"字,故名个园。个园以堆垒精巧的假山石而闻名。园内假山约占三分之二,再饰以楼台亭阁,布置得精巧典雅。个园假山采用分峰叠石手法,运用不同的假山石,表现出春(石笋)、夏(太湖石)、秋(黄石)、冬(白宣石)四季不同的景色,故有"四季假山"之誉。

2.何园

何园又名"寄啸山庄",乃清代后期扬州园林的代表作。何园既保留着中国古典园林的风貌,又带有海外建筑艺术的格调,园内建筑以国内罕见的串楼联结为一体,构成立体景观。何园贴壁假山、牡丹厅、船厅、复道回廊、片石山房、花窗很有特色。

3.瘦西湖

瘦西湖位于扬州西北郊,原名保障河。河身曲长狭窄,两岸花木扶疏,景色秀丽。明清时依山临水,沿湖造园,清乾隆时达全盛。园林融北雄南秀特色于一体,园中有园,景外有景,沿湖园景有机结合,形成一幅独特的山水风景画长卷。主要景点有虹桥、长堤春柳、桃花坞、四桥烟雨楼、小金山、莲性寺白塔、凫庄、五亭桥、二十四桥等。

五亭桥,清乾隆二十二年(1757年)扬州盐商为迎乾隆而建,因建桥之地原名莲花埂,加之桥状如莲花,又名莲花桥。砖石砌成的拱桥桥身,上立五座金碧辉煌的亭子,故名。拱桥下由三种不同共15个券洞联合,洞洞相通。当晴空月满之时,每桥洞各衔一圆月,银光满漾,令人称奇,堪与杭州西湖"三潭印月"媲美。

4.大明寺

大明寺位于扬州西北郊蜀岗,始建于南北朝,是国内罕见的集园林风光、文物古迹、佛教庙宇于一体的游览胜地。大明寺风物景观由寺庙、鉴真纪念堂、仙人旧馆、西苑芳圃等几部分组成。

鉴真纪念堂建于1973年,由梁思成仿日本唐招提寺设计,堂院占地2540平方米,主要由门厅、碑亭、正殿组成。鉴真乃唐大明寺住持,应邀东渡日本,传播律宗及盛唐文化艺术,为中日友好使者。

淮扬菜系,发端于扬州和淮安地区,号称东南第一佳味。口味清鲜平和,咸甜适中,南北皆宜。有淮扬帮、京苏邦、苏锡帮等支派。代表性菜品有清炖蟹粉狮子头、拆烩鲢鱼头、三套鸭、开洋蒲菜、钦工肉圆、平桥豆腐等。

六、中国近代第一城——南通

南通地理区位优势明显，面临海外和内陆两大经济辐射扇面，素有"江海明珠"、"扬子第一窗口"、"江海门户"之美誉。

南通集"黄金海岸"与"黄金水道"优势于一身，长江北岸的南通海港是与世界各地港口通航的大型海港。全市海岸带面积1.3万平方千米，沿海滩涂21万平方米，是我国沿海地区土地资源最丰富的地区之一。

张謇虽为末代状元，但却是著名的近代实业家。他在南通创办了通海垦牧公司、大生等纺织企业，以及其他一些近代工业。他还创办了通州中学、通州师范、南通女子师范（我国第一所女子师范）、南通博物苑等文化教育设施，为南通城的发展做出了重大贡献，南通也由此被誉为中国近代第一城。

濠河风景区位于市区中心，濠河即古护城河，曲水回环，绕城而流。其水面70万平方米，两岸景观丰富，亭台桥树掩映其间，画舫游艇荡漾水中。远近闻名的花园式城市南通城之美，得益于濠河。

1. 南通博物苑与南通纺织博物馆

在风景秀丽的濠河东南之滨，有一座中国人自己办的最早的博物馆——南通博物苑，清光绪三十一年（1905年）由清朝末代状元、近代实业家张謇创办。当时主要建筑设施有自然、历史、美术和教育四个部分，今南馆为历史文物，中馆为革命文物，西馆是自然标本陈列。南通博物苑占地3万平方米，苑区颇具园林之胜：假山、菏池、亭榭，错落有致，古树参差，奇花斗艳。苑之西北部"濠南别业"为张謇故居，建于1915年，建筑面积2000平方米，英式造型，红色基调，系仿慈禧太后畅观楼外形。现有藏品四万余件，有新石器时代的石器、陶器、玉器和骨角器，收藏有古代的煎盐工具铁盘、晚唐青瓷皮囊壶等珍品。

三元桥、文峰塔一带风景秀丽、环境优美。文峰塔平地兀立，塔高39米，为南通三塔之冠。与塔院毗邻的南通市工艺美术研究所，前身为"女红传习所"，建于1914年，主要研制和服腰带、肖像绣、双面绣、彩锦绣等刺绣工艺品和民间工艺品。悬挂在北京长城饭店内的当今世界最大幅面的壁画《万里长城图》（19.51米×3.1米）就是该所制作的。与文峰塔一河之隔的是我国第一座纺织专业博物馆，人称"纺织大观园"，占地约2万平方米，整个建筑群由10多幢具有民族风格的建筑组成。主馆一、二展厅为中国纺织撷英，通过各种实物、标本、图片和音像资料，反映我国纺织工业发展的漫长历史进程，当前生产水平和未来发展趋向。三、四、五展厅为南通纺织史、现代南通纺织和南通纺织新产品陈列。副馆"又一村"为农舍田园复原区。三元桥畔新建的文峰公园，如今已初具规模，并以其自然风光与天然野趣而备受人们青睐。

2. 狼山风景区

狼山风景区位于南通南郊,距市中心约 5 千米,由狼山、马鞍山、剑山、军山、黄泥山组成。五山面江矗立,平地突兀,玲珑娇小,秀丽多姿。它扼江控海地势险要,古称"江海锁钥"。宋代书法家米芾(元章)题赠狼山为"第一山"。登临狼山,放眼大江东去,水天一色,令人心旷神怡;而泛舟江流,凭拦远眺,五山则又如同一幅山色空蒙的水墨画,一尊精美绝伦的水石盆景。

五山拱北,狼山居中,狼山又称"紫琅山",海拔 106.94 米,面积 18 万平方米,为我国佛教八小名山之一。它挺拔俊秀,南陡北缓。山顶以佛殿禅寺为主体,统称广教禅寺。

广教禅寺始建于唐总章年间,供奉大势至菩萨。寺院殿宇雄伟,建筑布局疏密有致,自山脚仰望,恰似一条倒悬的巨龙,隐现在雾嵌山岚与古木葱茏之中。主建筑"法乳堂"为广教寺的大雄宝殿,1983 年改建,堂内有十八高僧瓷砖壁画。中国佛教协会会长赵朴初为"法乳堂"题名,取《涅盘经》"饮我法乳,常养法身"句意,殿中"十指成林"匾额,乃"扬州八怪"之一的郑板桥遗墨。"抚台平倭碑"立于明嘉靖三十九年,碑文记述了巡抚御史李遂率领精兵,全歼入侵倭寇的功绩。"葵竹山房"位于南坡山腰,依山取势,深邃幽静,是庭院园林建筑中的佳作。山下大江奔腾,烟波浩森,鸥飞凫浮,田野阡陌;山门前石柱刻写的楹联"长啸一声山鸣谷应,举头四顾海阔天空",不由人忘情释忧。支云塔是狼山的最高建筑,建于宋太平兴国年间,塔高 38.6 米,砖木结构,五级四层,朱栏黄瓦,昂首云天。传说是著名工匠鲁班未完成的作品,故只有五层,而非"七层浮屠"。古诗赞云:"空塔支青云,去天五尺五,天上星与辰,历历皆可数。"狼山还有"初唐四杰"之一的骆宾王墓,文天祥僚属金应将军墓与滦州起义领袖、李大钊的老师白雅雨烈士墓。

狼山以北城山路边有纪念抗倭民族英雄曹顶的曹公祠和他立马横刀的塑像。东侧有南通人民抗倭胜利的标志——倭子坟。

3. 啬园

啬园位于南通城东南 6.5 千米处,是狼山 5 个风景区之一,面积为 9.8 万平方米。啬园又称啬公墓,为清末状元张謇(号啬庵)之墓,始建于 1923 年,后增飨堂、石坊、茅亭、八角亭等建筑,并立有张謇铜像一尊,栽植了柳杉、池柏、龙柏、璎珞柏等多种林木。

4. 太平寺

南通城东观音山镇太平寺供奉有缅甸赠送的全堂玉佛 25 尊。主佛三尊面南,为横三世佛,均为莲花台座。中间主佛为佛祖释迦牟尼成道像,结跏趺降魔座,左手禅定印,右手触地印。左尊药师佛,东方净琉璃世界教主;右尊阿弥陀佛,西方极乐世界教主。前方两侧为十八罗汉像。西厢房玉卧佛,佛祖涅槃相,长 5 米,高 1.4 米,重 30 余吨。玉质优良,体态安祥,线条流畅,栩栩如生,实为极品。

南通旅游资源丰富,土特产种类繁多。海安青墩文化是江淮东部地区新石器时代的代表。出土的陶柄石斧,发现木柄痕迹,解决了困扰考古界的石斧如何装柄的问题。县城爱国省长韩国钧故居保存完好。如皋水绘园为徽派园林,明末清初名士冒辟疆与金陵名妓董小宛曾隐居于此,至今还流行据说是董小宛创制的董糖。如东的海边踩文蛤(海上迪斯科),通州等地的元宵节放哨火等活动均很有特色。我国"南鹞北鸢"两大流派的风筝在世界上久负盛名,南通是南派带哨音乐风筝的主要流行地。

南通主要名产有西亭脆饼、白蒲茶干、南通嵌桃麻糕、清明前后的青麦冷珍、腐乳、如皋火腿(北腿)、如皋香肠、季德胜蛇药、海安河豚鱼与鲥鱼等。

七、其他旅游资源

此区还有陶瓷之都宜兴、常熟等。

宜兴乃著名陶都。陶瓷产品主要在丁蜀镇,尤以紫砂出名。宜兴善卷洞、张公洞、灵谷洞号称江南第一奇。善卷洞中的水洞有一暗河可行船百米,两壁钟乳石千姿百态,游人无不为之惊叹。

常熟是国家级历史文化名城,虞山是国家级风景名胜区。虞山位于常熟城西,半楔入城,所谓"十里青山半入城"。虞山古称乌目山,因商末周太公次子虞仲让国南来建勾吴,去世后葬于此山,遂改名为"虞山"。山高 533 米,绵亘 9 千米,周围 23 千米,峰峦回环,林木葱郁,多寺、台、亭、墓,有齐梁兴福寺、南宋维摩寺(今扩建为维摩山庄)、梁昭明太子读书台、南宋辛峰亭。商周以来的名人冢墓,有周太王第二子仲雍墓、春秋言子墓、元代大画家黄公望墓、清代文坛宗师钱谦益墓及其妾才女柳如是墓、抗清名臣瞿式耜墓、"画圣"王石谷墓、两朝帝师翁同龢墓、小说家曾朴墓等。

第四节　浙北旅游副区

浙北旅游副区指浙江省千岛湖风景区至普陀山一线以北的地区。本区是浙江省旅游资源集中分布地区,也是浙江省旅游资源开发和旅游业发展的重点地区,它与上海、苏南旅游区、皖南旅游区联系密切,成为华东旅游区中地位仅次于上海和苏南的重要旅游区。

一、休闲之都——杭州

杭州是浙江省省会,位于钱塘江下游北岸,京杭大运河南端,世界休闲组织授予"东方休闲之都"称号。杭州古称钱塘,后称临安,自秦朝建县起,至今已有2000余年历史。隋朝开通大运河后,经济逐渐兴盛。五代时的吴越国(893~978年)及南宋王朝(1127~1279年)曾先后在此建都,历时237年,是我国九大古都之一。杭州全市辖八区(拱墅、上城、下城、江干、西湖、滨江、余杭、萧山)五市县(临安、富阳、建德三市和桐庐、建德二县)。市域面积16596平方千米,总人口695万;市区面积3068平方千米,人口440万。

"上有天堂,下有苏杭"。杭州的美不仅在于有被宋代大文豪苏东坡喻为西子的西湖,还在于它惊心动魄的钱江潮头,古老繁忙的大运河,清新隽永的富春江、新安江、千岛湖;更在于它的丝绸、茶叶、陶瓷、中医药、书画及佛教等传统文化。

杭州的地理位置优越,气候宜人。它位于东经120°,北纬30°。东距东海约200千米,属亚热带季风气候,年平均气温16.2℃,年平均降水量1400多毫米,温和湿润,四季分明。

在西湖北部的老和山一带,是"古杭州"所在,这里分布着距今6000~4000年左右的新石器时代遗址。秦始皇统一六国后,设钱唐县,杭州城的历史从此时算起。杭州之名始于隋代,隋开皇九年(589年)钱唐郡改称杭州,此后州治迁至凤凰山麓,依山筑起杭州城,方圆达"三十六里"。

1936年,杭州近郊良渚发现了新石器时代的文化遗址,证明早在4000多年前,就有人类在此繁衍生息。大禹治水时,在前往会稽(今绍兴)途中,曾在此舍航登陆。航即方舟,"航"与"行"通借,于是便有了"禹杭"的地名。

610年,隋炀帝开通南北大运河,促进了杭州的发展和繁荣。唐代的杭州以"东南名郡"称世,居民达十余万。宋柳永《望海潮》诗赞杭州:"东南形胜,三吴都会,钱塘自古繁华。"

唐朝末年,出现了"五代十国"的分裂局面。吴越割据十三州一军,以杭州为都城,宫殿设在凤凰山下。其间,吴越国皇帝钱镠在凤凰山下修子城,外筑罗城,采取了保境安民的国策。其统治的86年内,杭州的经济、文化得到了进一步的发展,为北宋"上有天堂,下有苏杭"的赞语打下了坚实的经济基础。

杭州山水自然美。人们用"天开图画"、"人在蓬莱"形容杭州的自然风光真是恰到好处。在杭州风景区内,河、湖、山、洞、泉、涧、瀑兼而有之,其形态、色彩的和谐给人一种赏心悦目的感觉。杭州的自然风光当然首推西湖美景。

杭州的名胜古迹,从文化艺术的历史继承、游览风光、科学研究和美化环境来说,都是无价之宝。杭州的名胜古迹很多。大部分集中在西湖及其周围,成为西湖风景名胜区。有国家、省、市三级重点文物保护单位近 40 处,其他可供游览观光的有 100 余处。其中有古文化遗址,历代文人名士留下的文化活动遗址,近代和现代革命遗址与遗物,名寺古刹等宗教文化,如古塔、经幢、碑刻等。

杭州主要旅游点有西湖、灵隐寺、六和塔、岳庙、岳坟、西溪等数十个著名景点。

1. 西湖

西湖位于杭州旧城区之西,故名西湖。它水光潋滟,妩媚多姿,说它是"天下西湖三十六"之首,真是名副其实。有人曾把杭州西湖和瑞士日内瓦的莱蒙湖比喻为世界上东西辉映的两颗明珠。正因为有了西湖,杭州成了"世界上最美丽华贵的天城"。西湖奠定了杭州作为中国重点风景旅游城市的重要地位。

西湖可以用"三面云山一面城"来概括它的特点。西湖面积共 6.7 平方千米,其中水域面积约 5.6 平方千米,平均水深 1.55 米,最深处达 2.8 米,最浅处不到 1 米。湖中分布着一山、二堤、三岛,一山是孤山;二堤即指著名的苏堤和白堤,它们将湖面分成外湖、北里湖、西里湖、岳湖和小南湖五部分;三岛是三潭印月、湖心亭和阮公墩。

西湖是杭州湾的海陆自然变迁和人工改造自然的产物。早在 12000 年前,西湖是与钱塘江相通的浅海湾,耸峙在西湖南北的吴山和宝石山,是这个海湾的两个岬角。后由于潮水涨落导致泥沙淤塞,把海湾和钱塘江分开形成湖泊。这种有古代浅海湾演变成的湖泊,地质学上叫做泻湖。

西湖的名称历史上变化很多。汉朝时称武林水、金牛湖、明圣湖,唐朝时称石函湖、钱塘湖。著名诗人苏东坡写了一首脍炙人口、千古传诵的赞美西湖的名诗:"水光潋滟晴方好,山色空蒙雨亦奇。欲把西湖比西子,淡妆浓抹总相宜。"用拟人化的手法把西湖比作美女西施,西湖从此又名"西子湖"。

西湖风景区可分为湖滨区、湖心区、北山区、南山区和钱塘区等。全景区有60 多个开放景点与 40 多个重点文物保护单位,其中著名的有"西湖十景"、"新西湖十景"和灵隐寺、岳王庙、飞来峰、石窟造像、六和塔等文化古迹,还有新建的丝绸、茶叶、中药、南宋官窑等专业博物馆和一些名人纪念馆。湖中有三岛——湖心亭、三潭印月、阮公墩。

湖心亭居西湖中央,是西湖三岛中最早营建的岛,始建于明嘉靖三十一年(1552 年),距今已有 400 多年的历史了。岛上有飞檐翘角的亭,屹立在湖心,它是西湖中最大的一座亭子。在清代被列为钱塘十八景之一的"湖心平眺"就在这里。在亭中极目四眺,湖上风光,一览无遗。甚至连乾隆皇帝都在此流连忘返,留下了手迹"虫二"字碑,意谓"风月无边"。

三潭印月位于湖心亭南,面积约 7 万平方米,也叫小瀛洲,是西湖三岛中最大的岛屿。它是用疏浚西湖的淤泥堆筑而成的,亦是一处湖中有岛、岛中有湖的胜境。岛上有先贤祠、三潭印月碑亭等建筑和九狮石、曲桥等园林小品。三潭印月的精华就是位于岛南面的三座石塔,是明天启年间仿苏东坡开浚西湖时所置的三塔而建筑的。塔高 2 米,塔身球形,在塔内点上蜡烛,洞口蒙上薄纸,烛光外透,这时塔影、云影、月影融成一片,烛光、月光、湖光交相辉映,呈现出"天上月一轮,湖中影成三"的绮丽景色,三潭印月,名出于此。

阮公墩是西湖中最小的岛屿。盈盈碧水环抱着郁郁葱葱的小岛,成为新西湖十景之一的"阮墩环碧"。它建于 1800 年(嘉庆五年),距今 200 多年。因浙江巡抚阮元疏浚西湖后用淤泥堆成这座小岛,因名阮公墩。它有两个特色旅游项目:垂钓和仿古夜游。后者可让游客真正体会到"晴湖不如雨湖,雨湖不如月湖"这句谚语的意境。

白堤东端第一桥——断桥桥下东北角有"断桥残雪"碑亭。断桥原名段家桥,久传讹为断桥。传说白娘子与许仙就是在此相会,从而引出了千古佳话。过断桥沿堤西行,可见堤两侧"间株杨柳间株桃"。所谓"最爱湖东行不足,绿杨荫里白沙堤",说的就是此堤。说明它早在 1000 多年前的唐朝,就以风光旖旎而著称。堤上另一座桥是锦带桥,过桥不远,便到白堤西端的"平湖秋月"。这里三面临水,楼前水面铺筑平台,有曲栏石桥、四面厅、八角亭及"湖天一碧"等楼阁画槛。中秋佳节,坐平台赏月品茶,真是别有一番情趣。

从"平湖秋月"前行,便是孤山景区。孤山西接西泠桥,东连白堤,占地面积20 万平方米。它是由火山喷出的流纹岩组成的,整个岛屿呈现出"蓬莱宫在水中央"的景致,风光优美秀丽,但它又是与陆地相连接的,所以西湖三绝中有"孤山不孤,断桥不断,长桥不长"之说。孤山海拔虽只有 35 米,却是文物荟萃之地。山南有文澜阁,是清代藏放《四库全书》的地方。阁侧为浙江博物馆,阁西为中山公园。入园东侧有清代皇家御花园"西湖天下景",此名出自苏轼诗句。西部有著名的印学研究中心西泠印社,山后有中山纪念亭,山北有纪念宋代隐逸诗人林和靖的放鹤亭。另外,还有晚清著名大学者俞樾的故居俞楼,近代爱国诗僧苏曼墓,西泠桥下南朝名妓苏小小的慕才亭等。接待过众多中外名人的百年老菜馆楼外楼也在这里。

西湖西北栖霞岭下是著名的岳王庙,始建于宋嘉定十四年(1221 年)。庙内建筑分东西两部分。东部为门楼和忠烈祠,祠内有岳飞塑像,身穿盔甲蟒袍,按剑而坐,高 4.54 米,像上方有岳飞手书"还我河山"大匾,殿两侧壁上嵌"尽忠报国"四个大字;西部,北为纪念岳飞的启忠祠,中为正气轩、南枝巢,南为岳飞墓,墓下有四个铁铸人像，他们即遭人唾骂的奸臣秦桧、王氏（桧妻）、万俟卨和张俊像，面墓而跪，墓前望柱上刻有"青山有幸埋忠骨，白铁无辜铸佞臣"，出自陆维钊先生手笔的这幅楹联，道出了百姓爱憎分明的心声。

岳王庙南为"曲院风荷"，是西湖赏荷佳地。宋杨万里诗句"接天莲叶无穷碧，映日荷花别样红"即写此处。

南行，就来到苏堤。堤全长为 2.8 千米，是贯穿西湖南北景区的通道。堤上有 6 座石拱桥，分别取名为映波、锁澜、望山、压堤、东浦、跨虹。1089 年，苏东坡担任杭州地方官时，组织 20 万民工疏浚西湖，利用湖中淤泥堆筑成此堤。后人取名"苏堤"。堤上植有柳树、桃树，有"西湖景致六条桥，一枝杨柳一枝桃"之说。"六桥烟柳"一景，成为苏堤著名景观。"苏堤春晓"构成一幅美妙的山水画，被列为西湖十景之首。

沿苏堤过映波桥即到西湖十景之一的"花港观鱼"。这是一处以花、港、鱼为主要特色的大型自然山水式园林。该地有一溪名为花港，通花家山。山下有卢园，挖池养鱼，所以取名为"花港观鱼"。在此可领略"花着鱼身鱼嘬花"的意趣。后经扩建，有牡丹园、大草坪、密林、花港等景点。牡丹园位于花港观鱼公园的中心位置，占地 1 万平方米，完全是按国画牡丹画意情趣安排设计的，可谓是园中之园。全园有分有合，借章得法，真可谓"取于自然，高于自然"。

南山路有西湖四大古刹之一的净慈寺。该寺为南宋"敕建"大刹，受到历代王室和州官的重视。寺内有一座两层三重建筑的钟楼，它是西湖十景之一的"南屏晚钟"的主要景观，具明代建筑风格，与宁波天童寺钟楼相仿。"南屏晚钟"碑亭在净慈寺前。南宋时寺内有铜钟，钟声洪亮，数里可闻。传说中的"济公井中取木"之井，即在此寺。寺前的雷峰山上原有著名的雷峰塔。1924 年 9 月 25 日塔倒，从此西湖十景之一的"雷峰夕照"难以再见。2001 年，雷峰塔重建，以更加雄伟的姿态耸立于雷峰山上。

"柳浪闻莺"位于湖东，它原称"聚景园"，是南宋皇家最大的御花园。如今这里经常举办灯会和花展等活动。园内会集了各种名柳 500 多株，有杨柳、醉柳、狮柳、浣纱柳等，柳枝在风中摇曳，如翠浪翻空，黄莺在柳叶间穿梭，闻其声而不见其影，因此名为"柳浪闻莺"。

北山景区位于北山东段宝石山，因有人曾在此山发现碧玉，故名。宝石山高约 100 米。山顶有保俶塔，系吴越国百姓为保障正在开封与北宋和谈的国王钱弘俶的安全而建，故名保俶塔。今塔身高 45.3 米，为 1933 年重建。"宝石流霞"为新西湖十景之一。

从岳王庙往北，上栖霞岭，可到黄龙洞。黄龙洞有月老洞、方竹园、黄龙吐翠、黄大仙洞等景点。黄龙洞树荫森森，流水悬泉，重峦献翠，清代杭州二十四景列有"黄龙积翠"一目,1985 年,易"积"字为"吐",亦为新西湖十景之一。

杭州植物园建于 1956 年,占地 248.46 万平方米,有"一年何时不飞花"之称。园内地势西北高,东南低,中间多波形起伏。丘陵与谷地相间,大小水池甚多,土壤属红壤和黄壤,肥力适中,是一所具有公园外貌、科学内涵、以科学研究为主,并向大众开放,进行植物科学和环境科学知识普及的地方性植物园,园内建有植物分类区、经济植物区、观赏植物区、竹类植物区等专类园区以及为科研、科普、旅游和生产服务的众多设施。由植物园上行,不远处即可到杭州三大名泉之一的玉泉。玉泉亦为观鱼胜地。由植物园南行,在洪春桥边,有"双峰插云"碑亭。云雾缭绕之时,从此亭远眺南、北两高峰,可见双峰插入云霄,气象万千。

被誉为"丝绸之府"、"鱼米之乡"、"文化之邦"的杭州,除龙井茶外还有浙江丝绸、西湖藕粉、杭州绸伞、天竺筷子、张小泉剪刀等享誉中外的著名土特产品。东坡肉、西湖醋鱼、宋嫂鱼羹是杭州著名的菜肴。

2. 灵隐寺

灵隐寺正名云林禅寺,为中国佛教禅宗十刹之一,位于西湖之西北。今寺为清中叶所建,最前面的天王殿,上悬"云林禅寺"匾额,为康熙皇帝手书。天王殿的木雕韦驮立像为宋代遗物,殿前两座八角九层石塔为北宋建隆元年所建。寺内乃西湖文物荟萃之所,殿宇、亭阁、经幢、石塔、佛像,以及新塑的 500 罗汉等建筑和雕塑艺术,对研究中国佛教史、建筑艺术史和雕塑艺术都很有价值,是中国的珍贵文物。灵隐寺前小溪边有冷泉亭、翠微亭。

飞来峰又名灵鹫峰,与灵隐寺相对,据说是从峨眉山飞来的,故名。峰高 209 米,地质结构与周围各山很不同,洞壑遍布,在群山环卫之中,显得特别矮小,景物更是给人以格格不入的感觉,确有飞来之感。相传山中有 72 洞,在这些天然岩洞里和山崖上,布满了五代至元代的大批石刻造像,精湛的雕刻艺术,令人叹为观止。其中最隐人注目的便是袒腹露胸的大肚弥勒佛,它是古代造像艺术的杰作。

韬光位于灵隐寺西北,是为了纪念四川诗僧韬光而建的。寺后有观海亭。韬光观海为杭州一景。经韬光往北,可达北高峰,峰高 355 米,峰顶建有浙江电视发射塔。

3. 六和塔

六和塔位于杭州市西南钱塘江边的月轮山上,始建于唐开宝三年(970 年),吴越王钱俶为镇钱塘江潮而建。现塔为南宋重建的塔心和清光绪年间所建木廊外檐。塔高 59.89 米,砖木结构,多层出檐,是我国古代建筑艺术的杰作。传说《水浒传》中的林冲和鲁智深最后病逝于此。

4.西溪

西溪国家湿地公园位于杭州市区西部,距西湖不到 5 千米,是罕见的城中次生湿地。这里生态资源丰富、自然景观质朴、文化积淀深厚,曾与西湖、西泠并称杭州"三西",是目前国内第一个集城市湿地、农耕湿地、文化湿地于一体的国家湿地公园。

西溪之胜,独在于水。水是西溪的灵魂,园区约 70% 的面积为河港、池塘、湖漾、沼泽等水域,正所谓"一曲溪流一曲烟",整个园区六条河流纵横交汇,其间分布着众多的港汊和鱼鳞状鱼塘,形成了西溪独特的湿地景致。

西溪人文,源远流长。西溪自古就是隐逸之地,被文人视为人间净土、世外桃源。秋雪庵、泊庵、梅竹山庄、西溪草堂在历史上都曾是众多文人雅士开创的别业,他们在西溪留下了大批诗文辞章。

5.龙井与梅家坞

龙井与梅家坞两村位于西湖之西的山坞中,是龙井茶的主产地。两村环境优美,茶俗雅致,是品龙井茶的佳境。龙井村御茶园有据说乾隆皇帝采过茶的 18 棵御茶树和龙井泉一口。龙井茶原分狮(龙井村狮子峰产)、龙(龙井村翁家山产)、云(云栖梅家坞产)、虎(虎跑四眼井产),今分狮峰龙井、梅坞龙井、西湖龙井三种。狮峰龙井色泽略黄,即糙米色,香气高锐持久,滋味鲜醇,品质最佳。梅坞龙井色泽翠绿,扁平光滑,外形挺秀。西湖龙井叶质肥嫩,茶味醇厚。

6.宋城

宋城位于杭州之江国家旅游度假区内,占地面积 20 万平方米,按宋代张择端的名画《清明上河图》创意设计。景区宣传语是"给我一天,还你千年"。景区内有宋代名人蜡像馆、钟楼(内有四大发明塑像)、财神殿、宋式市井街、仿南宋官窑小作坊、孙家正店(酒肆)、蓝印花布店、艺术广场、清明河与虹桥、仙山琼阁等。

7.新安江—富春江

新安江—富春江位于浙江西部钱塘江流域中上游。它东起杭州西湖,西接安徽黄山,被称为浙江的一条黄金旅游线,江水清澈如镜,含沙量只有万分之一,有第二漓江之称。1960 年新安江水电站建成后,在上游形成了一个面积达 580 平方千米的人工湖,比杭州西湖大 108 倍。因有 1078 个岛屿星罗其中,故有"千岛湖"之美称,它既有太湖之浩渺气势,又有西子湖的娟秀风韵,山峦青翠,湖水澄碧,秀丽风貌天然独具,是杭州—千岛湖—黄山黄金旅游线上的一颗璀璨的明珠。

二、浙江文都——绍兴

绍兴,古属越国,地处长江三角洲南翼,浙江省中北部杭甬之间,辖越城区和绍兴县、诸暨市、上虞市、嵊州市和新昌县。绍兴历史悠久,名人荟萃,素有浙江文都、桥乡、酒乡、书法之乡的美誉。

绍兴是古越文化的发祥地,以人杰地灵、名人荟萃而闻名。大禹治水在此计功,越王勾践卧薪尝胆,书法圣人王羲之、爱国诗翁陆游、巾帼英雄秋瑾、学界泰斗蔡元培、文化巨匠鲁迅、一代伟人周恩来等英才辈出,引人景仰。

绍兴以典型的江南水乡风光著称于世,虽无名山大川,却有千岩竞秀、万壑争流的会稽山,"人在镜中,舟行画里"的鉴湖以及数以百计的桥梁,构成了令人神往的水乡自然景观。据 1893 年绘制的《绍兴府城衢路图》所示,当时城内有桥梁 229 座。

绍兴花雕是以酒坛外面的五彩雕塑描绘而得名,色彩斑斓,图案瑰丽,题材多样,四时花卉,灵禽神兽,历史典故,无所不有。它不仅为绍兴黄酒增添了诱人的装潢,也为古城绍兴镶了一道独特的光环,揉和着绍兴浓郁的民俗,展示出一幅令人神往的风情画卷。绍兴花雕是从我国古代女儿酒演变而来的。生女儿酿酒埋于地下,待出嫁时招待宾客,称女儿红。生男孩酿酒则称状元红,埋于地下待成年结婚时宴请嘉宾。

绍兴特产还有:香榧子、小洋花生、贡瓜、腐乳、梅干菜等。

1. 鲁迅故居与百草园

绍兴鲁迅纪念馆总占地面积为 1.4 万平方米,对外开放场所包括:鲁迅故居、百草园、三味书屋、鲁迅祖居和鲁迅生平事迹陈列。

鲁迅故居、百草园、三味书屋和鲁迅祖居均按原状陈列,生动形象地反映了鲁迅青少年时期绍兴的历史面貌和鲁迅在绍兴时期的生活、学习、工作状况。鲁迅生平事迹陈列厅的辅助陈列,通过大量实物、手稿、照片、书信、图表、模型等的展示,既有鲁迅青少年时期的绍兴地方特色,反映了绍兴乡土文化对鲁迅的熏陶和早期家庭变故对鲁迅的影响,同时又有鲁迅在上海十年韧性战斗的重点,真实形象地再现了鲁迅的光辉业绩及其思想发展的历程。

鲁迅故居位于绍兴城区东昌坊口周家新台门西首,是一所青瓦粉墙、砖木结构、坐北朝南的六进大宅院,建于清代乾嘉年间。1881 年 9 月 25 日,鲁迅就出生在这里,一直到 18 岁去南京求学,以后回故乡任教也基本上居住于此。

新台门是周家多年聚族而居的地方。这里原有的正中大门是六扇黑漆竹门,改建后已不复存在。现在西侧临街的两扇黑漆石库门,系原新台门的边门。这是鲁迅一家于 1913 年左右经过修缮后独家出入的地方。新台门整座屋宇是江南特有的深宅大院,它是老台门世祖周熊占(1743~1821 年)在清朝嘉庆年间购地兴建的,同时建造的还有过桥台门。鲁迅曾高祖一房移居新台门,世系绵延,到了清末,整个周氏房族逐渐衰落。1918 年,经族人共议将这群屋宇连同屋后的百草园卖给了东邻朱姓。房屋易主后,原屋大部分拆掉重建,但鲁迅家居住的地方主要部分幸得保存。1949年以后多次拨款整修,现已恢复旧观。

百草园在鲁迅故居的后面,占地近2000平方米,原来是新台门周姓十来户人家共有的一个菜园,平时种一些瓜菜,秋后用来晒谷。这是鲁迅童年时代的乐园,常来玩耍嬉戏,品尝紫红的桑椹和酸甜的覆盆子,在矮矮的泥墙根一带捉蟋蟀、拔何首乌,夏天在园内纳凉,冬日在雪地上捕鸟雀。这些童年趣事,在鲁迅的心里留下深刻而又美好的印象,一直到晚年还引起他亲切的怀念。百草园连同周家新台门的房产易主之后,园地的南北两端虽已改变了面貌,而它的主要部分仍基本上保持原样。

2. 三味书屋

三味书屋是清末绍兴城里著名私塾。鲁迅12岁至17岁在这里求学。鲁迅的座位,在书房东北角,一张硬木书桌是鲁迅使用过的原物。有一次鲁迅因故迟到,受到先生批评,就在书桌右上角刻"早"字以自勉。塾师寿镜吾是一位庄重、质朴和博学的人。他的为人和治学精神,给鲁迅留下难忘的印象。三味书屋是三开间的小花厅,本是寿家的书房。寿镜吾在这里坐馆教书达60年,从房屋建筑到室内陈设以至周围环境,基本保持当年原面貌。三味书屋后面有一个小园,种有两棵桂树和一棵腊梅树。

3. 咸亨酒店

咸亨酒店在市区鲁迅路秋官第,临街朝南。酒店东侧,竖立着一座四柱塔形招牌。塔高二丈许,顶有瓦,有檐,檐下外侧悬一大"酒"字。四柱似竹,塔体中空。朝西面有黑底,上书"咸亨酒店"四个金字。店内摆设格局,悉如鲁迅小说《孔乙己》所状。因此处老酒地道,"过酒坯"(下酒菜)风味纯正,闲暇之时,于此自斟独酌,或约三二酒友品"酒"而负暄闲聊,均极自在。咸亨酒店有绍兴酒俗博物馆之戏称。

4. 周恩来祖居

周恩来祖居位于绍兴市区保佑桥河沿。周恩来祖居三间三进,坐北朝南。跨进古朴的黑漆竹丝大门,仪门上高悬匾额:周恩来总理祖居。周恩来生前多次说"我是绍兴人",称绍兴为自已的故乡。据方志记载,保佑桥周氏是明嘉靖年间迁居绍兴城内的。祖居原名锡养堂。1698年(康熙三十七年),周懋章妻王氏寿至百岁,浙江巡抚特给"百岁寿母之门"匾额一方志贺,故又称"百岁堂"。祖居古朴庄严,三进三间,有天井相连。

5. 沈园

沈园位于绍兴市区洋河弄内,为宋代越中著名园林之一,因陆游和唐婉美丽而又悲切的爱情故事而闻名。沈园分东、中、西三部分,东区建双桂堂,内辟陆游纪念馆;中区为宋代遗物区;西区为沈园遗迹区,保存着考古发现的六朝、唐、宋、明、清各个时期的遗址遗物。正南断垣上，刻有词学家夏承焘所书的陆游《钗头凤》词，点明了造园主题。据史载：陆游初娶表妹唐婉，伉俪恩爱，琴瑟甚和，却得不到陆母欢心，被迫与唐婉分袂。十余年后的一天，他们春游沈园，邂逅相遇。陆游无限悲戚，唐婉也感慨不已。陆游往事重忆，百感交集，就提笔在粉墙上题写了《钗头凤》词，极言"离索"之痛："红酥手，黄滕酒，满城春色宫墙柳。东风恶，欢情薄，一怀愁绪，几年离索。错！错！错！春如旧，人空瘦，泪痕红浥鲛绡透。桃花落，闲池阁，山盟虽在，锦书难托。莫！莫！莫！"唐婉见了不胜伤感，也和词一首："世情薄，人情恶，雨送黄昏花易落。晓风干，泪痕残，欲笺心事，独语斜栏。难！难！难！人成各，今非昨，病魂常似秋千索。角声寒，夜阑珊，怕人寻问，咽泪装欢。瞒！瞒！瞒！"不久忧郁而死。陆游为此哀伤万分，以致抱恨终生。他多次忆咏沈园，追念唐婉，又赋有《沈园》二绝。

6. 东湖

在绍兴城东绕门山麓，由山与水两部分组成，南面是东西绵延三四里长的箬篑山，相传秦始皇东巡，曾在此供草牧马而名，人们俗称绕门山。此山原是青石山，汉代后成了石料场，经千百年凿穿斧削，形成了高达50余米的悬岩峭壁和变化万状的巨形岩画。深处有长约200米，宽约80米，似乎深不可测的水塘。清末绍兴著名书法家和园林艺术家陶浚宣见此地风景绮丽，便拓域围堤，堤上砌墙，堤外是浙东运河，里面遂成封闭式园林——东湖。东湖处处皆景。湖面有秦桥和霞川桥，湖中有仙桃洞和陶公洞。从湖岸乘坐乌篷船，绕过笔架山，迎面一块巨大岩壁上镌有郭沫若1962年游东湖时所赋一诗："箬篑东湖，凿自人工。壁立千尺，路隘难通。大舟入洞，坐井观空。勿谓湖小，天在其中。"再往前行，即为陶公洞。陶公洞附近有听湫亭，可弃舟登岸，拾级达巅，极目远眺，绮丽的水乡风光尽收眼底。经饮渌亭便是仙桃洞，"洞五百尺不见底，桃三千年一开花"，倍添佳趣。

7. 大禹陵

大禹陵位于绍兴稽山门外，距城3千米。大禹作为中国第一王朝的创建者，是古代中国历史上的一代"圣王"。

大禹陵本身是庞大的建筑群，由禹陵、禹祠、禹庙三部分组成，占地约3万平方米，建筑面积2700平方米，高低错落，各抱地势，气势宏伟，明洪武年间，即被钦定为全国该祭36王陵之一。大禹陵为大禹之葬地，以山为陵，坐东朝西，处在宛委山、会稽山、天柱山三座山的环抱之中。禹陵的入口处有一块青石碑坊。通向禹陵的是一条长100多米的甬道。陵前竖着的石碑上面镌刻的"大禹陵"三个大字，由明代绍兴知府南大吉所写。

禹陵右侧有一个八角重檐石亭，上刻"咸若古亭"四字，俗称鼓乐亭，传为祀禹奏乐之所。亭旁有近年新建的"碑廊",内立秦始皇东巡会稽时命丞相李斯撰写的《会稽刻石》等珍贵碑碣多块。由此循石级而下,便是菲饮泉亭和菲饮泉,宋代王十朋有"一水清涵节俭风"之句歌颂大禹的洁行俭风。

禹王庙坐北朝南,是一组宫殿式建筑。始建于545年(南朝梁大同十一年),以后历代都有修建。中轴线建筑自南而北依次为:照壁、岣嵝碑亭、棂星门、午门、祭厅、大殿。大殿为重檐歇山造,巍然耸立,殿背龙吻鸱尾直刺云天,背间"地平天成"四字为清康熙题跋。祭厅为历代帝王、达官贵人祭禹之所,结构与午门相似。祭厅东西两间为配殿,东配殿放置着明、清时告祭大禹的30余座碑。

禹王殿殿高、宽均为24米,进深22米。屋顶"地平天成"四字,为清康熙皇帝题写,意为治平大地水患,造福百姓。

窆石亭内放着形状像巨型秤锤的"窆石",高2米,顶端有一个圆洞,相传是大禹下葬的工具。石上刻有汉代以来的不少题字,是禹王庙中最珍贵的石碑。

8.兰亭

兰亭位于绍兴的西南部,离城约13千米。这个古朴典雅的园子虽然不大,却为中外游人所瞩目。据历史记载,353年(晋永和九年),王羲之与友人谢安、孙绰等名流及亲朋共42人聚会于兰亭,行修禊之礼,曲水流觞,饮酒赋诗。后来王羲之汇集各人的诗文编成集子,并写了一篇序,这就是著名的《兰亭集序》。传说当时王羲之是乘着酒兴方酣之际,用蚕茧纸、鼠须笔疾书此序,通篇28行,324字,凡字有复重者,皆变化不一,精美绝伦。只可惜这样一件书法珍品,到了唐太宗手里,他爱不忍释,临死时竟命人用它来殉葬。从此后世人便看不到《兰亭集序》的真迹了。在兰亭里,有一座三角形的碑亭,亭内碑石上刻有"鹅池"两个草书大字。相传这两个字是王羲之手书,兰亭里还有曲水流觞亭、右军祠、墨池等建筑。流觞亭面阔三间,四面有围廊。亭前有一弯弯曲曲的水沟,水在曲沟里缓缓的流过,这就是有名的曲水。右军祠是纪念王羲之的祠堂。祠内有许多碑刻,正中悬挂王羲之画像,两边的楹联是"毕生寄迹在山水,列坐放言无古今"。祠内有一水池,称为"墨池",据说当年王羲之用这池子的水蘸笔习书,把整池水都染黑了。

9.柯岩景区

柯岩景区位于绍兴城西12千米处,是一处以采石遗景为特色的石文化景区,始于隋唐,距今已有1000多年历史,至清代,形成著名"柯岩八景",为越中胜景。经过现代别具匠心的园林营造,形成石佛景区、镜水湾景区、越中名士苑三大景区。

10.印山越王陵

印山越王陵位于绍兴市区西南12千米,距离书法圣地兰亭约1千米的印山,因其平面略呈方型,立面高耸似印,俗称印山,王陵距今约有 2500 年时间,其规模之大,结构之殊,营建之讲究,举世罕见,国家文物局领导曾以"北有秦宫,南有印山"对其价值作了高度评价。印山四周隍壕保存十分完好,全长 100 余米,平面呈"甲"字形的墓坑平面,四条呈直角形的壕沟十分清晰规则地分布于大墓四周外围,墓东西向而建,全长达 100 余米,墓坑南北宽 20 米,深 20 余米,四周为陡峭石壁,墓的主体——木椁正面呈"人"字形,通体长 40 米,由高 8 米、粗 68 ~80 厘米的巨木构建而成。墓内保存了许多价值极高的珍贵文物。印山大墓进一步证明了绍兴在越国历史发展、越文化研究中的主体地位,充分反映了越国文化的绚丽灿烂。

三、海定波宁——宁波

宁波简称甬,古称明州,位于浙江省东部,是著名的港口城市和全国历史文化名城。宁波历史文化丰富,名胜古迹众多。著名景点有三湖三寺,三湖指东钱湖、慈湖、月湖,三寺指保国寺、天童寺、阿育王寺,此外还有天一阁、河姆渡遗址、奉化溪口蒋宅等。

1. 保国寺

保国寺的大雄宝殿不用一钉,却能屹立近千年。而且"虫不蛀,鸟不栖,鼠不入",是我国现存最早的罕见木结构建筑之一。

2. 天童寺

天童寺乃禅宗名刹,以规模宏大著称,现尚存房屋 730 多间,号称"东南佛国"。

3. 天一阁

天一阁位于宁波市城西,是我国现存最古老的藏书楼,距今已有 400 多年历史,以藏书之丰著称于世,享有"南国书城"盛誉。

4. 溪口蒋氏故居

奉化溪口镇是蒋介石、蒋经国父子的故乡,蒋氏故居称丰镐房。附近还有蒋家的玉泰盐铺、小洋房、武岭门、文昌阁、武岭学校、蒋母墓。蒋母墓前拦土石上刻有孙中山先生亲题的"壶范足式"四字。

5. 天台山

天台山位于天台县城北,号称佛宗道源,是天台宗的发源地和济公(李心源)活佛的故乡。国清寺是一座具有 600 多间房屋的大型寺院。

四、莫干山

莫干山位于杭州西北 60 千米处,为天目山分支,相传春秋末期吴王的铸剑师干将、莫邪夫妇于此铸剑得名。莫干山具有"凉、绿、清、静"特色,它与北戴河、庐山、鸡公山并称为全国四大避暑胜地,素有"清凉世界"之誉。同时山上不乏文物古迹。

五、普陀山

普陀山系舟山群岛中的一座岛屿,位于定海沈家门对面,面积 10 多平方千米,是我国四大佛教名山之一。早在后梁贞明二年(916 年)佛教开始传入普陀山,最盛时有佛寺 80 多座,僧尼 3000 人。现存的寺庙有普济、法雨、慧济三大寺及庵寺 50 多处,经整修开放的寺庵 7 处。普陀山凭借佛教建筑与奇特的自然景观构成了巧妙的海岛景色,形成了寺院、金沙、奇石、潮音、幻景等"五绝"。古人曾赞誉它为"海天佛国"、"南海胜境"等,在东南亚各国佛教界、华侨以及日本人中有比较大的影响。普陀山不仅是佛教圣地,而且自然景色奇秀壮丽。岛上古木参天,巨石嵯峨,沙滩平缓,风景十分秀丽,冬暖夏凉,也是理想的避暑胜地。

六、雁荡山

雁荡山位于温州乐清市,方圆 450 千米,主峰雁湖岗海拔 1057 米,是我国风景秀丽的名山之一。景观丰富,景物集中,尤其奇岩怪石造型独特,象形有物,且移步换形,晨昏不一,惟妙惟肖,以"造型地貌博物馆"名闻遐迩。

雁荡山有 300 多个风景点,分为 7 个景区,其中灵峰、灵岩和大龙湫三景区称为"二灵一龙",被誉为"雁荡三绝"。

七、钱塘江和钱塘潮

钱塘江全长 500 多千米,两岸山青水秀,景色如画,是十分优美的风景旅游线。钱塘江的上游富春江—新安江段,素有"锦峰秀岭,山水之乡"的称誉。沿富春江而下,接近杭州市始称钱塘江。在钱塘江入海口可观钱塘潮。每年农历八月十八日为观潮佳日。最佳观潮地点在海宁县盐官镇。是日,海宁一带潮水层层叠加,一时白浪滔天,形成最高峰,可达八九米,声闻数里之外,自古便享有"天下奇观"之美誉。大潮分为一线潮、人字潮和回头潮等阶段。

八、横店影视城

横店影视城 1996 年开始建设,如今已成中国规模最大的影视拍摄基地,被美国《好莱坞》杂志称为"中国好莱坞"。

秦王宫——1997 年为拍摄《荆轲刺秦王》而建,也是巨片《英雄》诞生地。它占地 40 万平方米,各类宫殿 27 座。高 8 米的巍巍城墙与王宫大殿交相辉映,主宫"四海归一殿"淋漓尽致表现出秦始皇吞并六国一统天下的气势。宫墙边一条"秦汉街"展示了秦汉时期的街肆风貌。进入秦王宫,黄尘古道、金戈铁马、燕赵建筑,秦汉文化扑面而来。

明清宫苑——完全是北京"故宫"的翻版。这是一处按1∶1比例兴建,占地100万平方米的明清皇家宫苑。太和殿、乾清宫、坤宁宫、漱芳斋、午门、承天门、养心殿、军机处一应俱全。整个拍摄基地荟萃了京城宫殿、皇家园林、王府衙门、胡同民宅四大建筑系列。《天下无双》、《皇宫宝贝》、《浪子燕青》等影视作品都在这里完成。

此外还有广州街、香港街、清明上河图、江南水乡等共13个拍摄基地。

第五节 皖南旅游副区

皖南旅游副区大致指安徽淮河以南的中南部地区。本区交通便利,风景名胜资源数量多,质量高,国家重点风景名胜区就有五个:黄山、九华山、天柱山、琅琊山、齐云山。同时,人文旅游资源丰富,徽派古建筑、徽菜及众多名人古迹享誉中外。

一、黄山风景区

黄山原名黟山,地跨歙县、黟县、休宁及太平四县,风景区面积154平方千米,现设立黄山市以统一对整个风景区的管理与规划。黄山自古即为东南第一名山和著名的旅游胜地,历代游人往来如织,久负盛名。黄山奇峰林立,有名可指的山峰72座。其中莲花、光明顶和天都三大主峰海拔均在1800米以上,三峰鼎立,最为奇秀。黄山是自然山水风光极浓的风景区。奇松、怪石、云海、温泉乃黄山"四绝"。黄山松生长于海拔800米以上的山石缝中,树形奇美绝伦,著名的有迎客松、送客松、团结松、连理松等;石景丰富,有飞来石、妙笔生花、猴子观海等;云海壮观,有北海、西海、东海、前海、天海等;温泉水质清净,可饮可浴。"四绝"将黄山构成一首山水诗,一幅立体画,故有"震旦第一奇山"之称,又有"天下名景集黄山"之赞。黄山还有天然动植物园,山中有多种植物及许多珍禽异兽。

黄山气候宜人,夏季凉爽,乃避暑胜地,冬季则可饱览雪景奇观。

"五岳归来不看山,黄山归来不看岳",足见黄山在中国名山中的地位。

二、九华山风景区

九华山古称陵阳山,又称九子山,位于青阳县境。山有 99 峰,十王峰最高,海拔 1342 米,素有"东南第一山"之称。九华山群峰竞秀,景色清幽,气候宜人,山中遍布岩洞、怪石、山泉、瀑布、苍松、翠竹、田园、山庄,景色别致,是理想的游览避暑胜地。主要风景名胜有:玉溪山色、龙池瀑布、东崖云舫、闵园竹海、凤凰古松、天台晓日、莲花云海及平岗积雪等。

九华山是我国四大佛教名山之一。据史书记载,早在东晋末期佛教便传入九华山,开始修建寺庙。新罗僧人金乔觉在此修行 99 年,被视为地藏王菩萨。其肉身不腐,装金后肉身供奉于月身宝殿。唐末辟为金地藏王菩萨道场。后历经宋、明、清各朝代的扶持,千百年来山中古刹林立,香烟缭绕。极盛时期大小庙宇达 300 多座,僧尼三四千人,"香火之盛甲于天下"。现存寺庙 78 座,佛像6000 多尊。著名的寺庙有:化城寺、祇园寺、上禅堂、肉身宝殿、百岁宫、甘露寺、龙池庵、慧居寺、古拜经台及天台寺等。寺庙内珍藏历代佛教文物 1300 余件,如梵文贝叶经、藏经、历代帝王御赐的金印、玉玺、圣谕及古代名人字画。肉身菩萨是九华山一大特色。自金地藏后,有 17 位高僧圆寂后肉身装金供奉。今百岁宫内供奉有明代无暇禅师的金装真身佛像。

近年塑造的九华山地藏菩萨大佛,高达 99 米,为仿金铜像。

三、皖南古村落与屯溪老街

皖南是徽派文化的精华所在,屯溪老街、古村落、棠樾古牌坊群等。屯溪老街在黄山市屯溪区,明代形成商业街,长 1270 米,宽 5~7 米。石板路两旁,白墙黑底、码头山墙的房舍店铺鳞次栉比,古色古香。西递和宏村古村都位于黟县境内,西递村呈明清建筑特色,用石雕门罩、石雕花窗装饰,庭院依地势而成,前有青石砌的石刻雕花门楼,院内布置花坛、水池、水井,围以矮墙、漏窗等。著名民居有大夫第、履复堂、青云轩等。宏村有清代民居 132 幢,皆八字照壁,砖雕门罩,木雕门扇,天花板有彩绘,精雕细刻,华丽异常。村中小溪流过,春天桃花盛开,传说就是陶渊明描绘的桃花源里人家。棠樾古牌坊群位于歙县县城西 6 千米,是明清时鲍氏家族为旌表得到皇帝封赐的本族贤良而建。牌坊共 7 座,按忠、孝、节、义排列。前五座为三间四柱冲天石柱式清代石坊,后两座为三间四柱三楼卷草纹斗脊式明代石坊。牌坊形制各不相同,表现出不同时期徽派的石雕风格和建筑特色。

四、天柱山

天柱山位于潜山县境内,有 42 峰,巍峨秀丽,雄奇兼备,层峦叠嶂,蔚为壮观。山上石崖苍竹、翠竹、怪石、奇洞、飞瀑、深潭,天柱山主峰深踞群峰之中,故名"潜山"。

五、琅琊山

琅琊山位于滁县西南,山上有唐代始建琅琊寺和宋代始建醉翁亭,皆因北宋欧阳修的著名散文《醉翁亭记》而闻名天下。山名得之于东晋元帝司马睿任琅琊王时曾寓居于此,故名。除醉翁亭外,还有让泉、二贤堂、宝宋斋、意在亭、影香亭、古梅亭、洗心亭、怡亭、六一亭、丰乐亭、欧阳修纪念馆等景点。

滁州西涧因唐代韦应物的诗句"春潮带雨晚来急,野渡无人舟自横"而闻名。

六、齐云山

齐云山位于休宁县境内,属丹霞地貌,山中丹崖耸翠,怪石峭立,以白岳岭、齐云岩、廊岩、紫屑岩等著名。齐云山为道教名山,全山共有道教建筑百余处,为我国四大道教圣地之一。

七、桃花潭

桃花潭景区,位于安徽省泾县桃花潭镇青弋江边。桃花潭在悬崖陡壁下,水深数丈,潭西岸边石壁怪石耸立,姿态万千。岸上老树丛林,古藤缠绕,浮云走动,山鸟唱鸣。潭东岸白沙细石淤积成滩,芦苇簇拥,临风摇曳,芦叶潇潇。

桃花潭之所以著名,源于美丽的传说。唐玄宗年间,泾州(今安徽省泾县)豪士汪伦听说大诗人李白旅居南陵叔父李冰阳家,欣喜万分,遂修书一封曰:先生好游乎? 此地有十里桃花;先生好酒乎? 这里有万家酒店。李白欣然而至,汪伦据实告之:十里桃花者,十里外有桃花渡口;万家酒店者,乃潭西酒店店主姓万。李白听后大笑不止,并不以为忤,反而被汪伦的盛情所感动。适逢春风桃李花开日,群山无处不飞红,加之潭水深碧,清澈晶莹,翠峦倒映,李白与汪伦诗酒唱合,流连忘返。临别时在踏歌古岸,李白题下《赠汪伦》这首千古绝唱:"李白乘舟将欲行,忽闻岸上踏歌声。桃花潭水深千尺,不及汪伦送我情。"如今,诗仙、豪士逝者如斯,但桃花潭却因之流芳千古。潭边至今有汪伦墓碑文"唐史官汪讳伦也之墓"相传为李白所题写。

今存"踏歌古岸"楼阁、酌海楼和纪念李白的文昌阁。文昌阁建于清乾隆年间,外形仿北京天坛而建,内饰浮雕。碑记和巨匾为清代翰林赵青藜所书。匾曰

"文光射斗"。挂有对联"踏歌岸上汪伦酒,赠别舟中李白诗"。

八、合肥

合肥市位于江淮中部,是一座具有 2000 多年历史的古城,现为安徽省省会。

1. 包公祠

包公祠是纪念北宋清官包拯的专祠。它始建于明,重修于清。祠附近有包公井,又称"廉泉",以及包拯墓园。

2. 逍遥津

逍遥津乃古时肥水一渡口,是著名的三国古战场。今辟为逍遥津公园,有逍遥湖、逍遥山庄、张辽衣冠冢等景点。

3. 教弩台

教弩台俗称"点将台",为曹操所筑军事堡垒,曾在此教练强弩手 500 人,以抗击东吴水军。

九、寿县古城

寿县位于安徽中部,是一座有 2000 多年历史的文化名城,是我国唯一保存着完整宋代城墙的城市。文物古迹有报恩寺、范公(仲淹)祠、孔庙等,附近出土许多战国墓葬。城郊有八公山、淝水,是著名的淝水之战的古战场。

十、歙县

歙县位于安徽南部,乃中国历史文化名城之一。城内有大量明清宅院及庭园,一些街巷还基本保持着明清风格,文物古迹有许国牌坊、李太白楼、长庆寺砖垣、棠越村牌坊群、明代古桥等,所产歙砚、徽墨为著名传统工艺品。

第六节　赣北旅游副区

赣北旅游副区位于江西省北部,经济、交通较发达,旅游资源丰富,是全省旅游资源体系的主体。

一、庐山风景区

庐山,又名匡山、匡庐,位于九江市南郊,北濒长江,东南临鄱阳湖。庐山风景秀丽,林木苍翠,尤以奇峰、瀑布、云雾、植被等四大景观最为人称道,素有"匡庐奇秀甲天下"之称。庐山大汉阳峰海拔 1474 米,南北长 25 千米,东西宽 10 千米。风景佳地主要有大汉阳峰、五老峰、含鄱亭、三叠泉瀑布、仙人洞、花径公园和庐山植物园等。历代咏庐山的诗篇很多,如白居易的"人间四月芳菲尽,山寺桃花始盛开",苏东坡的"不知庐山真面目,只因身在此山中",均为佳作。

庐山还是我国著名的佛教圣地。山上寺庙曾多达 300 多处,以我国佛教净土宗发源地东林寺最为有名。

庐山古迹众多,著名的有我国古代四大书院之一白鹿洞书院,陶渊明故里及墓等。庐山气候宜人,是长江中下游平原的凉岛,也是全国著名避暑胜地。山上有数量众多的各种风格的西式别墅。美庐因蒋介石、宋美龄、毛泽东均曾下榻过而倍受关注。

二、三清山

地处上饶的玉山和德兴两县境内,是著名的道教名山,称为"高凌云汉江南第一仙峰,清绝尘嚣天下无双福地"。玉京、玉虚、玉华三玉峰"如三清列坐其巅",因而得名。玉京峰最高,海拔 1817 米。三清山泉瀑溶洞、奇峰怪石、云海佛光、冰川遗迹、珍稀动植物等,景象万千。"女神峰"、"观音听琵琶"、"巨蟒出山"更是巧夺天工。据说东晋葛洪曾在此炼丹修道,今山上道教遗迹还有三清宫、龙虎殿、风雷塔、九天应元府、众妙千步门等。

三、龙虎山

龙虎山位于鹰潭市,是道教正一派的发源地,我国的四大道教圣地之一。龙虎山还有秀丽的丹霞风光和世所罕见的春秋战国岩墓(即悬馆)群。传说道教始祖张道陵在此炼成九天神丹,宣扬有青龙、白虎环绕于丹炉之上,遂使龙虎山更加神秘。全盛时,龙虎山有 10 大道宫,81 座道观,50 座道院。今存有上清宫、天师府等建筑群。芦溪河纵贯景区,串起 160 多个景点,既可泛舟赏景,又可徒步游览。

四、景德镇景群

景德镇是我国历史文化名城,亦为中国四大名镇之一。该市有 2000 多年制造陶瓷的历史,被誉为"瓷都"。早在汉代,这里已开始烧制陶瓷,到南北朝的陈朝,景德镇瓷器已名闻天下。武德四年(621 年),该镇已成为中国制瓷业中心。所产瓷器质地优良,具有"白如玉、明如镜、薄如纸、声如磬"之特点。其主要参观游览点有湖田古瓷窑址、三间庙明朝古街、白虎湾古瓷窑遗址、高岭山、珠山、红塔以及陶瓷历史博览区等。

五、婺源乡村景群

江西省北部的山区小县婺源县被誉为"中国最美丽的乡村"。婺源县原属安徽歙州，宋代改隶徽州，从而成为徽派文化的胜地。婺源县境内山峦起伏，道路、河流蜿蜒曲折，景色秀丽。徽派古建筑星罗棋布，古村茶亭、廊桥驿道随处可见，因而号称"四古"之乡：古建筑、古文化、古熔洞、古树木。著名古村镇有：紫阳镇、江湾镇、晓起村、汪口村、李坑村等。

六、南昌景群

南昌位于鄱阳湖畔，赣江下游东岸，是我国历史文化名城。南昌还是一座具有光荣革命传统的城市，1927年于此爆发举世闻名的"八一"南昌起义，南昌因此被誉为英雄城市。市内以"八一"命名的有八一大桥、八一大道、八一广场、八一纪念馆等。南昌市风景优美，名胜古迹繁多，著名的有滕王阁、青云谱八大山人故居、"八一"南昌起义总指挥部旧址、百花洲等。滕王阁因唐代王勃的《滕王阁序》而闻名。历史上曾屡建屡毁，1989年第29次在赣水边重建，高54.5米，占地9400平方千米。登阁远望，"落霞与孤鹜齐飞，秋水共长天一色"的佳句，使人浮想联翩。

第七节　本区其他旅游资源

本区旅游资源丰富，除以上所述重点外，江苏还有古迹丰富的历史文化名城徐州、淮安以及连云港的云台山国家重点风景名胜区，常州的中华恐龙园和淹城遗址等。安徽凤阳县境内有明代中都城遗址和明皇陵。安庆的振风塔是长江边上的名塔，有"过了安庆不说塔"的说法。马鞍山郊区的采石矶有李白的衣冠冢。浙江省宁波慈溪与嘉兴平湖之间新建的杭州湾大桥等。江西还有红都瑞金旧址、赣州著名古迹郁孤山以及风景优美、古迹众多的石钟山等。

一、徐州景群

徐州是淮海重镇，皇族之乡。徐州有汉文化三绝：汉墓、汉兵马俑、汉画像石。

汉文化景区位于徐州城东狮子山,占地 80 万平方米,主要景点有狮子山楚王陵(墓主是西汉第三代楚王刘戊)、汉兵马俑博物馆、水下兵马俑博物馆等。楚王陵所出土金缕玉衣由 4248 片和田玉片和 1576 克金丝连缀而成,是目前发现的较好的一件,堪称绝品。

龟山汉墓位于徐州城西龟山西麓,是西汉第六代楚王襄王刘注的夫妻合葬墓,是典型的崖洞墓,工程浩大。墓室 15 间,总面积达 700 平方米。楚王棺室北墙有"楚王迎宾"影像,刘注夫人墓墓室有乳头状石苞,似为星宿图。文物普查曾征集到刘注龟钮铜印。

淮海战役烈士纪念塔位于徐州城南凤凰山麓,高 38 米,体型宏大,面东朝阳、依山而立、巍峨挺拔。景区内还有纪念碑林和淮海战役纪念馆。

宝莲寺位于城东蟠桃山麓,占地 46 万平方米。寺院始建于刘宋永初年间,是中国第一座具有印度风格的寺院。千余年来,几经兴废。宝莲寺拥有八殿两阁一院,面积 1.64 万平方米。七佛殿面积 2377 平方米,是国内最大的大雄宝殿。通天阁高近 60 米,是国内最高的佛阁;供奉 39.88 米高的弥勒佛像,是国内最大的室内锻铜佛像。

二、溱湖景区

溱湖景区包括溱湖国家湿地公园(规划面积 26 平方千米)、溱湖古镇与河横农业生态园(园区面积 42.82 平方千米)。景区位于泰州市北部,典型的水乡风情景区和水乡古镇。

溱湖国家湿地公园为半自然农耕湿地式风景园,于 2003 年正式开放。溱湖形似玉佩,面积 2.1 平方千米,原为潟湖,后演变为湖荡洼地,目前有水环境区、湿地生态区等。九条河流汇聚湖区,称为"九龙朝阙"。公园洲岛星罗,河网密布,生物多样,水鸟云集。有各种湿地植物 113 种,野生动物 73 种,包括麋鹿、丹顶鹤、扬子鳄等。

每年清明节后举行溱潼会船节,四乡八村,百舸云集,千帆竞发,万篙舞动,船歌悠扬。各种民俗表演,水上竞技,

河横生态农业观光区是联合国授予的生态环境"全球 500 佳"。无公害作物有万亩水稻、千亩油菜、葡萄和青脚鸡、绿壳鸡蛋、灰天鹅等特种养殖业。

溱潼古镇曾称溱潼市、溱潼区,为苏中地区著名商埠,拥有 3000 多年悠久的历史和灿烂的文化。古建筑群达 6 万余平方米,重院迭屋,飞檐翘角,砖雕精美,熠熠生辉。古镇四面环水,居民家家枕河而居。民居以精巧见长,麻石铺街,深巷幽居,老井当院,宁静而温馨。小巷窄狭,九曲十八弯,家家相连,户户相通,亲如一家。古镇有唐代古槐,宋代万朵古山茶,明代黄杨。主要景点还有民俗风情

馆、古契约文书馆、水云楼、东观归鱼(星光渔火、渔舟唱晚)、梅花草堂(院士旧居)等。

泰州溱湖地区,水产丰富,鱼虾螃蟹,水生蔬菜,为民众生活提供了丰富的食材。仅螃蟹就有溱湖簖蟹名声远播,与阳澄湖大闸蟹并称"南闸北簖"。溱湖八鲜利用优质水生原料制作烹饪,肉质细嫩,味道鲜美。八鲜指溱湖的簖蟹、银鱼、甲鱼、四喜、青虾、螺贝、水禽、水生蔬菜等。

本区是我国中华绒螯蟹的主要产地。主要有阳澄、太湖、固城湖、洪泽湖、溱湖与江河池塘出产的淡水蟹,俗称清水大闸蟹,久享盛名。蟹的外观青背、白肚、金爪、黄毛,所以又被称为"金钩蟹",是畅销国内外的珍品。

清水大闸蟹以"九雌十雄"为最佳,所谓"九月团脐十月尖,持螯饮酒菊花天",农历九月的雌蟹,十月的雄蟹肉质最丰满、最鲜美,营养成分最丰富。剥开蟹盖,"满腹金相玉质,两螯明月秋红"。故章太炎之妻汤国梨赞曰:"不是阳澄湖蟹好,此生何必住苏州?"

《红楼梦》中的第三十八回中林黛玉诗:"螯封嫩玉双双满,壳凸红脂块块香。"清代《太湖备考》对太湖大闸蟹评价:"出太湖者,大而色黄,壳坚,胜于他产,冬日益肥美。"

穿越本区杭州、苏州、扬州等多个旅游城市的京杭大运河,开凿于隋代,几经疏浚改道,最终演变成沟通我国南北五大水系全长1700多千米的水上交通大动脉。今日山东、河北、北京段淤废,江苏、浙江段依然舟楫往来如梭,异常繁忙。江南运河段苏州至无锡、杭州开通客运和短途运河游,游客可以领略江南水乡城镇风光,江南民俗,船上餐饮,河湖特产。

位于湘赣边界罗霄山脉中段的井冈山是著名的红色根据地(1927~1929年)。井冈山以茨坪为中心,全山包括500多座山峰,主峰五指峰海拔1586米。井冈山以密林、峰峦、险石、溶洞、云海、佛光、瀑布群、高山平原风光、革命遗址为特征,开辟了八大景区。茨坪景区是一山间盆地,海拔820米,群山环抱,林木丰盛,以革命遗址为主要游览点。主峰景区有百峡泉、望山楼、飞龙瀑等景点。笔架山有十几座山头的杜鹃和松树,形成了松树林立、花树相依的"十里杜鹃十里松"奇观。

井冈山的黄洋界、五龙坛等景区也各有特色。黄洋界是井冈山五大哨口之一。"黄洋界上炮声隆"是当年激战的真实写照。黄洋界还可观云海、日出、晚霞等。

浙江北部还有江南古镇乌镇和西塘,乌镇是著名文学家茅盾故居所在。

第七章　中原旅游区(豫晋陕)

本章提要

    中原地区是华夏古文明最重要、最集中的发源地之一,丰富的文物古迹构成了本区旅游资源的突出特点,同时也拥有极富原始美感的黄土地貌自然景观。本区各主要景区大多处于全国旅游热线上,因而旅游交通的便捷度和舒适度均较高。本章首先概述全区的旅游资源基础,然后主要论述以西安、郑州、太原等旅游城市为中心的旅游资源特点和分布情况。

    中原旅游区由河南、陕西和山西省组成。这里是中华民族的摇篮,曾长期作为我国的政治、经济和文化中心。数千年的文明史积淀了本区丰厚深邃的文化底蕴和博大精深的旅游资源,使本区成为我国旅游资源种类多、数量大、品位高、垄断性强且分布集中的全国旅游资源"富矿区"。

    本区总面积 54 万平方千米,人口 1.83 亿。壮丽的山川,丰富的物产,便利的交通,众多的城市,加之地处中心的区位条件,使本区成为我国旅游业发展的重点地区。

第一节　中原旅游区旅游资源基础

一、高原和山地地貌为主,平原、谷地镶嵌其间

中原旅游区地貌形态以高原、山地为主,平原、谷地错落其间,呈并列布局,且各具特色。

本区地形大致可分四部分:黄土高原、关中平原、秦巴山地和豫西山地。

黄土高原,此处仅指由山西高原和陕北高原构成的黄土高原的一部分,海拔800～1200米,黄土堆积厚达100米以上,具有塬、梁、峁、沟、壑等特有的黄土地貌形态,自然景观极富原始美感。山西高原位于黄土高原东部,东、西、南三面分别以太行山、吕梁山、中条山为界。大部地区海拔1000～1500米,与东部海拔不到100米的华北平原形成强烈对比。高原主体为石质山地,黄土堆积的盆地和谷地是人文发达地区,也是旅游资源分布比较密集的地区;陕北高原位于黄土高原西部,东、南分别以吕梁山、陕西北山为界。这里黄土广布,沟壑纵横,海拔900～1500米,是发育最典型的黄土分布区。南部的黄土塬塬面平展,分布较广,黄土最厚处可达300米;北部黄土丘陵千沟万壑,自然植被稀少,水土流失严重。

关中平原即渭河平原,位于陕西境内的北山与秦岭之间,它西起宝鸡,东至潼关,海拔320～800米,东西延伸约400千米,号称“八百里秦川”。黄河最大的支流渭河自西向东,穿流而过。这里农业开垦历史悠久,物产丰饶,是历史上汉民族最重要的、建都千年以上的京畿重地。

秦巴山地由秦岭和大巴山组成。秦岭海拔2000米以上,山间自然资源保护良好,北侧断崖壁立,雄伟险峻,南侧自然景观与山北的黄土高原迥然不同。大巴山绵延于陕、川、鄂交界处,在亚热带气候环境下,岩溶地貌发育比较典型。

豫西山地为秦岭向东的延伸,其自北向南由三组山脉构成。北部为崤山及其余脉邙山,中部为熊耳山和外方山,南部为伏牛山。地势西高东低,向东展开,呈扇面状,海拔500～2000米。

二、暖温带季风气候显著,并具南北过渡特征

本区介于中温带和亚热带之间,具明显的暖温带气候特征。总特点是:春季

干燥少雨,风沙较多;夏季炎热多雨,间有伏旱;秋季天高气爽,湿度较大;冬季寒冷干燥,雨雪少见。

本区降水主要集中在夏季,这是季风气候的显着特征。年降水量一般400～750毫米,少于东北地区,但降水强度却大于东北地区。

本区跨越不同的气候带,气候具南北过渡特征,且差异较大。如陕西跨越三个气候带,南北气候特征明显不同:陕南具北亚热带气候特色,关中及陕北大部具暖温带气候特色,长城沿线以北则具中温带气候特色。全省年平均气温9～16℃,并自南向北、自东向西递减。年平均降水量340～1240毫米,也表现为南多北少的过渡特征。类似情况,在河南、山西两省的表现也相当明显。

三、华夏古文明的重要发祥地之一,文物古迹荟萃

经考古发掘证实,本区是华夏古文明最重要、最集中的发源地之一。大约100万年前,蓝田猿人就生息繁衍在这里,成为黄河流域最早的居民。距今约10万年前,丁村人生息在山西南部的汾河谷地。新石器时期的"仰韶文化"是该期文化的代表,其遗址在本区分布密集,数量很多,如河南的"仰韶文化"遗址、陕西的"半坡人"遗址等都颇具代表性。传说中的三皇五帝也主要在本区活动。伏羲氏主要活动在河南淮阳,神农氏主要活动在河南东部,轩辕氏主要活动在河南、陕西、山西等地。五帝主要活动在河南、山西南部等地。与此同时,他们在本区留下了不胜枚举的人文胜迹,如河南新郑西北的轩辕丘,陕西黄陵县桥山的黄帝陵。此外,传说中的尧都平阳(临汾)、舜都蒲坂(永济)、禹都安邑(夏县)遗址也在本区。

总之,璀璨的华夏古文明、丰富的文物古迹构成了本区旅游资源的突出特点。

四、区域经济较为发达,旅游交通尚属便利

本区农业生产历史悠久,工业基础较为雄厚,是我国的粮、棉产区和重要的煤炭工业生产基地。较为发达的经济为本区旅游业的发展奠定了一定的基础。

本区铁路、公路、航空网密度居全国各旅游区前列,旅游交通堪称便利。首先,在铁路方面,高速铁路京广高铁纵贯本区,郑西高铁早已通车。徐郑客运专线正在建设。郑州东站和西安北站都是为专高铁建设的新型现代化车站。普速铁路有京广、陇海、宝成、襄渝、宝中、焦枝—枝柳、京原、同蒲、石太、侯西等铁路线。连接我国东部沿海和西北腹地的大动脉——陇海铁路横贯本区中部,20世纪50年代建成的全国第一条电气化铁路——宝(鸡)成(都)铁路扼本区和西南地区的咽喉,更为本区的对外联系提供了便利的交通条件。在公路方面,以西

安、郑州、太原各省会城市为中心的高速公路,主要有沪陕高速、京港澳高速、二广高速、宁洛高速、包茂高速、青兰高速和青银高速。高等级公路以及国道、省道通往各旅游景区,可谓四通八达。在航空方面,本区航线可通往国内各大中城市且辐射全国,并有多次航班往返中国香港和澳门,与日本、新加坡也有包机航班。加之,本区各主要景区大多处于全国旅游热线上,因而旅游交通的便捷度和舒适度均较高。

本区重要交通枢纽有西安、郑州和太原。其中,西安是全国重要的航空中转港,现有多条航线,可通往国内外大中城市。西安咸阳机场,可以起降多种型号的大中型客机,具备开通国际航线的全部条件。与此同时,太原、郑州、洛阳机场同全国各大中城市也有班机往来。这样就大大缩短了海内外游客来本区的旅程时间,为国内、国际旅行提供了方便。

五、旅游业地位

自改革开放以来,本区的旅游业从无到有,方兴未艾。特别是随着近年各省政府相继采取了各种有利于当地旅游业发展的措施,更使本区的旅游业获得了长足的发展。具体表现为:开发和建设了一批高品位的旅游景区和景点,改造和扩建了一批不同规模、不同档次的旅游饭店,设计和推出了一批富有当地浓郁自然特色和人文内涵的旅游商品,培训和培养了一批德才兼备、敬业爱岗的旅游职工队伍。总之,通过30多年的发展,本区已初步形成了食、住、行、游、购、娱6大要素较为齐全,布局基本合理的旅游产业结构,旅游接待规模不断扩大,旅游收入逐年增加,旅游业已成为本区非贸易收入的主要来源和国民经济新的增长点,而且在全国的地位稳步上升。

目前,本区已作为我国的旅游重点地区加以发展。它以中原旅游线和丝绸之路黄金旅游线为纽带,以陇海、同蒲等铁路线为主轴,串连本区众多的旅游名城(开封、郑州、洛阳、西安、咸阳、宝鸡、大同、太原等)和品位一流的景区景点(龙门石窟、少林寺、秦陵兵马俑、佛家五台山等),从而吸引大批海内外游客,提高旅游经济收益,提升本区在全国旅游业中的地位。

本区著名土特产和工艺品有洛阳唐三彩、洛阳水席、郑州烩面、开封宋菜、山西刀削面、平遥冠云牛肉、汾酒、陈醋、陕西羊肉泡馍等。

第二节 豫北旅游副区

豫北旅游副区包括河南省陇海铁路沿线及其以北地区,有郑州、洛阳、开封、三门峡、安阳、商丘等主要旅游城市。

一、九朝古都——洛阳

洛阳位于河南西部伊洛盆地,四周群山环抱,气候温和,雨量适中,伊、洛、瀍、涧四水蜿蜒流贯其间,地理位置险要。

洛阳是我国九大古都之一。洛阳先后有夏、商、东周、东汉、曹魏、西晋、北魏、隋唐、后梁和后唐等朝代在此建都,时间长达千余年,素有"九朝古都"之称,实际建都达十余朝,建都时间长达 1500 多年。

洛阳是我国的历史文化名城,是中华民族历史文化的重要发祥地之一。据考古材料证实,早在距今约六七千年前,这里就已发展为母系氏族社会的繁荣阶段。

唐代洛阳的发展进入鼎盛时期,当时的洛阳城,宫殿巍峨,经济繁荣,文化发达,白居易、韩愈、刘禹锡、吴道子等都在此创作了不朽的作品。

洛阳还是我国早期佛教活动的中心。东汉末年,佛教正式传入我国内地后,这里建造了"中国第一古刹"——白马寺。从西域传来的佛经,很多是在这里翻译出来的。洛阳著名的古寺有白马寺、少林寺、中岳庙、龙门石窟、关林等。北魏羊衒之《洛阳伽蓝记》说洛阳"寺有一千三百六十七所"。可见北魏时洛阳佛事之盛。

1. 龙门石窟

龙门石窟位于洛阳市南 12 千米处,与大同云冈石窟、敦煌莫高窟、天水麦积山石窟并称我国"四大石窟"。

龙门石窟最初开凿于北魏孝文帝迁都洛阳(494 年)前后。以后,经过东魏、西魏、北齐、北周、隋、唐、五代、宋等朝代的连续大规模营造,达 400 余年之久。大大小小的窟龛密布于伊水东西两山的峭壁上,全长 1000 多米。现共存佛洞、佛龛 2345 个,佛塔 40 多座,佛像 10 万余尊,历代造像题记和碑刻 3600 多品,体现了我国古代劳动人民很高的艺术造诣。主要洞窟有潜溪寺、宾阳洞、万佛洞和奉先寺等。

潜溪寺又称斋跋堂,始凿于初唐。因寺下有泉迸流,故名。洞中刻有一佛、两弟子、两菩萨和两天王。其中二菩萨丰满圆润,造型敦厚,目光炯炯有神,非常出色。

宾阳洞共有 3 窟,开凿历时 24 年之久。洞中佛像体现了北魏、隋唐等不同时代的艺术风格。窟正壁刻有佛主释迦牟尼,左右两边有弟子、菩萨侍立,佛和菩萨面部清瘦,目大颈平,衣锦纹理刻画周密,有明显的西域艺术痕迹。窟顶雕有飞天,挺健飘逸。洞口有唐宰相褚遂良手书碑铭。

宾阳洞之南即为万佛洞,洞中刻像丰富,共 1500 多尊。正壁束腰八角莲花座上端坐菩萨佛像。束腰处四力士肩托仰莲。后壁刻有莲花 54 枝,每枝花上坐一菩萨或供养人。壁顶浮雕伎乐人,个个婀娜多姿,形象逼真。洞口南壁上还有一观音菩萨像,体态圆润丰满,姿态优美,十分传神。

奉先寺是龙门唐代石窟中最大的一个,也是游龙门高潮之所在。它开凿于唐代武则天时期,历时三年。洞中佛像明显体现了唐代佛像艺术特点,面形丰肥,两耳下垂,形态圆满、安祥、温存、亲切,非常动人。窟正中卢舍那大佛高17.14米,造型丰满,仪表堂堂,艺术感染力极高,为龙门石窟最大佛像。据传说塑造经费是武则天捐赠的“脂粉钱”,其艺术原型是武则天的形象,武则天的音容笑貌也就借佛而永留人间。

2. 白马寺

白马寺位于洛阳城东 20 千米处,为我国第一座佛寺。它建于东汉明帝永平十一年(公元 68 年),至今已有近 2000 年的历史。唐张继诗:“白马驮经事已空,断碑残刹见遗踪。”目前人们所见到的白马寺是明清两代的建筑,但基本上保留了东汉时期的模式。整个白马寺由砖墙围绕,山门为三个并列的砖筑拱门,门顶为单檐歇山式建筑。从山门开始,沿寺院中轴线,依次布局有天王殿、大佛殿、大雄殿、接引殿、清凉台及台上的毗卢阁等。大佛殿正殿供奉释迦牟尼,内悬一大钟,铸于明代,高 1.65 米,重 2500 千克。每年 12 月 31 日,洛阳市都要在这里举办“马寺钟声”的撞钟活动,白马寺便在这悠悠钟声中蜚声海内外。

3. 关林

关林又称关帝冢,位于洛阳市南 7 千米处,是我国三大关帝庙之一。现存关林中建筑有关羽庙和墓,为明万历二十四年(1596 年)所建。庙占地百余亩,殿宇廊庑 150 多间,碑刻 70 余方,石坊 4 座,大、小狮子 110 多个,苍松翠柏 800 余株,风景古朴幽雅。主要建筑有舞楼、大门、仪门、甬道、拜殿、大殿、二殿、三殿、石坊、八角亭等,布局严谨,庄严肃穆。大殿塑有关羽着帝王装像,二殿为戎装像,东殿为关羽睡卧像,西殿为秉烛诵《春秋》像,大殿前廊有复制 80 多斤重的青龙偃月刀一把。三殿后为关羽墓,冢高 10 米,占地约 250 平方米,砖砌围墙,平面呈不规则八角形,大石碑上书"忠义神武关圣大帝"。

二、七朝古都——开封

开封,古称汴梁,位于河南中东部,黄河奔流于北,陇海线横贯其南,处于"咽喉九州岛"、"阃域中华"的中州腹心。自公元前364年至1233年,先后有七个王朝在此建都,历经千年梦华,是我国九大古都之一。尤其在北宋繁华一时,城内湖泊众多,今仍称"一城宋韵半城湖"。

开封现存大量名胜古迹,古城风貌依稀可辨。龙亭、铁塔、大相国寺、包公祠、禹王台、山陕甘会馆、岳飞庙等都是享有盛名的观光景点。近年来,还先后兴建复建了宋都御街、矾楼、清明上河园、天波杨府、开封府衙门、中国翰园碑林等一批仿宋景观,再现了古都昔日的繁华景象。

同时,开封现在还保存着许多特色浓郁的民俗文化,东京禹王大庙会、古都灯会、鼓楼夜市、盘鼓表演、斗鸡、风筝,以及每年春、秋两季的菊花会等,为古城增添了无穷的魅力。

1.大相国寺

大相国寺位于开封市中心,始建于北齐天保六年(555年),为北宋时全国最大的佛教寺院。相国寺现存建筑多为清代风格,主要古迹有藏经阁、大雄宝殿、八角殿、二殿、东西阁等,建筑雄伟,向有"大相国寺天下雄"之称。在相国寺中,保存着两个国宝级文物:一是八角殿内高达7米的四面千手千眼观世音巨像,全身贴金,雕工精致,相传是在清乾隆年间用整根大银杏树雕刻而成的,为我国古代木雕艺术的杰作;二是寺内钟楼里悬挂着的清代巨钟,它高约4米,重约5000千克,被誉为"相国霜钟",是汴京八景之一。

2.龙亭

龙亭位于开封城西北角,是一座建在高达13米的巨大砖砌台基上的金碧辉煌的宫殿。从远处望去,气势峥嵘,好似天上宫阙。现存龙亭大殿为清代所建。整座建筑坐北朝南,正面为长达72级的宽大石阶,两旁砌石磴,正中石质御道上,蟠龙盘绕,直通台上。龙亭大殿重檐四覆,黄瓦辉映,周立朱柱为游廊,内原供玉皇像,像下有蟠龙石墩,色黑且润,俗名龙墩,相传为接读皇帝诏书处。登上龙亭,凭栏四望,古城景物,尽收眼底。在龙亭湖前面有一条直通南门的大道,它将亭前湖水一分为二,东名潘家湖,西名杨家湖,相传分别为奸臣潘仁美和忠烈杨继业昔日府址。巍峨的龙亭,面湖临水,水光亭景,交相辉映,非常壮观。现在龙亭前修砌了花坛,新建了配殿,殿中数百个蜡像,再现了当时朝廷和民间的生活。

3.铁塔

铁塔为平面呈八角形的琉璃塔,位于开封市东北隅,高55.08米,13层。始建于皇佑元年(1049 年)，至今已有 900 多年的历史，因外面颜色呈铁色，故名。铁塔由台基、塔身和塔刹组成，造型优美壮观，设计精巧。塔基因黄河泛滥现已掩埋于地下。塔身用不同琉璃砖砌成各种仿木结构，檐上茸以黄瓦，造型宏伟挺拔，俨如擎天巨柱。塔身外部的琉璃砖雕有坐佛、飞天、伎乐、麒麟、花卉等图案，雕工精细，神态生动，是宋代琉璃砖雕艺术的佳作。塔内由旋梯将塔心柱和塔身联结在一起，异常坚固。游人可沿旋梯上塔顶眺望，只见铁塔周围树木繁茂，环境清幽，大地如锦，黄河如带。目前，铁塔已经成为开封的标志性建筑，也是中国的"国宝"。

4. 宋都御街

宋都御街位于开封市中山路北段，是为再现宋代御街风貌，于 1998 年建成的一条仿宋商业街。新建的御街是在原御街遗址上修建的，南起新街口，北至午朝门，全长 400 多米，长度虽不及古御街，但规模和气势在国内尚属少见。在其南端一座高大的牌坊前，各有一尊石雕大像，上骑武士，手持长枪，威严肃穆。两侧角楼对称而立，楼阁店铺鳞次栉比，其匾额、楹联、幌子、字号均取自宋史记载，古色古香；传统小吃、古玩字画，各具特色。漫步御街，仿佛一步跨进历史，令人充满对昔日宋都繁华景象的无限遐想。

5. 清明上河园

清明上河园位于开封城西北隅，是以宋代张择端的名画《清明上河图》为蓝本，集中再现原图中风物景观的一座大型宋代民俗风情游乐园。它占地 34 万平方米，是国家黄河旅游专线重点配套工程。主要建筑有城门楼、虹桥、街景、店铺、河道、码头、船坊等。整个园区按《清明上河图》的原始布局，集中展现诸如酒楼、茶肆、当铺、汴绣、官瓷、年画制作、民间游艺、杂耍、盘鼓表演、神课算命、博彩、斗鸡等京都风情。游人在此既可换穿宋装，手持宋币，尽情感受古人生活习俗，也可欣赏定时节目表演，诸如包公迎宾、杨志卖刀、林冲怒打高衙内、燕青打擂、李师师艺会情公子、王员外招婿、宋式民俗婚礼、编钟乐舞、马术、气功绝活等20 余个。晚间的《东京梦华魂》大型专场晚会和灯会，精彩纷呈。

三、中原商都——郑州

郑州位于古都洛阳和开封之间，北临黄河，西依嵩山，东、南为广阔的黄淮平原。郑州是我国九大古都之一。这里气候温和，田园秀丽，山河拱卫，交通便利，是我国中原重镇。

郑州历史悠久，早在 3500 多年前，这里即为商王朝的重要都邑。目前，这里遗存着众多名胜古迹，如黄河游览区、大河村原始村落遗址、北宋皇陵、北魏石窟寺、轩辕黄帝故里以及少林寺、中岳庙和嵩山国家森林公园，构成了郑州独特的人文景观和自然景观。

郑州是富有革命传统的城市。1923 年,震惊中外的"二七"大罢工即在这里爆发。现屹立在市中心的"二七"纪念塔已成为郑州市的象征。

郑州还是绿色城市。整个城市红花绿树掩映,绿化覆盖率高达 32% 以上,有"绿满郑州"之赞誉。

1. "二七"纪念塔

"二七"纪念塔位于市区解放路与二七路的十字路口二七广场上,建于 1951 年,是为纪念 1923 年京汉铁路大罢工而修建的。塔高 63 米,14 层,造型独特,为双体并联式,东西看为单塔,南北看则为双塔。塔座 3 层,用汉白玉栏杆环绕,周围簇拥着雪松和常青树。塔身洁白如玉,窗色朱红,各层塔檐以绿色琉璃瓦覆盖。塔顶上有钟楼和一颗红五星。每到正点,清晰悦耳的钟声便回荡在城市上空。夜间,塔顶红星,闪耀夺目。塔内最高层建有平座,可环塔凭栏远眺郑州市区全貌。现塔内陈列着"二七"大罢工的各种历史文物。

2. 黄河游览区

黄河游览区位于郑州市西北约 20 千米处。中心部位为岳山,山上建有极目阁,在此登高远眺,四周景色尽收眼底。平坦的原野,安详而宁静,壮观的黄河水,波澜壮阔,峰峦叠嶂的邙山,山路逶迤。景区内有炎黄二帝、大禹、战马嘶鸣、黄河儿女等景观。山脚下一尊母亲怀抱孩子的"哺育"塑像,形象逼真,端庄温雅,寓意深刻。远处汉霸二王城和古鸿沟等胜迹,则引发人们的无限遐想。

3. 大河村遗址

大河村遗址位于郑州市北部大河村西南 1000 米处,是一处包括仰韶文化和龙山文化在内的新石器时代遗址,迄今已有 5000 余年历史。整个遗址长 600 米,宽 500 米,为典型的新石器时代母系氏族公社时期的文化遗址。在这里出土了大量的墓葬、灰坑、房屋等遗迹遗址。其中,最引人注目的是 1~4 号房基,它们东西相连,局部墙基高达 1 米,为国内同期房基中所仅见。在这里出土的彩陶双联壶,被誉为中国古代造型最美的彩陶器。

4. 轩辕故里

轩辕故里位于郑州市南 40 千米外的新郑市区北关,是海内外炎黄子孙的根之所在。轩辕故里为近年所建,大殿塑有高大的黄帝塑像,四壁绘有关于黄帝事迹的壁画和内容详实的文字介绍。东西两座厢房分别供有黄帝二妃嫘祖和嫫母的塑像。此外,这里还有黄帝故都、仓颉造字台遗址,以及众多有关黄帝的传说和故事,构成了丰富多彩的黄帝文化。现在这里已成为炎黄子孙寻根拜祖的主要地方,每年农历三月三,新郑市政府都要在此举办盛大隆重的炎黄文化旅游节。

5.北皇宋陵

北皇宋陵位于郑州市西南 80 千米的巩义市境内,几乎集中了北宋所有的皇帝和大臣的陵墓(皇帝除徽宗、钦宗外,其余七帝均葬于此)。此外,皇后、王公以及大臣包拯、寇准等人的坟墓也在这里。诸陵建制大体相同,各陵都由"兆域"、"上宫"、"下宫"三部分和神道石刻群雕组成。这些石刻群雕有石狮、宫人、镇陵将军、文臣、武士、石虎、石羊、仗马、控马官、瑞禽、望柱等,为研究宋代石刻提供了丰富的实物资料。

6.中岳嵩山

嵩山位于河南登封市西北,由太室山和少室山组成,是我国著名"五岳"之一的中岳。这里山峦起伏,峻峰奇异,有著名的 72 峰。主峰为峻极峰,海拔 1440米,古有"嵩高峻极"和"峻极于天"之说。站在峰顶,北望黄河,明灭一线,鸟瞰山麓,名胜古迹星罗棋布。著名古迹有中岳庙、嵩阳书院、嵩岳寺塔、少林寺及塔林等。

少林寺位于嵩山少室山北麓山坳中,以达摩在此首创禅宗和少林武术而享誉中外。始建于北魏孝和十九年(495 年),后曾多次毁于战火,现存建筑多为明清两代所造。主要建筑有山门、千佛殿、方丈室、达摩亭、白衣殿、地藏殿、天王殿、大雄宝殿、初祖庵、达摩面壁洞、二祖庵等。此外,附近还有唐代法如塔、同光塔,五代法华塔,元代缘公塔等,在建筑史上都有重要地位。寺内保存的珍贵文物很多,有千佛殿内的明代《五百罗汉朝毗卢》壁画,白衣殿内的清代"少林寺拳谱"、"十三棍僧救秦王(李世民)"壁画,以及唐代以来的 300 余品碑碣石刻等,颇具艺术价值和科学研究价值。

塔林位于少林寺西 300 米处,是少林寺历代主持和高僧的墓地,占地 14000平方米。现存自唐至清千余年的砖石墓塔 240 多座,塔式繁多,造型各异,是研究我国佛教、古代砖石建筑和雕刻艺术的宝贵遗产。

中岳庙位于嵩山黄盖峰下,是历代封建统治者祭祀"山神"的地方,也是我国最早的道教庙宇之一。规模宏大的建筑,红墙黄瓦,金碧交辉,素有"小故宫"之称。主要建筑沿中轴线从南向北,由低到高,渐次建设。中轴线为青石板铺砌而成的大道。从中华门开始,依次为遥参亭、天中阁、配天作镇坊、崇圣门、化山门、峻极门、嵩高峻极坊、中岳大殿、寝殿、御书楼。两侧有太尉宫、火神宫、祖师宫、九龙宫、神州宫等五个宫院。宽阔的庭院,大片的草地,古老的松柏,林立的碑刻,衬托着连片的亭台楼阁,使中岳庙显得更加幽静、古雅、庄严、肃穆。庭院中现存有汉至清代古柏树 300 余株,棵棵老态龙钟,枝叶繁茂,形态奇特,如"卧羊柏"、"猴柏"、"荷花柏"等生动逼真,极为罕见。

嵩阳书院位于登封市北 2.5 千米处,是我国古代最早的私立高等学府,与江西白鹿洞书院、湖南岳麓书院和河南睢阳书院并称为我国古代四大书院。它始建于汉代,先后交替成为道教、佛教和儒家的重要活动场所。院内原有 3 株古柏,相传汉武帝游嵩岳时,见三柏高大茂盛,遂封为"大将军"、"二将军"、"三将军"。"三将军"明末被烧毁,今尚存两株。书院前立有高约 9 米的《大唐嵩阳观纪圣德感应颂碑》,号称"嵩山碑王"。

嵩岳寺塔位于登封市北,是我国现存最古老的砖砌佛塔,至今仍完好无损,为全国重点文物保护单位。塔建于北魏孝明帝正光元年(520 年),高 40 米,周长 33.72 米,壁厚 2.45 米,15 层,塔身呈抛物线形,平面为十二角,精巧细致,在我国建筑史上具有很高的价值和地位。

古观星台位于郑州市西南 80 千米,由元代著名科学家郭守敬主持修建,是我国现存最古老的天文观测台。观星台为砖石混合结构,由台身和量天尺两部分组成,平面呈方形,台高 12.62 米。当年,郭守敬利用针孔成像原理,凭借他多年对天文观测的经验,通过高表测算,推算的一个周年的时间为 365.24219 天,与现在测定的时间仅差 26 秒,为此,他制定了当时世界上最先进的历法《授时历》。

2009 年,郑州市将上述遗迹整理成"天地之中",成功申报世界文化遗产。

四、安阳景区

安阳是九大古都之一。早在 4000 多年以前,颛顼和帝喾层在此建都。商代盘庚迁都安阳后,古本《竹书纪年》记载,"二百七十三年更不徙都"。其后,先后又有曹魏、后赵、冉魏、前燕、东魏、北齐等朝建都安阳(由于漳河改道,部分遗址在河北省临漳县境内),共 126 年。

1.安阳殷墟博物馆

殷墟博物馆建成于 2005 年,位于河南省安阳殷墟遗址。因其坐落在殷墟宫殿宗庙遗址而命名,是中国考古学的诞生地,甲骨文发祥地,殷墟博物馆展出的文物,每件都是国宝级精品。殷墟博物馆直接折射出了殷商历史,是商代辉煌历史的缩影。

殷墟博物馆是系统展示商代文物的博物馆,同时尽可能地与殷墟遗址景观相协调。从平面上看,博物馆酷似甲骨文的"洹"字,这是取殷墟依附洹河之意,象征洹水在孕育商文明中的重要作用。馆内展出的是中国社会科学院考古研究所自建国以来在殷墟发掘出土的一系列文物精品,包括陶器、青铜器、玉器及甲骨文等国宝级文物共 500 多件。

2.殷墟

殷墟位于中国河南省安阳市洹水两岸,是中国第一个有文献记载并为甲骨文和考古发掘所证实的都城遗址。商代从盘庚到帝辛(纣),在此建都达273年,是中国历史上可以肯定确切位置的最早的都城。20世纪初,因盗掘甲骨而发现,1928年正式开始考古发掘。在殷墟先后发现了110多座的商代宫殿宗庙建筑基址、12座王陵大墓、洹北商城遗址、2500多座祭祀坑和众多的族邑聚落遗址、家族墓地群、手工业作坊遗址、甲骨窖穴等,出土了数量惊人的甲骨文、青铜器、玉器、陶器、骨器等精美文物,全面、系统地展现出3300年前中国商代都城的风貌。

自1928年殷墟发掘以来,曾多次发现过商代车马坑。但由于受当时发掘技术的限制,都未能将坑中的木质车架清出。1953年在殷墟首次成功清理出商代车子的残迹,搞清了车子的大体结构及部分构件的尺寸。殷墟发现并清理的多座车马坑以及道路遗存,展示了我国古代道路交通的基本雏形。华夏幅员广袤,畜力车是古代先民陆上最重要的交通工具。古文献中说夏代就发明了车,但是至今未发现夏代车的遗存。殷墟考古发掘的殷代车马坑是华夏考古发现的畜力车最早的实物标本。由此证明,我国是世界上最早发明和使用车的文明古国之一。

殷墟妇好墓是殷墟宫殿宗庙区内最重要的考古发现之一,也是殷墟科学发掘以来发现的唯一保存完整的商代王室成员墓葬。该墓南北长506米,东西宽4米,深7.5米。墓上建有被甲骨卜辞称为"母辛宗"的享堂。考古学者认定墓主人为商王武丁的配偶——妇好。妇好墓是目前唯一能与甲骨文联系并断定年代、墓主人及其身份的商王室成员墓葬。

3.世界出土最大的青铜器——后母戊鼎

殷墟出土青铜器种类繁多,器形厚重,纹饰繁缛,铸造工艺高超,达到了前所未有的水平。其中尤以王陵遗址出土的后母戊大鼎(原称司母戊鼎)最负盛名,大鼎高达133厘米,器口长79.2厘米。此鼎造型庞大雄浑,纹饰精美细腻,通体以雷纹为底纹,饕餮纹、夔纹为主体装饰,给人以稳重、庄严而又神秘的感觉,是古代科技与艺术、雕塑与绘画的完美结合,是中国青铜器文化中的瑰宝,美术史上的璀璨明珠。大鼎重达875公斤,是至今世界上发现的最大青铜器,代表了中国古代青铜文化的最高水平。大鼎原藏于南京中央博物院(今南京博物院),1959年借展于中国历史博物馆(今中国国家博物馆),

4.中国文字博物馆

安阳殷墟是甲骨文的发现地。甲骨文,是中国目前已知最早的成系统的文字形式,是世界四大古文字之一。它具备了象形、指事、会意、形声、转注、假借等造字方法,标志着已进入了成熟阶段。殷墟甲骨文是殷王朝占卜的记录,中国古代甲骨占卜有着悠久的历史,殷墟时期是占卜最盛行的时期,商王和贵族几乎每事必卜,占卜成为商代社会生活的重要组成部分。甲骨的纳贡、收贮、整治、钻凿及占卜方法、程序和卜辞的语法、辞例等形成一套严格而有系统的制度。据甲骨文记载,殷代已有专门掌管占卜和记录的贞人。占卜内容涉及祭祀、天象、年成、征伐、王事等,甚至商王游猎、疾病、做梦、生子等。商代以后,甲骨占卜逐渐失去了其显赫地位。殷墟甲骨文的发现,见证了已经消逝的商代占卜制度,为研究中国文化史提供了重要的材料。目前殷墟发现有大约 15 万片甲骨,4500 多个单字。从甲骨文已识别的约 1500 个单字来看,甲骨文已具备了现代汉字结构的基本形式,其书体虽然又经历了金文、篆书、隶书、楷书等书体的演变,但是以形、音、义为特征的文字和基本语法保留下来,成为今天世界上五分之一的人口仍在使用的方块字,对中国人的思维方式、审美观产生了重要的影响,为中国书法艺术的产生与发展奠定了基础。甲骨文也因此成为世界四大古文字中唯一传承至今的文字。

因此,国家决定在安阳建立中国文字博物馆。中国文字博物馆总建筑面积 34500 平方米,是国家级文物保护、陈列展示和科学研究的专题性博物馆。

中国文字博物馆以世界文字为背景,以汉字为主干,以少数民族文字为重要组成部分,荟萃历代中国文字样本精华,讲解古汉字的构形特征和演化历程。展示历代中国文字样本精华,展现古汉字的构形特征和演化历程

5. 曹操墓(高陵)

曹操高陵位于安阳县安丰乡西高穴村南,曾多次被盗。2008 年 12 月,河南省文物研究所开始对墓葬进行抢救性考古发掘。该墓平面为甲字形,坐西向东,是一座带斜坡墓道的双室砖券墓,规模宏大,结构复杂,主要由墓道、前后室和四个侧室构成。斜坡墓道长 39.5 米,宽 9.8 米,最深处距地表约 15 米;墓圹平面略呈梯形,东边宽 22 米,西边宽 19.5 米,东西长 18 米;大墓占地面积约 740 平方米。该墓共出土器物 250 余件,有金、银、铜、铁、玉、石、骨、漆、陶、云母等多种质地。器类主要有铜带钩、铁甲、铁剑、铁镞、玉珠、水晶珠、玛瑙珠、石圭、石璧、石枕、刻铭石牌、陶俑等,其中以刻铭石牌和遗骨最为重要。此次共出土刻铭石牌 59 件,有长方形、圭形等,铭文记录了随葬物品的名称和数量。其中 8 件圭形石牌极为珍贵,分别刻有“魏武王常所用·虎大戟”、“魏武王常所用·虎大刀”等铭文。在追缴该墓被盗出土的一件石枕上,刻有“魏武王常所用慰项石”铭文。这些出土文字材料为研究确定墓主身份提供了重要的、最直接的历史学依据。在墓室发现部分遗骸,初步鉴定为一男两女。其中,墓主人为男性,年龄在 60 岁左右,和曹操去世时的年龄相近。曹操主张薄葬,临终前留下《遗令》,“殓以时服”、“无藏金玉珍宝”,这在墓中得到了印证,墓内装饰简单,兵器、石枕等是曹操平时“常所用”。有关专家对这些考古发现进行了多次论证,根据墓葬形制、结构

及随葬品时代特征,结合文献记载,判定该墓为我国历史上著名的政治家、军事家、文学家魏武王曹操之墓,即文献中记载的高陵。据《三国志·魏书·武帝纪》等文献记载,曹操公元 220 年病逝于洛阳,随后运回邺城葬在高陵,在"西门豹祠西原上"。调查显示,当时的西门豹祠就在安阳县安丰乡境内,恰好在大墓东边。曹操生前先封为"魏公",后进爵为"魏王",死后谥号为"武王",其子曹丕称帝后追尊为"武皇帝"。墓中出土石牌、石枕刻铭称"魏武王",正是曹操下葬时的称谓。

6. 袁林

袁林也称袁公林,位于洹水北岸太平庄余,是袁世凯的陵墓。袁林建筑群仿明清帝陵建筑形制,墓中塚仿美国总统格兰特庐墓形式,内包水泥、外砌石墙,为独特的欧式风格。墓园以神道为中轴,照壁、牌楼、碑亭、东西配殿、景仁堂、墓台,次第分布,布局严谨,错落有致,形成中西合璧的陵园特色。

五、三门峡、濮阳景群

本区旅游城市还有"黄河明珠"三门峡、殷都安阳、颛顼遗都濮阳和庄周故里商丘等。

三门峡是随着万里黄河第一坝的建立而崛起的一座山环水绕、清洁美丽的新兴城市。这里山川秀丽,文物古迹荟萃,旅游景点众多。主要有仰韶文化遗址、黄河古栈道、函谷关、虢国墓地、荆山黄帝陵和秦赵会盟台等。

濮阳是"颛顼遗都",早在 5000 年以前,这里就是五帝之一颛顼部族的活动中心。1987 年,在濮阳市出土了 6000 多年前的蚌壳龙形图案,在国内外考古界引起了轰动,被称为"中华第一龙",濮阳因此被称为"龙乡"。戚城又称"孔悝城",为春秋时期卫国城邑遗址,史载当年各国诸侯先后七次在此会盟,现为濮阳市重要历史文化景观。

焦作古称"山阳",是华夏民族早期活动中心区域之一。太行山在境内逶迤百里,山清水秀,王屋山—云台山、青天河、神农坛及五龙口等风景名胜区,吸引了众多中外游客前来寻幽览胜。

商丘为庄子故里,现尚存有庄子井、庄周胡同、庄周墓等古迹。商丘八卦城城市格局在全国比较少见。

六、工艺品和土特产品

本区著名的工艺品有开封官瓷、汴绣,朱仙镇木版年画,洛阳唐三彩、青铜器、宫灯,清化竹器,济源天台砚,商丘丝毯等。其中,官瓷是北宋末年宫廷官窑烧制的御用瓷器,为中国五大名瓷之一,以古朴庄重、釉色润美、纹片如丝、色泽淡雅而著称,历来供皇家专用。仿制官瓷釉色如玉,风格逼真,与传世作品如出一炉。

汴绣为中国名绣之一,它继承和发展了宋代"闺绣"特色,多以中国历代名画和名人肖像为体裁,绣工精致,针法细密,色彩明快,格调高雅。

朱仙镇曾是中国四大名镇之一,其木版年画是流传于今的中国最古老的民间版画艺术之一,至今保留着传统的制作技艺和独特的民族风格。它取自天然色料,人工雕版印制,构图古朴,线条粗犷,写意夸张。内容多为历史神话故事和演义传说。1995年春节,开封朱仙镇年画赴新加坡展销,深受好评,被誉为中国民间艺术瑰宝。

洛阳唐三彩是用具有高度稳定性的高岭土制坯,以黄、绿、白三色为基本釉色的陶制工艺品,始创于唐代,因最早出土于洛阳,故而得名。

济源天台砚又名盘谷砚,因产于济源市王屋山盘谷寺,故名,此砚坚而不脆,柔而不软,钻而不刚,深受书画家珍爱。

本区著名的土特产还有开封西瓜、花生糕、新郑红枣、洛阳卢氏核桃、洛阳水席和三门峡麻花等。

第三节　晋北旅游副区

晋北旅游副区包括山西太原及以北的地域,有太原、大同等主要旅游城市。

一、三晋首府——太原

太原位于山西中部的同蒲、石太、太焦三大铁路干线交会处,"依山枕河",东、西、北三面重山环抱,汾河流贯其间,是我国北方军事重镇和历史古城。

太原古称晋阳、并州,现为山西省省会和经济、交通中枢。市域内旅游景点众多,除闻名于世的晋祠外,还有双塔寺、天龙山石窟等多处自然、人文胜迹。

太原还是一个新型的现代化城市。市内高楼大厦比比皆是,街心花园格调别致,古色古香的食品街与多处城市雕塑、草坪、水景设施等构成新型的现代化城市景观。

1.晋祠

晋祠初名唐叔虞祠,又称晋王祠,是晋水的源头,位于太原市西25千米的悬瓮山麓。这里山环水绕,古木参天,冬温夏凉,风景如画,素有"小江南"之称,是人们夏季避暑纳凉的绝好去处。祠内古柏叠翠,近百座殿堂、楼阁、亭台、桥榭掩映其间,实为一处风光优美的旅游胜地,有"不去晋祠,枉到太原"之说。

晋祠分北、中、南三部分。中部是晋祠的主体,在中轴线上依次有水镜台、会仙桥、金人台、对越坊、献殿、钟鼓楼、鱼沼飞梁和圣母殿等建筑,壮丽而整肃。其中,献殿、鱼沼飞梁和圣母殿堪称晋祠三大国宝。特别是位于献殿与圣母殿之间的方形鱼池中的"鱼沼飞梁",形制特殊。在精雕细刻的 34 根小八角形石柱上,架斗拱和梁木,承托十字形桥面,"架虚为桥,若飞也",故名"飞梁"。东西向连接圣母殿和献殿,南北两翼下斜至岸边,为现存宋代桥梁建筑中的孤例。

北部建筑大都依自然地势错综排列,以崇楼高阁取胜,主要建筑有文昌阁、东岳祠、关帝庙、三清洞、唐叔虞祠、朝阳洞、待风轩、三台阁、读书台和吕祖阁等。

南部别有情趣,具楼台亭阁、流水环流的"江南园林"风格特色。主要有胜瀛楼、白鹤亭、三圣祠、真趣亭、难老泉、水母楼、晋溪书院等。其中,难老泉、周柏和宋代彩雕塑像被称为"晋祠三绝"。

2.天龙山石窟

天龙山石窟位于太原市西南 40 千米的天龙山腰。创建于东魏(534～550年),有东魏、北齐、隋、唐开凿的共 24 个洞窟。其中东峰 8 窟,西峰 13 窟,山北3 窟,寺西南 3 窟。第 9 窟"漫山阁"为唐代石窟,上层弥勒佛坐像,高约 8 米,是天龙山石窟中保存最完整的一尊石雕像;下层观音立像,高约 11 米,形体丰满,璎珞富丽,罗纱透体,质感强烈。而普贤雕像,则面带微笑,怡然自得,是石雕中的精品。

石窟所在的天龙山风光秀丽,盘龙古松龙游神盘,纵横缠绕,古朴神奇。

3.龙山道教石窟

龙山道教石窟位于太原市西南 20 千米的龙山山巅,是国内少见的道教石窟。石窟开凿于元代初年,由当时的道士宋德茅主持兴建。龙山石窟共有 8 个洞窟,龛内雕像各居一室,风格朴实、凝重,主要刻画了道教师祖、神仙的各种形象。人物有立、坐、卧、动、静各种姿势,个别石窟内石雕表情含蓄,雕造手法独特,是研究道教发展史的重要资料。

4.双塔寺

双塔寺位于太原市东南郝庄村南,创建于明万历三十六年(1608 年),原名永祚寺。寺内两塔相距 60 米,高 54.85 米,13 层,底层高 7 米,八角形,砖石结构。塔表面用精美的砖雕、斗拱、琉璃、飞檐装饰。飞檐上,嵌饰各色鸟兽、花卉、人物,塔顶为八角攒尖式,塔内有阶梯,游人可攀至塔顶,饱览太原市区景色。

此外,寺东碑廊陈列有中国历代著名书法家的书法碑刻,寺内大雄殿前种有明代的丁香树和牡丹树。

二、北魏故都——大同

大同位于晋北大同盆地中心,"山环采掠,水抱桑干,长城界其北,雁塞峙其南,西眺朔漠,东瞻白登",是中国历史文化名城和北方军事重镇,我国九大古都之一。

大同曾为北魏都城,名平城,现为晋北经济中心城市和交通枢纽。主要名胜古迹有云冈石窟、华严寺、九龙壁、应县木塔、恒山与悬空寺等。

1.云冈石窟

云冈石窟位于大同城西 16 千米处的武周山南麓,始建于北魏建都平城的时代,至今已有 1500 多年的历史。云冈石窟的开凿前后历时近 50 年,参加开凿的人数多达 4 万余人。现存洞窟 53 个,石雕造像 51000 多躯,是中国最大的石窟群之一,也是世界闻名的艺术宝库。

云冈石窟的开凿以北魏时期的成就最大。在绵延 1000 米的石雕群中,雕像有大到十几米的,也有小至几厘米的。形态各异,神采动人,蔚为大观。它们有的居中正坐,有的击鼓敲钟,有的手捧短笛载歌载舞,有的则怀抱琵琶面向游人。

云冈石窟是在我国传统雕刻艺术的基础上,汲取、融合印度犍陀罗艺术和波斯艺术精华而进行的创造性劳动的结晶,对研究我国的音乐、舞蹈、绘画、雕刻等提供了大量实物资料,是难得的艺术珍品。

2.华严寺

华严寺位于大同市西南隅,分上、下两寺。上华严寺坐西面东,殿身面阔九间,长 53.75 米,宽 29 米,面积 1559 平方米,檐高 9.5 米,殿顶脊高 1.5 米,鸱吻高 4.2 米,每块筒瓦长 76 厘米,重 27 千克。主要建筑大雄宝殿,坐落于高出地面 4 米多的台基上,是我国现存的两座最大殿宇之一。殿内有主像 5 尊,分别为五方佛,意指东、西、南、北、中,各管一方。五方佛两侧,二十诸天肃立,身躯前倾,武将身披甲胄,手持兵刃,杀气腾腾。三面壁上是满绘的壁画,73 块天花板上填以龙凤、花卉的环形图案,是难得的艺术珍品。

下华严寺,位于上寺东南侧,分两院,前院宽展,后院紧凑。其中后院一处坐西面东的清代建筑——"薄伽教藏殿",面宽 5 间,进深 4 间,是我国传统的木骨结构与斗拱相结合的建筑。殿内,古味浓郁,森严肃穆。大殿中央,过去、现在、未来三尊大佛端坐莲花座上。31 尊辽代塑像,刻画逼真,表情生动,造型优美,是我国古代彩塑中的珍品。殿四周,依壁有两层楼阁式藏经柜,共 38 间。

后窗处,拱桥连接的木制天宫楼阁 5 间,雕工细腻,玲珑精巧,富于变化,是国内现存的唯一一座辽代木构建筑模型,被著名建筑学家梁思成称为"海内孤品"。

3.九龙壁

九龙壁位于大同市城区东街路南,始建于明洪武年间(1368～1398 年),是明代皇帝朱元璋第十三子朱桂代王府前的照壁。

九龙壁高 8 米,长 45.5 米,厚 2.02 米,通体用五彩琉璃砌成,是现存全国最大的琉璃照壁。其上部为仿木建筑,中部为壁身,下部为须弥座。两端脊兽制作生动,加以黄、蓝、赭、紫、白各种颜色,使整个照壁色彩鲜明,富丽堂皇。特别是壁身用特制琉璃砖组成的九条龙,神采奕奕,雄健活泼,飞腾于波涛云雾之中,真可谓神斧天工,体现了明代琉璃烧造的水平和绝妙的建筑艺术。壁前一池清水,壁影倒映其中,随微波荡漾,真是活龙活现,为静静的照壁增添了生气。

大同城及其近郊还有五龙壁、三龙壁和一龙壁,众多龙壁会聚,大同是名副其实的龙壁之城。

4.恒山与悬空寺

恒山位于大同市东南,东西绵延 150 千米,108 峰奔腾起伏,横贯塞上,素称"绝塞名山"。主峰坐落在浑源城南,东面为玄岳峰,海拔2016.8米;西面为翠屏峰,构成一道绝塞天险,是古代由大同入倒马关、紫荆关的交通咽喉。明代旅行家徐霞客游历到此,面对雄险形势,惊叹不已:"伊阙双峙,武夷九曲,俱不足比拟也。"

恒山是我国道教圣地之一,全山名胜古迹众多,旧有"恒山十八胜景"之称。从北麓浑源古城至玄岳峰顶,山路共 12 千米,沿途苍松翠柏,楼阁庙观掩映。琴棋台、白云洞、紫芝峪、大字湾、会仙崖、"金鸡报晓"、"玉羊游云"、"岳顶松风"、"夕阳返照"等人文和自然奇观为游人所乐道。飞石窟、姑嫂崖、苦甜井、果老岭、纯阳宫等蕴含着神奇的民间故事和道教传说。碑石上刻着的"东岱大夫之松,西华仙人之掌,南衡龙书蛇篆,北恒金鸡玉羊"的名句,道出了恒山足以与天下名山相媲美的奇处。主体建筑为恒宗殿、会仙府、九天宫和北岳寝宫。

然而,恒山最为奇绝的是古建筑悬空寺。悬空寺建于北魏,位于恒山脚下、浑源县城南 5 千米处的金龙峡内西岩峭壁上,疑似登天小路曲曲弯弯。沿此向上攀登,令人胆颤心惊,故有:"悬空寺,半天高,三根马尾空中吊"之民谣。这里飞阁相通,楼殿叠架。寺中三官殿内道家塑像、三圣殿内佛家塑像栩栩如生,最后的三教殿内供奉有佛祖释迦牟尼、孔子和老子的塑像。此外,还有不少的神龛、小殿,均与山岩浑然一体,悬空立于峭壁之上。游人到此,穿云窗、跨飞檐,盘旋迂回,忽上忽下,如置仙境,如履薄冰,流云飞鸟在上,万丈深渊在下,别有一番情趣。

三、古城忻州景群

忻州古称秀客,位于太原市至五台山途中,主要景点有五台山、边靖楼与雁门关、阎锡山旧居等。

1.阎锡山旧居(河边民俗博物馆)

阎锡山旧居位于定襄县城东北22千米的河边村,始建于20世纪20年代,前后历时14年,耗资140万两白银。整个建筑群坐东向西,现存院落18座,房屋575间,占地38000平方米。总体设计分为上下两院,前后为东西花园。东花园一进三院,其建筑全部采用中国传统宫殿式,飞檐走兽,雕梁画栋,十分讲究。"五脊六兽排山瓦,挑檐插飞挂铁马,立栏卧栏露明柱,鼓墩岩石接出厦"是其生动写照。在各建筑物上,还装饰着各种木石雕刻。西花园在东花园对面,呈长方形,建有3座四合小院。

此外,旧居的四周有高墙护卫,并有地道通向村外,俨然一座封建城堡。但是,作为民国初年的一处仿古建筑,也不失其一定的历史价值。

2.边靖楼与雁门关

边靖楼又称鼓楼,位于代县城内,建于明代。楼基高13米,楼身高26米,宽7间,深5间,3层,歇山式。梁架结构精巧、合理,历经数百年风雨侵袭和多次地震冲击,至今完好无损。楼上悬挂"声闻四达"、"威镇三关"和"雁门第一楼"三块巨匾。

雁门关又名西径关,位于代县西北勾注山山脊,周长1000米,墙高7米,洞门3座(东门、西门、小北门),东门上建有雁楼,小北门横匾有"雁门关"三个大字,左右嵌联"三关冲要无双地,九塞尊崇第一关"。整座关城左右边墙雉堞、烽墩壕堑俱备,素以关山雄固、军事要冲闻名,是中国古代兵家争夺的要塞,与宁武关、偏关合称内三关。

3.五台山

五台山位于山西五台县东北部,由5座山峰环抱而成。高耸的五峰,顶部平坦开阔,如土垒之台,故称"五台"(东台望海峰,西台挂月峰,南台锦绣峰,北台叶斗峰,中台翠岩峰)。五台山是文殊菩萨的道场,我国佛教四大名山之一。东汉初期,佛教传入我国后,这里即开始修建寺庙,后经历代扩建形成一片规模宏大的古建筑群,现存寺庙40余座。其中以"五大禅处"——塔院寺、显通寺、殊像寺、罗睺寺和菩萨顶以及南禅寺、佛光寺等最为著名。

显通寺是五台山历史最古老、规模最大的寺院,俗称"祖寺"。主要建筑有观音殿、文殊殿、大佛殿、无量殿、千钵殿、铜殿和后高殿等。其中,铜殿是一座罕见的青铜建筑,高5米,通体用铜铸造而成,内壁刻有上万个小佛像;钟楼雄伟壮观,内悬一口大铜钟,重达万斤,钟声浑厚深沉,可及全山。无量殿是一座砖结构建筑物,面宽28.2米,进深16米,高20.3米,没有一根梁柱,纯系砖瓦建砌而成,是我国古代砖石建筑艺术的杰作,在中国已知的无梁殿中,仅次于南京灵谷寺侧的无量殿(无梁殿),居第2位。

塔院寺,寺内主要建筑为一藏式舍利大白塔,塔高约50米,基座为方形,周长约80米。塔上部有一大铜盘,盘上有一约5米高的风磨铜宝瓶。在青山绿丛之中,高耸的白塔气势雄伟,格外醒目,是五台山的标志。

菩萨顶,又称文殊寺,传为文殊居处。这里寺院布局讲究,工程精致,拥有殿堂楼阁400余间,主体建筑的屋顶全部用黄琉璃瓦铺盖,金碧辉煌,极为华丽,为五台山寺院之冠。寺前木牌楼,四柱三门,上下三层,木结构灵巧多姿,琉璃瓦黄绿相衬,五彩斑斓,闪闪发光。牌楼周围树木葱茏,下有108级台阶,与塔院白塔相呼应,构成了五台山中心区佛寺的特色。寺内主要建筑有天王殿、钟鼓楼、菩萨殿、大雄宝殿等。

罗睺寺,是五台山上保存完好的大型寺庙。现存天王殿、文殊殿、大佛殿、藏经殿、厢房配殿、廊屋以及各殿塑像、殿顶脊饰等。后殿装有"开花现佛像"木构装置,下方为圆盘,上刻水波图案。图案之上又塑24诸天和18罗汉。圆盘正中,安莲花1朵,高达丈余,4尊佛像坐于内,8片花瓣合围于外。通过地下机关,圆盘可快慢转动,花瓣可随合,四方佛时隐时现,设计巧妙。

殊像寺,是专门供奉文殊菩萨的寺庙。有大雄宝殿和文殊阁等建筑。文殊阁内的文殊菩萨骑狻猊像,高9.3米,是五台山寺庙中最高的一尊文殊像。龛背面的三世佛和两侧的五百罗汉,形象秀美,工艺精巧。

南禅寺位于五台县城西南,坐北向南,有山门、龙王殿、菩萨殿和大佛殿等主要建筑,呈四合院形式。其中,大佛殿建于唐建中二年(782年),面阔、进深各3间,单檐歇山顶,梁架结构简练,屋顶举折平缓,是我国现存最古老的唐代木结构建筑。遍布于大殿佛坛上的唐代彩塑,形体、衣饰、手法与敦煌唐代塑像如出一辙,是我国唐塑中的佳作。

佛光寺位于五台县东北佛光山腰。寺院坐东向西,三面环山,寺区松柏苍翠,殿阁巍峨。主要建筑东大殿建于唐大中十一年(857年),面阔7间,进深4间,单檐四阿顶。前檐当中五间安有大型板门,两尽间和两山后间安直棂窗,便于殿后部采光。殿内外柱上有古朴的斗拱承托上部梁架和深远翼出的屋檐。梁枋嵌削规整,结构精巧,局部还保存有早期彩绘痕迹。殿顶全用板瓦铺盖,脊兽为黄绿色琉璃制品,一对高大的琉璃鸱吻矗立在正脊两端,使殿宇显得更加壮丽劲健。殿内佛坛满布彩塑35尊,显现出我国佛教极盛时期的艺术成就。寺内壁画、石幢、墓塔、汉白玉雕像等,堪称我国唐代佛教艺术的精华。

"五台归来不看庙"。五台山是佛教四大名山中唯一见于佛经者,所以在佛教文化中更是首屈一指,不愧为民族历史文化的宝库。

五台山还是著名的避暑胜地,山中每年四月解冻,九月积雪,台顶坚冰累年,盛夏时节气候凉爽,因此,五台山又有"清凉佛国"之称。

第四节　西安旅游副区

西安旅游副区包括关中平原及其南侧的秦岭北麓和北侧的北山山地丘陵,有西安、咸阳、宝鸡、铜川、渭南、韩城等主要旅游城市。

一、千年古都——西安

西安是陕西省省会,位于关中平原中部,南面是巍峨秀丽的秦岭,北面是富饶的泾渭平原。市域面积 9983 平方千米,人口 782 万;市区面积 3547 平方千米,人口 567 万。辖未央、莲湖、新城、碑林等 9 区和蓝田、户县、周至、高陵 4 县。

西安原名长安,是我国九大古都之一。"秦中自古帝王都",从公元前 1122 年起,先后有西周、秦、西汉、新莽、西晋、前赵、前秦、后秦、西魏、北周、隋、唐等十余个朝代在此建都,历时 1160 年,是我国建都历史最长的古代都城之一。特别是到唐代,长安不仅有辉煌壮丽的宫阙、八水绕长安的灌溉系统、棋盘格式的城市布局,而且有繁荣兴旺的商业,成为中外文化交流的中心。

今日的西安已成为我国高等教育最发达的城市之一。这里有西安交通大学、西北工业大学、西安电子科技大学、西北大学等数十所高等院校。

西安还是国际知名旅游城市,文物古迹遍布地上地下,且系统而完整,丰富而多彩,被誉为"天然历史博物馆"。这里有距今 115 万年至 75 万年的蓝田猿人化石发现地;有展现新石器时代仰韶文化风貌的半坡遗址;有被誉为"世界第八大奇迹"的秦始皇陵兵马俑;有自秦以来的多处宫殿遗址;有上自西周下至唐代的古代帝王陵墓群;有著名的宗教古迹大雁塔、小雁塔、华清池、钟楼、西安碑林等。

唐代李频诗"秦地山河恋紫塞,汉家宫阙入青云";子夜吴歌"长安一片月,万户捣衣声"。反映了关中自古帝王州和长安赏月的浪漫幽雅风情。

1.钟楼

钟楼位于西安城内东西南北四条大街交汇处,是西安市的象征。它始建于明洪武十七年(1384年),清乾隆五年(1740年)重修。因楼上悬挂铜钟用以报时,故名钟楼。钟楼基座为正方形,高8.5米,宽35.5米,用青砖砌成。四面正中各有高、宽各6米的券形门洞。从地坪至楼顶,总高36米,木质结构,上用深绿色琉璃瓦覆盖,三重檐,四角攒顶,各层装饰斗拱。钟楼深、广各5间,四周有回廊,内有楼梯可盘旋而上。楼内贴金绘彩,雕梁画栋,显得金碧辉煌。楼上的大圆金顶,高5米,外贴黄金箔,在阳光照耀下,灿烂瑰丽。

2.西安古城墙

西安古城墙是明代初年在唐长安城的皇城基础上建筑起来的,是西安这座历史文化名城的重要标志之一。其建筑规模之大、保存之完整,为世界少有。城墙形制呈长方形,周长13.75千米,墙高12米,顶宽12~14米,底宽15~18米。城墙四角各建角楼一座,墙外有城壕。四座城门楼均有闸楼、箭楼和正楼三重,中有瓮城。角城和城门之间筑有98个敌台(即马面),凸出城墙12米,台上建敌楼。城墙上有5984个垛口,共同构成严密的防御工程体系。

古老的护城河已拓宽加深,水清草绿;城墙与城河之间,绿阴葱茏,花木茂盛;环城公园古朴典雅。每年农历正月和公历9月西安古文化艺术节期间,古城墙上都要举办古城灯会和登城游乐会。

3.碑林

碑林位于西安市三学街文庙旧址。是宋元佑五年(1090年)为保存唐开成年间镌刻的《十三经》而建立起来的碑石集中地,为全国四大碑林之一(另外三大碑林为曲阜孔庙碑林、西昌地震碑林和高雄南门碑林)。现有七个大型陈列室、八座游廊和八座碑亭,共收藏自汉代到清代的碑石2300余件。

西安碑林是我国集中保存汉唐以来碑石、墓志时间最早和数量最多的地方。大量的丰碑巨石具有重要的文献价值和艺术价值,是研究我国古代雕刻艺术的宝贵资料。碑林也是一座书法艺术的宝库。在这里,篆、隶、草、真、行等多种书体应有尽有,琳琅满目,皆具丰采。而且碑头、碑侧、碑座上浮雕、线雕、减地雕等各种花纹,成为美术工作者借鉴的蓝本,因此有"石头美术馆"之美誉。

4.大、小雁塔

大雁塔位于西安慈恩寺内,是为保存玄奘由印度带回的佛经而修建的。它是一座典型的楼阁式方形锥状砖塔,通高64米,7层,平面呈正方形,基座每边长45米,高4米。层与层之间有楼梯相通,可直达塔顶。塔身底层的门楣与门框上,均有精美的唐代刻线画,堪称难得的艺术精品。塔南门两侧龛内的两块石碑—唐太宗撰《大唐三藏圣教序》和唐高宗撰《大唐三藏圣教序记》,皆为著名书法家褚遂良所书。

小雁塔位于西安市友谊西路南荐福寺内,与大雁塔东西相向,因规模小于大雁塔,且修建时间较晚,故名。小雁塔是一座密檐式方型砖构建筑,高约 46 米,初为 15 层(今仅存 13 层)。塔基边长 11 米,南北各辟一门,门框为青石砌成。塔身从下至上逐层递减内收,秀丽玲珑,风格别具。塔身内部为空筒式结构,设木构楼层,有木梯盘旋而上。今寺内保存一口金明昌三年(1192 年)铸造的重达万余公斤的巨大铁钟,钟声宏亮。"雁塔晨钟"为关中八景之一。

5.陕西历史博物馆

陕西历史博物馆位于大雁塔西侧,占地约 7 万平方米,建筑面积约 5 万平方米。1991 年 6 月 20 日建成开馆。博物馆建筑吸取了唐代建筑雄浑博大、洗练洒脱的特色,以及中国传统宫殿"轴线对称,主从有序,中央殿堂,四隅崇楼"的结构特点,规模宏大,典雅凝重,古朴大方,体现了民族风格、地方特色和时代精神。

博物馆分为基本陈列、临时陈列和专题陈列三大部分,展室面积 11000 平方米,展线长 1500 米,陈列文物 3000 多件,都是从陕西出土的几十万件文物中精选出来的,大多为稀世珍品,特别是 40 幅唐墓壁画真品,构图精美,色彩绚丽,实为难得的艺术奇葩。基本陈列位于中央大厅,分上、下两层,为陕西地方史陈列厅;西侧为专题陈列厅,主要展出陕西富有特色的历史文化专题;东侧为历史文化展厅。

6.半坡遗址

半坡遗址位于西安市东约 6 千米的浐河东岸,是一座距今 6000 年的新石器时代母系氏族公社典型村落。遗址现存面积 5 万多平方米,分为居住区、制陶区和葬墓区。共发掘出房屋遗址 45 座,圈栏 2 座,储藏物品的地窖 200 个,烧制陶器的窑址 6 座,墓葬 250 座以及生产工具和生活用具上万件。此外,还发掘出许多兽骨、果核和腐烂的谷物等。宏伟的遗址保护大厅,加上两个陈列室、一个陶窑遗址,构成了今日的半坡博物馆。

7.秦始皇陵和兵马俑坑

秦始皇陵位于临潼县东 5 千米的下河村附近,是秦始皇嬴政的陵墓。陵园东西走向,外围墙大门开在东面,同一般陵墓朝南的格局不同,显示了始皇帝雄踞西方,横扫六合,称霸天下的威势。

据查,陵园和从葬的范围,东西南北均为 7500 米,总面积达 56 平方千米,陵园面积近 8 平方千米,有内城和外城两重。墓冢位于内城南半部,呈覆斗形,高 76 米,底基呈方形。据推测,秦始皇的"陵寝"应当在陵墓的后面,即西侧。

两千多年来,秦始皇陵不仅对中国乃至世界来讲都具有一种奇异迷离的神话色彩。据司马迁《史记·秦始皇本纪》记载:墓室一直挖到很深的泉水处,然后用铜浇铸加固,放上棺椁。墓内修建有宫殿楼阁,里面放满了珍奇异宝,还安装有带弓矢的弩机,如果有人开掘盗墓,触及机关,将会成为后来的殉葬者。墓顶有夜明珠镶成的天文星象,墓室有象征江河大海的水银湖,且具有山水九州岛的地理形势。还有用人鱼膏做成的灯烛,欲求长久不息。

1974年在秦陵东侧相继发现了3个规模宏大的兵马俑坑,并在首先发现的一号俑坑处建造了秦兵马俑博物馆,于1979年10月1日正式开放。

秦兵马俑一号坑,深约5米,东西长230米,南北宽62米,总面积14260平方米。坑内有与真人、真马大小相同的武士俑及陶马约6000多件。武士俑每尊高约1.8米,个个身披铠甲,姿态威武,形神毕肖,栩栩如生。雄俊的陶马每匹高约1.7米,长2米,它们四匹一组拖一辆战车。陶俑与陶马有规律地排成一个完整的军阵,使人仿佛看到秦始皇时期,奋击百万、战车千乘的威武场面,以及秦始皇千里驰骋、南北征战和统一中国的壮丽图景。俑坑内还出土了刀、矛、弩、弓、箭等各种实用兵器一万余件。其中出土的长剑,虽深埋地下2000余年,但至今仍闪闪发光。

秦兵马俑二号坑,面积6000平方米,成曲尺形,是由骑兵、战车、步卒、射手混编的陈列,内有武士俑及陶马共千余件,也伴有实战武器。

三号坑,面积为500平方米,平面呈凹字形,内有战车一乘,卫士俑68躯,亦有武器。

秦兵马俑坑是世界上最大的地下军事博物馆,被誉为"20世纪最壮观的考古发现"、"世界第八大奇迹"。秦始皇陵已与兵马俑坑一起被联合国教科文组织列为"世界文化遗产"。

8.骊山华清池

华清池位于西安临潼县骊山北麓,以温泉和风景秀丽著称,自古就是旅游胜地。华清池历史悠久,早在西周时期,周幽王就曾在此修建"骊宫"。秦始皇也十分钟爱骊山的温泉,并在此广修殿宇,并命人将温泉砌成池子,取名"骊山汤"。以后,汉武帝又将此扩建为离宫,隋文帝广植松柏,唐太宗修建了"温泉宫"。不过,令今人谈论最多的还是白居易在《长恨歌》中写到的唐玄宗与杨玉环发生在这里的"春寒赐浴华清池,温泉水滑洗凝脂。侍儿扶起娇无力,始是新承恩泽时"的爱情故事。

华清池的景色非常秀丽。园内处处桃红柳绿,绿阴蔽天。九龙湖碧波清澈,亭台楼阁倒映成趣。湖北岸为仿唐建筑飞霜殿,红柱挺立,雕梁画栋,沉香殿和宜春殿东西相配,显得宏伟壮观,金碧辉煌。湖西岸是油漆彩画九曲回廊,回廊南端依次排列着海棠汤、莲花汤和九龙汤。华清池东侧则为依山而建的庭院,其间错落着西安事变时蒋介石住过的五间厅以及桐荫轩、望河亭、棋亭、飞虹桥等建筑。再往东拾阶而上,可攀登骊山。

骊山为一断块山地,海拔1302米,因山形如骊马而得名。每当夕阳西下,云霞满天,则犹如当年烽火燃烧,故有"入暮晴霞红一片,尚疑烽火自西来"的诗句,此即长安八景之一的"骊山晚照"之写实。山顶上建烽火台,相传是周幽王为博取褒姒一笑而"举烽火戏诸侯"的地方。骊山山腰,有一巨石,古时由于风吹日晒,巨石上出现了金黄菌绣,从远处望去,好像老虎身上的斑纹,因而叫"虎斑石"。又因其形似一只蹲卧的老虎,亦名"卧虎石"。中国近代史上著名的"西安事变"发生时,蒋介石即在这石缝中被捉。现建有一亭,名"兵谏亭"。

二、天然历史博物馆——咸阳

咸阳是古"丝绸之路"的首站,也是古时人们辞行、饯别之地。唐代诗人王维的《渭城曲》:"渭城朝雨邑轻尘,客舍青青柳色新。劝君更尽一杯酒,西出阳关无故人"即是咸阳饯别的形象写照。咸阳曾是我国著名的秦王朝的首都,历史文物非常丰富,素有"天然历史博物馆"和"中国金字塔群"之称。主要景点有茂陵、昭陵、杨贵妃墓和干陵等。

1.昭陵

昭陵位于礼泉县东北,唐贞观二十三年(649 年)唐太宗李世民即葬于此。昭陵首开我国唐代"以山为陵"建筑形制的先例,是唐陵中最有代表性、规模最大的一座陵墓。整座陵园占地 200 平方千米,除唐太宗的陵墓外,还有陪葬墓冢 200 多座。石刻艺术是昭陵的精华之一,这里原有 14 尊少数民族首领的石像(今尚存 2 尊)和 6 座巨石浮雕——"昭陵六骏"(其中 2 座于 1941 年被盗运美国,其余 4 座现存西安碑林博物馆),它们均是我国石刻艺术的宝贵遗产。

2.乾陵

乾陵是唐高宗李治和女皇武则天的合葬墓。位于县城北 6 千米处的梁山上。陵墓依山而建,四面均有阙门和巨型石刻,其中南门石刻保存基本完整,计有华表 1 对,翼马和鸵鸟各 1 对,石马 5 对和牵马人 3 对,戴冠、着袍、持剑的值阁将军石像 10 对,高达 6.5 米的《述圣纪碑》和高达 7.5 米的《无字碑》各 1 通,并有当时曾参加唐高宗葬礼的国内少数民族首领和外国使者的石刻像 61 尊。内城四门各有大型石狮 1 对,造型逼真,神态生动。

站在咸阳塬上远望梁山,宛若一位出浴的美人,静静地躺在莽莽苍穹之下,梁山主峰(北峰)为其头,东西对峙之南峰为其乳,故谓"奶头山"。武则天之所以选中梁山为高宗李治建陵,应该是精心考虑的。也可以说,乾陵是武则天一心要当女皇的实物佐证。在乾陵东南隅,还分布有陪葬墓 17 座。但只有乾陵是目前保存最完整、气势最雄伟的一座,也是全国乃至全世界唯一的两个帝王合葬陵,其规模之宏大远胜于埃及的金字塔。

三、华山

华山位于西安以东约 120 千米的华阴县南,北可俯瞰黄河、渭水,南与秦岭相接,景区面积 113 平方千米,共有自然景点 121 处,人文景观遍地。华山的奇险雄美风光,与山外的玉泉院、西岳庙、华山山社、汉京粮仓遗址等相互呼应,共同构成了一个完整的景区体系。

华山是我国著名的五岳之一,古称西岳,又称北岳。华山山势陡峭,群峰耸峙,以"奇险峻拔"群冠五岳。这种险要的地形主要是由地质构造活动形成的,属花岗岩名山。至于为什么叫"华山"有多种说法。有人说"山顶有一池,生长千叶莲花,因此得名";《山海经》中描写"山高五仞,削成有四方,远而望之,又若华"(古"华"与"花"字通假),因此称华山。

华山自古有"奇险天下第一山"之称,是著名的游览胜地和道教胜地,是唯一道教独占的名山。它由东、南、西、北、中五峰环抱。东为朝阳峰,峰顶有台,可观日出,另有甘露池、下棋亭、鹞子翻身等景;西为莲花峰,因山顶巨石状若莲花而得名,有翠云宫等景;南为落雁峰,华山主峰为华山之最,海拔 2160 米,与渭河平原高差达 1700 米,景点有老君洞、炼丹炉、仰天池、长空栈道等;北为云台峰,上有猢狲愁、群仙观等景;中为玉女峰,上有玉女祠、玉女洗头盆等景。

苍龙岭是一道如墙的花岗岩岭脊,坡度约 40 多度,经长期风化剥蚀,岭脊圆而光滑,形如龙背鱼脊,南高北低。岭长不足 1 千米,脊宽仅仅 1 米左右。岭西壁落深渊,直下 700 多米;岭东绝壑悬崖,直插入黄甫深谷,更觉无底,无不视为畏途。在苍龙岭上流传着韩愈投书的故事。据《唐国史补》记载,"韩愈好奇,与客登华山绝顶,顾视其险绝,恐栗,度之不可下,乃发狂恸哭,欲遗书以为诀,华阴令百计取之乃下"。今岭上的逸神岩,相传就是韩愈痛苦投书的地方。

在西峰看云海,别有奇景。每当阴天,如你立足于摘星石上,则脚下一片白云,头上晴空万里。山下倾盆大雨,高空茌苒丽日普照。只有南峰和东峰的峰头,昂首于云海上。东西南三个峰头,形成一个小岛。有时,白云停留在一个水平线上,很像是一个风平浪静的海面,只是少了几只垂钓的渔舟;有时,白云之海也涌起一些很高的云峰,向着一定的方向流动,奇形怪状,来势迅猛,犹如惊涛骇浪,万马奔腾;有时一下子吞没了所有的峰头,连观者也淹没在云海之中。顷刻间山头又露出云海,丽日当空。这时,万籁俱寂,形成了天上人间的境界。

欲看西峰全貌,还需到南峰回视。透过苍劲挺拔的华山松,看西峰高耸云端,直临深渊,气度非凡。

落雁峰(南峰),一峰两顶:东曰松桧峰,西曰落雁峰,有如双驼。落雁峰海拔 2160 米,是华山的最高峰。宋寇准《登华山顶峰》诗云:"只有天在上,更无山与齐。举头红日近,俯首白云低。"南峰与东、西两峰相连成环,如圈椅之背。峰顶有一块略为平凹的裸露基岩,上有"仰天池",是一个圆形的岗岩风化穴,直径只有 1 米多,池水清澈而常年不干涸。池旁有明清以来的题刻,如"高与天齐"、"天外远观"、"袖拂天星"等,妙点意境,发人遐想。

下松桧峰向西,可直登上落雁峰。此处是华山绝顶。太上老君李耳是道教的始祖,因此在这个绝顶及其附近,有不少关于老子的遗迹。例如"老君洞",也叫"太上洞",相传老子李耳当年隐居华山时,曾在这个山洞里住过。附近西边的崖壁上有一座庙宇"纯青宫",其内有一座"炼丹炉",相传老子曾在此日夜守炉,炼过金丹。落雁峰上还有久负盛名的"仰天池",也叫"太上泉"。相传是太上老君每天汲取生活用水的地方。正因为有着这么一个"神池",所以它周围的岩石上,历代的很多文人墨客抒发胸怀题词留名于此。题词密密麻麻,无以加复。时代不同,字体各异,笔力雄劲,龙飞凤舞,简直成了一个难得的石刻书法展览,很有艺术价值。其中主要的有"光天化日"、"太华峰头"、"沐浴日月"、"顶天立地"、"目空万里"、"袖拂天星"等。它们都围绕突出一个"高"字,把仰天池点缀得更富诗意,更加古雅。

朝阳峰(东峰),高出玉女峰顶 200 米。峰头斜削,绝壁千丈,非常险峻。

朝阳峰著名的还有"博台",也叫"下棋亭"。可惜它同华山其他一些文物胜迹一样,在 10 年浩劫中遭到破坏,铁亭早已不知飞向何方。相传,在春秋战国时代,秦昭襄王令工施钩梯而上华山,以松柏之心为搏,箭长八尺,棋长八寸,而勒之曰:"王与天神博于此",就在这个地方。到了汉代,汉武帝派人前来华山寻访的卫叔卿,也在这里博戏过,所以也叫"卫叔卿博台"。

从东峰前往"博台"必须过一段险境,这就是华山上有名的"鹞子翻身"。前去博台是无路可走的,哪怕是一条羊肠小道也好。要去,必须先下一段上凸下凹,高约六七十米的悬崖。在下上凸的那一段,必须是手抓铁锁链,背向石崖,小心谨慎,一步步下行。到了下凹的那一段,就必须转过身来,手攀铁锁链,脚还得踩住石崖,逐步而下。从崖底向上爬时,与从崖上向下正好相反。但都要在凸凹转折处转一下身子,或翻一下身子。由于这个动作是在半空进行的,好象展翅飞翔在天空的鹰鹞翻了一个身一样,为了使这个难度极大的动作更加形象化,故名之曰"鹞子翻身"。

四、关中门户——宝鸡

宝鸡位于陕西关中平原西端,南临秦岭,北依高原,渭水穿城而过,陇海、宝成铁路在此交汇,被视为关中门户。

宝鸡是黄河流域古代文明的重要发祥地之一,历史悠久,人文荟萃,名胜古迹丰富。著名的有"磻溪钓鱼台"、岐山"周公庙"、五丈塬"诸葛亮庙"、法门寺和周原遗址等。

1. 法门寺

法门寺位于扶风县城北 10 千米的法门镇,是安放释迦牟尼真身舍利的著名寺院,素有"关中塔庙始祖"之称,为佛教旅游胜地。法门寺始建于东汉桓帝年间,距今已有 1700 多年历史。据佛教经典记载,古天竺(印度)国阿育王为弘扬佛法,分葬佛祖真身舍利,在世界各地修造 384000 座塔,中国有 19 座,法门寺便是其中之一。因为塔下埋葬着珍贵的"佛指舍利",法门寺从此香火不断,名扬四海,成为著名的佛教寺院。寺内原有四重木塔一座。明代时,法门寺木塔因年久木朽不堪承受两次地震而倒塌,重修时建成 13 级砖塔。1981 年法门寺砖塔西半边轰然倒塌。1986 年考古人员在清理宝塔地基时,发现了唐代修建的塔下地宫。地宫长 21.4 米,面积 31.48 平方米,包括踏步漫道、平台、隧道、前室、中室、后室等六部分。地宫珍藏了大量的唐代文物,一类是佛指舍利(一枚灵骨,三枚影骨);一类是迎送舍利而奉献的金银宝器、珠玉、琉璃器、瓷器及丝织衣物等。其中 1.96 立方米迎真身金银花四面 12 环锡杖,表面鋈刻有缘觉 2 僧,比现藏于日本正仓院最大的白铜头锡杖的制作还要精,等级还要高。此外,诸如金丝袈裟、武则天绣裙等稀世珍宝也重现世间。

法门寺地宫真身舍利等国宝出土,被誉为是继秦始皇兵马俑之后的又一考古重大发现,是中外佛教界和世界文化史上的一件大事。修复后的法门寺,保持着宝塔在前、大殿在后的早期唐代寺庙格局,并以完全崭新的面貌出现在法门镇。巍峨的宝塔,保持了明代砖塔的古老特色,成为法门寺的标志和象征。雄伟的珍宝阁,是博物馆的主体建筑,外观造型别致,室内则典雅豪华,陈列着稀世罕见的国家珍品。铜佛殿与大雄宝殿以回廊相连接。中央是高 47 米的真身宝塔,周围绿荫环绕。整个空间形成"围廊似环抱"、"塔势如涌云"的壮观气势。重建的大殿金碧辉煌,殿塔相映,是整个寺院建筑艺术匠心的生动体现。新建的法堂、方丈室、两厢的寮房、客堂与院内的青松翠柏和芬芳花草,形成"禅房花木深"的境界。

2. 炎帝陵

炎帝陵位于宝鸡市南常羊山上,是众民百姓祭祀先祖炎帝的场所。陵区前后分三大部分:陵前区、祭祀区和墓冢区。陵前区是炎帝诞生地蒙峪茹家庄一带。庄内炎帝故居遗址已无处找寻,茹家庄入口处立有"神农门",石牌坊上写着"炎帝故乡人杰地灵造就人类始祖;华夏摇篮物华天宝荫福炎黄子孙"的对联。走完盘山公路,便进入祭祀区。进山门后,拾级百米台阶,陵台处又有一座牌坊。进门,东边为农业展览馆,西边为中医中药史展览馆,正面为五间古建大殿,殿内塑有神农炎帝之像,殿前为可容纳千人的祭祀广场。走出大殿后门,抬头远望,高高的常羊山上便是炎帝陵,陵前有宽阔平坦的阶梯构成一条轴线,一直通上去,共有 999 级。接近墓冢时,石阶两旁依次排着十位帝王雕塑像,每座像高近3 米,形象生动逼真。大墓四周青石砌筑,墓碑上刻有"炎帝陵"三字。四周松柏成林,冢后为颂扬炎帝功德的诗词刻石。

3. 诸葛亮庙

诸葛亮庙位于岐山县城南 20 千米处的五丈塬上。布局严谨肃穆。主要建筑山门、南大殿、上殿建在一条中轴线上,钟鼓楼屹立前院,八卦亭居中。殿宇和廊房皆四角起翘,古朴而典雅,既有历史风貌,又有艺术韵味。殿内,除孔明坐式塑像外,还有随军而来五丈塬的姜维、杨仪、魏延、马岱、王平、廖化等将领的塑像。献殿内东西两壁镶嵌有 40 块二尺见方的岳飞书诸葛亮前后《出师表》石刻,被人称为"两绝"。此外,整座庙宇石碑林立,牌匾盈门,迁客骚人、达官显贵屡屡来此凭吊,也为五丈塬增添了不少风采。

4. 神农之乡天台山

天台山位于宝鸡市南郊,面积 120 平方千米,是一处融文化古迹与自然风光于一体,具有观赏游览、历史文化和科学考察等多种价值的山岳型风景旅游资源。区内群峰竞秀,植被繁茂,景色优美,气候宜人。主要景点有莲花顶、道帽石、磊磊石、九龙泉、大散关、鸡峰插云、弥罗天云海、关帝骨台寝殿、神农祠、老君顶、玄女洞等数十处。史载民传,天台山是炎帝出生、成长、创业和卒身的地方,是"神农之乡",因而在中华民族发祥史上有重要地位。天台山还是一座道家名山,这里至今流传着道教始祖老子李耳创教写经的传说。

本区还有韩城、铜川、华阴等旅游城市。韩城是西周、春秋时期韩国故地,也是汉司马迁故里,素有"文史名胜之乡"美誉。市内保留自元迄清的古建筑,数量甚多。市北 25 千米处有著名的黄河龙门,这里两山耸峙,形制如闸口,黄河奔流其间,波涛汹涌,形成"禹门三级浪,平地一声雷"的壮观景象。

铜川北依黄土高原,南临关中平原,是关中通往陕北的交通要冲,地理位置十分重要。市北神木峡上的金锁关,地势极为险要,历来是军事要塞,至今流传着许多杨家将英勇抗辽的故事,保留着杨六郎当年屯兵的寨子、插旗的旗杆石座子、下棋的石棋盘及杨八姐镇守的关口等遗迹。此外,还有耀州瓷窑遗址和唐玉华宫遗址等古迹以及佛、道两教活动地药王山等。

五、工艺品和土特产品

本区著名的工艺品有兵马俑铜车马仿制品、仿唐三彩、碑石拓片、耀州青瓷、关中皮影、民间剪纸、户县农民画、秦绣肚兜等。

著名的土特产有西凤酒、黄桂稠酒、临潼石榴、临潼火晶柿子、中华猕猴桃、板栗、德懋恭水晶饼、三原蓼花糖、秦椒等。

著名的饮食有饺子宴、长安八景宴、羊肉泡馍、春发生葫芦头、老童家腊羊肉、长安葫芦鸡、岐山臊子面、西安灌汤包子、金线油塔、石子馍、秦镇米皮、乾县锅盔等。

第五节　本区其他旅游资源

一、商业圣地晋中

1.晋商大院

乔家大院位于祁县东关镇乔家堡村,是山西省集中反映晋中地区民俗事象的博物馆,在国内外颇负盛名。博物馆是在清末民初晋中商业资本家乔政庸"在中堂"旧居院落上建立起来的,馆藏文物甚多,均反映了晋中浓郁的乡土人情和风俗习尚,从人的出生到婚、丧、嫁、娶,生、老、病、死,都在博物馆内得到体现。乔家大院占地 8724.8 平方米,建筑面积 3870 平方米,院落 19 进,房屋 313 间,堪称我国清代民居建筑中的一颗明珠。其院落建筑构思精巧,为"双喜"字形。宅院古朴、大方,为传统中式结构。宅院周围,高墙围拢,达十几米,上有女墙垛口。房顶上,140 余个烟囱,形制各异,无一雷同。院内斗拱飞檐、木砖石雕刻,精美大方,典雅美观,是高水平的建筑艺术作品。

近年,这里成了影视界的"风水宝地",先后有《上党战役》《石评梅女士》、《翻身》《赵四小姐与张学良》《寻找魔鬼》《崔秀英》等影片在这里摄制。特别是由张艺谋执导、巩俐主演的《大红灯笼高高挂》的拍摄,更使这里名声大振。

山西晋商大院还有祁县渠家大院,人称"渠半城";灵石王家大院,以三雕(砖雕、木雕、石雕)出名;太谷县曹家大院,又名三多堂(多子、多福、多寿)。

2.平遥古城

平遥始建于公元前 827～782 年的周宣王时期,是目前中国国内仅存的保存完整的古代县级城墙之一,已被联合国教科文组织批准列为世界文化遗产。古城池平面呈方形,周长 6157.7 米,墙高 6～10 米,墙外筑护城壕,深、宽各一丈。共有 6 座城门,城门外均有吊桥,瓮城上有重檐歇山顶城楼,四周各有角楼一座。墙体每隔 60 米,筑观敌楼一座,共有 72 座。瓮城 6 座。由于形成乌龟形状,故有"乌龟城"之说。

平遥从明末清初起,即成为全国重要的金融城市之一,曾经繁荣一时。当时首先在平遥创办了一种"票号"行业,专营汇款业务。尤其以"日升昌"为首的八大票号,在全国 17 个省的 45 个城市均设有分号,有的票号甚至和美国的纽约、旧金山也有汇兑业务往来,被誉为"汇通天下"。这批在平遥靠汇兑业务发家的富商大贾,为了显赫门庭,争相建造华宅和铺面大院,以致其城市风貌曾有"小北京"之称。

3. 双林寺

双林寺位于平遥县城西南,初建于北魏早期,目前建筑多为宋、元、明、清时重建。双林寺坐北向南,规模宏大,全寺建在 5 米高的土台上,四周筑有城堡,东西宽 50.6 米,南北长 123.7 米。寺内大小殿宇 10 座,天王殿、释迦殿、大雄宝殿、娘娘殿位于中轴线上,释迦殿左右为钟、鼓二楼。前院配殿有罗汉殿、阎王殿、关公殿、土地殿;后院配殿有千佛殿、菩萨殿。整个寺院布局对称、严谨、稳固、庄严。其中,尤以彩塑著称于世。10 座大殿内有各种彩塑 2000 多尊,千佛殿和菩萨殿的悬塑更是数以千计,且造型优美,风格独特,是集宋、元、明、清历代彩塑于一体的艺术宝库。

4. 广胜寺

广胜寺位于洪洞县城东北 17 千米的霍山南麓,创建于建和元年(147 年),历代重修。寺区泉流清澈,古柏苍翠。分上、下寺和水神庙共 3 处。上寺位于霍山山巅,山门内为塔院,飞虹塔矗立其中,高 47.13 米,13 级,平面八角形,堪称国内琉璃塔中之代表作;下寺位于霍山山麓,山门、前殿、后殿皆为元代建筑,构造奇特,设计精巧。其中,大殿四壁满布壁画,构图严谨,色彩淳朴浑厚,人物传神达意,笔法苍劲有力,是我国元代壁画中之佳品。

5. 苏三监狱

苏三监狱位于山西洪洞县城内,始建于洪武三年(1368 年),是国内唯一一处保存完整的明代县衙监狱。相传,戏剧名作《玉堂春》中的主角原型苏三就曾囚禁于此。监狱占地 600 多平方米,共有两道门,墙高狱深,分普通牢房和死囚牢房,两组建筑连为一体。普通牢房 12 间,禁房 2 间,狱神龛一座。死囚牢处于后院,门额有虎头牌,内有瓦房与窑房,苏三就曾被关押在窑房内。院内一井,人称"苏三井",水井旁有洗衣石槽。四周围墙高厚坚实,门窗狭小,网铁丝,阴森可怖。监狱外新建的陈列室陈列有关于苏三冤案的实物资料。

6. 古槐公园

古槐公园位于洪洞县旧城北 1 千米的贾村西侧。这里是历史上著名的古大槐树移民的出发处。相传在明代时,由于元末战争连年,鲁、冀、豫、皖、苏等省出现了大片无人区、无人村。明太祖朱元璋采纳大臣建议,七次从山西向外大移民,出发地就在大槐树处,因此后有"要问家乡在何处,山西洪洞大槐树"的民谚。如今,古大槐树处已成为后人寻根问祖的象征。古槐旁建有碑亭、木牌坊,亭内竖青石碑一通,上刻"古大槐树处",碑文介绍了当年移民概况。还有金代石经幢、茶亭、移民姓氏陈列等,如今已成寻根祭祖园,每年一度的清明节"寻根祭祖节"在这里举行。

二、尧都临汾

临汾古称平阳,有"尧都平阳"之称。又因城如卧牛,亦称"卧牛城"。临汾以花果城闻名全国,全城绿化覆盖率占城市建设总面积的 20% 以上,市内各主要大街都已初步绿化,沿街果木树达 1500 余株,花坛 500 多处,各种绿荫树 100 多万株,行道树 1 万多株。春、夏、秋三季,市内百花齐放,色彩缤纷,果实喷香。市域主要景点有尧庙、尧陵和壶口瀑布等。

1. 尧庙

尧庙位于临汾市南 3 千米处,是后人为祭祀尧王而建。现有山门、围廊、牌坊、五凤楼、尧井亭、广运殿、寝宫等主要建筑。相传,尧王及其四大臣被喻为"五凤","一凤升天,四凤共鸣",五凤楼由此得名。尧井相传为尧王所掘,为纪其功,上筑一亭,名"尧井亭"。广运殿是供奉尧王的主殿,高 27 米,殿宇四周设环廊,42 根石柱柱础雕刻工精,殿内金柱肥硕,直通上层檐下,础石上云龙盘绕。龛内塑有尧王像及其侍从。

2. 尧陵

尧陵位于尧庙东北 30 千米处的郭村与涝河之间,陵丘为纯净黄土筑成,高 50 米,周长 80 米,陵上松柏苍翠,周围土崖环峙,涝河水经陵前南流,远眺如一高耸丘峦,十分壮观。陵前筑祠庙,祠内现有山门、牌坊、厢房、献殿、垛殿、寝殿、碑亭等建筑,布局紧凑,木雕精细,红墙绿瓦,格外醒目。祠内存有碑碣 10 余通,碑文记载尧王功绩及尧陵沿革,其中在嘉靖十八年(1539 年)立的一块碑上刻有尧陵全图,至今保存完好。

3. 壶口瀑布

壶口瀑布位于吉县城西 45 千米处的晋陕峡谷黄河河床中,因其气势雄浑而享誉中外。壶口瀑布是由于黄河流至壶口一带,两岸苍山夹峙,把黄河水约束聚拢在狭窄的黄河峡谷中,跌入深潭而溅起滚滚浪涛,因形似巨壶内黄水沸腾,故名。这巨大的浪涛,在注入谷底后,激起一团团水雾烟云,景色分外奇丽。近年来,壶口瀑布已成为中华壮士"飞黄"的圣地,继柯受良驾汽车飞黄成功后,朱朝辉又驾摩托车在这里成功飞越。

三、关公故里——运城

运城古称"河东",自古即是一个文化、经济发达的地区,也是中华民族重要发祥地之一。境内有西侯渡文化遗址、匼河文化遗址、解州关帝庙、永乐宫和普救寺等多处旅游景点。

1. 解州关帝庙

关帝庙位于运城市西 20 千米的解州镇,始建于唐开皇九年(589 年),清康熙四十年(1701 年)重修。

关帝庙庄重典雅,层次分明,急缓相间,跌宕多姿,给人以"高山仰止,景行行止"的感觉,有"小故宫"盛誉。其平面布局,可分为南北两大区。南区以结义园为中心,周围绕以结义坊、君子亭、三义阁、莲花池、假山等一系列建筑。北区以崇宁殿、春秋楼为中心,又分成前殿和后宫两部分。其中,前殿布局顺序是端门、雉门、午门、御书楼和崇宁殿,东西两侧衬以崇圣祠、追风伯祠、胡公祠、木坊、碑亭、钟楼、官库等附属建筑。后宫的布局序列是"气肃千秋"木坊和春秋楼,左右两侧分别为刀楼和印楼。

解州关帝庙是全国各地关帝庙之冠,其庙堂规模之大、建筑艺术之高超,有天下"武庙之祖"和"天下关帝庙解州甲"之誉。

2. 永乐宫

永乐宫位于芮城县城北 3 千米处的龙泉村。是中国著名的道教庙宇,也是中国元代壁画的著名观光地。永乐宫是为纪念中国著名的道教创始人吕洞宾而建,占地 8.6 万平方米,规模宏大,布局疏朗,殿阁巍峨,气势雄伟。中轴线上,纵列着宫门、龙虎殿、三清殿、纯阳殿、重阳殿等 5 座大型主体建筑。其中,四座殿内满绘着精美的元代壁画,总面积达 960 平方米,数量之多,仅次于敦煌壁画。而且,其壁画题材之丰富、画技之高超,堪称我国珍贵艺术遗产。尤其是三清殿中壁画"朝元图",整个画面以朝拜道教最高尊神元始天尊为中心,总长94.5米,人物形象生动,神态各异,无论是构图设计、形象塑造,还是绘画技巧,都达到了炉火纯青的境界,是永乐宫壁画的重点。

3. 普救寺

普救寺位于永济市西北 12 千米处的西厢村。是中国历史上著名爱情剧故事《西厢记》的发生地。普救寺创建于唐代武则天称帝时,现存莺莺塔重修于明代,塔高 50 米,塔身 13 层,平面呈方形,挺拔俊秀。1986 年莺莺塔得以重建,如今的山门、牌坊、上方佛殿、下方僧院、法堂、钟楼已重建齐全。沿当年张生游历的小径重建了梨花深院、书斋、后花园、跳垣处等,并塑造了一组佛像和《西厢记》人物蜡像,依照《西厢记》剧情再现了惊艳、借厢、闹斋、清寓、赖婚、听琴、逾垣、拷红等一幕幕戏剧场面。由于《西厢记》的影响,普救寺成为国内著名的旅游景点。

四、豫西南重镇——南阳

南阳地处河南西南部,是我国历史文化名城之一。境内风光名胜众多,是我国著名的汉文化旅游区,主要景点有东汉科学家张衡博物馆、名医张仲景医圣祠、三国著名军事家诸葛亮武侯祠、中国唯一保存完好的古代县衙内乡县衙博物馆以及山陕会馆、南阳恐龙蛋化石发现地等。

武侯祠位于南阳市区卧龙岗上,据说当年诸葛亮曾躬耕于此,后人遂在此建祠纪念。整座祠占地12万平方米,分三重。中轴线上有石碑坊、山门、大拜殿、诸葛草庐、小虹桥、宁远楼等建筑,两侧有读书台、诸葛井、三顾堂、古柏亭、野云庵、老龙洞、关张殿、伴月台等建筑。祠内松柏叠翠,环境幽雅;青翠掩映间,雕梁画栋,典雅壮观。此外,祠内还有碑碣300余块,匾额30余幅和大量的石雕泥塑。

五、信阳鸡公山

鸡公山位于河南、湖北两省交界处,属大别山脉。山上云雾缭绕,山中凉爽宜人,加上飞瀑清泉,参天古木,遂成为中外驰名的避暑胜地。每当雨后初晴,彩虹横空之时,苍松翠柏与奇峰幽谷间点缀着色彩斑斓的楼台别墅,则更显得分外妖娆。这些楼台别墅是1903年以来,美、英、德、俄、法、日、瑞典、丹麦、挪威等20多个国家的传教士和商人建造的,风格多样,如同进入一个世界建筑博物馆。

鸡公山著名的景点还有灵华寺、仙人洞、罗汉堂和云图崖等,此外,还有供人赏景休息的观景台、消心亭、荷花亭、池心亭、望鄂亭、窥星台、云海山庄等,精致优雅,各俱千秋,与自然风光交相辉映。

六、"小武汉"周口

周口位于河南东南部黄淮平原,是河南省历史上四大名镇之一,交通便利,水陆并进,沙颍河横贯市区,状如武汉,素有"小武汉"之称。

"人祖"伏羲陵墓位于河南淮阳市北1.5千米。整个陵园占地33万平方米,翠柏苍天,楼阁掩映。每年3月,这里都要举行"中华龙都朝祖会",届时在陵前进行大规模的朝拜和祭祀活动,来自世界各地的华人团体和海内外游客在此朝祖。

七、革命圣地——延安

延安位于陕北中部延河与南川河交汇处,凤凰山、清凉山、宝塔山三面环抱,形势险要。这里有称为"天下第一陵"的黄陵县黄帝陵,有王家坪、杨家岭、枣园、凤凰山、清凉山、宝塔山、万花山、南泥湾等革命旧址。

1. 黄帝陵

黄帝陵是中华民族的始祖轩辕黄帝的陵墓,有"中国第一陵"之称。它位于黄陵县城北 1 千米的桥山之巅,这里山环水绕,古木参天,环境幽雅。祭亭中央高大石碑上刻有郭沫若题"黄帝陵"3 个大字。祭亭后一块石碑上书"桥山龙驭"4 字。冢高 3.6 米,周长 48 米。黄帝庙气势雄伟,门额上书"轩辕庙"三字。庙院大殿门额上悬挂"人文初祖"大匾。大殿中间安放着巨大的黄帝牌位,上书"轩辕黄帝之位"。院内有相传黄帝亲手所植"黄帝手植柏",距今已四千多年。巨柏高 19 米,树干下围 10 米,堪称世界柏树之父。另有一株高大柏,相传为汉武帝"挂甲柏",又名"将军柏"。庙内一碑亭,有碑石约 50 通,内容主要为历代帝王的"御制祭文"和历代修葺陵庙的记载。

2. 凤凰山

凤凰山位于延安北门内。1937 年 1 月,中共中央由保安(今志丹县)迁到这里。中共中央先后在此召开过政治局扩大会议、全国代表大会、扩大的六届六中全会等重要会议。凤凰山麓有毛泽东旧居,还有红军总参谋部旧址、朱德旧居和刘伯承旧居等。

3. 杨家岭

杨家岭位于延安城北 3 千米处。中共中央在此继续领导了抗日战争、大生产运动和整风运动,召开了中国共产党第七次全国代表大会,领导了解放战争。1942 年 5 月在这里召开了"延安文艺座谈会"。1945 年 4 月,中共中央六届七中全会在此讨论并通过了《关于若干历史问题的决议》。这里还保存有毛泽东、朱德、刘少奇、周恩来等老一辈无产阶级革命家的旧居及中央各机关旧址等。

4. 枣园

枣园位于延安城西北 7.5 千米处。1940 年中央机关在此兴建房屋窑洞。1943 年,毛泽东、张闻天、刘少奇等先后迁居枣园,这里遂成为中共中央书记处所在地。毛泽东旧居在枣园东北半山坡,与张闻天、朱德旧居左右为邻,是一排五孔石窑洞。1945 年 8 月,毛泽东由这里赴重庆和国民党进行和平谈判。这里还有周恩来旧居、刘少奇旧居、任弼时旧居、彭德怀旧居、书记处小礼堂旧址及社会部、作战研究室和机要室旧址等。

5. 王家坪

王家坪位于延安城西北 4 千米处。1937 年 1 月至 1947 年 3 月,这里是中共中央革命军事委员会和八路军(后改为中国人民解放军)总司令部所在地。军委和总部在这里领导八路军、新四军及各解放区军民坚持了八年抗战,取得了抗日战争胜利;领导中国人民解放军粉碎了国民党军队对解放区的"全面进攻",并为战胜其"重点进攻"作了充分准备。1946 年 1 月,中央军委主席毛泽东为了便于指导军委和总部的工作,从枣园搬到王家坪居住。这里有军委大礼堂旧址、军委作战研究室旧址、朱德旧居、彭德怀旧居、叶剑英旧居、王稼祥旧居等。

　　6.陕甘宁边区政府旧址

　　陕甘宁边区政府旧址位于延安南关市场沟北、南坻村以南。1939年在此建成石窑洞53孔、平房100余间。这里还有林伯渠旧居、李鼎铭旧居等,现存凹字形石窑洞三排。

八、"小江南"汉中

　　汉中位于陕西南部,秦岭屏障于北,巴山横亘于南,汉水绕城东流。境内田畴交错,河渠如网,气候温暖湿润,物产丰富,素称"小江南"。主要旅游点有古汉台、拜将台、褒斜道、石门及摩崖石刻、武侯祠和张良庙等。

　　1.拜将台与汉台

　　拜将台与汉台均在汉中市内。史称韩信足智多谋,善于用兵,萧何竭力向刘邦推荐,故刘邦对韩信十分礼遇,择日斋戒设坛场具礼。坛场为南北列置的两座高台,各高丈许。南台上竖"韩信拜将坛"碑,北台上建有台、亭、阁。汉台占地4万多平方米,是刘邦受封为汉王时兴建宫廷的基地。登台可俯瞰全城,眺望汉江。台上遍筑亭阁楼馆,画栋连云,境界优美,现为汉中博物馆。

　　2.褒斜道与摩崖石刻

　　褒斜道位于汉中市北50千米,是古代连接关中与汉中的一条要道。因取道褒水、斜水两河谷,贯穿褒斜谷而得名。褒斜道为秦昭王时所开,全程235千米,对沟通秦岭南北的联系,加强了中原和西南地区的经济、文化交流与合作。

　　石门在褒斜谷两端。北端为大石门,在眉县;南端为小石门,在今汉中市北约17千米处。小石门简称石门,大约于战国时期,为修褒斜栈道而凿,后经历代修凿,方告开通。石门洞长13.6米,宽4.2米,南口高3.45米,北口高3.75米。当时施工采用古代的火烧水激法开山破石,是中国最早的人工隧道之一。

　　摩崖石刻是汉魏以来历代文人学士在石门隧道的两壁和石门南褒河两岸崖上的留诗题名,共百余方,通称"石门石刻"。其中以"汉魏十三品"、"李君表"、"石门颂"等最为著名。1969年石门修水库时,因石刻在蓄水线以下,汉中市遂将《石门十三品》完整地切割下来,保存于汉中博物馆。

　　3.武侯祠

　　武侯祠位于勉县旧城东。汉水环绕其后,雷峰屏蔽其前,古木参天,景色非常优美。祠内建有殿庑、游廊房舍70余间,历代名人如桓温、李白、苏轼、王安石、陆游、顾炎武等都在此留有墨迹刻石。附近尚有武侯读书台、卧龙岗、莲花池等。

4.张良庙

张良庙位于留坝县城北 15 千米的紫柏山下,是为纪念西汉著名政治家张良而建的。它背依紫柏青山,左右二水夹流,周围五山环抱,建筑布局奇特,楼、殿、亭、阁错落有致,雕梁画栋,环境幽雅。庙院泉水、竹影、声色相映成趣,古柏劲松千姿百态,奇花异卉馨香浓郁,匾额楹联各居妙处。

九、宰相村——裴柏村

山西运城裴柏村先祖为秦始祖裴子,两千多年来声名显赫,人称宰相村。自秦汉,历魏晋,到隋唐而极盛。家族丁旺人盛,德显文章久隆不塞衰。据统计,出过宰相 59 人,大将军 59 人,中书侍郎 14 人,尚书 55 人,常侍 11 人,御史 10 人,节度史、观察史、防御史 25 人,判史 211 人,太守 77 人,封爵者 89 人,公侯 33 人,皇后 3 人,王妃 2 人,驸马 21 人,真可谓"将相后妃,公侯一门"。村内可供参观的文物古迹众多。

十、应县木塔

应县木塔位于应县城西佛宫寺内,始建于辽清宁二年(1056 年),高 67.13 米,底层直径 30 米,平面呈八角形,五层六檐(加上暗层,共 9 层),是国内外历史最久、最高大的木结构塔式建筑。

应县木塔塔内没有一根铁钉,全靠木构互相拉结,却稳如盘石地耸立在应县近千年,虽经历了历史上八次大地震,仍安然无恙,体现了中国古代劳动人民的智慧与创造才能。整座塔外观,一层比一层缩小,斗拱花样繁多,粗犷中可见玲珑,古朴中可见端庄,而且与笔力遒劲的书法题匾融为一体,令人叹为观止。

第八章　华南旅游区(闽粤琼桂)

本章提要

华南旅游区长夏无冬,植被常青,碧水丹山,海岸漫长曲折,岛屿星罗棋布,是我国避寒旅游和海上游览的理想之地。本区还是我国历史上旅外华侨最多的地区之一,为区内旅游资源的开发利用提供了更为广阔的客源市场。本章在概述全区旅游环境的基础上,主要介绍以广州、南宁、厦门等旅游城市为主的华南各省旅游资源的特点和分布情况。

华南旅游区位于我国最南部,包括福建、广东、海南和广西四省区,面积约57.4 万平方千米,人口 1.85 亿。北与长江流域旅游区各省相接,南与菲律宾、马来西亚、印度尼西亚、文莱等国隔海相望,西南是我国与越南的边界线。

第一节　华南旅游区旅游资源基础

一、丘陵起伏,山河零碎,沿海小平原星罗棋布

华南旅游区属东南丘陵区,部分纬度偏南,气温高,长夏无冬或夏长冬暖,植

被四季常青,是我国大面积的南亚热带和热带区域,自然景观具有明显的热带特征。华南地区地形以海拔 500 米左右的低山丘陵为主,武夷山和南岭两条山脉构成华南地形的骨架。武夷山以北东—西南走向绵延于闽、赣二省之间,长 550 千米,平均海拔 1000～1100 米。位于福建省西北部的黄冈山,海拔 2158 米,是武夷山最高峰,也是东南丘陵地区第一高峰,并且构成了福建西部的天然屏障。该山两侧地理景观明显不同,冬季武夷山阻挡了西北风进入,夏季使东南气流抬升致雨,因而福建省比江西省温暖多雨,南亚热带常绿树种占优势,地表水丰富,河流水量大,大多独流入海。武夷山构成福建诸水与长江水系的分水岭,也是自然地理上的重要界线。南岭横亘在广东北部至广西东北部,东接武夷山,西接云贵高原,长约 1000 千米,自东向西包括大庾岭、骑田岭、萌诸岭、都庞岭和越成岭五大主体山地,海拔一般在 1000 米左右,最高峰苗儿山,海拔 2142 米,位于广西东北部。南岭由于受到河流的长期侵蚀切割,形成许多宽谷,山口海拔也较低,为南北交通提供了方便,自古以来就是岭南北往来的交通要道,京广铁路即通过折岭山隘,灵渠是通过都庞岭与海洋山之间的湘桂隘道。南岭是我国自然地理上一条重要分界线:南岭以南终年草木青翠,呈现南亚热带景观。南岭还是长江水系和珠江水系的分水岭。武夷山和南岭多红层盆地和丹霞地貌,碧水丹山,形成著名的风景观赏胜地。除了以上山地,本区还有众多低山丘陵。

本区平原一般在河流两侧和河口三角洲。主要平原有珠江三角洲平原(10000平方千米)、韩江平原(2000 平方千米),此外还有泉州平原、湛江平原等。平原面积虽小,但光热条件好,农业发达,是华南的鱼米之乡。

华南海岸线长达 9000 多千米,而且十分曲折,曲折率居全国首位,这是地表切割零碎在海岸形态上的反映。一般多为山地形海岸,多溺谷港湾和半岛,岛屿星罗棋布。本区岛屿众多且类型齐全,大陆岛 2000 多个,地形也属于低山丘陵性质的山岛。海洋岛属珊瑚礁类型,由 20000 余个岛屿、沙洲、沙滩和礁滩构成,面积不大。华南具有开展海上游览的优越条件。

二、温暖湿润的气候,高温多雨,水资源充沛

华南地区位于低纬地区,约有 1/3 的陆地面积处于太阳直射范围内,故终年气温较高,大部分地区年平均气温大于 20℃,最热月均温在 23～28℃之间,夏季长达八九个月,是典型的高温多雨的热带、亚热带季风气候。

华南地区水系众多,河网密度大,汛期长,河流水量丰富,含沙量小,主要河流属于珠江、闽江、韩江三大水系。其中又以珠江水系最大,其流域面积占全区面积的 56%,长度虽仅 2100 多千米,但是流量却为黄河的 8 倍,江水清澈。西江、北江上各有一处小三峡,景色秀丽。闽江源于武夷山区,全长 577 千米,上游

蜿蜒在武夷山地,林木繁茂,有绿色金库之称;中游切穿闽中山地,两岸峭壁挺拔,表现为峡谷形态;下游流经福州市入东海,全江景色秀丽。

本区地下水资源丰富,特别是闽粤二省,温泉总数占全国的 1/10,而且开发利用率高。广东较为有名的温泉有从化温泉、和平温泉、龙川温泉等。福建南部温泉较为集中。福州市内有一条南北长 5 千米、东西宽 1 千米的温泉带,约占市区面积的 1/7,泉水露点很多,早在唐代已开始利用。"五代留古迹,三山负盛名"即指福州鼓山温泉。广西东部温泉较多,象州温泉早在 300 年前就已经被列为象州八景之一,闻名遐迩。

三、人口稠密,民族众多,华侨遍布世界,交通运输发达

华南地区是我国人口稠密地区之一。人口以汉族为主,约占本区人口的87%,少数民族有壮、瑶、苗、彝、侗等族。华南地区是个多民族融洽聚居的地区,各少数民族都有自己的服饰、语言、生活习惯、风俗礼仪、民族节日和民族艺术、歌舞等;汉族内部各地在语言、风俗上差异也很大。因此,华南地区成为我国最富有特色的人文地理区,构成发展旅游业的一项重要旅游资源。

华南地区是我国历史上旅外华侨最多的地区之一。广东的潮汕、梅县地区,广州附近的新会、中山等县市,海南省以及福建的厦门、晋江、福清、南安等地,一向以侨乡著称。我国海外华侨约为 2100 万,其中 60% 以上是广东人,其次为福建人。他们中许多人返乡探亲,游览祖国的名山大川,这是本区发展旅游业的一个不可忽视的方面。

四、经济发达,交通便捷,远海旅游正在发展

华南地区是全国交通最为发达的地区之一,航空事业发展十分迅速,普速铁路有京广线、鹰厦、湘桂、黔桂等,同华中、华南、西南等省区相连。京广高铁广武段是全国第一条建成通车的高铁。沿海的宁波—福州—厦门—深圳—广州高铁也已建成。南宁—柳州—衡阳高铁使广西接上京广高铁。广州、湛江、汕头、海口、福州、北海等均为本区重要港口,其中广州和湛江已经发展成为我国远洋运输基地。

本区风景名胜区较多。武夷山、厦门鼓浪屿、万石山海滨风景区、泉州清源山、海上仙都——太姥山、泰宁金湖、永安桃源洞、石林、屏南鸳鸯溪、连城冠豸山、平潭海坛。佛山曾是中国四大名镇之一。

粤菜和闽菜都位列中国八大菜系。闽菜中的"佛跳墙"和厦门海鲜均为名菜。粤菜中的潮汕菜很有特色。广州菜以生猛海鲜为特色。据称源于南宋宫廷的沙县小吃流行全国。

第二节　闽南旅游副区

一、榕城福州

福州市是福建省会。因州北有福山,故名。又因九百多年前就遍植榕树,"绿荫满城,暑不张盖",故又有"榕城"的美称。福州位于福建省东部闽江下游,是全省政治、经济、文化中心。福州市是全国著名的侨乡,福州藉海外华侨约 85 万人。福州依山傍海,气候宜人,绿树长青,属暖湿的亚热带季风气候。最佳旅游季节为每年 4～11 月。

福州是一座拥有 2200 多年历史的名城。唐开元十三年(726 年)设福州都督府,始称福州。五代梁开平二年(908 年)闽王王审知扩建城池,将风景秀丽的乌山、于山、屏山圈入城内,从此福州成为"山在城中,城在山中"的独特城市。"三山"成了福州的别名。

福州为全国三大温泉区之一,是世界上久负盛誉的温泉名城,它不仅以温泉集中市区中心为世界各大中城市所罕见,且以泉脉广、水量大、温度高、质量好而驰名遐迩。

福州旅游资源丰富,有岩洞幽奇、题刻如林、古刹生辉的"石鼓"名山;有被中外游人称为"海上仙境"的平潭岛国家级旅游度假区;有被宋代著名诗人辛弃疾誉为"未嫁西施"的西湖公园;有岩洞湖泉兼备、以盛产灵芝而得名的青芝山,有"雅胜鼓山"的石竹山以及方广岩、白岩、碧岩、姬岩、三十六脚湖、十八重溪等 30 多处名胜古迹。还有闻名海内外的一批文物古迹,有民族英雄林则徐的祠堂、李纲墓,有举世罕见的开元寺大铁佛,有誉为"天下四绝"之一的乌山般若台记,有为纪念百年前中法海战牺牲的中华烈士而修建的昭忠祠,有中国金石史上奇迹的枯木庵树腹碑,以及闽中名刹涌泉寺、西禅寺等。福州还拥有得天独厚的天然温泉群、久负盛名的闽菜、巧夺天工驰名天下的"三宝"(寿山石雕、脱胎漆器、软木画)等传统工艺。

福州市的主要景点景区有:鼓山耸立于城东 10 千米许的闽江北岸,方圆1890 万平方米。山中古松参天,怪石嶙峋,洞穴林立。在曲径灵岩、清泉幽壑、雄亭杰阁之间,常有岚烟笼罩,构成风光胜迹 160 多处。自宋以来,历代名士文人在全山各处镌刻的摩崖题刻计 500 多段,成了"宇内名人铭刻之盛,未有逾此者"的艺术宝库。

西禅寺名列福州五大禅林之一,为全国重点寺庙,位于西郊冶山之麓,工业路西边南侧,巍峨而壮观。古刹大门坊柱上镌刻一副楹联"荔树四朝传宋代,钟声千古响唐音"。这是清代周莲撰写的联句,点明西禅寺是唐朝古寺。

二、海上花园——厦门

厦门是一座美丽的"海上花园",矗立于碧波之上。厦门地理环境得天独厚,地属亚热带海洋性气候,四季如春,花木葱茏,别称"绿岛";若从厦门洪济山顶俯瞰全岛,其形恰似一只白鹭伫立在碧波粼粼之上,故又称"鹭岛",是我国著名的风景旅游区。1933 年设厦门市,今厦门市下辖六区及同安、金门两县,(不含金门)总面积 1516 平方千米,人口 106 多万。厦门旅游景点较多,主要有集美、虎溪岩、南普陀、胡里山炮台、金门、万石岩—鼓浪屿风景区等。

1. 集美

集美是厦门主要风景区之一,旅游资源丰富。辖区内有山、海、林、岸、湾、水库、温泉等自然景观,其中横亘绵延的天马山、美人山是海外华侨心目中故乡的代名词。流青滴翠、飞漂流洞的坂头库区令人神往,独具特色的农业生态旅游方兴未艾。在人文景观方面,有鳌园、陈嘉庚先生故居、归来园、民族英雄郑成功屯兵营寨遗址、抗日女英雄纪念地李林园,还有众多的文物古迹分布其间,蕴含着丰富深厚历史文化内涵。新近开发有集美航天城、南顺鳄鱼园、万宝观光果园以及筹建中的东方快乐岛、厦门野生动物世界等项目。

2. 虎溪岩

虎溪岩位于厦门市东北的玉屏山北,相传古时山中有虎栖石洞,洞里泉水汩汩,潺潺流出而成溪,故称"虎溪",岩寺亦因此而得名。虎溪岩最引人注目的是虎溪夜月,为厦门八景之一。矗立于山上的岩寺,又称玉屏寺或东林寺,据传为唐代所建,经明清重修,颇具规模。寺内亭榭,雕梁画栋,楼阁珠帘卷雨,曾盛极一时。

3. 南普陀

南普陀位于五老峰下,始建于唐代,为闽南佛教名刹之一。从寺前放生池踏上石阶入寺,寺内有六朝铜制七佛宝塔、宋代铜钟、明代瓷观音、清代碑刻等文物。藏经阁里数百万册中外佛经典籍,多为难得珍品。自寺创建以来,虽几经兴废,而中外香客仍络绎不绝,香火鼎盛。

4. 胡里山炮台

胡里山炮台为厦门海防要塞,炮台是清光绪二十二年(1896 年)所建,位于厦门东南海滨。今炮台尚存一门重 60 千克、射程 16460 米的大炮,为全国唯一保存完好的海岸巨炮,是研究我国海防的文物。炮台经整修,已成为中外游人到厦门游览观光的必到之地。

5.金门

金门孤悬于厦门东面海外,扼厦港咽喉,为闽南屏障,与厦门最近距离 2310 米,是泉州所辖县份之一。面积 148 平方千米,人口近 5 万。金门历史悠久,古称仙洲或浯洲。相传从两汉起这里便有人烟,晋以前与大陆相连。唐贞元十九年(803 年)牧马监陈渊率十二姓氏至此开垦,唐永隆元年(935 年)属同安。宋后历代曾在此设官吏、文治、武备,明代因其城固若金汤、雄镇海门,始称金门,1914 年改隶厦门,1915 年正式设县制至今。这里自古有海上仙洲、桃源胜景之美称。岛上古有珠江夜月、丰莲积翠、啸卧云楼和仙阴瀑布等八景;今有太武雄峰、玉柱擎天、汉影云根和金汤剑气、榕园绿阴、龙山瑞霭等 24 景。

金门的民俗风情,保持了闽南特征,独特迷人。民间传统节日与大陆的习俗,特别和漳州、泉州完全一样。每年例行的祭祀赛会,以"迎城隍"为规模最大。岛上乡民视石狮为保护神,各村落路口,随处可见身穿盔甲或外围披风的立姿石狮,狮前常见香火,为金门独有的景观。位于金沙北端的山后中堡 18 栋闽南式古屋,燕尾高扬,既代表着金门民俗,也是中华绚丽多姿的体现,已辟为民俗文化村。

6.鼓浪屿—万石山风景区

鼓浪屿素有"海上花园"之美称,是厦门南隅的一座小岛,与市区隔着一条 500 多米的海峡。它四周环海,面积 1.78 平方千米,因其西南海滨涨潮时浪击岩穴,有声如鼓而得名。岛上起伏的山冈上,欧美式别墅精舍镶嵌于绿树红花、碧波白云之间,有"万国建筑博览"之誉。岛上一座座宁静的院落,花木扶疏,藤蔓披拂;一条条清幽的小巷,无车马之喧,却有淡淡花香,悠悠琴声,犹如海上仙境。

鼓浪屿最佳处为日光岩。日光岩又称"晃岩",岩的四周古树盘根,亭台掩映,自成佳境。从龙头山下拾级而登,分别可见"天风海涛"、"鼓浪洞天"、"鹭江第一"诸景。过日光寺入石门,便是当年郑成功的屯兵营寨和水操台,遗址周围,历代名人题刻甚多。穿过"古避暑洞",攀上天梯,登临晃岩绝顶,顿觉天风扑面,心旷神怡。俯瞰四周,风光一览无余。鼓浪屿主要风景点还有菽庄花园、郑成功纪念馆等。

万石山包含狮山、太平山、半岭山、中岩山、阳台山以及外清山、五老山、钟山、虎山的北坡,面积 26 万平方千米,紧依厦门市区。这里山山相连,山水相依,峰峦起伏,景色奇秀,浓荫蔽天,幽静清雅,是中国大中城市中少有的、离闹市最近、面积最大的游览区。其中除园林植物园以外,还有厦门的古景万笏朝天、小桃源、中岩玉笋、太平石笑、天界晓钟、虎溪夜月、白鹿含烟等。

三、武夷山

武夷山市位于福建省北部闽赣两省交界处,前身为崇安县,建置于北宋淳化五年(994 年),1989 年 8 月撤县建市,是福建省唯一以名山命名的中国优秀旅游城市。武夷山拥有世界自然、文化双遗产。

武夷山是由红色砂砾岩组成的低山丘陵,属丹霞地貌。千百万年来,因地壳运动,地貌不断发生变化,构成了秀拔奇伟、独具特色的"三三"、"六六"、"九十九"、"四十六"之胜,指的是碧绿清透盘绕山中的九曲溪,千姿百态夹岸森列的 36 峰、46 个洞穴和 99 座山岩。武夷山碧水丹山,百态千姿,素有"奇秀甲东南"之称。九曲溪竹伐漂流,碧水浮舟,两岸青山、绿树、奇石、悬棺、鸟翔……好一派天然图画。

武夷山是历史悠久的文化名山。早在新石器时期,古越人就在此繁衍生息。如今悬崖绝壁上遗留的"架壑船"和"虹桥板",就是古越人特有的葬俗。西汉时,汉武帝曾遣使者到武夷山用干鱼祭祀武夷君。唐代,唐玄宗大封天下名山,武夷山也受到封表。唐末五代初,杜光庭在《洞天福地记》里,将武夷山列为天下三十六洞天之一。北宋绍圣二年(1095 年),祈雨获应,又封武夷君为显道真人。自秦汉以来,武夷山主要为羽流禅家栖息之地,留下不少宫观、道院和庵堂故址。

武夷山曾是儒家学者倡道讲学之地。陈朝顾野王首创武夷讲学之风。宋代学者杨时、胡安国和朱熹都先后在此聚徒讲学。清康熙二十六年(1687 年),康熙帝御书"学达性天",赐宋儒朱熹,匾额悬挂于朱熹亲手创建的武夷精舍,故后人称武夷山为"三朝理学驻足之数"。至今山间还保存着宋代六大名观中的武夷宫、武夷舍、遇林亭古窑址、元代皇家御茶园、明末清初农民起义军山寨,以及 400 多处历代名人摩崖石刻等文物古迹。武夷山景区有双竿竹、方竹、建兰等罕见的竹木和奇异花卉,稀有的鸟兽和名贵的药材。这里盛产的色艳、香浓、味醇的武夷岩茶,以其独特的"岩骨花香"的韵味和"药饮兼具"的功效。九龙窠的大红袍茶是岩茶极品,老茶树仅存六棵。铁观音茶是半发酵茶,绿叶红镶边,是产量较大的岩茶。

四、福建土楼

福建土楼分布于福建南部的永定、南靖、上杭、宁化等几个县,系中原南迁的客家人的民居。福建土楼用熟土建筑,主要有圆形和方形两种,也有弧形、马蹄形、八卦形的。高度两至五层。福建土楼数量众多,仅南靖县就有 776 座。圆环有双圆环、三圆环甚至四圆环的。2/3 的土圆楼是三层的构架,每座房间在 60～

100 间左右(每间面积 10~13 平方米),可住 20~30 家。土圆楼住户通常纵向分配,一般一层是厨房和餐厅;二层是仓库,称禾仓间;三层以上为卧室。

土圆楼墙壁宽厚结实,只有一个大门出入,能经受炮火的攻击,是非常安全的碉堡式住宅。

第三节　广州旅游副区

一、五羊城广州

广州,别名羊城,简称穗,广东省省会,是华南政治、经济、文化、科技和交通中心,我国著名的沿海开放城市和国家综合改革试验区。广州四季常青,风光旖旎,素有"花城"的美誉。市域面积 7435 平方千米,总人口 815 万。辖 11 区(越秀、荔湾、海珠、天河、白云、黄埔、番禺、花都、南沙、增城、从化)。相传在远古时候,曾有五位仙人,身穿五色彩服、骑着嘴衔稻穗的五色仙羊降临此地,把稻穗赠给百姓,祝愿这里永无饥荒。从此,广州便有"羊城"、"穗城"的美称,"五羊"就成为广州的象征。

广州地势东北高、西南低,北和东北部是山区,中部是丘陵和台地,南部是珠江三角洲冲积平原。广州属亚热带季风气候,夏无酷暑,冬无严寒,雨量充沛,四季如春。全年平均气温 20~22℃,平均相对湿度 77%,市区年降雨量为 1600 毫米以上。得天独厚的自然条件使得一年四季均有鲜花盛开,故又被誉为"花城"。红棉花色彩美艳,又有"英雄花"之称,被广州评为市花,成为广州的象征。广州是著名的旅游城市,名胜古迹众多。

广州的城垣始建于秦代。当时南海郡的统治者任嚣率军平定了百粤,就在这里筑建城池,取名"任嚣城",后改为番禺城,位于今日的边仓街附近。其后赵佗建立南越国,再次扩建了番禺城。三国时吴国划交州东部为广州,番禺遂为广州管辖,广州之名正式出现。广州有悠久的历史,又是"海上丝绸之路"的起点,因而留下众多的古迹。主要有镇海楼、五仙观、南越王墓、陈家祠堂、六榕寺、光孝寺、怀圣寺等。

广州是中国近代革命的策源地。著名的三元里抗英斗争、黄花岗民主革命战役、广州公社起义均发生在广州;革命先驱孙中山在广州创办黄埔军校,曾经三次建立了政权;毛泽东在这里举办农民运动讲习所,培养了大批革命骨干力量;张太雷、叶挺、叶剑英等在这里领导了轰轰烈烈的广州起义;鲁迅、郭沫若、郁达夫等也曾在广州传播进步文化。中山纪念堂、黄花岗、烈士陵园、鲁迅纪念馆、农民运动讲习所、三元里抗英遗址、黄埔军校旧址等是广州近代史的见证。这些历史景观与白云游览区、越秀公园、流花公园、麓湖、华南植物园、东方乐园、南湖乐园、世界大观等,构成了广州市区丰富多彩的景观群。主要景点有三元里、黄花岗、中山纪念堂、白云山、越秀山、荔枝湾、光孝塔、广州塔等。

广州塔建于 2011 年,是一座电视发射转播塔,塔高 600 米,为中国第一高塔。塔身为钢柱扭曲形小蛮腰设计。450 米高处有供观光的横向摩天轮。

广州是一个对外通商有近千年历史、商业文化十分发达的城市,素有"南国商都"之称。广州形成了许多各具特色的商业街。一德路是著名的海鲜干货一条街;高第街则是服装批发商贩云集之地;上下九、十甫路步行街是热闹的平民购物街;华林寺玉器一条街专卖玉器、酸枝、红木家具;文德路文化街有古玩、旧书、花鸟鱼虫。

现代都市广州不乏豪华的大型商场。新城区的天河广场是当地人最骄傲的购物中心,集购物、休息、娱乐、饮食于一体,提供良好的购物环境。附近的中信广场,也是高档购物的首选。

广州市最繁华的地带,是以中山四路与北京路交叉处为中心向四方伸展的商店群区,东起仓边路,西至起义路,北起财厅前,南至大新路,延及高第街一带。有多座人行天桥连通。

明清时期,今中山路(旧称惠爱街)是广州旧城东西主干线,南北两边大都是官署衙门(东有府学,西为将军衙门,中有两个总督衙门),是政治中心区。北京路(旧称双门底)则是由城南直通天字码头(官员登陆入城用的)主干道。因此,现在北京路北段与中山四路相连接的丁字形地段,成为当时衙署官僚及其随员、家属居住的集中地段。为适应他们的消费需要,逐渐形成了一个全市的繁华商业中心。目前,这个商业区有四个特色:一是店铺众多,规模大,经营样式齐全;二是百货、服装业十分发达,国产、进口商品种类齐全;三是以经营图书、文化用品出名;四是具有浓郁的现代商业色彩。中山五路和北京路熙熙攘攘,每天客流量居全市之冠。人们说"繁华热闹南国地,唯有此处最占先"。

广州物产富庶,饮食文化遐迩闻名,具有浓郁的现代商业色彩。粤菜素负盛名,又分为广州菜、潮州菜、东江菜等各个分支。传统粤菜以用料广博,选料珍奇,口味清新为特色。俗语说"四条腿的除了板凳,天上飞的除了飞机,什么都吃"。蛇餐和生猛海鲜最有代表性,代表菜品有冷翠烧鹅、五彩滑鸡条、梅菜扣肉、生炒水鱼丝、红烧大群翅、香滑鲈鱼球、金牌烧乳猪等数百种。到酒楼吃早茶是广州市民特有的餐饮方式,薄皮鲜虾饺、玉液叉烧包、虾茸面、沙河粉、艇仔粥等各式小吃琳琅满目。除生猛鲜美的粤菜之外,在广州还可品尝到国内各大菜系和各国风味的美食,故有"食在广州"之说。

1.白云山

白云山位于广州市北部,是南粤名山之一,由 30 多座山峰组成,登高可俯览全市,遥望珠江。每当雨后天晴或暮春时节,山间白云缭绕,山名由此得来。

白云山自古以来就是有名的风景胜地,"白云松涛"是著名的"羊城八景"之一。近年来又开辟了山顶和山北公园,修建了庭园式山庄旅舍、双溪别墅、松涛别院及观鸟园。每年的农历九月九日重阳节,会有许多人登白云山。山上还有高山滑草(1400 米滑道)、三角滑翔翼等体育项目。

2.羊城八景

"红陵旭日"在市区中山二路红花岗。为纪念 1927 年广州起义英勇牺牲的烈士,广州人民 1954 年在此修建广州起义烈士陵园。陵园面积 26 万平方米,庄严肃穆,林木挺秀。其间有广州公社烈士墓、血祭轩辕亭、中朝人民友谊亭和中苏人民友谊亭。"珠海丹心"指珠海广场中央的广州解放纪念雕像。在威武雄壮的战士雕像周围,矗立着省展览馆、华侨大厦、广州宾馆等高层建筑。繁花似锦的草坪上,髯髯有须的绿榕、高擎"火把"的木棉、手执"绿箭"的椰树,日夜陪伴着"凛然如见寸心丹"的英雄战士。"双桥烟雨"和"越秀远眺",从不同角度反映了花城建设新貌。前者是从蒙蒙烟雨中远观两道跨江长桥(珠江大桥和海珠大桥),桥上车辆穿梭,桥下汽轮竞渡。河堤两岸,十里翠屏,红果绿树争艳。后者是登临风雨五百年之久的镇海楼(五层楼),也镇守着这座华南最大的工商业城市。在市区范围内,处处是新辟的园林,接天连宇的楼厦,气势十分雄浑。"东湖春晓"和"鹅潭夜月"两景,仿如两面明镜,照见了花城人民日新月异的生活。东湖之美在于春,每当晓雾初起、朝霞始露,整个风景区宛如仙景。而以夏夜取胜的白鹅潭,是乘船游夜珠江的好地方。"白云松涛"与"罗岗香雪",是花城又一杰作,这里著名的松涛与梅花,赏心悦目,韵味无穷。

3.开平碉楼

开平市是中国著名的侨乡,开平碉楼鼎盛时期达 3 千多座,现存有 1833 座,分布在开平 15 个镇。这些碉楼是 20 世纪开平华侨与村民把外国建筑文化与当地建筑文化相结合的结晶。其数量之多,建筑之精美,风格之多样,在国内乃至世界的乡土建筑中实属罕见。难能可贵的是,开平碉楼与村落及其中西文化交融的人文景观、自然生态、乡风民俗等,都保持得相当完整和真实。据专家概括,开平碉楼有着深厚的中国传统文化底蕴、浓郁的欧美文化气息,高度反映了在特定的历史条件下、特定的地域环境中所形成的独特的历史文化景观,被誉为"华侨文化的典范之作"、"令人震撼的中西建筑艺术长廊"。

二、深圳景群

深圳市位于广东省中南部沿海,东临大亚湾,西濒珠江口,北接东莞、惠阳,南连香港,面积 2007 平方千米,人口 280 多万。

深圳市属亚热带海洋性气候,年平均气温 22.4℃,海岸线长达 230 千米,水碧沙白的小梅沙、大梅沙、溪涌等天然浴场均已开辟为水上旅游区;还有山青水秀、鸟语花香的西丽湖、香蜜湖、银湖、东湖和仙湖。

深圳市是中国主要的对外贸易和国际交往口岸,也是最早实行改革开放的经济特区,其旅游业发展迅速,从 1980 年至 1984 年的五年时间,就建成以"五湖四海"(即西丽湖、香蜜湖、石岩湖、东湖、银湖和海上世界、深圳湾、小梅沙、大亚湾)为主体的旅游体系。近几年来,旅游观光点进一步充实,锦绣中华微缩景区、中国民俗文化村、"世界之窗"及野生动物园等陆续建成开放。

1.锦绣中华

锦绣中华坐落在风光绮丽的深圳湾畔,是一座反映中国历史、文化、艺术、古代建筑和民族风情最丰富、最生动、最全面的实景微景区,也是目前世界上景点最多的微缩景区之一,占地 30 万平方米,分为景点区和综合服务区两部分。景区中,近百处景点大致按照中国区域版图分布,是中国自然风光与人文历史精粹的缩影。锦绣中华微缩景区是绿的世界、花的世界、美的世界,更是中国的历史之窗、文化之窗、旅游之窗。

2.中国民俗文化村

民俗文化村是国内第一个荟萃各民族的民间艺术、民俗风情和民居建筑于一体的大型文化游览区,坐落在风光秀丽的深圳湾畔,毗邻"锦绣中华",占地 20 万平方米。中国民俗文化村以"源于生活,高于生活,荟集精粹,有所取舍"作为建村的指导原则,从不同角度反映我国多民族的民俗文化。景区现有 21 个民族的 24 个村寨,均按原景观 1:1 的比例建造。

3.世界之窗

世界之窗毗邻锦绣中华和中国民俗文化村,占地 48 万平方米,将世界奇观、历史遗迹、古今名胜、自然风光、民居、雕塑、绘画以及民俗风情、民间歌舞表演汇集一园,再现了一个美妙的世界。景区按世界地域结构和游览活动内容分为世界广场、亚洲区、大洋洲区、欧洲区、非洲区、美洲区、现代科技娱乐区、世界雕塑园、国际街九大景区,内建有 118 个景点。每当夜幕降临,华灯初放,景区内展现出一种迷人的异国情调。由世界民族歌舞和民俗节目组成的"狂欢之夜"艺术大巡游,把景区游园活动推向高潮。"世界之窗"是世界历史之窗、世界文明之窗、世界旅游风光之窗。

三、珠海景群

珠海位于广东省东南部,珠江出海口西岸,濒临南海,东与深圳、香港隔海相望,南与澳门陆地接连,北距广州 140 千米,依山傍海,陆地面积 1600 平方千米,海岸线长 731 千米,共有 146 个岛屿分布于南中国海,海岛总面积 236.9 平方千米,陆海总面积为 7649 平方千米,素有"百岛之市"的美誉。

珠海是中国南海之滨的一颗璀璨的明珠,是最早对外开放的四个经济特区之一。早在 5000 年前的新石器时代,人类文明就在这里留下了遗迹。而今,珠海以新兴花园式海滨旅游城市的崭新风貌受到人们的青睐。1991 年珠海以整体城市为景观被国家旅游局命名为"珠海旅游城",成为中国旅游胜地四十佳之一。

珠海市的旅游景点和旅游项目丰富多彩,极具特色。大型历史文化景观圆明新园、梦幻水城、四大佛山旅游风景区、珍珠乐园、九洲城、珠海渔女、情侣路、竹仙洞、白莲洞公园、金海滩、飞沙滩、斗门御温泉、珠海温泉、白藤湖水乡风情游景区、石景山观光索道滑道、鳄鱼岛、无土栽培旅游基地等,为珠海发展观光度假旅游提供了坚实的基础。

四、肇庆景群

肇庆位于广东省中部偏西,距广州 90 千米,属亚热带季风气候。肇庆汉时设县,隋时置端州府,北宋始称肇庆,沿用至今。市内主要景点有七星岩、鼎湖山、宋代古城墙、崇禧塔、梅庵、阅江楼等。

1. 七星岩景区

七星岩景区位于肇庆市北部 4 千米,由散落在广阔湖区的七岩、八洞、五湖、六岗组成,以山奇水秀、湖山相映、洞穴幽奇见胜。景区内七座挺拔秀丽的石灰岩山峰布列如北斗七星,故名"七星岩"。

2. 鼎湖山景区

鼎湖山景区位于市东北郊 18 千米,该景区以亚热带天然森林、溪流飞瀑、深山古寺见长。从世界范围来看,整条北回归带几乎全是沙漠或干旱草原,而纬度相当的鼎湖山由于受海洋季风影响,却是一片生机盎然的亚热带、热带森林,所以为各国科学家所注目。它在 1980 年正式加入世界自然保护区,同时又成为联合国教科文组织"人与生物圈"生态系统定位研究站,为世界重要的自然保护区。鼎湖山林壑幽深,泉溪淙淙,飞瀑直泻,自然风光十分迷人,包括鼎湖、三宝、凤来等 10 多座山峰(原来山顶有湖,本名顶湖山)。西南坡西溪龙泉坑有水帘洞天、白鹅潭、葫芦潭等 8 处瀑布。山南麓有庆云寺,西南隅有白云寺。

第四节　海南旅游副区

海南岛于 1988 年建省,是我国经济特区之一。海南岛为我国第二大岛,有"南海明珠"之称,属热带季风气候,四季常青,风景秀丽,具有浓郁的热带风光。

在海南长达 1528 千米的海岸线上,沙岸占 50%～60%,沙滩宽数百米至数千米不等,坡度一般为 10 度以下,缓缓延伸;多数地方风平浪静,海水清澈,沙白如絮,清洁柔软;岸边绿树成荫,空气清新;海水温度一般为 18℃～30℃,阳光充足明媚,一年中多数时间可进行海浴、日光浴、沙浴和风浴。当今国际旅游者喜爱的阳光、海水、沙滩、绿色、空气这 5 个要素,海南环岛沿岸均兼而有之,自海口至三亚东岸线就有 60 多处可辟为海滨浴场。环岛沿海有不同类型滨海风光特色的景点,在东海岸线上,特殊的热带海岸森林景观——红树林和海岸地貌景观——珊瑚礁,均具有较高的观赏价值,已在琼山市东寨港和文昌市清澜港等地建立了 4 个红树林保护区。

海南岛有海拔 1000 米以上的山峰 81 座,绵延起伏,山形奇特,气势雄伟,颇负盛名。有山顶部成锯齿状、形如五指的五指山,气势磅礴的鹦歌岭,奇石叠峰的东山岭,瀑布飞泻的太平山,以及七仙岭、尖峰岭、吊罗山、霸王岭等,均是登山旅游和避暑胜地。海南的山岳最显著的特色是密布着热带原始森林,著名的有乐东县尖峰岭、昌江县霸王岭、陵水县吊罗山和琼中县五指山等 4 个热带原始森林区,其中以尖峰岭最为典型。为了保护稀有物种,海南已建立若干个野生动物自然保护区和驯养场,有霸王岭黑冠长臂猿保护区、东方县大田坡鹿保护区、万宁市大洲岛(金丝燕)保护区、陵水县南湾半岛猕猴保护区等。

海南的南渡江、昌化江、万泉河等河流,滩潭相间,蜿蜒有致,河水清澈,是旅游观景的好地方,尤以闻名全国的万泉河风光最佳。大山深处的小河或山间小溪,涧于深山密林之中,中间大石叠置,瀑布众多,尤以通什市的太平山瀑布、琼中县的百花岭瀑布、五指山瀑布等久负盛名。

曾经历史上的火山喷发,在海南岛留下了许多死火山口。最为典型的是位于琼山市石山海拔 200 多米的双岭,岭上有 2 个火山口,中间连着一下凹的山脊,形似马鞍,又名马鞍岭。该岭附近的雷虎岭火山口、罗京盘火山口也保存得十分完整而奇妙。千姿百态的喀斯特溶洞也有不少,著名的有三亚市的落笔洞、保亭县的千龙洞、昌江县的皇帝洞等。岛上温泉分布广泛,多数温泉矿化度低、温度高、水量大、水质佳,大多属于治疗性温泉。温泉所在区域景色宜人,如兴隆温泉、南平温泉、蓝洋温泉、七仙岭温泉、官塘温泉和半岭矿泉等。

海南历史古迹主要有为纪念唐宋两代被贬谪来海南岛的李德裕等 5 位历史名臣而修建的五公祠,北宋大文豪苏东坡居琼遗址东坡书院以及为纪念苏东坡而修建的苏公祠,为巡雷琼兵备道焦映汉所修建的琼台书院,明代名臣海瑞之墓,汉武帝率兵入海南的伏波将军为拯救兵马而下令开凿的汉马伏波井,还有崖州古城、韦氏祠堂、文昌阁等。革命纪念地有琼崖纵队司令部旧址、嘉积镇红色娘子军纪念塑像、金牛岭烈士陵园、白沙起义纪念馆、宋氏祖居及宋庆龄陈列馆等。

世居海南岛的少数民族有黎族、苗族、回族。各少数民族至今保留着许多质朴敦厚的民风民俗和独特的生活习惯,使海南的社会风貌显得丰富多彩。海南是我国唯一的黎族聚居区,黎族颇具特色的民族文化和风情,有独特的旅游观光价值。

一、椰城海口

海口市为海南省会,位于海南岛北端,与雷州半岛隔海相望,人口近 40 万。建特区后城市建设发展很快,呈现出现代化城市的风貌。主要名胜古迹有海瑞墓、五公祠等。

1.五公祠

五公祠位于海口市东南部 5 千米处,由五公祠、苏公祠、观稼堂、学圃堂、五公精舍、琼园等一组古建筑构成,以五公祠统称。这片建筑群始建于明万历年间(1573~1619 年),陆续建至本世纪初,占地面积约 6.7 万平方米。这里奇花异木掩映楼阁,地近闹市,却独辟清幽,自古有"琼台胜景"之称,今为海口八景之一——"圣祠叠翠",是海南岛的著名古迹。五公祠为该建筑群的主体建筑,是一座二层木质结构、单斗拱的古建筑物,面积 560 平方米,楼高 10 米,人称"海南第一楼"。该祠始建于清光绪十五年(1889 年),为纪念唐宋两代被贬谪来海南的李德裕、李纲、李光、赵鼎、胡铨五位历史名臣而建,至今已百余年。祠内五公石雕栩栩如生,满面思绪。楼上高悬"海南第一楼"金字横匾。祠内柱上,清人长联落地有声,评价了五名臣,颇为"第一楼"增辉,长联三帧:第一联"只知有国,不知有身,任凭千般折磨,益坚其志;先其所忧,后其所乐,但愿群才奋起,莫负斯楼"。第二联"于东坡外,有此五贤,自唐宋迄今,公道千秋垂定论;处南海中,另为一郡,朝烟去所聚,天涯万里见孤忠"。第三联"唐嗟未造,宋恨偏安,天地几人才置诸海外;道契前贤,教兴后学,乾坤有正气在此楼中"。游祠品联,有正气益然之感。

　　五公祠右侧是学圃堂,清代浙江名士郭晚香来琼讲学旧址,现陈列汉代以来铜钟、铜鼓等古文物。学圃堂再右是五公精舍,晚清海南学子研习经史之处,今陈列历代书画。五公祠左侧是观稼堂,观稼指观赏"粟井浮金"、"金穗千亩"景色。

　　苏公祠位于五公祠的东侧,相传是北宋大文学家苏轼被贬海南时住所。宋代题名"东坡读书处"以纪念,元代在此设东坡书院。明万历四十五年(1617 年)重建,清顺治、光绪年间又多次重修。祠内陈列有苏东坡诗词碑刻,祠前有碑坊、拱桥、荷池、风亭。祠东有琼园,园内有浮粟泉、粟泉亭、洗心轩、仙游洞等名胜。

　　浮粟泉有"海南第一泉"美称。相传 1097 年苏东坡贬儋州,途经此地投宿,见居民饮城河之浊水,于是察地形而指地曰:"依地开凿,当得两泉。"当地居民掘之,果得清浊两泉,俱甘甜。清为浮粟泉,浊为洗心泉。后人在两泉周围陆续建苏公祠等建筑。洗心泉在明初湮没。现存浮粟泉,由清代知府叶汝兰改建成方形古井。粟泉亭已有 300 多年,由明代郡守翁汝遇始建。动工时,挖得一刻有苏东坡诗的石砖。此亭因翁郡守升迁而停建,由继任知府谢继科续建完成。洗心轩为一长形平屋,原名食源亭。

　　仙游洞是 1916 年到海南任观察使的朱为潮所建。相传他修琼园时,梦见和宋代海南历史上第一名诗人、道士刘逅在粟泉亭饮酒。刘指亭外说此地是他的出生遗址,便飞升而去。朱醒后,颇为感慨,在刘所指处建一假山石洞,并依刘逅诗名"仙游洞里杳无人"为假山石洞命名,现假山石洞口"仙游洞"乃朱为潮题。

　　五公祠东侧,还有两伏波祠和拜亭。明万历四十五年(1617 年),副使戴禧在创建昭忠祠。1915 年维修五公祠时,把两伏波祠迁到这里,现在看到的是重修后的两伏波祠,崇祀西汉的前伏波将军路博德和东汉的后伏波将军马援。两伏波祠前面是造型古朴的拜亭,亭里竖立着宋徽宗赵佶御制的《神霄玉清万寿宫诏》瘦金字石刻碑,这块保存了 800 多年的宣和御碑,其瘦金体书法刚劲清秀,是海南现存最古老的碑刻。

　　2. 海瑞墓

　　海瑞墓位于海口市秀英区的滨涯村,为海口八景之一"粤东正气"。海瑞生于琼山,是明代中叶政治家,有"海青天"、"南包公"之誉。墓建于明万历十七年(1589 年),是明朝皇帝派官员许子伟专程到海南监督修建。据说,当海瑞灵柩运至此处时,抬棺绳突断,人们以为海瑞自选风水之地,遂将其葬于此。海瑞墓园坐北面南,占地 4000 余平方米,陵园的建筑,庄重古朴,陵园正面高耸的牌坊上横书"粤东正气"四个阴刻丹红大字。100 多米长的墓道全用花岗石块铺砌,中间竖有三道石碑坊。甬道两侧陈列石羊、石马、石狮、石龟和石人等。海瑞墓用花岗石砌成,圆顶,六角形基座,高 3 米,上有八角,上大下小,呈古钟形。墓前高 4 米的石碑上镌刻着"皇明敕葬资善大夫南就都察院右金都御史赠太子少保谥忠介海公之墓"。碑文由海瑞同乡、海瑞墓督造许子伟撰。陵园中遍种葱郁苍翠的椰树、松柏、绿竹,四季常青。

二、三亚景群

三亚在海南岛最南端,旧称崖州。三亚海滨包括天涯海角、牙龙湾、大小洞天海山奇观、大东海浴场、鹿回头公园等景区。这里阳光、海水、沙滩、椰林等景色迷人,是我国冬季避寒旅游城市,也是海南最具魅力的旅游地区之一。

1.鹿回头岭

鹿回头岭位于三亚市南部 5 千米的三亚湾,伸向南海,状似坡鹿。这里三面临海,四季山青,以其美丽的神话传说闻名于世。相传古时候,五指山区一位黎族青年猎手为追逐猎获一只坡鹿,翻山越岭,一直追赶到海滨的石崖上,坡鹿回头变成一个美丽的黎族少女,并与青年结成恩爱夫妻,在此男耕女织,繁衍生息,形成一个黎族村寨。从此,这座山岭就叫"鹿回头岭",这个村就叫"鹿回头村",这个半岛就叫"鹿回头半岛"。鹿回头岭现已辟为公园,有环山公路可达山顶,山顶上竖立着再现鹿回头神话的塑像,高达 12 米。登临山顶,三亚市秀丽风景尽收眼底。夜登于斯,更有恍入广寒宫之感。鹿回头山下,椰林掩映宾馆、度假村、椰庄和珍珠养殖场。

2.天涯海角

天涯海角位于三亚市西郊 23 千米处,背负马岭山,面向茫茫大海。这里海水澄碧,水天一色。海湾沙滩上大小百块垒石耸立,"天涯"、"海角"和"南天一柱"巨石突兀其间,昂首天外,峥嵘壮观。史载,"天涯"两字为雍正年间崖州知州程哲所题,铭刻在一块高约 10 米的巨石上。岩石下方有郭沫若咏"天涯海角"的三首诗题刻。"海角"两字刻在"天涯"右侧一块尖石的顶端,据说是清末文人题写。这两块巨石通称"天涯海角"。离"天涯"摩刻左侧几百米,有一尊高大独立的圆锥形巨石,这就是南天一柱奇景。它擎天拔地,有独立南天之势。天涯海角远离中原,古时候交通闭塞,人迹罕至,是古代封建王朝流放逆臣之地。宋代名臣胡铨曾用"区区万里天涯路,野草若烟正断魂"的诗句,倾吐了谪臣的际遇。经过历代文人墨客的题咏和描绘,这里成为一个富有神奇色彩的古迹和游览胜地。游人至此,似有一种到了天地尽头的感觉。这里已建起风格独特的园林式建筑和天涯购物寨等。附近热带海洋动物园,可观千奇百怪的南海鱼类和泰国湾鳄。

3.南海观音像

三亚南海观音像位于海上,高 108 米,为正观音像。运用声光电技术进行灯光演示,展示"佛光普照"的效果。

三、三沙景群

三沙市是海南省地级市,设立于 2012 年,辖西沙群岛、中沙群岛、南沙群岛的岛礁及其海域,政府驻地位于西沙永兴岛。三沙市是中国位置最南、海域面积最大、陆地面积最小的地级市,陆地面积 13 平方千米。

早在距今 7000 年前,居住中国南方沿海的先民凭借船只向南海索取生存资料。3000 年前的殷周时代,中国渔民便常年不断地在南海航行并从事捕捞作业,最先发现了南海诸岛,详细记载在《更路簿》(或《水路簿》)的特殊手抄本中,作为航海指南世代相传。

先秦时代,海南岛与南海诸岛已内属中原王朝。在唐代南海诸岛不仅已经成为振州行政区划的一部分,而且岭南节度使还对南海诸岛实施行政管理。

清至民国南海诸岛的东沙群岛、西沙群岛、中沙群岛和南沙群岛一直设府管辖。

辛亥革命后,广东省政府宣布将西南中沙群岛划归海南崖县(今三亚市)管辖。抗战时期,日本侵占西沙和南沙太平岛。日本投降后,国民政府于 1946 年 11 月 24 日,派海军"永兴"、"中建"两舰接管西沙群岛,建立收复西沙纪念碑;12 月 12 日,派"太平"、"中业"两舰接管南沙群岛,并在太平岛上设立南沙群岛管理处,并派兵驻守,南海诸岛暂时隶属于海军司令部。1947 年 5 月间,民国政府国防部召开了西南沙群岛建设实施会议,会上决定由海南岛特别行政区对西沙群岛和南沙群岛进行行政管理。

2007 年 11 月 19 日,国务院同意海南省人民政府的提议,拟设立正式的县级"三沙市"。

2012 年 6 月 21 日,民政部公告宣布,国务院正式批准,撤销西沙群岛、南沙群岛、中沙群岛办事处,建立地级三沙市,政府驻西沙永兴岛。

2012 年 7 月 19 日,中央军事委员会批复广州军区,同意组建中国人民解放军海南省三沙警备区,主要负责三沙市辖区国防动员和民兵预备役工作,协调军地关系,担负城市警备任务。

2012 年 7 月 24 日,三沙市成立大会暨揭牌仪式在永兴岛举行,重达 68 吨的三沙市碑在永兴岛正式揭牌,三沙市人民政府和解放军三沙警备区挂牌正式成立。

西沙群岛是三沙市位置最北的群岛,主体部分还分为永乐群岛与宣德群岛。中沙群岛位于西沙群岛东南部,多为环礁、暗沙,唯一高潮时露出海面的是黄岩岛。南沙群岛是三沙市位置最南、分布最广的群岛,主要分为东、南、西三群。

三沙市属热带海洋性季风气候。一年间受太阳 2 次直射,年太阳总辐射值

140 千卡/平方厘米。全年为夏季天气,热量和气温均为全国之冠,但由于海洋的调节,少有酷暑。台风旺季为每年 7～10 月。年平均雨量在 1500～1900 毫米之间,但在时间上分配不均,每年 12 月至次年 5 月为少雨期,6 月至 11 月为多雨期,故一年只有两季,前者为干季,后者为湿季。

西沙的交通有航空、港口和岛上公路等。西沙群岛永兴岛机场于 1991 年建成,是一座军用机场。机场拥有一条长为 2400 米的跑道,可以起降波音 737 型客机。西沙群岛永兴岛拥有两个港口及一个渔政基地,可停靠 5000 吨级船只。西沙群岛琛航岛坐落在环礁上,环礁上开口形成内部潟湖与外海相连的航道,拥有很好航行条件的港口。琛航岛因清朝时名为"琛航号"的军舰到此而得名。

三沙是我国最南端的海上建制市,本身即具有极大的旅游价值。1997 年,海南西沙群岛开放旅游观光活动。目前主要旅游资源有永兴岛抗战胜利后的收复西沙纪念碑、南海诸岛纪念碑(永兴岛)、西沙海洋博物馆(永兴岛)、中国西沙主权碑(永兴岛)、明清古庙遗址(赵述岛)等。

第五节　桂林旅游副区

一、桂林景群

桂林市地处广西壮族自治区东北部,是世界著名的风景游览城市和历史文化名城,辖秀峰、象山、七星、叠彩、雁山 5 城区和灵川、兴安、全州、临桂、阳朔、平乐、荔浦、龙胜、永福、恭城、资源、灌阳 12 县。桂林市是一个多民族地区,有壮、瑶、回、苗、侗等几十个民族,共有少数民族人口约 70 万人。

桂林市地处南岭山系的西南部,平均海拔 150 米,典型的岩溶峰林地貌是桂林重要的旅游资源。桂林市地处低纬,属亚热带季风气候。气候温和,雨量充沛,无霜期长,光照充足,四季分明,气候条件优越。

桂林山水以"山青、水秀、洞奇、石美"著称,素有"桂林山水甲天下"之美誉。百里漓江"水绕青山山绕水,山浮绿水水浮山",构成桂林山水的精华。芦笛岩、七星岩、莲花洞、冠岩等洞穴形态奇异,堪称洞穴瑰宝。市区千峰环立,一水抱城,景中建城,象鼻山、伏波山、叠彩山、独秀峰、塔山等,城中见景,城景交融,世所罕见。

桂林人文资源十分丰富,纳文物古迹、民族风情、村寨风光于一体,并与山水景观有机结合、相互交辉。甑皮岩洞穴遗址、兴安灵渠、明靖江王府和靖江王墓群、桂海碑林、花桥、八路军办事处、李宗仁故居等文物古迹具有很高的历史、艺术价值。全市聚居的壮、苗、瑶、侗等少数民族,保持着古朴、奇特、多彩的民俗风情,如壮族的三月三歌节,瑶族盘王节、达努节,苗族芦笙节、拉鼓节,侗族花炮节、冬节等极具旅游吸引力。

桂林旅游资源数量多、景区广、地域组合好,整个大桂林游览区以桂林市为核心向四周辐射,呈圈层分布,方圆面积达 2 万多平方千米。根据景区特色,大致可划分为六大景区,即桂林—漓江—阳朔山水景区、兴安灵渠景区、猫儿山高山景区、龙胜花坪原始森林景区、海洋—高尚银杏林景区、青狮潭水库景区。

1. 漓江

漓江是桂林山水的重要组成部分,它发源于桂林东北兴安县的猫儿山,流经桂林、阳朔,至平乐县恭城河口,全长 170 千米。桂林至阳朔 84 千米的漓江,像一条青绸绿带,盘绕在万点峰峦之间,奇峰夹岸,碧水萦回,削壁垂河,青山浮水,风光旖旎,犹如一幅百里画卷。漓江风光的美,不仅充分展现了"山青、水秀、洞奇、石美"的特点,而且还有着"深潭、险滩、流泉、飞瀑"的佳境。同时漓江因不同的季节、不同的气候,自然有它不同的神韵。晴天的漓江,青峰倒映特别迷人;烟雨漓江,赐给人们的是另外一种美的享受,细雨如纱,飘飘沥沥,云雾缭绕,似在仙宫,如入梦境。

2. 象鼻山

象鼻山位于桂林市东南漓江西岸,山因酷似一只站在江边伸鼻豪饮漓江甘泉的巨象而得名。象鼻山是桂林山水的代表,桂林城的象征,桂林乃至广西地方产品多以象鼻山作为标记。山顶有明代所建普贤塔,为喇嘛式实心砖塔,高13.6米。基座北面,嵌有青石一方,平雕南无普贤菩萨之像。远看塔似剑柄,又像宝瓶,有"剑柄塔"、"宝瓶塔"之称。象鼻山与穿山、塔山分布漓江两岸,山形、塔影、明洞构成美丽的"三山景色"。穿山月岩与象鼻山水月洞远近相映,呈现"漓江双月"的奇景。

3. 芦笛岩

芦笛岩位于桂林市西北郊,距市中心 5 千米,是一个以游览岩洞为主、观赏山水田园风光为辅的风景名胜区。芦笛岩洞深 240 米,游程 500 米。洞内有大量奇麓多姿、玲珑剔透的石笋、石乳、石柱、石幔、石花,琳琅满目,组成了狮岭朝霞、红罗宝帐、盘龙宝塔、原始森林、水晶宫、花果山等景观,令游客目不暇接,如同仙境。从唐代起,历代都有游人踪迹,现洞内存历代壁画 77 幅。芦笛岩的景观,不仅精致美观,而且珠联璧合。满洞石钟乳、石笋、石柱等,好似象牙雕刻,仿佛黄杨木雕,美观异常,被誉为"大自然艺术之宫"。

二、南宁景群

南宁是广西壮族自治区的首府,是一座有 1600 多年历史的古城,列为中国十大考古发现的南宁"贝丘遗址"更进一步证明了南宁的悠久历史。南宁交通便利,海陆空立体交通网与全国乃至国际紧密相连。南宁著名的风景名胜有青秀山、伊岭岩、大明山、灵水、凤凰湖等。

南宁居住着壮、汉、瑶、苗、回、侗、仫佬、毛南等 30 多个民族。壮族是中国人口最多的少数民族,有自己的语言文化及独特的民俗风情。壮族素有以歌代言、以歌传情的习俗,每年农历三月三都要举行壮族民间传统的民歌节。

三、北海景群

北海市地处中国广西的最南端。东与广东湛江接壤,南与海南省隔海相望,西邻越南,北连钦州。

北海虽然没有北京、西安等城市的悠久古老的传统文化,但它却具有不可小觑的对外开放的历史。20 世纪 80 年代初它就是中国首批对外开放的沿海城市之一。其著名旅游景点银滩被列为国家旅游度假区及全国 35 个王牌旅游景点中的最美休憩地之一。

1.北海银滩

银滩位于市南北部湾北岸,拥有绵延 10 千米长的石英砂海滩,最宽处约 500 米,地势平坦宽阔,东西朝向,日照良好,沙质洁白如雪,水质洁净清澈,海水透明度大于 200 厘米,超过全国沿海海水透明度平均 100 厘米的一倍以上,是世界上少有的洁净、广阔的海滩。这里的常年水温在 15℃～30℃之间,四季都适宜进行游泳和其他体育活动,是个理想的天然浴场,享有"南方北戴河"的美誉,是旅游者向往和追求的"海洋、日光、海滩"海滨旅游胜地。

2.元宝山

元宝山位于融水苗族自治县城北,方圆 250 平方千米。山体陡峭雄伟,主峰海拔 2101 米,天然植被垂直分布明显。清澈的贝江,全长 146 千米,穿流于峰峦间,峰回水曲,飞瀑倾泻,两岸杉、竹夹岸,苗寨木楼若隐若现,每年放排季节,大批竹、木排顺江而下,破浪飞驰,篙师的勇敢和智慧令人惊叹不已。元宝山和贝江一带自然景观具有雄、奇、险、幽、秀、野的特点。这里是天然的动植物园,第四纪冰川的孑遗植物"广西冷杉"2000 余株,是新发现的稀有珍贵树种。这一带主要景点有 30 余处。在离城 19 千米处的贝江铁索桥附近,新建了四荣乡第一座民族旅游村。村内主要道路修整畅通,改建了芦笙坪、斗马坪,新建一座具有民族特色的接待木楼。全村 70 多户人家都是苗族,在风俗习惯、民房建筑、语言、服饰等方面都保持着浓郁的苗族特色。

第六节　本区其他旅游资源

一、泉州景群

泉州别称鲤城、刺桐城、温陵,地处福建省东南部。泉州历史悠久,人文荟萃,素称"海滨邹鲁"。风景名胜、文物古迹多姿多彩,有山区的九仙山、石牛山、清水岩;海滨的崇武、祥芝、永宁、深沪;近郊的清源山、九日山、金门太湖榕园、紫帽山、科山、龙源山、灵秀山;市(县)区内正修复或新建的东湖公园、晋江敏月公园、石狮鸳鸯池公园等。人称"地下文物看西安,地上文物看泉州",古代遗留的寺庙、石塔、石桥、墓葬、窑址、民告、城堡、园林、石刻等,具有高度的历史、艺术、科学价值。

二、漳州景群

漳州位于福建省南部,东濒台湾海峡,西南与广东的汕头毗邻。居民绝大多数为汉族,也有畲族、高山族等少数民族。漳州西北多山,东南滨海,属南亚热带季风气候,年平均温度21℃,年降雨量1500毫米,全年皆可旅游,最佳旅游季节一般为每年的2~10月。

漳州山川秀美,人文荟萃,名胜古迹众多,民俗风情多姿多彩,旅游资源十分丰富。由山、海、岩、洞、亭、碑、寺、庙、桥、树、花、果等,组成了美不胜收、各具特色的旅游景观。主要游览点有东山风动石—塔屿风景区、云洞岩、灵通岩、南山寺、三平寺、慈济宫、赵家堡、仙字潭、天柱山、土楼、鹅仙洞、石门岩、九侯山、凤山荔海、天宝蕉林、百花村、水仙花田、六斗山亚热带原始雨林,以及历代名人遗址黄道周纪念馆、威惠庙、陈元光墓等。民间艺术绚丽多姿,锦歌、大鼓凉伞舞等,具有浓厚的乡土气息;曾经多次出国演出的布袋木偶戏和芗剧,饮誉海内外。漳州还是中国女排腾飞的基地,被誉为"世界冠军的摇篮",女排三连冠铜像就矗立在这里。漳州也是福建著名侨乡和台胞主要祖居地,是侨、台胞寻根访祖的府地。目前,已辟有海滨度假、花果品赏、古建筑观赏、土楼之旅、宗教朝圣、寻根谒祖等专项旅游线路。

三、汕头景群

汕头是中国唯一市区有内海的城市,由于被江海分割成岛,别名鮀岛。美丽的乔木凤凰树开的金凤花和幽香高雅的兰花比较常见,是一座标准的亚热带滨海城市。城区位于汕头海湾南面,由沿海台地和 43 个峰峦组成,具有海、山、石、洞和人文景观等综合特色。

四、佛山景群

佛山"肇迹于晋,得名于唐"。佛山先民早在 5000 年前,就在这里以渔耕和制陶开创了原始文明。唐贞观二年(628 年),当地人掘得铜佛三尊,佛山由此得名。佛山是我国南方的商贸重镇,至明清更是鼎盛一时,与北京、汉口、苏洲同为我国的"四大聚",又与湖北汉口、江西景德、河南朱仙齐名,并称我国的"四大名镇"。自古以来,佛山就有"广纱中心"、"南国陶都"、"岭南药材发祥地"的美誉,名声显赫。

五、五指山与万泉河

五指山位于海南岛中部,因山峰形似五指而得名。主峰高 1867 米,是岛上最高的山峰。五指山区是我国仅存的三大热带雨林之一,是绿色旅游及生态旅游的好去处,至今保留着浓郁的黎、苗民族风情,使这里更添几分魅力。

万泉河是海南第三大河,沿岸风光壮丽、优美兼而有之。下游琼海市河段已辟为旅游风景区。

六、柳州景群

柳州地处广西壮族自治区的中部,是我国中西南的交通枢纽。柳州是南中国古人类的发祥地之一,柳州西南郊 12 千米处坐落着洞穴科学博物馆——白莲洞洞穴科学博物馆,洞穴中的文化遗迹,在国内尚属罕见,许多中外专家、学者纷纷慕名而至。这里是"歌仙"刘三姐的故乡,市中心的鱼峰山,传说是刘三姐骑鱼成仙的地方;唐宋八大家之一、曾任柳州刺史的柳宗元,以及为纪念柳宗元修建的柳侯祠、柳侯衣冠冢等,给人们留下了许多有价值的文化历史古迹,构筑成别具特色的风景旅游城市。龙潭公园是柳州又一处风景优美且富少数民族特色的历史名胜,龙潭公园民族风情誉满全国,已成为了解南方少数民族风情的窗口。

第九章　华中旅游区(鄂湘)

本章提要

　　华中旅游区地处内陆腹地、长江中游,悠久的历史、灿烂的文化使湘楚大地保存了许多珍贵的历史遗迹和文物。这里湖泊众多,水网纵横,素有"鱼米之乡"的美誉,与分布密度相当高的风景名山共同构成了本区旅游资源的主体。本章在概述全区旅游环境的基础上,主要论述以武汉、长沙等旅游城市为主的华中各省旅游资源的特点和分布情况。

　　华中旅游区包括湖南、湖北两省,全区面积 40 万平方千米,人口 1.33 亿。地处长江中游,位于我国中部偏南,有着独特的自然风光、丰富的人文景观和浓郁的民俗风情。

第一节　华中旅游区旅游资源基础

一、平原丘陵为主的地形

华中旅游区地势西部高东部低,从全国的地势整体来看,处于由西向东降低的第二级阶梯与第三级阶梯的交接区。西部有险峻秀丽的山脉,有海拔1000~2000米的山峰。地表起伏大、峰峦挺拔。武陵源、武当山、神农架等著名的风景区深藏于西部的大山之中。南部为湘中丘陵,海拔在500米以下,坡度和缓,连绵起伏,南岳衡山即在此区。东部广大地区属于两湖平原,地势低平和缓,海拔多在50米以下。江汉平原和洞庭湖平原,湖泊众多,水网纵横,素有"鱼米之乡"的美誉,是我国主要的农业生产基地。

本区风景名山众多,有世界遗产武陵源、武当山;国家重点名胜区衡山、韶山、大洪山、九宫山、隆中等。

二、温暖湿润的气候

华中旅游区属亚热带湿润性季风气候。春温多变,夏热长久,秋高气爽,冬寒短促。一年之内气温变化较大,年平均气温在15℃~18℃之间。大部分地区雨量充足,年平均降水量在1200~1700毫米。地表水丰富,山清水秀。

由于优越的气候条件,造就了众多的自然保护区,如张家界、神农架、八大公山等。

三、悠久的历史,丰富的古迹

湖南、湖北两省历史悠久,湘楚文化博大精深。两省地处内陆腹地、长江中游,历史上许多政治、军事事件在此发生,悠久的历史、灿烂的文化使湘楚大地保存了许多珍贵的历史遗迹和文物,如长沙马王堆汉墓遗址、岳麓书院以及湖北境内的三国遗迹等。据不完全统计,湖北省境内的三国遗址遗迹达120处之多,其中较著名的有黄陵庙、古隆中、赤壁古战场、荆州古城、长坂坡等。

本区的历史文化名城有长沙、岳阳、凤凰、武汉、襄樊、随州、钟祥等。

四、便利的交通,较发达的经济

华中旅游区于我国中部偏南,地理位置适中,交通便利,四通八达。公路、铁路、航空、水运组成了立体的交通网。区内高速公路纵横交错,省城与主要的风景区都有高速公路连接。主要高速公路有京港澳高速、二广高速、沪渝高速、长张高速。京广高铁和宁汉渝蓉高铁在本区十字相交,极大地提高了本区的交通运输水平。普速铁路有京广线、浙赣线、湘桂线、湘黔线、焦柳线、襄渝线等贯穿南北,承启东西。水网密集,航道密布,水运发达。湘江、资水、沅江、澧水连接大小支流,汇集于洞庭湖然后注入长江;荆江、汉水汇流于长江;还拥有长江这一黄金水道,与重庆、南京、上海等大城市水路相连。洞庭湖、洪湖等大小湖泊星罗棋布。航空运输也较完备,有武汉、长沙、张家界、宜昌、常德等机场。其中武汉、长沙、张家界机场已开通国际航班,可通达国内外重要旅游城市。

两省旅游业蓬勃发展,旅游纪念品的生产技术水平高,工艺精巧,著名的有湖南的湘绣、漆器、菊花石雕;湖北的牙雕、木雕等。湖北鄂菜和湖南湘菜均位列八大菜系。武昌鱼和热干面、豆皮,孝感麻糖为有名特产。

第二节　武汉旅游副区

一、武汉城市

武汉是湖北省省会,我国华中地区最大的经济中心、商贸中心、金融中心和文化中心,是我国集铁路、水路、公路、航空等为一体的重要交通枢纽。武汉原有铁路武昌站和汉口站,近年又建设了运行高铁的武汉站。

武汉位于湖北省地域中部、江汉平原东部、长江与汉水交汇处,素有"江城"之称。市内以平原为主,丘陵为辅。长江与汉水将武汉分为隔江而立的汉口、汉阳、武昌三部分,通称武汉三镇。在我国经济地理圈层中,武汉处于十分重要而优越的地理位置。自古以来,就有"内联九省,外通海疆"之说,因此也就有了"九省通衢"之称。特别是武汉长江大桥、二桥、三桥和江汉一桥、二桥及汉水铁路桥的全线开通以及空中航线的全面开辟,武汉的交通进入了新的时代。

武汉市域面积 8483 平方千米,总人口 827 万。辖 13 区:江岸、江汉、硚口、汉阳、武昌、青山、洪山、蔡甸、江夏、东西湖、汉南、黄陂、新洲。

武汉属亚热带湿润季风气候,雨量充沛,日照充足,四季分明。每年七八月份,平均气温较高。同时又是我国东南多雨到西北少雨的过渡带,伏旱和梅雨是两大特点。

武汉是一座有着悠久历史的文化名城,又是一座富有光荣革命传统的城市。位于汉口北郊黄陂区内的商代盘龙城遗址,可以证明武汉城市发展的历史大约有 3500 年。春秋时期,这里为楚地;秦时为南郡地;历经古代文明孕育,东汉末年,此地被筑成"却月城"。三国时,武汉成为魏、蜀、吴三方鏖战之地,孙权在江夏筑城。唐宋以后,武汉一直是我国南方重要的中心城市。元末农民起义红巾军领袖徐寿辉建立天完国,并于 1356 年从蕲水(今浠水)迁都汉阳。明代成化年间,汉口镇开始形成,并一度成为南方大商埠之一,与景德镇、朱仙镇、佛山镇并称为"中国四大名镇"。1643 年,张献忠攻占武昌,在此建立大西国。至此,三镇鼎立的格局确立。武汉以其优越的地理条件和独特的经济地位蜚声海内外。

武汉是以冶金、机械为中心的工业城市,是我国中部地区重要的综合性工业重镇、商贸中心和教研基地。其中,武昌是武汉高等学校集中的文化区,是武汉现代城市文化的体现,重要的高等学校有武汉大学、华中科技大学、华中师范大学等。

汉阳是武汉的重点开发区,代表着武汉的未来;汉口是武汉最繁荣热闹的商业经济区,也是华中地区商品的集散中心。位于市中心的江汉路步行街是精品购物休闲旅游一条街,路面与两边店铺落地橱窗连成一体,行人观景、行走、购物有如走进一家"巨型露天商场"。现有各类商业门点 305 处,其中步行街范围内(武汉关至江汉四路)有门店 183 处,涉及服装、家电、餐饮、金融、百货等 51 个行业。从郡阳街至中山大道 300 米距离,形成以国家级老字号及现代国内名牌商品为主体的商业区段。从中山大道至江汉四路 510 米距离,形成以中心百货商店、港澳中心等现代大型商场为中心的综合性商业区段。汉商集团汉口商场改建为"女之都",营业面积达 22000 平方米,专营妇女吃、穿、用、玩、健身、摄影、美容等名牌商品和现代服务项目,成为全国最大的专卖店。

武汉文艺丰富多彩,汉剧、楚剧、黄梅戏及两年一度的国际杂技节、国际渡江节已成为武汉别具特色的文化、体育专项活动。武汉的风味饮食以品种多样、味美价廉著称。

悠久的历史,为武汉遗留下了众多风格独具的风景名胜,楚风汉韵,源远流长。主要景点有:万里长江第一楼——黄鹤楼、东湖风景区、归元寺、晴川阁、古琴台等。此外,还有一大批革命遗址,如武昌起义军政府旧址、八七会议会址、中央农民运动讲习所旧址等。

二、武汉主要旅游资源

1. 黄鹤楼

黄鹤楼是中国古老的文化名楼,历史悠久,地理位置优越,自古享有"天下江山第一楼"的盛誉,并与南京阅江楼、岳阳楼、南昌滕王阁合称为"江南四大名楼"。

黄鹤楼坐落于武汉市蛇山的黄鹤矶头。此处位于长江南岸,是汉水与长江的交汇处。山水之胜,再点缀上名楼,使这里风景更加旖旎多姿,风光壮美。

"黄鹤楼"这三个字的来历,有因山和因仙两种说法。

因山说法是根据历史资料记载:三国时期东吴夺荆州后,为迎战刘备特在武昌的蛇山西坡黄鹄山上修了一座高楼做哨楼。因黄鹄山的石头呈黄色,且"鹄"与"鹤"二字一音之转,故得名"黄鹤楼"。但这一说法有些牵强,所以因仙得名的说法更被民间所接受并广为流传。

据说道教仙人王子安曾在此乘黄鹤飞去。王子安偶然路过一个姓章的人开的酒店,便进去狂饮,酒家热情款待,并不索酒钱。豪饮数天,酒家依旧热情,周到如前,这样又过多日,王子安饮酒后为谢店主,就取桔子皮在酒店的墙壁上画了一个黄鹤,画毕,黄鹤突然翩翩起舞,引得众人到此饮酒围观。从此酒店生意兴隆,顾客盈门,络绎不绝。

无论是"仙说"还是"山说",它终究是闻名天下。黄鹤楼造型优美,气势恢宏,与滔滔长江相得益彰,又有历代文人墨客驻步留吟,这才是它受人青睐、久负盛名而不衰的真正原因。

黄鹤楼初建时是座供瞭望用的戍楼。后三国统一,它在失去军事价值的同时,随着江夏城的发展,而演变为登临观光、休憩的场所。到唐代它已是吟诗作画、宴客会友的胜地了。唐代以后的千余年,此楼屡毁屡建,但它作为游览胜地的地位却经久不衰。其中历代创作的关于黄鹤楼的诗词曲约有千余首,楹联不下千余副,文赋过百,匾额也很多。其中崔颢的《黄鹤楼》最为著名:

昔人已乘黄鹤去,此地空余黄鹤楼。

黄鹤一去不复返,白云千载空悠悠。

晴川历历汉阳树,芳草萋萋鹦鹉洲。

日暮乡关何处是? 烟波江上使人愁。

它把黄鹤楼的地理位置、周围环境、高楼雄姿、传说故事和感受写得淋漓尽致,以至李白到此想写诗颂楼时却也不得不发出"眼前有景道不得,崔颢题诗在上头"的感叹!

据记载和图片分析,黄鹤楼最初为木质结构,而且只有两层楼;宋代以后变为三层;到晚清时则是一座高三层、十字攒尖顶式木结构建筑,楼下有石台和平房。楼的四面各突出抱厦一间。全楼共三十余个翘角。其造型之美,结构之精巧,气势之辉煌,令人赞叹不已。可惜清光绪十年(1884年)毁于火灾。百年之后,1984年,根据历史资料与参考图片画册,在力保遗址遗存的基础上,重建此楼。

新建的黄鹤楼是一座钢筋混凝土仿木结构楼阁式建筑,面积有4000平方米。高51米,楼有五层,夹层五层。主楼以民国年间的楼型为主,金色琉璃瓦,金碧辉煌,大方气派。其内部装饰与陈设以表现该楼的传说、历史为主题。全楼由72根大圆柱支撑,楼外有60个翘角,每个角下悬挂铜铃,轻风徐来,铃声清脆入耳,眼望长江,让人顿入另一种境界。在屋顶正中,有一个高4米、用102块琉璃砖镶嵌而成的葫芦型宝顶,造型大方美观。在黄鹤楼顶层西面檐下,悬挂着一块黑底金字大匾,上书"黄鹤楼"三个大字,这是当代著名书法家舒同的手笔。在顶层的东面、南面和北面檐下还各挂一匾,分别写有"浪下三吴"、"势连衡岳"、"气吞云梦"、"云横九派"。在第一层楼的大厅中,有一幅高9米、宽6米的巨型彩色瓷嵌壁画,此画名为《白云黄鹤》。在画中最吸引人的地方是白云缭绕的主楼上空,一位吹着横笛的仙翁正乘黄鹤飞去。此画生动逼真,给人空阔的联想空间,它吸引了众多的游客驻足观赏,留影纪念。这第一层楼只是黄鹤楼历史文化宝库的开端。二楼正中的墙壁上,有唐代阎伯理撰写的《黄鹤楼记》。在它西侧壁上,分别镶嵌着《孙权筑城》和《周瑜设宴》的瓷画。这两幅画富于装饰性,与主楼古雅的风格很调和,它们向游人陈述了黄鹤楼的来历与传说故事,它与主楼的装饰有机地融为一体。在三楼的《文人荟萃》组画中,有人们十分熟悉且喜爱的李白、崔颢、岳飞等。并在人物的旁边配有咏黄鹤楼的诗词。这里主要表现黄鹤楼人文、诗词吟赋的主题,这也是黄鹤楼作为历史文化瑰宝的重要内容。四楼大厅悬挂有一幅《古黄鹤楼》图,描绘的是清代的黄鹤楼,还有一些壁画和模型也显示了黄鹤楼各时期的风貌,让人们重温黄鹤楼的历史兴衰。比《古黄鹤楼》图更有气势、更富于文化色彩的是五楼的《江天浩瀚》壁画,这是由10幅画组成的组画,画面近100平方米,它不但反映了黄鹤楼诞生和兴废的曲折过程,而且展示了万里长江由起源到入海的壮阔图景。

2.东湖公园

东湖公园位于湖北武昌东郊,它的前身是著名声乐教育家周筱燕女士家的"海光农圃",1949年后被辟为公园。东湖湖岸曲折,婀娜生姿,面积是杭州西湖的六倍。湖区碧波万顷、青山环绕、山水交融。东湖拥有丰富的植物资源,园中有大片的水杉林,还有"春兰、夏荷、秋桂和冬梅"等四季美景。

磨山植物园位于武汉东湖南岸,东西长约2200米,宽约500米,有6座山峰,最高的东峰形态圆如石磨,因此得名。这里三面环水,六峰相连,松林茂密,并广植桂树和梅,素有"十里长湖,八里磨山"之称,风景极佳。植物园位于磨山南麓,是以观赏、科普教育为目的,以湖北地区植物为主的专类植物园,现已建成盆景园、樱花园、水生花卉区、梅园、月季园、杜鹃园、蔷薇园等。

盆景园位于磨山中心地带,占地4.6万平方米,是具有江南庭园特色的"园中园"。内有多处馆、厅、亭、廊、榭,小桥流水,荷花飘香。青瓦白墙,朴素端庄,山石盆景逾万件,尤以200多年历史的榆桩盆景最为珍贵;从盆景园往西,靠湖之滨是樱花园,面积2.92万平方米。园内所植樱花一部分来自国内,一部分为邓颖超同志1979年访问日本时,日本首相田中角荣所赠。内有"七十八樱花亭",寓1978年中日缔结和平友好条约以及周恩来同志享年78岁之意;水生花卉区面积约5.5万平方米,湖中留岛砌台,曲桥与岸相连,分植各色荷花、睡莲。岸边浅水处培植荷花芦苇、香蒲、草蒲等水生花卉;梅园开创于20世纪50年代,占地 20 万平方米,培育出"金钱绿萼"、"大羽"、"骨江垂枝"、"老人美大红"等梅花珍品。湖北是梅花的故乡之一,早在秦汉时,野生梅花就散见于大江两岸。唐宋时期栽培梅花盛行一时,至明清,赏梅、咏梅已成时尚。磨山梅花与南京的梅花山、上海的淀山湖梅园、无锡梅园并称"江南四大梅园"。1992 年中国花卉协会、中国梅花腊梅协会将磨山梅园定为"中国梅花研究中心"。郭沫若写诗赞道:"且喜东湖春到早,红梅万树一齐开。"

3. 归元寺

归元寺清顺治十五年(1658 年)由白光法师兴建,取"归元性不二,方便有多门"的佛偈而命名,与宝通寺、莲溪寺、正觉寺合称"武汉四大佛寺"。寺庙坐落在武汉市汉阳区翠微路西端,占地 46900 平方米,殿舍 200 余间,庙里的建筑、佛教经典以及各种佛像保存完整。罗汉堂供奉的 500 尊金身罗汉是最大特色。

4. 古琴台

为纪念俞伯牙与钟子期的知音深情而建的琴台,位于武汉市汉阳月湖侧畔、琴台路路边。古琴台又名"伯牙台",北宋时创建,嘉庆年间重修,以后颓败,新中国建立后修复完好。前门厅顶铺彩釉瓦,门额上书"古琴台"三字,进门后有甬道,经过"印心石屋"照壁,就到曲折精巧的琴台碑廊。碑廊门额上"琴台"二字,传为北宋书法家的手笔。主体建筑是一栋单檐歇山顶式前加抱厦的殿堂,彩画精丽,金碧辉煌,檐下匾额上书"高山流水"四字,堂前有汉白玉筑成的方形石台,相传是俞伯牙抚琴的遗址。台中央立有方碑,四周石栏,饰以浮雕,镌刻生动。古琴台占地约 10000 平方米,掩映在湖光山色、疏林繁花之中,瑰丽多姿,风光明媚。

第三节　鄂西旅游副区

一、长江三峡

长江三峡从重庆一路沿江而下,湖北境内是三峡最长的部分,大约占了三峡的 2/3。三峡位于重庆与湖北的巫山山脉中,西起重庆的奉节白帝城,东至湖北的宜昌南津关,全长约 200 千米,由瞿塘峡、巫峡、西陵峡组成。它以悠深壮丽的峡谷景观为主,具有雄、险、奇、幽的特色。

三峡系长江切穿巫山山地而形成,江面宽度 100～1500 米,最窄处不足 100

米,而两岸峭壁则平均高出江面 500 米,山峰险峻,峡谷悠深,有"西控巴渝收万壑,东控荆楚压群山"的雄伟气势。船行江中有"峰与天关接,舟从地窟行"之感。山、水、泉、林、洞相映成趣,是长江这条黄金游览线上风景最奇秀、最集中的山水画廊。三峡沿岸古迹繁多,如刘备托孤的白帝城、屈原故里、王昭君故里、三游洞等也是重要的旅游资源。长江三峡中的巫峡、瞿塘峡都在重庆境内,此处只论述西陵峡。

西陵峡得名于宜昌市南津关口的西陵山,东起宜昌南津关,西至秭归香溪河口。峡谷内,两岸怪石嶙峋,险崖峭立,滩多流急,以"险"出名,以"奇"著称,"奇"、"险"化为西陵峡的壮美。整个峡区都是高山、峡谷、险滩、暗礁。峡中有峡、滩中有滩,大滩含小滩。船行此间,一会儿是高山挡道,"石出疑无路,云开别有天",峰回路转,又是一水相连;一会儿是险滩碍航,"白浪横江起,槎牙似雪成",驾舟下滩,瞬间飞驰而过。所以李白《下江陵》说:"朝辞白帝彩云间,千里江陵一日还。两岸猿声啼不住,轻舟已过万重山。"

"西陵峡中行节稠,滩滩都是鬼见愁"。西陵峡中有"三滩"(泄滩、青滩、崆岭滩)、"四峡"(灯影峡、黄牛峡、牛肝马肺峡和兵书宝剑峡)。泄滩在巴东、秭归两座县城之间,北岸泄溪的山洪把大量沙石带入长江,形成扇形滩坝,占据了江面的 3/5;南岸又有突出的石嘴紧逼着,使航道变得很窄。在狭窄的航道上,又有泄床、泄枕、泄针诸石挡道,使行船更加危险。过去上行船一定要借助于绞滩船的牵引才能通过。

由泄滩下行至兵书宝剑峡与牛肝马肺峡之间,就是与泄滩互为消长的青滩。船工有"有青无泄,有泄无青"之说。滩中乱石如林,巨石如剑,江流飞落如瀑,船到滩头,稍有不慎,就会船碎人亡,人称川江"铁门坎"。

崆岭滩是西陵峡的另一个主要险滩,向来有"青滩泄滩不算滩,崆岭才是鬼门关"之说。崆岭,意为空船。就是说,船过崆岭,旅客和货物必须全部下空,空船才能通过。每逢枯水,滩中大小礁石,争相露面,如同江上石林;洪水一到,礁石相继潜入江底,成为暗礁。仅有名的暗礁就有 24 处,其中有个叫"大珠"的石梁,纵卧江心,把江流分成南北两漕,南漕乱石密布,漩涡无常;北漕弯曲狭窄,暗礁如林。滩中原有一块"对我来"礁石,船行至此,必须对着它行驶,驶到跟前随水势北偏,即可从北漕通过。如果望而生畏,老远躲避,必然沉船。

南津关是西陵峡的东口,也是整个三峡的终点。咆哮奔腾的万里长江涌出南津关后,流向由东急转向南,作 90 度大转弯,江面陡然展宽,高山峡谷变为丘陵谷地,险滩恶浪随之消失,显出一派平稳气氛。使人顿生"送尽奇峰双眼豁,江天空阔而夷陵"之感。

三峡坝长 1983 米,坝顶高 185 米,蓄水位 175 米,总库容 393 亿立方米。每秒排沙流量 2460 立方米,泄洪坝段每秒泄洪能力为 11 亿立方米。总容量 1820 万千瓦,年均发电量为 847 亿度。长江三峡完成截流以后,"高峡"变为"平湖"。蓄水后,由于水位上升 80 米,库区新增景点 70 多个。

二、小三峡

长江的三峡段,接纳了若干条支流。其中以大宁河最长。大宁河流经重庆的巫溪、巫山两县,蜿蜒 300 千米,在巫峡西口注入长江。大宁河下游的三个峡谷,由大昌至巫山,长 41 千米,由龙门峡、巴雾峡、滴翠峡组成,是一段宽谷少而峡谷非常整齐的山溪性峡谷。它兼有长江三峡之胜,却比长江三峡更窄,山势更陡,奇峰怪石更多,水浅而清,滩短而浅,其风景可与长江三峡媲美,被誉为"小三峡"。

三、屈原故里和昭君故里

秭归县在长江北岸,是楚国大夫屈原的故乡。相传屈原投汨罗江后,有一条神鱼自洞庭湖溯江而上,把屈原驮至离秭归县东 2000 米处的江边,人们称这里为"屈原沱",建有屈原纪念馆及屈原庙。

沿香溪北上,在兴山县的昭君村,是汉朝时远嫁塞外的王昭君的故乡。杜甫诗说:"群山万壑赴荆门,生长明妃尚有村。"这里有关昭君的遗迹主要有珍珠潭、绣鞋洞、碑林、昭君台和昭君纪念馆。

四、水电之城——宜昌

宜昌位于西陵峡西口,处在长江上游和中游、峡谷和平原的分界处,地势险要,素有"川鄂咽喉"之称,是长江中游的中转港口,也是一座历史悠久的城市。葛洲坝工程在宜昌市以北建成,是我国目前已建成的最大水利枢纽工程。大坝横锁长江,坝上碧波万顷,坝下泄水如飞瀑奔泻,气势磅礴,显示出葛洲坝工程的宏伟壮观。三峡工程的修建,又使宜昌成为三峡大坝的后方基地,宜昌市地位更加突出。

主要旅游景点有:葛洲坝水利枢纽工程、三峡大坝工程、人工繁殖中华鲟基地、三游洞、陆游泉、龙泉洞、平湖等。

第四节　鄂北旅游副区

　　鄂北旅游副区主要指湖北省北部地区。本地区山高林密,主要旅游资源有武当山景区和神农架自然保护区。

一、武当山

　　武当山位于丹江口市,又称太和山,是我国名山之一、道教圣地、国家重点风景名胜区。武当山方圆 400 平方千米,共 72 峰。主峰天柱山海拔 1612 米,犹如擎天宝柱,其余各峰均俯首倾向天柱,呈现万山来朝的天然奇观,非常符合道教所追求的仙境,被誉为“仙山”。武当山山势雄伟,有 36 岩、24 洞、12 湖、3 潭、9泉、10 池、9 井、10 石等点缀山间,又增添了不少秀色。自明代起武当山被尊称为“太岳”。

　　武当山为道教名山,其宫观庙宇始建于唐,从山脚的净天宫到天柱峰顶的金殿,建筑群整整绵延了 70 千米,但大部分毁于元末。明永乐年间又大兴土木,修建成占地 160 多万平方米的 9 宫 9 观 33 处建筑群,形成宏伟壮观的真武道场,工程浩大,堪称一绝,于 1994 年被列入《世界遗产名录》。

　　武当山分为玄岳门、太子坡、南岩、金顶、五龙、琼台等六大游览景区。主游览点有:玄岳门、元和宫、遇真宫、玉虚宫、南岩宫、复真观、金殿和紫霄宫等。其中玄岳门的牌坊、紫霄宫、金殿最能体现武当山道教建筑风格,被列为国家重点保护文物。

　　武当山又是武当拳术的发源地。武当拳是明代的张三丰在武当山修炼时创立,富有传奇色彩。武当拳刚柔相济、以柔克刚,风格独具,与嵩山少林拳齐名,素有“北崇少林,南尊武当”之说。

　　武当山以奇丽的自然风景、宏伟的道教建筑、珍贵的文物、独特的拳术、动人的传说而闻名海内外。

二、神农架

　　神农架位于湖北省兴山县。这里群峰耸立,山峦蜿蜒起伏,林密幽深,是国家级自然保护区。神农架的野人之谜为神农架蒙上了一层神秘的色彩。

　　相传古时神农氏(炎帝)在此山砍木搭架,登绝壁采药,为民治病,故得名神农架。景区内林深草茂,物种丰富,是天然植物宝库,分布着许多珍贵的树木如银杏、珙桐、连香树等,生长于山林中的中药材有 2000 多种,使之成为举世闻名的大药园。另外还有 570 多种野生动物,其中不乏苏门羚、毛冠鹿、灵猫、云豹等国家保护的珍稀物种。

神农架景区内自然风光秀丽,千山竞秀,古木参天,云蒸霞蔚,飞泉飞瀑,美不胜收。有为数众多且极具特色的高山,如老君山、金猴岭、燕子垭等,还以沟谷纵横为美。如长达 15 千米的红坪画廊峡谷和有"高山平原"之称的大九湖,这些景观都是鬼斧神工之曲,各具情态又交相辉映。近年来,不断有发现"野人"遗迹的报告传来,更为神农架增添了神秘色彩,也成为吸引旅游者前来的重要因素。神农架是生态旅游和探险旅游的佳境。主要景点有:神农祭坛、板壁岩、红坪画廊、神农顶、风景垭、燕子洞等。

第五节　长沙旅游副区

长沙旅游副区指湖南省长沙市及其附近岳阳、湘潭一带。该区域大部分地处洞庭湖平原,地势平缓,多为低山丘陵;气候适宜,工农业生产发达。主要分为长沙景群、岳阳景群、韶山景区。

一、长沙景群

长沙是湖南省首府,是全省的政治、文化、经济的中心。长沙历史悠久,3000年的悠悠岁月给长沙留下了丰富的文化遗产和文明古迹,是我国历史文化名城之一。长沙城风景秀丽、人文荟萃。湘江从南至北穿城而过,将市区分为东西两半。市内主要景点有岳麓山、桔子洲、马王堆汉墓遗址等。

1.岳麓山

岳麓山位于长沙市湘江西岸,古称灵麓山,为南岳 72 峰之一,面积 8 平方千米,主峰海拔 297 米,山势不高,但林木繁茂,秀如琢玉,层峦叠翠,山涧深幽。湘江在山脚旁缓缓流淌。可谓锦绣山水,风光无限。岳麓山遍布名胜古迹,自西汉以来,历代都有遗迹可觅,以岳麓书院、爱晚亭、麓山寺、望江亭、唐李邕麓山寺碑、宋刻禹王碑最为有名。其中麓山寺建于西晋泰始四年(268 年),是佛教入湘最早的一所佛寺,被誉为"汉魏最初名胜,湖湘第一道场";岳麓书院是我国宋代著名的"四大书院"之一,也是我国目前保存最完好的一座古代书院,被誉为"千年学府",享有很高的知名度;爱晚亭源于"停车坐爱枫林晚",掩映于一片枫林之中,秋来与红叶相映成趣。

2.桔子洲

桔子洲是位于长沙湘江之中的长形岛屿,由江中泥沙堆积而成。西望岳麓山,东临长沙城,四面环水,仿佛似一艘墨绿色的巨舰浮于江心,是湘江中的名洲之一。连接东西两岸市区的湘江大桥横架于小岛上空。桔子洲历史悠久,闻名遐迩。是从宋朝开始所形成的潇湘八景中"江天暮雪"的所在地。桔子洲南端桔林茂密,因此而得名。毛泽东《沁园春·长沙》中曾有"独立寒秋,湘江北去,桔子洲头,看万山红遍"之句,桔子洲因此蜚声海内外。

3.马王堆汉墓遗址

马王堆汉墓遗址位于长沙市东郊浏阳河旁,现已修建博物馆。20世纪70年代初,在长沙市东郊马王堆发现了古墓葬群,经专家考证此墓为汉代遗迹,墓主人是利仓及其一家。经开掘,出土3000多件珍贵文物,具有较高的历史价值。其中一件素纱禅衣,轻若烟雾,薄如蝉翼,衣长1.28米,重量仅为49克,可谓巧夺天工。最为著名的是1号墓中出土的一具女尸,历时2100余年形体完整,全身润泽,部分关节可以活动,软组织尚有弹性,头发完整,世所罕见。

二、岳阳景群

岳阳市西临洞庭湖,北接长江,南连三湘四水,是历史文化名城。景点分布以市区和洞庭湖区为主,主要景点有岳阳楼、洞庭湖。

1.岳阳楼

岳阳楼位于岳阳市西隅,此地望长江,瞰城郭,气势雄伟壮观,素有"洞庭天下水,岳阳天下楼"之誉。它与武汉黄鹤楼、南昌滕王阁并称为我国"长江流域的三大名楼"。岳阳楼的雄伟,引来了许多的文人墨客。唐代大诗人李白、杜甫、白居易等都有吟颂岳阳楼的诗句。北宋范仲淹的《登岳阳楼记》使岳阳楼声名远播,成为千古名楼。现存岳阳楼为同治六年(1867年)重建。楼高20余米,3层、飞檐、斗拱、盔顶,中层四周环明廊,顶覆琉璃黄瓦,纯木结构,构型大方庄重。

2.洞庭湖

洞庭湖古称"云梦泽",面积2820平方千米,是我国第二大淡水湖。洞庭湖衔远山、吞长江,碧波万顷,浩无际涯。素来以气象万千、美丽富饶闻名天下。

秀丽的君山岛犹如一颗青螺,在湖水中若沉若浮,山水相映,风光如画。刘禹锡诗赞誉君山是"白银盘里一青螺"。君山岛面积96万平方米,岛上72峰。君山有很多优美的传说及名胜古迹。著名的有朗吟亭、湘江祠、二妃墓、柳毅井、洞庭庙等。君山还出产天下闻名的君山银针茶。

　　团湖原是洞庭湖的一部分，现垦为良田，与洞庭湖隔开。形成千亩荷花荡，是采莲观荷的好去处。

三、韶山景区

　　韶山距长沙 104 千米，在湘潭的西北部，地处湘潭、湘乡三市县交界处。韶山市的韶山冲是一个群山环抱，松竹葱茏的美丽山村，是当代伟大人物毛泽东的故乡。1893 年 12 月 26 日毛泽东诞生在韶山，并在此度过了童年和少年时代。这里有毛泽东故居、毛泽东纪念馆、毛泽东诗词碑林、毛泽东铜像广场等纪念性建筑。

　　毛泽东故居是泥砖青瓦土木结构的十三间半民房，陈列物品多系原物。纪念馆陈列有毛泽东一生重大革命活动的文物与照片，碑林镌刻有毛泽东所写的诗词。铜像是按主席在开国大典上的形象设计的，高 6 米，重 3.7 吨，矗立在韶山冲广场。

　　滴水洞位于毛泽东故居西北 4 千米处，是一个群山环抱的多级谷地，景区东西长 17 千米，南北约 1 千米。龙头山和虎歇坪南北相峙，风景幽深秀丽。滴水洞景区气候凉爽，是盛夏时的避暑胜地。滴水洞曾是毛泽东回湖南时的驻地，故长期以来一直保密。人们只能从毛泽东写给江青的一封信中"我在西方的一个山洞里住了十几天"的句子中进行猜测，从此，"西方山洞"便被蒙上了神秘的面纱，1986 年 9 月，滴水洞对外开放，才揭开了神秘的面纱。

　　韶山人杰地灵，自然风光秀丽。韶峰为最高峰，海拔 520 米，又被称作"仙女峰"。韶山群山环抱，绿树葱翠，以"韶山八景"最为著名。这八景是：韶峰耸翠，仙女茅庵、胭脂古井、石屋清风、顿石成门、石壁流泉、塔岭晴霞、凤仪古亭。

第六节　湘西旅游副区

　　湘西旅游副区指湖南省西部的山区地带。这里山峦重叠，树深林密，拥有优越的自然环境。本区内主要景区是武陵源景区、猛洞河景区、桃花源景区。

一、武陵源

　　武陵源位于湖南省西北部的武陵山脉中，总面积 522 平方千米，其中景区369 平方千米，包括张家界森林公园、索溪峪自然保护区和天子山自然保护区三部分。

武陵源集奇峰、怪石、古木、珍禽、溶洞、瀑布、民族风情于一体,是国内旅游资源最为齐全的风景区之一。境内有原始的生态系统,成片的原始次生林呈现出幽静古野的情调,森林密集处覆盖率为 97%,有银杏、珙桐、白豆杉等古老珍贵树种,还有龙虾花、山荷花等奇异花卉。野生动物有数百种,其中不乏猕猴、灵猫、娃娃鱼、穿山甲等稀有动物。张家界是我国的第一个国家森林公园。

武陵源以山色雄奇而著称,为国内外罕见的砂岩峰林地貌景观,被列为国家地质公园。景区内有 3000 多座形状各异山峰拔地而起,石峰嶙峋直指蓝天,水绕山流,山溪秀丽,峰回路转,美不胜收。在漫长的地质时期内,岩石经受流水的切割,自然风化等各种地质营造力的作用,形成千姿百态的奇峰异石,若人、若仙,形态逼真,栩栩如生,让人感叹大自然的鬼斧神工;似禽、似兽、似物,界于似与不似之间,留给游人再创造的空间和无限的遐想,被誉为"大自然的迷宫",是"扩大了盆景,缩小了的仙山"。

景区内有 800 多条晶莹碧透的溪涧,依山蜿蜒流淌,溪水异常清澈。山因水而活,水得山而媚,山水相依,为景区增色。

景区内另有大型岩溶洞穴黄龙洞,洞内上下五层错落相通,已探明长度在 30 千米以上,洞内最宽处有 200 多米。有 13 个大厅、3 处瀑布、1 条阴河、96 条长廊。石笋、石钟乳造型浪漫而夸张,精致而疏脱,万千姿态,参差林立。可谓"洞中乾坤大,地下别有天"。

武陵源风景区内聚居着土家、苗、白等多个民族。各民族有着自己的风俗、服饰、节日和别具一格的建筑,民族风情浓郁。

武陵源气候宜人,年平均温度为 16℃ 左右,一年四季皆可旅游。主要风景点有:金鞭溪、黄石寨、腰子寨、十里画廊、西海、黄龙洞、宝峰湖等。

二、猛洞河

猛洞河位于湖南省永顺县境内,与武陵源毗邻,是一个集山势、水色、洞景、和生物于一地,汇古镇风貌、民族风俗、山野情趣于一体的旅游地。

猛洞河风景区由王村、猛洞河、不二门、老司城、小溪原始次生林五大部分组成。景色各异,令人神往。王村镇古朴美观的吊脚楼、曲曲弯弯的石板路、繁荣热闹的集市;猛洞河奇异峻美的高山峡谷、神奇莫测的飞瀑流泉、玲珑瑰丽的悬崖洞府;不二门奇特的石林碑刻、飞檐翘角的庙宇亭阁;老司城土司王故都宏伟的宫殿、纵横交错的卵石街头道;小溪的原始次生林的森林景观,都可探胜寻幽。

三、桃花源

桃花源位于湖南省桃源县城西南，沅江畔，因晋代著名文学家陶渊明的《桃花源记》而闻名于世。

桃花源山林起伏，溪水涓涓，桃林夹岸，古朴幽静。晋代开始修建亭台楼阁，至唐代逐渐扩大，及北宋达到极致，形成了从沅江江畔到桃花山巨大的建筑群。但毁于明末兵火。清朝时在此重建寺庙宫院，使如今的桃源集园林、名胜古迹于一体，风景优美，恰如"世外桃源"一般。

桃花源面临滔滔沅江，背倚巍巍群峰。境内古树修竹、清泉水溪、石阶曲径、亭台碑碣，仿若仙境。桃花源的名胜古迹，一部分在公路以北的桃源山，一部分在公路以南的桃花山。大抵自晋至明，以桃源山为主；自明以后至今，则以桃花山为主。现在的中心风景区在桃花山一带。风景区内主要景点有桃花溪、穷林桥、山门、菊圃、遇仙桥、秦人古洞、豁然轩、千丘田、延至馆、桃花观、集贤祠、蹑风亭等。

四、衡山

衡山位于湖南省中部，是国家重点风景名胜之一。衡山有72峰，南以衡阳回雁峰为首，北以长沙岳麓山为尾，迤逦八百里。南岳位于湘中丘陵，这里重峦叠嶂，峰峰秀丽，峰峰神奇，以祝融、天柱、芙蓉、金简、石廪最高，主峰祝融海拔1290米。南岳衡山以秀色闻名，自古有"五岳独秀"之誉，自然风景绚丽多彩，众多的寺庙古迹隐藏于绿山丛中，景色别致，是东南亚佛教圣地。寺庙道观中以南岳大庙最为宏伟，是我国五岳庙中总体布局最完整的古建筑群之一，与泰安岱庙、登封中岳庙并称于世。

衡山历史悠久，相传从舜帝南巡起，便成为历代天子巡狩和祭祀的地方。南岳自古以来人杰荟萃，文人墨客在此留下了375处摩崖石刻，遍布各个景区，各种书体流派琳琅满目。历代著名的诗人如李白、杜甫、韩愈等留下了众多千古传唱的诗篇。

南岳风景区面积184平方千米。有南岳古镇、水濂洞、忠烈祠、磨镜台、祝融峰、藏经殿、方广寺、龙凤潭8个景区。其中以祝融峰之高、方广寺之深、藏经殿之秀、水帘洞之奇并称为"四绝"。

第十章　西南旅游区(渝川云贵)

本章提要

西南旅游区是我国少数民族最集中的地区,丰富多彩而独特的民族风情构成了本区旅游资源的主要特色;同时,本区气候垂直变化十分明显,因而动、植物种类十分丰富,具有很高的旅游和科研价值。本章在概述全区旅游环境的基础上,主要论述以重庆、成都、昆明等旅游城市为主的西南各省旅游资源的特点和分布情况。

第一节　西南旅游区旅游资源基础

西南旅游区包括重庆市和四川、云南、贵州三省,总面积 114.2 万平方千米,人口 2.12 亿。

一、高原为主的地势

本区地貌以山地、高原为主,也有平原和部分丘陵。云贵两省大部分属于云贵高原,小部分属于青藏高原的南延部分,海拔 1000～2000 米。其中云南省相对高差较大,最高点与最低点相差 6000 米之多。云南西部与四川西部是横断山脉,主要山脉有大雪山、高黎贡山等。许多山峰超过 6000 米,如云南省的梅里雪山卡格博峰,海拔 6740 米,是云南省的最高点。山间河流都随着地势形成了南北倾斜走向。在山地和高原之间有许多盆地和河谷,称为"坝子"。

四川盆地北部是大巴山地,东部是巫山等山地,海拔在 700～1000 米。四川盆地的西部是平坦的成都平原,海拔 500～600 米,面积达 7200 平方千米,成为沃野千里的天府之国;中部为红土丘陵。四川盆地土特产品丰富。

二、气候温暖湿润,四季宜人

本区气候宜人,四季分明。春夏长,秋冬短;冬季寒冷,夏季炎热。四川气候受地形影响,差异较大。东部属亚热带湿润季风气候,具有冬暖、春早、夏长和多云雾的特点;西部为温带、亚热带高原气候,夏天较热,酷热天气平均长达 17 天。重庆是著名火炉之一,秋冬两季,有时大雾终日不散,故又有"雾重庆"之称。云贵高原四季如春,一月平均气温在 5℃ 以上,夏季在 22℃～26℃ 之间,年平均气温 15℃ 左右。气候特点是冬无严寒,夏无酷暑,气候温和。气候的垂直差异和垂直变化十分明显,"一山分四季,十里不同天",日温差较大。降水较多,大部分地区年降水量达 1000 毫米,80%～90%。雨量集中在 5～10 月,以 6～8 月降水量最多。

三、名胜古迹不多,自然风光奇特

本区名胜古迹数量不多,分布不均衡。在成都附近有一些有重要旅游价值的历史古迹,如武侯祠、杜甫草堂、王建墓为全国重点文物保护单位,还有都江堰、青羊宫、宝光寺等古迹有重要价值。云南省仅昆明、大理有级别较高的历史古迹,如大观楼、金殿、龙门、太华寺等。

本区岩溶地貌丰富,如路南石林,奇峰耸立,被誉为"天下第一奇观";贵州的地下溶洞龙宫景观奇特;还有我国第一大瀑布黄果树瀑布等。本区的自然景观奇特,如苍山、洱海、蝴蝶泉、九寨沟等。

四、动植物王国

本区受气候温暖湿润的影响,是动植物栖息生长的王国。西南地区地形变化大,气候复杂,为各种植物的生长创造了良好的条件,植被区系和群落组成十分复杂,植物种类丰富多彩。云南省素有"植物王国"和"植物区系的摇篮"之称,有我国唯一一座热带植物园——中国科学院西双版纳热带植物园和众多的自然保护区。西南是我国第二大林区,植被覆盖率高,树种远远多于东北,木材蓄积量约占全国的 1/7,而且林型多,有以冷杉、云杉为主的山地暗针竹林,也有木荷、丝栗等喜湿科属优质林木,还有樟、楠等常绿阔叶林和以椴、桦为主组成的落叶阔叶林、针阔叶混交林。

西双版纳受惠于东南与西南两种季风,属亚热带湿润气候,一月均温在 12℃～16℃,有"长夏无冬,一雨成秋,终年无霜雪"的特点。热带木林生产茂密,森林覆盖率高达 56％,保存了较为完整的热带雨林和动植物资源,有 70 平方千米未被破坏的原始森林,享有"物种基因库"和"植物王国皇冠上的绿宝石"的美誉,有许多热带经济林木,如橡胶、油棕、咖啡、香蕉、椰子等。本区其他经济林木还有油桐、油茶、漆树、马柏等,各种热带水果、热带花卉及竹类、棕榈类分布广泛。药用植物种类之多在全国首屈一指,其中有许多珍贵药材,如天麻、杜仲、黄连、川芎、当归、贝母、党参等。

繁茂的植物也为动物的栖息、繁殖提供了多种多样的环境,因此动植物种类多达 1000 余种,冠于全国。其中兽类近 100 种,鸟类约 550 种,鱼类约 200 余种,爬行类和两栖类各有 60～70 种,包括高原高山森林动物,如大熊猫、金丝猴、牛羚羊等,亚热带和温带森林动物,如华南虎、云豹、毛冠鹿、毛猪、水獭、大鲵、红腹锦鸡等,热带森林动物如小熊猫和多种蛇类、画眉,还有其他珍贵动物如亚洲象、孟加拉国虎、蜂猴、金丝猴、大蟒、巨蜥、绿孔雀、犀鸟、翡胸鹦鹉、白鹇等。在孟养自然保护区内有野象谷,内有我国第一所驯象学校。

西南地区动物资源的特点是保留了许多古老遗留的动物如大熊猫、小熊猪和特有种动物如金丝猴、八城游蛇等。据统计,该区珍贵、稀有动物达 50 种以上,约占全国的一半,现分别列为国家级一、二、三类保护动物,因此西南旅游区的动植物资源在发展旅游和科学研究方面,都具有特殊意义。

五、经济与交通不甚发达,但条件已有所改善

本区由于地形复杂,包括高原、山地、丘陵、平原等各种地形,开发历史较短,因此经济不甚发达。四川盆地是本区经济与交通最发达的地区。成都和重庆是重要的经济中心和工业基地。成都是以电子、仪表、机械加工为主的综合性工业城市,因蜀绣、银丝制品、竹丝瓷胎、漆器等手工艺品的技艺精湛而闻名国内外;重庆是西南地区最大的现代化工业城市,主要工业有机械、冶金、化工、轻工、食品等,门类齐全。贵阳经济发展迅速,已成为我国西南地区的一个新兴工业城市。

本区交通以铁路为主,都是建国后新建的,如成渝、宝成、襄渝、川黔、成昆、贵昆、南昆等线,促进了本区与全国各地区之间的联系和往来。各省省会都有公路通往省内重要城市。成都为四川最大的铁路枢纽和公路中心,成渝高速公路已建成通车。主要高速公路有沪渝、厦蓉、沪蓉、京昆、包茂、兰海、杭瑞、广昆等。

成渝高铁已经建成开通,重庆经利川至武汉、南京、上海的高铁也已开始运营。重庆有大型邮轮通过长江直达武汉、南京、上海等地,还可到达泸州、宜宾、合川等中小城市,是水陆联运的枢纽,是长江上游地区的经济贸易中心。昆明、成都、重庆是重要的国内航空中心,成都是西南地区最大的航空港,同全国各大城市都有定期班机来往。

六、旅游业地位

本区四川省主要利用名胜古迹如武侯祠、都江堰、九寨沟等发展旅游业,云南和贵州利用独特的自然风光和民族风情发展旅游业,重庆重在发展都市游和三峡游,因此本区旅游业的地位在全国的位次不断提前。重庆、成都、昆明成为全国重要的旅游中心。

第二节　重庆旅游副区

重庆旅游副区系指以从重庆中心城区为中心的现重庆直辖市市域范围的旅游区域。包括长江三峡,缙云山,南、北温泉和享誉海内外的大足石刻等古迹。

一、重庆中心城区

重庆是一座美丽的山城,形似半岛,屹立于嘉陵江入长江之口,三面环水,仅一面通陆,当川滇黔之要冲,为控制大西南之枢纽,是我国西南的第一大商埠。重庆直辖市辖 19 区、1 县、4 自治县。市域面积 8.20 万平方千米,总人口 3330 万;中心主城区面积 1460 平方千米,人口 540 万。

重庆房屋建筑依山傍水,层层叠叠,具有立体感,有"山城"之美称,这在我国城市中是别有特色的。重庆气候属亚热带湿润季风类型,四季分明,春夏长,秋冬短。夏季炎热,常出现连晴高温天气。重庆降水多,常大雾游漫,是长江沿岸的多雾城市,故又有"雾都"之称。

重庆古称江州,因北、东、南三面环水,好像江水中的陆地,古代"州"与"洲"通用,故名。重庆还有巴州、楚州、渝州、恭州等名称,是历代川东地区的政治中心。居民大多数是汉族。地处山区,地势东北、东南高,西南低,东北是大巴山、巫山,东南是大娄山、武陵山,西南是四川盆地东缘。海拔 75～2797 米,中心城区海拔 200 多米。长江纵穿全境,嘉陵江、乌江分别在重庆市区和涪陵汇入长江。地形复杂,山地、丘陵多,平坝少,其中山地占了主角。

公元前 11 世纪,周武王推翻商朝后,分封姬姓宗族于巴,以江州(今重庆)为首府。宋崇宁元年(1102 年),改渝州为恭州。宋淳熙十六年(1189 年),赵惇被封为恭王,后即帝位,自诩"双重喜庆",升恭州为重庆府,重庆由此得名。一说光宗即位时,太上皇和太上皇太后俱在并临视庆典,故称重庆。

元至元十六年(1279 年)重庆府改为四川行中书省重庆路。1912 年 1 月重庆成立蜀军政府,2 月即与成都四川军政府合并。1929 年 2 月 15 日,按南京国民政府颁布的市组织法,将市政厅改为重庆市政府,重庆正式建为四川省辖市。1937 年抗日战争爆发后,11 月 20 日国民政府正式宣布迁往重庆,12 月 1 日开始在重庆新址办公。1939 年,国民政府改重庆为行政院直辖市,次年 9 月又定重庆为陪都。1945 年抗日战争胜利后,国民政府于次年 5 月还都南京,并明确重庆仍为陪都、行政院直辖市。1949 年 11 月 30 日,重庆市为中央直辖市、西南军政委员会驻地。1954 年西南大区撤销,重庆由中央直辖市改为四川省辖市。1997 年 3 月全国人民代表大会决定,改重庆为中央直辖市,并将万县市、涪陵市、黔江地区正式划归重庆市,形成大城市、大农村、大工业、大农业、大流通的格局特点。

重庆是中国西南地区的经济、交通、文化中心。已形成以机械、冶金、化工为支柱产业,电子信息、仪器仪表、建筑材料、轻纺食品基础较好的综合性工业体系。重庆还有众多的高等院校和科研机构,如重庆大学、西南大学等。

"君问归期未有期,巴山夜雨涨秋池。何当共剪西窗烛,却话巴山夜雨时。"李商隐的《夜雨寄北》写的就是这座隐在雾中的山城重庆。

市中心的解放碑中心购物广场,总面积 25 万平方米,是西南地区最大的购物中心,还有大都会广场、重庆百货大楼、群鹰购物广场、友谊商场、新东方女人广场等 10 大零售商场,以及以重庆商社集团、重庆百货集团为龙头的商业批发企业,形成集购物、餐饮、旅游、娱乐为一体的西南地区最繁华的购物中心。

位于人民路的重庆人民大礼堂,1954 年 4 月落成,占地面积 6.6 万平方米,建筑面积 1.85 万平方米,由礼堂、南北两楼共三部分组成,建筑采用中轴线对称的传统方法,礼堂主体部分高 65 米(北京人民大会堂高 46 米),整个造型仿北京天坛;南北两翼配以廊柱式长楼,并以塔楼收尾,大红廊柱、白色栏杆相间,再配天坛式琉璃瓦顶,色彩艳丽,雄伟壮观。礼堂直径 46 米,高 55 米,可容纳 4500 余人。1997 年重庆成立直辖市之际,在人民大礼堂前建成环境优美的人民广场。

二、重庆主要旅游景点

1. 南温泉

重庆山多,温泉也多。南温泉犹如一颗璀璨的明珠镶嵌在巍峨起伏的重庆群山之中。

南温泉位于重庆之南、花溪河畔中,处于巴山山脉和涂山山脉的交汇处,距市区 22 千米,是重庆著名风景区之一。南温泉花溪十里,鲜花夹岸,瀑布数丈,声如虎啸,故名"啸虎口"。

南温泉泉水出自建文山,属石灰岩质,泉水中富含碳酸根离子、镁、锂、钾、钠、碳酸氢根离子,还有少量的氯离子、二氧化碳、硫化氢、铁等成分,矿化度为 2.9 克/升,每小时水流量为 120 吨以上,PH 值为 7.1~7.2,属弱酸性硫磺性水质,水温常年保持在 41℃左右,温泉清澈明净。

南温泉主要特色有泉、洞、山、水多种类型的自然景观,并已形成了与之相关的南温泉 12 胜景:南塘温泳、五湖占雨、石洞探奇、仙女幽岩、峭壁飞泉、建文遗迹、弓桥泛月、虎啸悬流、三峡奔雷、滟预归舟、小塘水滑、花溪垂钓。

南塘温泳是指南温泉的浴室和泳池,最初发现于明代,原是一露天的热水泥塘,在同治年间开始修建浴池。当时浴池面积仅 72 平方米,现在已建为园林式建筑群,有浴室 110 间。游泳池有室外大池、室内池、儿童池等,一年四季都能满足游客的需要。泉水清澈,浴后神清气爽,促进新陈代谢,增强生理机能。郭沫若曾有诗赞曰:"浴罢温汤生趣满,花溪舟楫唤人回。"

五湖泉、龙泉、玉泉并称为"南温泉的三大名泉"。五湖泉在仙女洞下飞泉附近,是一小潭。在花溪河畔有一清泉喷涌,把喷涌的泉水用石砌成半圆形围墙,蓄水为潭,潭水为花溪河中第五涌泉,状似小湖,故冠名"五湖"。观五湖水色清浊,能预测当地天气情况,天晴时,潭水清澈照人,滴出的水珠似线;天阴时水很浑浊,潭水已成为"天气气象员",故该泉被称为"晴雨泉",五湖占雨确是妙景;玉泉是建文峰上的一口古井,又称建文井,泉水甘醇清冽,相传建文帝曾用此水煮茶;龙泉在花溪中游小温泉对面的高山上,据传山上本来没有清泉,后来来了一条神龙,乐善好施,见当地人饮水困难,于是就化作一股清泉涌向一个洞口,供食用。人们为了永远记住它的恩德,将此泉命名为"龙泉"。

小温泉原名"竹林别墅",在苍松翠柏深处,如今建成了 30 幢红楼,它们有规则地分布在小温泉周围,组成了一幅美丽的图画。离小温泉不远处,有一溪边岩洞,洞内有天然的石钟乳,钟乳内有水珠溢出,形似珍珠,晶莹可爱,人称"钟乳滴珠"。

南温泉地质多石灰岩洞穴,洞内石钟乳千姿百态,最出名的洞有成全洞、仙女洞、潮音洞等。

南温泉景区四周峭壁耸立,怪石嶙峋,被群山环抱,其中以建文峰为最高峰,海拔 504 米,原名建禹山,因相传明建文帝为避其四皇叔朱棣起兵发难,削发为僧,流落到建禹山,修行避难,后人改此山为"建文峰"。原山顶有建文庙,内有让皇殿,庙因年久失修,已全部颓废,仅存基石。现山上有建文殿、玉泉,峰顶建有"建文遗迹"石碑。

南温泉的花溪发源地为虎啸口,乃一峡谷,一只"石虎"横卧在峡谷正中,一飞瀑奔腾而下,直冲虎身,山鸣谷应,宛如石虎在咆哮,形成了"虎啸悬流"的壮观美景。沿花溪河畔行走,还可见三峡奔雷、烟雨归舟等胜景。

花溪上原有景林桥、五洞桥、梯回桥和利涉桥,建国后又新建了花滩桥、小石桥和小泉桥,而在五洞桥可以欣赏到"弓桥泛月"的美景,溪水悠悠,虹桥如画。

孔园是抗战时期孔祥熙的公馆。林森公馆是国民政府主席林森抗战时期在南温泉的别墅。金库洞,原名螺丝洞,又名黄金洞。国民政府迁都重庆时,中央银行将大量黄金运到重庆并且藏在此洞中,因此得名"金库洞"。

2.北温泉

北温泉位于重庆市北碚区,坐落在素有"小峨嵋"之称的缙云山麓,镶嵌于北距重庆 52 千米的嘉陵江"小三峡"之一的温塘峡内。缙云山,奇峰异谷,山势隽永,古木参天,层峦叠嶂;温塘峡则峭壁悬崖,重峦叠翠,江流至此,惊涛拍岸,奔腾而下。北温泉地处佳地,依山傍水,岩壑幽深,奇葩迭放,风景秀丽,是重庆有名的风景旅游名胜区,被誉为"嘉陵江上的一颗明珠"。

北温泉以泉闻名,居巴渝之冠,清代即有"第一泉"之美誉。泉有十眼,终年流水汩汩。温泉水质属弱碱性硫酸型矿泉,所含钙质居川东温泉之首位,此外还含有氟、锶、锂等微量元素。因这种硫酸钙镁矿泉水含大量石灰质,具有低渗、中性等特点,因此是一种良好的医疗用水,对风湿性疾病、皮肤炎症和肠胃疾患都有不同程度的疗效。此泉水温一般在 35℃～37℃ 之间,最低为 25℃,矿化度为 2.311克/升,涌水量 57 升/秒,日流量达 5675 吨,可供千人浴泳,四季咸宜,是一处绝佳的休闲、消暑胜地,目前已建成北温泉公园。

北温泉公园的前身是温泉寺,古为缙云寺下院,创建于景平元年(423 年),建寺后寺内香火曾一度十分兴旺,后因北周武帝和唐太宗两度灭法,毁坏严重,后又屡建屡毁。1927 年,由著名爱国实业家卢作孚先生主持,建起了温塘公园,后改名为北温泉公园。北温泉公园设计别致,依势造景,亭台楼阁错落有致。它以古刹为中心,以温泉为主体,集山、水、峡、泉、洞、石于一体,融精湛的民间艺术和秀丽的自然风光为一炉。

3.跨越渝鄂的长江三峡

长江三峡是中华锦绣河山的璀璨明珠。三峡,西起重庆奉节县的白帝城,东到湖北宜昌的南津关,总长193千米,是瞿塘峡、巫峡和西陵峡的总称。三峡地跨鄂、渝两省市,因前两峡为重庆辖境,故列在重庆市。瞿塘峡以雄奇险峻见称于世,巫峡以幽深秀丽著称天下,西陵峡以滩险水急而闻名遐迩。三峡的山势雄奇险峻,江流奔腾湍急,峡区礁滩接踵,夹岸峰插云天。这里有峰则雄、有滩则险、有洞则奇、有壑则幽。无一处不可入画,无一处不可成诗。三峡的名胜古迹丰富,人文景观众多、源远流长,记载着无数的动人历史事迹。

白帝城位于长江北岸,距奉节城东8千米,距今已经有1900多年的历史。它三面环水,一面靠山,背倚高峡,前临长江,气势雄伟壮观,是三峡旅游线上久享盛名的景点。登上白帝城,视野开阔,山光水色,尽收眼底,确有"不尽长江滚滚来"的意境。"白帝城"三个斗大金字为郭沫若先生所书。据传西汉末年,公孙述在四川称王,在此筑城。城里有一口白鹤井,井里常常冒出白雾,其形状如龙。公孙述认为这是自己要当皇帝的吉祥征兆,于是自称白帝,把山名改为"白帝山",城称"白帝城"。后人为了纪念公孙述治蜀有功,在被毁的"白帝城"遗址上修建了"白帝庙"。

白帝山是长江和草堂河下切塑造成的一个状如田螺的山包,高出江面140余米。每当清晨、傍晚或雨后初晴,常有白云漂浮,特别是在枯水季节,从船上仰望白帝城,宛如高悬在彩云之中,故"诗仙"李白留下"朝辞白帝彩云间"的千古名句。

白帝庙内,历代的诗文碑刻甚多,东西陈列室里汇集隋、唐各个朝代的80多块碑刻,其中隋代碑刻距今已有1300多年的历史。在东碑林,《凤凰碑》和《竹叶碑》最引注目。白帝城风景如画,古迹甚多。白帝庙内,浓郁的花香扑鼻,园圃百花盛开,绿草青青。白帝城系明清时候的建筑,有明良殿、观星亭、武侯祠、望江楼等建筑。明良殿建于明嘉庆十一年(1532年),宏伟壮观,庄严肃穆。堂里供有刘备、关羽、张飞和诸葛亮的大型塑像,题材是刘备在此托孤之事。在明良殿的西侧矗立着观星亭,6角13柱,飞檐翘角,结构精美别致。三峡工程建成后,水位抬高。白帝城四面环水,成为人间仙境。

瞿塘峡居长江三峡之首,亦称夔峡,西起白帝城,东至巫山大溪镇,全长8千米,以其雄伟壮观而著称。因为长江水受到白帝城山头阻挡,形成1.6平方千米的河湾,形似瞿形堰塘,瞿塘峡由此得名。

瞿塘峡西入口处,白盐山耸峙江南,赤甲山巍峨江北,两山对峙,峡道狭窄,宛如飘带,天开一线,峡张一门,故称"夔门",古称瞿塘关。峡风劲吹,惊涛拍岸,浪高水急,形成"西控巴蜀收万壑"的险要气势。唐代诗人白居易曾冒险夜入瞿塘峡,留下了"崖似双屏合,天如匹练开"的诗句,生动地描绘了夔门天下雄的气势。两壁断崖,绝壁如削,双峰欲合,关门半开,"众水会涪万,瞿塘争一门"。一江金水,涌入夔门,声势威壮,郭沫若先生过此曾发出"若言风景异,三峡此为魁"的赞叹。夔门不仅气势磅礴,而且于雄伟中蕴涵典雅之美。每当秋高气爽的夜晚,峰峦朦胧,当明月从两崖间冉冉升起,宛如双手捧出银盘,使人如入仙境一般。这就是充满诗情画意的"夔门秋月"。

峡江北岸的赤甲山,由于石灰岩中铁元素的含量较高,再加上长期的雨水浸淋,被风化成铁的氧化物,附在岩石表面,所以呈赭红色,加之岩层重叠,状如鳞甲,就像古代武士的盔甲,故名"赤甲山"。每当朝阳映照的时候,山峦呈现赤红色,分外妖娆。白盐山高 1415 米,屹立在江南岸,由于黑色岩石风化面上呈白色,在阳光下银辉闪烁得名。赤甲、白盐,红白交辉,为瞿塘峡增添了一层瑰丽色彩。

瞿塘峡中心原来横卧着一座巨大的礁石,枯水季节会露出水面,"大石如刀剑,小石如牙齿",形似燕子窝,卡住三峡的咽喉,锁起一江怒水,这就是滟预堆。春季洪水暴发,江水流经这里,狂澜腾空而起,波涛汹涌,奔腾万状,漩涡千转百回,形成滟预回澜的奇观。滟预堆虽然为夔门雄姿增色,但是千百年来不知颠覆了多少舟船。航道管理部门炸除了这只"拦路虎",从此三峡畅通无阻。

古代三峡的交通完全靠水路,每到洪水季节,浪大流急,行旅断绝,因此人们在江岸的绝壁上开凿了一条 2 米宽的栈道。人走在栈道上,脚下几十米处便是如雷咆哮、似马奔腾的滚滚江水。在白帝城下游约 2 千米北岸的黄褐色石壁上的断岩裂缝里,有一种形似风箱的东西,传说那是鲁班的风箱。其实那是古代当地巴人神秘的岩墓。

瞿塘峡的名胜还有题刻满壁的粉壁墙,富于传奇色彩的孟良梯和倒吊和尚、盔甲洞、凤凰饮泉等。瞿塘峡是一幅神奇的自然画卷和文化艺术长廊。

巫山小三峡是长江三峡的支流大宁河下游在巫山县境内的龙门峡、巴雾峡、滴翠峡的总称,全长 50 千米。它兼得三峡之胜,却又另具特色,别有天地。峡中水虽浅而清,滩虽短而险,奇峰耸立,树木葱茏,猿声阵阵,云雾缭绕,群鸟翻飞,构成一条美妙动人的自然山水画廊。还有令人费解而神往的古栈道,古风犹存、精巧质朴的大昌古镇,呈现给世人一幅幅令人难忘的人文景观。这一切,构成了小三峡美丽奇特的峡谷风光。

巫山小小三峡是大宁河支流马渡河下游的三撑峡、秦王峡、长滩峡三段峡谷总称,全长约 20 千米,这里以奇峰多姿、山水相映之景取胜。该段风光旖旎、水流平缓、清澈见底,两岸悬崖对峙,峭壁万仞,河道狭窄,天开一线。

巫峡自巫山县城东大宁河起,至巴东县官渡口止,全长 46 千米,是三峡中最长的一个峡谷,有"大峡"之称,故有"三峡七百里,惟有巫峡长"的诗句。峡江两岸,奇峰竞起,怪石嶙峋,飞泉垂练,群岩辟日,长江穿流其间,回环曲折,忽而苍崖相逼,好像江流阻塞;忽而峰回路转,却又柳暗花明。江中礁石林立,险滩密布,水势湍急,波涛汹涌,云腾雾障,气象万千。整个峡区就是一幅天然的巨型山水画,人称"山水画廊"。

巫峡两岸群峰绵延,云雾升腾,景色奇异。尤其是那屏列大江两岸的巫山十二峰,更为壮观。它们各具特色,有的若仙女起舞,有的似龙腾霄汉,有的像孔雀开屏,有的如彩缎织锦,尤以充满迷人色彩的神女峰最为纤丽奇俏。她每日第一个迎来朝霞、最后送走晚霞,又名"望霞峰"。它的峰顶兀立着一个人形的石柱,宛若少女,亭亭玉立,被人们视作神女的化身,神女峰之名由此而来。刘禹锡有《巫山神女庙》诗:"巫山十二郁苍苍,片石亭亭号女郎,晓雾乍开疑卷幔,山花欲谢似残妆。""秀峰岂止十二座,更有零星百万峰"。

苍峡连彩霞,出峡复入峡。巫峡是三峡最连贯、最整齐的峡谷,分为东西两段,西段由金盔银甲峡、箭穿峡组成,东段由铁棺峡、门扇峡组成。巫峡名胜古迹众多,除有十二峰外,还有陆游古洞、大禹授书台、神女庙遗址、孔明石碑以及那悬崖绝壁上的夔巫栈道、川鄂边界边域溪及"楚蜀鸿沟"题刻,还有那刻在江岸岩石上的累累纤痕等,无不充满诗情画意。使历代迁客骚人的生花妙笔饱蘸水墨,留下了灿若繁星的诗章。

巫峡谷深狭长,日照时短,峡中湿气蒸郁不散,容易成云致雾,云雾千姿万态,船行峡中,时而细雨霏霏,竟日难晴;时而云缠雾绕,似若幻境。这就是令人叫绝的"巫山云雨"。那薄棉轻絮般的云彩,终年缭绕在巫山十二峰上,似烟非烟,似云非云,似雨非雨。雨来滚滚浓云,瞬息铺天盖地,像沧海巨浪;雨停则缕缕淡云在峡谷游荡,忽紧忽慢,忽聚忽散;雨后则山野如洗,片片彩云迎空升腾,峰青峦秀。巫山云雨有的似飞马走龙,有的擦地蠕动;有的像瀑布一样垂挂绝壁,有时又聚成滔滔云纱,在阳光的照耀下,形成巫峡佛光,因而古人留下了"曾经沧海难为水,除却巫山不是云"的千古绝唱。

4. 缙云山

缙云山是由山、谷、江、瀑、泉、花、木、古迹组成的综合风景名胜区,位于嘉陵江温塘峡畔,属华莹山支脉,距市区 60 多千米,素有"小峨眉"之称。最高峰为五尖峰,海拔 1030 米。山上气候比市内低 5℃~7℃,是重庆夏季避暑游览胜地。南朝宋景平元年(423 年)开山建寺,后焚毁。清康熙时重建,寺庙附近现有洛阳桥、石照壁、海螺洞等古迹及香果、秉志、润楠等珍稀树种。缙云山是川东具有代表性的亚热带常绿阔叶林区,森林面积共 1000 余万平方米,有 1700 多种亚热带植物。

此外,重庆市内还有琵琶山、渣滓洞、白公馆和红岩村革命纪念馆公园等游览景点。

5.大足石刻

大足石刻位于重庆市西 160 千米处,因唐宋石刻造像遍布全境,故被誉为"石刻之乡"。全县石刻造像约 5 万多尊,分布于县内 40 多处。以北山、宝顶山两处佛教造像最为集中。大足石刻造像历史悠久,创于唐,历经五代、两宋,迄于明、清,距今已有 1000 多年历史。其中多数造像开凿于唐宋时期,为我国中、晚期石窟艺术的代表作。其内容以佛教为主,兼有道、儒二教,技术精湛,规模宏大,在文化艺术和宗教史上都占有重要地位。造像已完全汉化,风格典雅秀丽,肌体很少裸露,穿着较厚重的汉化衣服。雕刻因材施艺,艺术水平很高。

宝顶石刻故事性、趣味性强,大佛湾为精华所在。宝顶山,又名香山,是南宋名僧赵智凤主持建造的大型密宗道场,始建于北宋淳熙六年(1179 年),历时 70 年始建成,其石刻至今仍保存完好。以佛湾为中心,沿马蹄形的自然岩壁开凿,摩崖岩高约 15~30 米,长 500 米,造像近万尊。其中尤以举世无双的千手观音和长达 31 米的卧佛著称,曾有"上朝峨眉,下朝宝顶"之说。宝顶四周,还有宝顶圣寿寺、小佛湾、维摩卧疾、万发楼、涅槃足迹、倒塔、高观音等外围造像。

北山古称龙岗山,位于城北 2 千米处,唐末开始石刻造像,至南宋石刻近300 年始建成。有造像 7000 余尊,形成个体造型众多的特点。以佛湾为最集中,岩高 7 米,长 500 米,南段多晚唐和五代作品,北段多宋代作品,其中 136 号《心神车窟》和 245 号《净土变相图》等是北山石刻艺术的代表作品。

北山石刻对面岩上的白塔寺前,有一砖塔,名为多宝塔,建于南宋绍兴年间,八角十三层,高 40 余米,边宽 3 米,在各级塔心及壁嵌着宋雕刻 100 多幅,外镂花图案及白描佛像,各种人物像,题材广泛,雕刻精美。

南山位于大足城南 2 千米,是道教石刻造像的集中区。始于北宋,延至明、清。有造像 500 余尊,以及三清殿、太清寺、真武洞和具有史料价值的何光震碑等。

石门山位于大足县东 20 千米,造像始于北宋,是儒、释、道三教合一的石刻区,有神仙玉皇、佛爷菩萨、天子僚臣等雕像 300 多尊,造像有唐宋过渡时期的艺术特点。

6.丰都名山

丰都位于重庆下游 172 千米的长江北岸,古称平都,是迷信传说"人死平丰都,恶鬼下地狱"之地,有"鬼城"之称。相传汉代王方平、阴长生两人先后于此修仙。后人误读"王、阴"为"阴王",讹传为"阴间之王",丰都乃成"阴曹地府"。自唐武则天至清末,这里历经培修,寺观殿宇多达七十多座,主要筑在丰都东北隅的名山之上。与名山对峙的双桂山屹立涪陵区西北,半山有鹿鸣山、东坡楼、玉鸣泉等文物古迹和自然景观。山上还建有文物陈列馆、革命烈士墓、护国寺、良绿亭等。丰都虽然充满了神秘色彩,实际上它风光秀丽,古色古香。

7.白鹤梁和石鱼

在涪陵城北,两江汇口上游约 1000 米的长江江心,有一道天然的石梁,长约 1600 米,宽约 15 米,由硬质沙岩和软质页岩天然叠成,叫白鹤梁。在石梁中段镌刻着 14 条石鱼,是唐广德二年(764 年)所刻,鱼眼所处水位是最枯水位。涪陵民间有"石鱼出水兆丰年"的说法。前人将石鱼出水的日期、尺度及叙述出水情景的诗文刻在石梁上。石梁上现有题刻 163 段,其中有水文价值的 108 段,人称"水中碑林",这些长江历史枯水的资料极其珍贵。

8.张飞庙

张飞庙主要建筑有结义楼、正殿、望云轩、助风阁、杜鹃亭、得月亭等。进入庙门从结义楼南行,就是正殿。殿中有张飞塑像,还陈列着从隋唐至明清的木刻书画 217 幅,各个历史时期的文化古玩 350 余件。其中有著名书法家颜真卿的草书、黄庭坚的大字行书、苏轼的草书长卷《荆溪游记》、郑板桥的竹画以及其他许多名人的字画木刻,有"文绝世,书法绝世,雕刻绝世"三绝之誉和"文藻胜地"之称。

9.石宝寨

石宝寨位于长江北岸,西距忠县城 45 千米,始建于明万历年间,是我国具有独特艺术风格的古建筑之一。这组建筑修筑在四壁如峭、形如玉印的巨大孤山上,山即寨,寨也是山。全寨由寨门、寨身、寨顶三部分组成。依山而建的楼阁,奇丽妩媚,形制独特。十二层楼亭,层层相叠,从山脚直通山顶,高 56 米,远远望去,孤峰拔地,宏伟壮丽,引人入胜。初时,人们靠足蹬岩石,手攀铁链,上山下山,后工匠们受到山鹰绕山盘旋翻飞的启示,建了这种依山叠连的九层木质阁楼,隐喻登攀"九重天"之意。1956 年增修了三层,共 12 层,通高 56 米。寨顶古刹天子殿临岩筑墙,殿宇巍峨,殿内陈列有忠县新石器时代以来的出土文物及名人字画。

第三节　成都旅游副区

一、锦城成都

成都位于四川盆地西部,几乎囊括我国西南地区最大的成都平原,这里沃野千里,气候宜人,物产富饶,早在秦汉时期就被誉为"天府之国"。

成都市域面积 1.21 万平方千米,总人口 1163 万;其中市区面积 2030 平方千米,人口 545 万。辖 9 区:青羊、锦江、金牛、武侯、成华、龙泉驿、青白江、新都、温江,4 市:崇州、邛崃、彭州、都江堰,6 县:金堂、郫县、大邑、双流、蒲江、新津。

成都名称最早见于西汉成都人杨雄也的《蜀王本纪》:"蜀王据有巴蜀之地,本治广都樊乡,徙居成都。"城市最早系蜀国国都。秦灭蜀,设立蜀郡置,蜀守管理蜀土。公元前 106 年设立益州,州设刺史驻成都,管辖范围远至云南,从此成都成为我国西南地区的政治、经济和文化中心。956 年,先置四川路,后分置四川行中书省,设丞相平章总督。明袭元制,置四川省,设总督、巡抚。宋、元、清的上述行政机构都设成都。辛亥革命以后,省会和西川道道治均设在成都。1935年,四川被划分为 18 个行政督察区。1949 年 12 月,成都解放;1950 年,川西行署成立,行署机构设成都;1953 年四川省成立,成都定为省会。

成都有着 2300 多年的历史,成都的街道名特别与众不同,像提督街、督院街、总府街、学道街、盐道街、藩署街,是历史上的官府衙门所在地;羊市街、棉花街、草市街、石灰街、盐市街、牛市街,是过去各个市场所在地;以庙宇祠堂命名的则有文庙前后街、城隍庙街、灵官庙街、康公庙街、骆公祠街等;以名人府邸或轶事命名的有君平街、庄状元街、子龙街、诸葛井街;双槐树街、拐枣树街、竹林街、三倒拐等取名于它的地点特色;支矶石街、天涯石街等来源于历史古迹。

明末清初,四川几经动乱,大军云集成都,少不得要办理军需后勤,于是开辟了骡马市场,从而有了骡马市街。洪承畴进驻成都后,他统领的来自南方的步兵驻扎的营盘,叫做大福建营、小福建营;而来自西北骑兵的驻地,被称为宁夏街。

现代最为称颂的当属春熙路,春熙路一直是成都最繁华的区域,当之无愧的城市核心商业区,聚集着服装、餐饮、钟表等各类老字号,小到针线杂货大到家电百货一应俱全。据《成都掌故》记载,早在一个世纪以前,春熙路已作为商业中心,在成都商界占有举足轻重的地位。春熙路商店林立,夜晚华灯绽放,溢光流采;店内商品琳琅满目;来往顾客,笑语喧哗。

春熙路的前身,本是一条窄街小道,它与走马街相接,形成南北直线。横贯其中的东大街,是出东门下川东的必经之路,街面稍宽。周孝怀任道台时,在城内中心地区开辟商业场,作为市内商业中心。从东大路上来的客商,经东大街去商业场,中间要经过一条羊肠小道,显得十分拥挤。修筑一条比较宽阔的马路,沟通东大街到商业场的交通,自然成为市民客商的迫切要求,希望修筑马路,增添光辉。

此时,正值杨森重兵驻防成都。他投靠北洋军阀,因缘时会,官运亨通,升到陆军第二军军长。被北洋政府视为势力人物,封他为四川省军务督理,指望他统一全川。于是在杨森主理四川时，春熙路修筑完成。

春熙路之名，乃督理亲自所取。寓意在他的治理下的成都，犹如春风和煦，百姓熙熙而来，攘攘而往，一派升平兴旺的景象，全有赖于他这个督理的"德政"。

二、成都主要旅游资源

1. 武侯祠

武侯祠坐落在四川省成都市南郊，始建于6世纪，为三国蜀汉丞相诸葛亮的祠庙。诸葛亮生前曾被封为"武乡侯"，死后又谥"忠武侯"，故其祠堂命名为"武侯祠"。

武侯祠最初由西晋末年十六国时期，成（汉）皇帝李雄建于成都少城内，唐代以前迁至南郊，位于崇祠刘备的汉昭烈庙西稍偏南，与刘备墓惠陵相毗邻。洪武年间，帝王之胄蜀献王朱椿到祠庙致祭时见武侯祠香火旺盛，人流如涌；反观昭烈陵庙倒显出冷落景象，心中大为不满。朱椿下令废除武侯祠，将诸葛亮像塑于刘备像东侧。然而百姓置封建正统于不顾，反认为是武侯祠内增祭刘备，并将改建后的刘备庙称为武侯祠，这让朱椿始料未及。由于明末成都战乱频繁，兵患交加，祠庙被焚毁殆尽。

清康熙十一年（1672年），宋可发等人主持重建昭烈庙，并在刘备殿后建专殿崇祀武乡侯。至此，形成了现在"先主武侯同陛宫"的格局。现存的武侯祠虽经历三百多年的风雨沧桑，却依然庙宇巍巍。武侯祠占地约37000平方米，坐北朝南，主体建筑呈对称布局，有大门、二门、刘备殿、过厅、诸葛亮殿5重，以一条红色长廊紧密环绕。

大门内为一敞园，翠柏蔽天，绿阴铺地，东西两侧分别矗立着唐碑和明碑。碑亭碑身，造型端庄，古朴壮观。明碑刻载着武侯祠的历史沿革；唐碑则是名扬四海的"三绝碑"。"三绝碑"全称"蜀丞相诸葛武侯祠堂碑"。碑身连云纹碑帽，通高3.67米，宽0.95米，厚0.25米，刻建于唐元和四年（809年），由唐代著名政治家、丞相裴度所撰，著名书法家柳公绰（柳公权之兄）挥毫，名匠鲁建镌刻。明弘治十年（1497年）四川巡抚荣华在碑上题跋，称裴文、柳书为"双绝"，可与孔明的功绩共存，始称"三绝碑"。另有一说，清代华阳举人潘时彤编纂《昭烈忠侯陵庙志》，谓"三绝"乃文章、书法、刻技。"三绝碑"迄今已有1100多年的历史，具有重要的文献价值，它热烈赞扬了诸葛亮的历史活动和进取精神，立意新颖，格调高超，遣词用句，妙语天成，是难得的艺术珍品。

昭烈祠又称刘备殿，宽敞开朗，正中刘备塑像高3米，面容丰满，两耳垂肩，头戴平顶冠冕，身着金袍，手捧玉圭，正襟危坐，神态凝重而谦恭。另有侍者两人，一捧传国玉玺，一捧尚方宝剑，立在刘备塑像两侧。其右侧后陪祀刘备的是其孙刘湛像。刘湛是刘禅的第五子，封北地王，当年成都兵危之际，刘禅为苟且偷生，下令出城投降，刘湛力劝无效，自刎殉国，可谓铁骨铮铮。据史料记载，宋初祠内还有祀刘禅的后主祠，不过当时益州知州蒋堂"帅蜀，以禅不能保有土宇，因去之"（《能改斋漫录》）。这实际也代表人民憎恶刘禅苟全性命、丧国降敌的情绪。故至今只有刘湛陪祀，而无刘禅塑像。

昭烈祠正殿两侧，是东偏殿和西偏殿。东偏殿内，供奉着关羽金身。关公居中，两侧分立其子关平、关兴和部将周仓、赵累；西偏殿里则是张飞祖孙三代的泥塑彩像。张飞在上，子张苞、孙张遵侍立在两侧。昭烈祠三殿一体，主次分明。据说使刘、关、张齐集大殿，是设计师依据《三国演义》中"桃园三结义"的艺术情节巧妙设计的，旨在展现刘、关、张三人同心同德、肝胆相照的傲骨和情操。

紧连东、西偏殿的左右廊庑，分别与二门相连，形成一组严整的四合院落。这里分列着蜀汉政权 28 位文武大臣。东庑为文臣廊，以庞统居首，列有简雍、吕凯、傅肜、费祎、董和、邓芝、陈震、蒋琬、董允、秦宓、扬洪、马良和程畿。西庑为武臣廊，赵云率先，列有孙干、张翼、马超、王平、姜维、黄忠、廖化、向宠、傅金、马忠、张嶷、张南和冯习。每座塑像前均有碑石刻其生平事略。

武侯祠大殿在刘备殿后，俗称诸葛亮殿。此殿又名"静远堂"，是一座具有南国庭院风貌的四合院落。静远，语出诸葛亮的《诫子书》："夫君子之行，静以修身，俭以养德，非澹泊无以明志，非宁静无以致远。"因诸葛亮生前常以"澹泊明志，宁静致远"来激励、鞭策自己，故在其祠堂上高悬"静远堂"的金字匾额。宽敞开朗的大殿中供奉着诸葛孔明祖孙三代的贴金塑像。诸葛亮端坐中央，羽扇纶巾，凝目沉思，神态持重而宁静。一代贤相运筹帷幄、智慧深沉的形象令人肃然起敬。诸葛亮塑像的左右两侧，分别是其子诸葛瞻和孙诸葛尚。诸葛祖孙，三世忠贞，名垂青史。

正右侧三面铜鼓，是南朝遗物，铸造精美，纹饰古朴，后世称为"诸葛鼓"。传说诸葛亮南征时，曾亲手制造铜鼓，白天用于烧水煮饭，晚上则用来报警。据史料记载，这种铜鼓实际上是西南苗、瑶等少数民族的文化遗物，叫做夷鼓。最初作炊具，后来演变成乐器，主要用于祭祀、集会和战争等。春秋战国时期曾广为流传于我国西南地区，并非真为诸葛所铸。

武侯祠和昭烈祠均为四合院落，但前君后相，前高后低，显示出了封建时代君尊臣卑的等级纲纪。然而虽庙名两度更换，且至今大门上仍悬挂"汉昭烈庙"的匾额，但千百年来，人们却始终称这座君臣合庙为"武侯祠"，因为人们崇敬孔明胜过昭烈帝之故。近代有位名叫邹鲁的游人，曾写了一首诗来咏叹此事，诗云："门额大书昭烈庙，世人都道武侯祠。由来名位输功烈，丞相功高百代思。"这首白描手法的七言诗，直抒人们对诸葛亮仰慕称颂的心声；同时也反映了人民看待历史人物的公正态度:不以名位论轻重,而以功绩定高低。

惠陵,一称东陵,是蜀汉皇帝刘备的陵墓,封土 12 米,芳草萋萋,绿树掩映。惠陵是祠内最古老的遗迹,关系着昭烈庙的兴建与武侯祠的变迁。据史料记载,道光年间兴修的圆形墓墙周长达 180 米。陵墓正面,刻建于 1788 年(乾隆五十三年)的青黛色石碑正中,"汉昭烈皇帝之陵"七个大字,笔迹苍劲,赫然醒目。据《三国志》记载,蜀汉章武三年,刘备葬于惠陵。随后,刘备的甘夫人、吴夫人也先后合葬于此。

历代曾留有许多咏记武侯祠的诗篇,其中最为著名的要数诗人杜甫拜谒武侯祠时写下的《蜀相》:

丞相祠堂何处寻?锦官城外柏森森。

映阶碧草自春色,隔叶黄鹂空好音。

三顾频烦天下计,两朝开济老臣心。

出师未捷身先死,长使英雄泪满襟。

2.杜甫草堂

杜甫草堂位于成都市西郊的浣花溪畔,是唐代大诗人杜甫流寓成都时的故居。唐乾元二年(759 年)冬,杜甫为避安史之乱,携家由陇西(今甘肃南部)入蜀。次年,在成都西门外浣花溪边的一块荒地上,一株相传已有 200 多年的老楠树下,盖了一间简陋的茅屋居住,前后在此共三年零九个月,直到 764 年秋天才离开。

由于成都远离战乱的中原,草堂又地处郊野,风景如画,因此诗人生活比较安定,心情也较为宁静。在他为中华民族留下的 1400 多首诗歌中,有 247 首写于这里。此间的诗歌大都具有较为平和的田园色彩,优美动人,格致高逸,如《堂成》、《江村》、《春夜喜雨》等。杜甫在《江村》一诗中,曾描述过草堂"清江一曲抱村流,长夏江村事事幽",表达了诗人对这里自然环境的热爱。但杜甫毕竟是位现实主义诗人,忧国忧民的情怀始终没有改变,因此依然有《茅屋为秋风所破歌》及《野望》、《枯棕》等感慨时世、脍炙人口的现实诗篇的形成。正因为杜甫写下了这些不朽诗作,所以后世将杜甫草堂誉为"中国文学史上的一块圣地"。

杜甫草堂从始建至今已有 1200 多年,中唐以后,破败不堪。五代前蜀花间词人韦庄等人于旧址重建茅屋。北宋元丰年间又在此兴建祠宇,始开崇祀杜甫的先例。后元、明、清历代重修。其中明弘治十三年(1500 年)和清嘉庆十六年(1811 年)两次大修,奠定了现在的基础和规模。

今日草堂,古朴素雅,林木清幽,总面积有 16 万平方米。其建筑为清代风格,而园林则是非常独特的混合式中国古典园林。它将我国纪念性祠堂和古典园林艺术有机融合并统一了起来,堪称一代杰作。草堂内部,照壁、大门、柴门以及三座主要纪念性建筑大廨、诗史堂和工部祠,均坐落在一条中轴线上。廨堂之间,回廊环绕,小桥勾连,流水萦回,竹树掩映,既庄严肃穆又秀丽清雅。

草堂的真正入口是正门,在原草堂寺山门(今南大门)的西南侧。它面临浣花溪,为中轴线上第一重建筑。正门匾额所书"草堂"二字,出自康熙十七子、雍正之弟果亲王之手。门两侧有一副对联"万里桥西宅;百花潭北庄",这本是杜甫诗《怀锦水居止》中的句子,它精确地点明了草堂所在的方位。后人正是通过此句肯定了今日的草堂就是在当年诗人故居的遗址上逐渐发展演变而来的。正门前一堵粉壁青瓦的照壁,使得草堂庄严之气油然顿生。

大廨是草堂中轴线上的第二重建筑,为一座通堂式的敞厅,左右连接着回廊。"廨",即公署,是古代官吏办公的场所,这是清嘉庆十六年(1811 年)重修草堂后所作的命名。大廨的命名表达了后人对这位抱负不凡却又郁郁不得志的爱国诗人的良好祝愿。杜甫一生空有才华而始终得不到重用,虽做过肃宗的左拾遗,但尚未等到一展宏图就被贬为华州司功参军,不久辞掉官职。诗人流寓成都时,因其老朋友严武在四川当节度使,而被荐为"节度参谋检校工部员外郎",但实为严武幕僚而已,最后郁郁而终。清重修草堂时,将此建筑命名为"大廨",以象征其办公之处。

大廨虽然作为杜甫办公之处的象征,但里面并没有桌椅几案、文房四宝等陈设。大厅中央仅一尊杜甫铜像,为著名雕塑家钱昭武先生的作品。铜像用单薄的双肩、羸弱的身姿和沧桑的神情向我们展现了一位饱经忧患、抑郁不得志的落魄诗人的形象,让人不禁感同身受。大廨壁柱上挂着清代学者顾复初撰写的对联:"异代不同时,问如此江山,龙蟠虎卧几诗客;先生亦流寓,有长留天地,月白风清一草堂。"

诗史堂是草堂的主厅。厅堂建筑朴实无华,但气势轩昂。堂名"诗史",源于唐人孟棨。他在其《本事诗》中称:"杜逢禄山之难,流寓陇蜀,毕陈于诗,推见至隐,殆无遗事,故当时号为'诗史'。"堂前有诗人沈寿榕、彭毓崧合撰的一副名联,正中则是一尊杜甫胸像,由著名雕塑家刘开渠先生创作完成。塑像以写实手法,再现了一代诗圣忧国忧民的赤子之心和饱经沧桑的深沉无奈。像两侧楹柱上是朱德 1957 年参观草堂时写下的对联:"草堂留后世,诗圣著千秋。"壁柱间还有陈毅题写的杜甫诗句:"新松恨不高千尺,恶竹应需斩万竿。"郭沫若撰写:"世上疮痍诗中圣哲,民间疾苦笔底波澜。"对杜甫一生进行了高度概括和赞誉。

诗史堂东西两侧,还放有民间艺人所塑的杜甫(东)和李白(西)泥像。李、杜二人虽诗歌创作风格不同,一个豪放浪漫,一个注重现实,但均为唐代诗坛上成就最高的大诗人,被郭沫若评为"中国诗歌史上的双子星座"。他们两人相处时间不长,却是一对感情诚挚的好朋友。后世流传的杜甫诗篇中,仅怀念李白的就有十几首,因此在草堂中塑造李白像,对这段李杜交谊的文坛佳话作了注释。

柴门是一座体量小巧的建筑,原是杜甫营建草堂时所造的院门,因简朴低矮,故被诗人叫做柴门。杜甫在这里过着平静舒畅的"为农"生活,与四邻"田文野老"相处无间,结下了纯真的友谊,而柴门这里就是诗人迎送宾客的地方。门上匾额为著名画家潘天寿所书写,楹柱上则有明人何宇度根据杜甫诗句改写的对联:"万丈光芒,信有文章惊海内;万年艳慕,犹劳车马驻江干。"此联由杜诗"岂有文章惊海内,漫劳车马驻江干"(《宾至》)点化而来。对联将诗人的自谦之语变成了一番赞誉之辞,十分精巧绝妙。

水槛是一座跨水而居、南北相通如桥的建筑,在柴门西面。诗人在这里或凭栏远眺,或悠闲垂钓,风景清秀至极使他在此写出了不少优美诗歌。东边为花径,是草堂中一个令人神往的地方。入口处上挂一匾"花径",是著名书法家沈伊默所书。门楹两旁则是郭沫若撰写"花学红绸舞";径开锦里春"的对联,它巧妙地将花径两字分别嵌入联首,实见功底。进入花径,一面影壁巍然矗立,上面用清花碎瓷镶嵌的"草堂"二字,最早是清光绪三十四年(1908年)四川劝业道道尹周善培所书,后因被毁,又由其弟周竺君补书。"草堂影壁"是草堂标志之一。

工部祠是草堂最后一重建筑。杜甫当年靠好友严武推荐作过节度参谋、检校工部员外郎,所以后世又称其为"杜工部"。工部祠是一座风格朴实的平房,青瓦铺顶,屋檐翘出,素面无饰,庄严朴素,这里是杜甫的缋殿。祠的东西两侧各有一室稍稍于前,左边为水竹居,源自杜诗《奉酬严公寄题野亭》中的诗句"懒性从来水竹居";右边则是恰受航轩,其名取义于杜诗《南临》"秋水才深四五尺,野航恰受两三人"。两室与工部祠形成了一个品字形小院,更加突出了工部祠作为祭祀缋殿的主体地位,也使整个小院显得静雅、肃穆。

工部祠陈列着明清两代的石刻、木刻等文物。正中放置着杜甫神龛,东西两侧则设有宋代诗人陆游、黄庭坚的神龛配缋。因为他们都曾流寓蜀州,都是忧国忧民的爱国诗人,他们在诗歌创作上也有继承关系。黄庭坚开创江西诗派,主要学习了杜甫的诗法,而陆游一直十分推崇杜甫,且学习诗圣成就卓著,并开创了剑南诗派,其诗歌中的爱国精神更是直接来源于杜甫。工部祠也因此被称为"三贤祠"。

碑亭位于工部祠东侧竹林深处,是一座茅草作顶的圆亭,十分古朴。内树一大石碑,上刻有"少陵草堂"四字,字体雄厚圆润,是果亲王于清雍正十二年(1734年)到成都时亲笔所题。杜甫曾居住于京兆(长安)杜陵,杜陵东南十余里有一小陵,亦叫少陵,为汉许皇后葬处。因此杜甫在诗中常自称"杜陵布衣"或"少陵野老",后人也就称杜甫为杜少陵、杜堂为少堂。碑亭依然用茅草作顶,象征着当年草堂茅屋,在竹木掩映下,清幽静谧。

3.都江堰

都江堰位于四川都江堰市城西的岷江上,距成都 59 千米,面积约 7 平方千米,海拔 700~1100 米,年平均气温 15℃左右,无结冰期。区内有我国最古老的水利工程都江堰,有纪念都江堰创始人的庙宇二王庙、伏龙观,有我国古代桥梁建筑的代表安澜索桥,有唐代印度高僧阿世多尊者创建的灵严寺以及凤栖窝、玉垒关等古迹,还有颇具现代规模的离堆公园。这里古迹众多,气候温和,峰峦秀拔,林木茂盛。

都江堰是公元前 250 年秦蜀郡李冰父子主持修建的水利工程。据史料记载,每年夏秋之季,岷江汹涌,洪水泛滥,而枯水季节常发生旱灾。秦郡守李冰为了变水害为水利,在总结前人治水经验的基础上,确定了"引水以灌田,分洪以减灾"的治水方针,率领民工"凿离堆,开成都两江,灌田万顷",建成了都江堰。都江堰曾称湔堰、都安堰、犍为堰,到宋代时才叫都江堰。都江堰灌区整个工程可以分为两大部分:一是灌县城下的渠首工程,也就是通常说的都江堰;一是分布在成都平原上的成千上万的支渠分堰,而最能显示这项工程高超技术的是渠首工程。它主要由鱼嘴分水堤、飞沙堰溢洪道、宝瓶口引水口三大部分组成。鱼嘴是修建在江心的分水坝,形若鱼嘴,把岷江分为内江和外江,外江为岷江正流,内江经宝瓶口流入川西平原灌溉农田。飞沙堰起泻洪排沙和调节水量的作用,它平时拦水入宝瓶口进入内江灌区,洪水超过堰高时,内江多余的水量和随水携带卵石泥沙自动排入外江。宝瓶口是人工在玉垒山凿开的一个口子,口宽 20 多米,有洪水时可起天然控制水量的作用,控制进入内江的洪水,因形状像瓶颈,所以称"宝瓶口"。开凿后,离开母山的小丘叫"离堆"。这三项工程巧妙配合,互相约制,既消除了水患,还兼有灌溉和航运之利,从此使川西平原千百年来"水旱不从,不知饥馑,时无荒年天下谓之天府也"(常璩:《华阳国志》)。

都江堰是我国古代劳动人民勤劳智慧的结晶,是我国保留至今最古老的水利工程,也是世界上最古老的水利工程之一。古往今来,到此之人无不惊叹,南宋陆游曾吟道"决江一支溉数洲,至今禾黍连云升";德国地理学家李希霍芬也感叹说:"都江堰灌溉方法之完美,世界各地无与伦比。"

离堆原是玉垒山的一部分,三面都是悬崖绝壁,它砥柱中流,下临深渊。登高远望,西岭雪峰,古堰雄姿,安澜索桥和二王庙尽收眼底;俯视江面,汹涌澎湃,岷江奔涌而来,进入宝瓶口和引水干渠后,那奔腾咆哮的滚滚急流更加壮观。由此美景,人们因地制宜建了离堆公园。公园素以山水著称,园内香楠成林,松杉掩映,规模壮观。

公园北端是气宇轩昂的古代建筑——伏龙观。伏龙观原名"范贤祠",始建于晋代,蜀王李雄为纪念三国时西蜀贤士范长生而祀祠。北宋初年,根据李冰、二郎在此"降伏孽龙而治水患"的传说，改建为伏龙观。清同治五年（1876年），成、绵、龙、茂道台钟竣建李冰专祠，又称"李冰祠"。现存伏龙观为清代重修，有殿宇三重，依山而建，亭台楼阁布局紧凑，自前至后逐渐升高。

大殿内陈列着1974年修建都江堰外的水闸时出土的李冰石刻像，像高2.9米，重4.5吨。造型朴实，意志雅容，两袖和衣襟上有朱砂填写的浅刻隶书题记三行，胸前刻有"故蜀君李府君讳冰"、"建宁元年闰月戊申二十五日"等字样。可见石像是168年（灵帝初年）所刻造，距今已有1800年的历史，是我国现存最早的圆雕石像。殿右侧陈列着飞龙鼎，它乃咸丰年间出土，相传是唐睿宗第八女金华公主所刻造。该鼎采用深雕手法，上铸八条飞龙，各具神态，云纹花卉生动逼真，鼎重千余斤，是不可多得的古代铸造珍品。后殿还陈列有都江堰灌区的电动模型。

庙里还有大量历代名家的手迹，形式有匾联、碑刻、书法、绘画等，品类丰富。三殿后壁镶嵌"移建离堆山伏龙观刻石文"，乃景德年间知永康军冯抗所撰，是研究离堆、伏龙观历史的重要文献。伏龙观的左侧是宝瓶口，江水奔腾澎湃，气势磅礴。观后"观澜亭"，两层八角，凭栏远眺，可见鱼嘴、索桥、西岭雪峰，俯视江水，奔腾呼啸，直泻而下。

二王庙在城西岷江东岸的玉垒山麓，原来叫望帝祠，供奉四川上古时代蜀王杜宇。在南北朝期间，改祀李冰父子，名崇德祠，含崇敬李冰恩德之意。唐开宝五年（972年）又大加整修，增塑了李二郎像，故该祠又俗称"二郎庙"。宋以后，李冰父子相继被追封为王，所以叫"二王庙"。现有庙宇系清代重建。它是庙宇和园林相结合的著名景区，素有"玉垒仙都"之称。主要分东西两苑，东苑为园林，古木参天，郁郁葱葱；西苑为庙宇，占地约5万平方米，面对都江堰，依靠自然地理优势依山而建。在建筑风格上不强调中轴对称，上下重叠交错，层层而上。庙中李冰父子像是1974年新塑，李冰像位于正殿正中，身穿秦代袍服，正襟危坐；后殿正殿是其子二郎的塑像，二郎手持铁锹，意气风发，正领着老百姓与洪水搏斗，充分展示了我国古代劳动人民誓与天争的勇气和决心。

庙前的"乐楼"建于清乾隆八年（1743年），飞檐斗拱，门窗隔扇，彩绘精雕。房面塑各式山水花草、飞禽走兽，后枋上用高粉绘制的"杨二郎率梅山七圣助李冰擒水兽图"至今完美。整个建筑结构精巧，庄严别致，是至今保存完好的道教建筑之一。二王庙门额上，悬挂着"二王庙"的金匾，这是爱国将领冯玉祥亲笔所题。入门庙内，墙壁上刻有许多古代治水经验和论述，有清代的都江堰灌溉区域图，它是了解古代都江堰的宝贵资料，侧墙上镶嵌着"深掏滩，低作堰"六个大字，这是李冰治水时留下的经验总结。据传明代的一次年修，在内江掏滩时发现一方六字诀篆体石刻，有人认为是李冰时所刻，便移置二王庙内。后因年久剥落，乾隆年间又重刻于此。庙内还有许多歌颂李冰父子的匾额、楹联、诗词歌赋等。除此,明代的铁花瓶、铁蜡台和清初雕塑的大雕石狮等珍贵历史文物以及近代著名画家徐悲鸿、张大千等绘制的天马、仕女等图画石刻,都具有较高的历史和科学、艺术研究价值。庙后有观景台,可俯视岷江及都江堰水利工程、鱼嘴飞沙堰、安澜桥、内江、外江等。

安澜索桥横跨在内外两江,是沟通两岸的交通孔道。安澜桥,古名珠浦桥,宋太宗时,经大理评事梁楚重建,更名评事桥。明末被毁,过河时就改用船渡,行人来往非常不便,而且又非常危险。清嘉庆八年(1803年),岸旁私塾老师何先德夫妇,积极倡议并募集资金,带领当地老百姓动工重新修建索桥,人们感激他们的恩德,给该桥命名为"夫妻桥",从此,两岸人民又"过江无踏险之虞,长享安渡狂澜之乐",所以这桥又称"安澜桥"。安澜桥是我国古代桥梁建筑之一,都江堰整个灌区盛产竹木,而岷江又有取之不竭的卵石,古代劳动人民就地取材,用10根竹缆连接两岸,竹缆上铺上木板作为桥面,两旁各用6根细竹缆作为栏杆,桥下用木桩和石墩承托,全桥共有8孔,约500米长。现在的桥是1974年修外江闸时重新修改过的,桥身下移了100多米,将竹缆改为钢缆,钢筋混凝土替代了木桩石墩,桥长缩短为210米,这样桥桩更为坚固,桥身更为稳定,既保持原貌,又便利游览。走在铁索桥上,桥下岷江水浪滚滚,桥身晃动,颇为惊险。从远处看,犹如飞虹挂空,又像渔人晒网,形式非常别致。

4.青城山

青城山是道教文化圣地,位于成都平原西侧,在都江堰市区西南约15千米处。古称丈人山,属邛崃山脉南段的东支,以大面山为主峰,背靠岷山,面向川西平原,山岳重叠,林木葱茏,幽甲天下。

青城山四周密林青翠,常年终绿,岁寒不凋,空翠四合,诸峰环绕,状若城郭,故称"青城"。山麓海拔700米,属温带湿润季风气候,年平均气温15.2℃,夏季最高气温24℃,无霜期平均258天,是古今有名的避暑胜地。青城享有"青城天下幽"之誉,与峨眉天下秀、剑阁天下险、三峡天下奇一道并称为"四川山水四绝"。青城山有36峰、8大洞、72小洞、108景,山上树木繁茂,峰峦、溪谷、宫观皆掩映在林木中,道观建筑取材自然,寓于自然之趣,与山林岩泉浑然一体。具有玄妙意蕴的道教仙语更增添了山林的幽秘,所以用"幽"字来概括青城山的特色最不为过。关于青城之幽,杜甫、陆游在诗中早有描述,杜甫诗曰:"自为青城客,不唾青城地。为爱丈人山,丹梯近幽意。";陆游有"穿幽行荦确,息倦倚槎牙"等佳句,但最鲜明地摆出"青城天下幽"的则是近人吴稚晖的短文,文中说:"顾青城于亦雄亦奇亦秀外,而其幽邃曲深,似剑阁、山峡、峨眉皆无不逊色,故以天下幽标明青城特点。"现在这篇短文刻在天师洞门口石壁上。

　　青城山由于其山色翠绿,山势奇绝,山境清净,成了我国道教的发源地之一,中国四大道教名山之一。相传东汉张道陵曾在四川创建了五斗米教并在青城羽化,由此青城山成了道教圣地,成了天师道的祖山,在道教十大洞天中被列为第五洞天。张道陵后,道士们纷纷来这里修炼。汉以后,道教建筑几乎遍布青城山,极盛时期,宫观建筑曾达70多所。青城山在历代道家维护下,始终保持了林深山秀,环境清雅,为青城天下幽的长存不衰作出了重要贡献。在唐、五代,由于这里的清幽,又成为帝王后妃郊游行乐的场所。古往今来,文人学士莫不爱到此登临,所留诗词文赋和墨迹极其丰富,这又为青城增添了浓厚的诗情画意。

　　青城山可分为青城前山和青城后山。前山主要是以天师洞、上清宫为中心的人文景观构成的景区,这里景色优美,文物古迹众多。后山则是以泰安寺、安坪为中心的自然景观为主的景区,景区内景色神秘绮丽,原始华美,如世外桃源。前山是青城山风景区的主体部分,约15平方千米,主要景点有建福宫、天然图画、天师洞、上清宫、朝阳宫、祖师殿等;后山总面积为100平方千米,主要景点有圣母洞、神仙洞、泰安寺、白云群洞等。青城最主要有三个游览区:建福宫、天师洞、上清宫。

　　青城山全山共有30多个亭阁,是用弯弯曲曲不成材的树木树枝搭成,造型各异,意趣盎然,清幽,古雅,无一虚设,亭型随泉而异,因静赋形,命名雅致,如天然阁、揽翠亭、壮观亭、听寒亭、鞠躬亭等,形成了青城山独特的风景线。

　　青城山麓第一境的丈人峰,悬岩峭壁高百丈,建福宫就建在峰下,始建于唐代,又称丈人观,传为青城山主治神仙五岳丈人宁封的修道处。宋代改成建福宫,现存建筑为清代重修,它同青城山的彩色楼牌以及楼阁、重叠的游廊连成一气,组成了山门风景区。建福宫是游山的起点,宫内有古木山,明代史可法、金声、张三丰等的诗文,还有委心亭、乳泉亭、林森防空洞,明庆符王妃梳妆台遗迹。在后殿的楹柱上还悬挂有一幅长达394字的对联,号称"真正的天下第一长联",是清末毕业于四川高等学府的才子李善济于清宣统二年(1910年)春为青城山所撰。此联字数远超昆明大观楼、成都望江楼的长联,上联描述了青城山的地势风物,下联论述了青城山的历史和神话传说,气魄宏大,对仗工整,文字优美。

　　建福宫东侧,林立的石笋峰危而不倾,相传蜀相诸葛亮曾于此掘出一碑文离奇难辩的碑,这就是《蚕从式启园誓蜀碑》,而蜀国名士皆不能识,后经寻访,访得岩穴隐士范长生诠诵碑文。为纪念他,现建有长生宫,位于青城入山处,古名翠落观,宋改长生观,即范长生修真故址,花木扶疏,堂榭楼阁,布置精雅。

　　天然图画是光绪年间建造的一座十角重檐式亭阁,海拔893米,这里苍岩壁立,云雾缭绕,绿树交映,游人至此,仿佛置身画中,故名"天然图画"。

　　天师洞位于青城山腰,始建于大业年间,名延庆观,唐初改为常道观,现有宫殿为清代重修。主要有三清殿、天师殿、黄帝祠以及连接殿宇的楼阁廊桥,它们组成了一个布局严谨、高低有致的建筑群。因道教创始人张道陵在此修道,他又被尊称为"天师",所以又称"天师洞"。天师洞里刻有张天师的坐像和其30代孙虚靖大师像,张天师庞眉广额,手持印符,若有所思。

洞门前有一株古银杏,高约50余米,胸围7.06米,直径2.24米,树干粗而短,布满钟乳似的瘿瘤,形态奇特,老态龙钟,据说是张天师亲手所栽,距今已有1000多年的树龄了。

由于青城山属于道教名山,道教多用三清(上清灵宝天尊、玉清元始天尊、太清太上老君)为自己的宫观命名,认为那是他们所住的天外仙境。三清殿内就供奉着这三位神仙。

黄帝祠在三清殿背后,内有轩辕黄帝像,塑像威仪端庄。相传,轩辕黄帝为了战胜蚩尤,统一中华大地,曾遍历五岳寻访高人,后在青城山向一位叫宁封的仙人问得"龙跷飞行"之道,于是封宁封为五岳丈人,统领五岳。在侧梯道的檩椽上高悬着"龙跷仙踪"四个大字。关于这个传说,现在山中还尚存许多与此相关的遗迹,有访宁桥、问道亭、轩皇台等。

三皇殿是青城山的主庙,殿中供奉着轩辕、神农、伏羲三尊石像,庄严肃穆,栩栩如生。殿内还存有历代石刻,有唐玄宗旨书碑、岳飞手书、诸葛亮前后出师表、董其昌书欧阳修《醉翁亭记》、郑板桥对联等书法珍品,明代木刻浮雕屏花等文物,其中以唐玄宗的旨书碑最为珍贵。开元年间,青城山出现了佛道之争,在武则天时打了十几年的官司,毫无结果,到唐玄宗时,信道的唐玄宗辟诏,敕令"观还道家,寺依山外",从此青城山成了道教的专用之地,青城山的道士将这道诏书刻在石碑上立于观中。碑高近5米,宽0.7米,厚0.1米,是不可多得的唐代文物。在这道诏书中,不知唐玄宗是有意还是无意,将"清"字写成了"青"字,以后"清城山"就成了现在的"青城山"。

上清宫是青城山最高的宫观,海拔1600多米,始建于晋代,五代时王衍重建,并于玉皇坪作行宫,石础至今可见。现存殿宇为同治年间所建,庙前山岩有清代黄云鹄等手书的"天下第五山"、"青城第一峰"等摩崖石刻,还有张献忠时留下的"跑马坪"、"旗杆石"、"复仇谷"、大字岩、玉女洞等名胜古迹。宫左有鸳鸯井,宫右有麻姑池。鸳鸯井,一方一圆,一浊一清,一深一浅,泉源相通。麻姑池,传说是仙女麻姑浴丹处,深数尺形如半月,水澄清,一年四季不竭不溢。宫右最高处老霄顶,建有呼应亭,登高放声一呼,万山齐应。上清宫地势较高,不同于平原,有时山下阴雨,山上却月朗星稀,在此还可见青城山的三大自然奇观:日出、云海、圣灯,尤以圣灯最为奇特。圣灯又称神灯,每逢雨后天晴的夏日,夜幕降临之后,在上清宫附近的圣灯亭中,可见壑中光亮点点,闪烁飘荡,忽生忽灭,犹如眨眼的星星,少时不过三五盏,多时可达成百上千,山谷一时灿若星汉,传说这是青城山"神仙都会"的神仙们朝拜张天师时点亮的灯笼,实际上圣灯不过是一种山中的磷氧化自燃的自然景象。

青城山还有四绝:洞天乳酒、洞天贡菜、白果炖鸡、道家泡菜。道家历来重视富食养生,他们采撷山中的果实和药物,用道家传说秘方酿造出了这四种特产。

5.三星堆

三星堆遗址位于成都以北 40 千米,属德阳广汉市。20 世纪 80 年代以来,经过十多年的发掘和建设,已建成三星堆遗址博物馆。

三星堆遗址发掘出一座距今 4600 年前的面积达 12 平方千米以上的古城,1、2 号坑出土造型奇特、举世无双的文物 1700 多件。包括青铜器、玉器、金器、漆器、陶器。还出土 80 多根象牙、4600 多枚货币(海贝和铜贝)、18 座屋基、100 多个生物灰坑和梯形城墙及土坯砖。遗址和出土文物充分证明这里曾是古蜀国重要都邑并拥有辉煌灿烂的文明。

文物造型奇特震惊世界:将近 4 米高的青铜大神树;金光耀眼的金权杖。更为奇异的是青铜纵目人面具,宽 1.4 米,高 0.6 米。微闭的眼睛里伸出两只望远镜似的长桶,又像蟹目;两只硕大的耳朵像一对展开的翅膀;卷花的鼻饰大大高于头顶,像是能够接受四面八方信息的复杂天线;出奇的大嘴,占据整个下颚的薄薄的嘴唇直接连到耳。整个形象庄严慈祥又令人望而生畏。

三星堆被誉为"20 世纪中国考古最伟大的发现",沉睡数千年,一醒惊天下!

6.峨眉山

峨眉山是我国佛教四大名山之一,位于四川西部峨眉山市西南,在中国各大名山中具有独特的优点——"雄、秀"兼备。"雄"是指其山域巨大,总面积超过 300 平方千米,千岩万壑,云蒸霞蔚。主峰万佛顶海拔 3099 米,山下平原地区海拔 400 余米,相对高差在 2600 米以上,大大超过了久享盛誉的五岳和黄山、庐山、雁荡山等国内旅游名山。在登山公路和索道未建成时,登顶石径长达 60 余千米,登顶的游人和香客须跋涉数日以至十多日。人在山间,只觉到处峰起云涌,苍茫如海。"秀"是指其宁静、深沉的迷人风采。山名得自《水经注》所引《益州记》中的描述"秋日清澄,望见两山对峙如峨眉焉",而"峨眉"乃是《诗经》中形容女子秀眉的用语。峨眉山的雄浑和秀丽完美地统一于一体,李白曾经感叹"蜀国多仙山,貌难匹";宋代诗人范成大更称峨眉山"秀甲天下"。

峨眉山观光的最大价值还在于其佛教文化(包括乐山大佛在内)。峨眉山佛寺始创于东汉年间,最早的是山间海拔 1800 余米处的初殿和山顶的普贤寺(今名华藏寺)。其后峨眉佛事日盛,到明清年间,佛寺多达 100 余处。近两千年的佛教发展历程,给峨眉山留下了丰富的佛教文化遗产,成就了许多高僧大德,使峨眉山逐步成为中国乃至世界影响深远的佛教圣地,峨眉山也因此成为中国四大佛教名山之一。根据佛教经籍,峨眉山为普贤菩萨道场,除金顶华藏寺独立于云天之上,峨眉山各大佛寺皆以"善藏"为特色,寺庙建筑多依山取势,大雅若拙,并收藏有大量珍贵文物。这里四季晨钟暮鼓,香烟弥漫,佛门梵音、翰墨风流与山光寺影、古木清溪相映。

报国寺坐落于峨眉山麓,是山下的第一座寺庙,峨眉的进山门户,峨眉山佛教活动的中心,也是游客乘车上山或步行登山的必经之处。报国寺创建于明万历年间,为全山八大名寺之一,寺内正殿原供奉着佛、道、儒三教的宗师,曾名会宗堂,有"三教会宗"的意思。康熙取佛门"报国主恩"之意,改名"报国寺"。全寺占地近 4 万平方米,规模宏大,共有 4 座大殿,均建于清代同治年间,从前至后,分别是弥勒殿、大雄殿、七佛殿、藏经楼。建筑依山而上,是典型的四川庭院式民居风格。寺内花园幽静,客房洁净,可供游客借宿。七佛殿内还有 1935 年蒋介石留下的手迹"精忠报国"。

寺门正对的小山上有一铸于明代的莲花铜钟,"峨眉十景"之一的"圣积晚钟"即指此钟。此钟高 2.8 米,直径 2.4 米,重达 12500 千克,号称"天府钟王"。钟身铸有 61600 字,有《阿含经》及其他佛偈、铭和晋唐以来历代帝王、高僧的名讳。

伏虎寺深藏于茂密的丛林之中,"密林藏伏虎",极富神秘色彩。由于独特的环境,抗日战争时期,蒋介石举办的峨眉军训团将校班便设在这里;为躲避日军飞机轰炸,四川大学的文学院和法学院也曾迁到此处。伏虎寺周围群山起伏,林木茂盛,夏日一片清荫。尤为奇特的是,寺中几处殿宇虽被参天古木所覆盖,屋顶却终年不见一片落叶,因此康熙曾经题赐匾额"离垢园"。寺中正殿外立有华严宝塔亭,亭中有座高达 5.8 米的紫铜古塔。塔身铸有佛像 4700 余尊,以及《华严经》195048 字。寺外泉边的桫椤树,是距今 1.7 亿年前与恐龙同时代的植物。

洗象池,寺名得自于佛门的传说,相传普贤菩萨曾经在这里的水池中汲水洗浴所乘大象。洗象池地势独特,古寺一面依山,三面下临深谷,云层常在山间浮动。此地海拔 2070 米,是赏月绝佳胜地。

猴山位于洪椿坪下、清音阁上的"一线天"附近,是集科学研究、生态观光、人猴交流等功能于一体的野生猴区。景区范围约 10 万平方米,在茂密的树丛中,建有 400 多米长的栈道,以及若干廊桥、索桥和观景亭台。数十只猴子出没其间,或互相追逐,或拦路向游客索取食物。游客可在进入猴区前向当地出售猴食的小贩购买花生等小食品喂猴。

洪椿寺位于洪椿坪,这里以植被繁茂为特色,春夏之晨,雾气弥漫,枝叶如洗,故名"洪椿晓雨",为"峨眉十景"之一。洪椿即大椿,是一种长寿的古木,现于寺外山坡上还可见到。寺中有一副对联，即以此意而成："佛祖以亿万年作昼，亿万年作夜；大椿以八千岁为春，八千岁为秋。"洪椿寺规模甚大，殿堂之间，对联极富意趣，如寺内客堂门上的对联："世事洞明皆学问；人情练达即文章。"饭堂门联："一粒米中藏世界；半个锅内煮乾坤。"特别值得一读的还有观音殿上的双百字长联。

清音阁位于峨眉山两大水系——黑龙江与白龙江汇流之处。

金顶海拔 3077 米，是峨眉山旅游的终点。金顶是峨眉山奇景最集中的地方。华藏寺高耸于岩顶，相邻处则是始建于唐的卧云庵，屋顶为锡瓦所盖，元代时又被称为"银顶"。金顶最负盛名的是"四奇"。一是日出，由于海拔高，东侧又是一望无际的千里平川，金顶也就成为观赏日出的最佳胜地之一。二是云海，人在金顶，只见云涛汹涌，状如大海，山风时起，云开雾合。三是佛光，这是太阳自观赏者的身后，将人影投射到观赏者面前的云彩之上，云彩中的细小冰晶与水滴形成独特的圆圈形彩虹，人影正在其中。佛光的出现没有规则，要阳光、地形和云海等诸多因素完美结合才可欣赏到。19 世纪初，科学界便把这种难得的自然现象命名为"峨眉宝光"。四是圣灯，在农历月末或月初的夜晚，每当雨过天晴之时，游人站在舍身岩前，有时可见岩下的万山丛中升起无数荧荧发亮的光点，大者如球，小者如珠，飘荡不定，这就是极具神秘色彩的"圣灯"奇景。这是山间动物骨殖散发出的磷，在空中自燃而成，也有人解释说这是树林中的一种"密环菌"在空气湿度达到或接近 100 时的生物性发光。

万年寺位于山北麓，为峨眉八大寺庙之一，与金顶一样建有登山观光索道。万年寺始建于晋，原称普贤寺。1601 年，明神宗为给太后祝贺 70 大寿，赐名为"圣寿万年寺"。寺中建筑历经风雨，多为毁损后重建，唯无梁砖殿至今尚存。砖殿用砖砌成，通体无梁，400 余年来历经 5～7.9 级地震多次，至今纤毫未损，被称为我国古代建筑史上的奇迹。砖殿内顶饰有飞天藻井图案；殿内四周为环形佛龛，供奉小铁佛 307 尊。殿中供奉的普贤骑象铜像，为公元 980 年由茂真禅师奉诏在成都铸造而成，其时耗费黄金三千两。铜像比例匀称，铸工精良，为国家一级文物。1000 多年前，这尊重达 62 吨的铜像在铸成之后，如何运到山上安放，仍是不解之谜。无梁砖殿后侧的行愿楼内，供奉着万年寺三宝：佛牙、贝叶经和御印。

"游峨眉必朝大佛，朝大佛多游峨眉"，乐山大佛是峨眉风景区不可分割的组成部分。由峨眉山向东经峨眉山市 31 千米即至乐山。乐山大佛地处四川省乐山市区东南角，岷江、青衣江、大渡河三江汇合的凌云山上，是一尊依山凿成的巨型石刻弥勒坐佛，"佛是一座山，山是一尊佛"，通高 71 米，头长 14.7 米，头宽 10 米，肩宽 24 米，耳长 7 米，脚背宽 8.5 米，大佛可围坐百人以上。佛像至今已有

1000 多年,迄今为止是世界上最大的石刻佛像。

大佛所在的凌云山,隋唐时佛教兴盛,寺庙盛极一时。当时,三江汇合在这里,水流直冲凌云山脚,势不可挡,洪水季节水势更猛,过往船只往往触壁粉碎。凌云寺僧海通想借神力灭除水患,于是发起修造大佛之念,历时 90 年,耗资数亿贯才告成功。所建大佛不仅体型巨大,且雕刻技术高超,结构匀称,比例适宜,佛体头部和身上还巧妙地暗藏排水系统,以避免水流冲蚀,使大佛历经千年风霜,仍然安坐在滔滔江水之畔。

第四节　贵阳旅游副区

贵阳旅游副区是指以贵阳市为中心,包括黄果树瀑布、安顺、织金洞在内的黔中北地区。该区有全国重点风景名胜区——织金洞,有全国五大自然保护区之一的梵净山自然保护区,还有享誉海内外的黄果树瀑布。

一、贵阳

贵阳古称筑城,所以简称筑,历史悠久,汉属牂牁郡,元称顺元城,明隆庆三年(1569 年)更名为贵阳府,1913 年改称贵阳县,1941 年正式设市。这里岩溶地貌发育,少数民族汇集,传统工艺独具特色,物产丰富,尤以仁怀县茅台酒享有盛名。

贵阳山川秀丽,民族风情多姿多彩。主要旅游景点有:甲秀楼、花溪公园、黔灵公园、南郊公园、天河潭、森林公园、红枫湖、百花湖等。

1.甲秀楼

甲秀楼坐落于贵阳区南明河中鳌矶石上,始建于明朝万历年间,后几毁几建,曾改名来凤阁。楼高 20 余米,三层三檐四角攒尖顶,飞甍刻角,石柱托檐,石栏围护,造型十分典雅。浮玉桥将甲秀楼与两岸相连,楼立水中,右倚观音寺、翠微阁、左傍桥头涵碧亭,蔚为壮观。楼中联匾碑石和历代文人墨客题咏甚多。其中尤以清代刘玉山仿昆明大观楼长联所作甲秀楼长联最为著名,上下联各有 87 字。南侧观音寺,原为武侯祠,寺内有千佛铜塔,高 3 米;还有翠微阁,为避暑佳处。游人登临此楼,则远山近水,如披长卷,一一呈现于眼前。花风物之佳胜,堪为全市之冠,故名“甲秀”。

2.花溪公园

花溪公园位于贵阳市南郊花溪镇,距贵阳 17 千米,素有"贵州高原的花朵"之称。园内绿树成荫,百花争艳,花溪河流经麟、凤、龟、蛇四山之间,坝上桥、放鸽桥、芙蓉洲、百步石磴、松柏园、南湖点缀其中,山环水绕,景色自然。园外村落点点,民族风情浓郁。登上麟山之巅,公园全景及周围田园风光尽收眼底。

3.黔灵公园

黔灵公园位于贵阳城西隅黔灵山,因山得名,是贵州最大的城市综合性公园。黔灵山历称"黔南第一山",山上古木参天,郁郁葱葱,清气扑人。山麓有黔灵湖,湖北岸有"圣泉",水味甘洌。山腰有古佛洞、泉亭、洗钵池。山顶是宏福寺,连宇接栋,为贵阳的禅宗中心,清康熙十一年(1672 年)始建,是贵州著名佛寺之一。山下有九曲径盘山登寺,寺内建筑宏伟壮丽,有大殿、斋堂、藏经阁等。寺右侧旬王岭上有瞰筑亭、望城台,可俯视贵阳城。山前的麒麟洞为一岩溶洞穴,张学良、杨虎城先后被囚禁于此。公园大门内山脚至瞰筑亭,建有黔灵索道,全长 500 米。

4.南郊公园

南郊公园又名地下公园,位于贵阳市南郊小车河畔,是以溶洞景观为主体的风景公园。主体溶洞白龙洞,长 587 米,自山脚进洞蜿蜒而至山上出洞,全洞石钟、石笋、石柱、石幔、石花等,琳琅满目,多姿多彩,形成白龙空洞、苗岭梯田、银河飞瀑、吴刚捧酒、雄狮送客等奇特景观 20 余处,构成了一条引人入胜的画廊。山上林木苍翠,花圃别致,有色有香,景色秀丽。

5.天河潭

天河潭位于贵阳市花溪区石板镇,在花溪河上游车田河段,原名天生桥,距贵阳 25 千米,是山水洞石喀斯特原始风光和苗族、布依族等少数民族风情融为一体的自然古朴的浏览区。山环水绕、林木葱郁的景区内,飞瀑流泉,溶洞暗河,民族村寨散布其间。天河潭为中心景点,这里天窗绝壁高耸,四壁青树翠萝,潭壁凿有石级栈道,潭边有三个天然溶洞:上洞为水洞(暗河),乘舟游览,洞中有通天河、海螺宫、潮汐潭、地下天楼等景观;右洞为旱洞,沿洞观景登山;下洞为天生桥洞,潭水由此流出,形成多级瀑布并有小桥、100 多个水车、水辗等民间水利机械工具,构成壮观的田园景色,具有独特、奇秀、神秘的色彩。

6.红枫湖

红枫湖位于猫跳河上游,距贵阳 30 千米,是贵州高原目前最大的人工湖,全湖面积 57.2 平方千米,散布着大小岛屿 170 多个,天然地分为北、中、南、后四个各具特色的湖区。北湖碧波万顷,中湖狭水奇山,南湖山重水复,后湖群峰绕水。湖中小三峡、小石林、蛇岛、猴岛、将军湾等景观,秀丽多姿。将军湾有两个溶洞,一为旱洞打鱼洞,洞分七层,富有立体感;一为水洞将军洞,洞中有洞,钟乳石精致,可泛舟洞中。所建侗、苗民族旅游村寨,展现了贵州独特的民族风情。

7.百花湖

百花湖位于贵阳市西北朱昌乡,距市区 22 千米,面积 13.5 平方千米,湖中岛屿 110 个,起伏有致,植被茂密,形成特有的以湖泊、岛屿为主景的自然景观。湖区主要景点有松林远眺、双猴守园、百花三峡、金蟾戏水、鸟岛等,还有溶洞、温泉以及洪武庙、茶饭营盘、朱昌古堡等历史文物。

二、黄果树瀑布

黄果树瀑布位于贵州省西部镇宁县打邦河上游白水河上,距安顺 42 千米,堪称天下奇景,是国家级黄果树风景名胜区的中心景观。黄果树瀑布阔大雄奇,气势磅礴。瀑布高 68 米(加顶上瀑 6 米,总高 74 米),宽 81 米,是我国第一大瀑布。河水从顶端直泻犀牛潭,溅起水珠飞洒高达百米,雄伟壮观。阳光西射,潭面拱出彩虹,尤为迷人。瀑布背后拦腰横穿着一个长 134 米的"水帘洞",从洞窗观瀑、摸瀑独有妙趣。周围 18 千米内,还有各式地上瀑布 18 个,地下瀑布 4 个,组成一个世间少有的瀑布群。其中三级落差达 350 米的滴水滩瀑布、景色奇丽的冲天瀑布等都是不可多得的奇观。

三、织金洞

织金洞原名打鸡洞,位于贵州省西部织金县城东北 22 千米处,距贵阳市152 千米,是国家级织金洞风景名胜区四大景区之一。这是一个多层次、多类别、多形态的高位旱溶洞,洞内相对高差最高达 150 米,最宽处 175 米,空间开阔,洞厅交错,拥有 40 多种岩溶堆积形态,被誉为"溶洞之王"、"岩溶博物馆"。织金洞分十大景区,景观奇特,尤以"银雨树"、"霸王盔"、"卷曲石"等景物为最。

四、梵净山

梵净山位于贵州省东北部江口、印江、松桃三县交界处,总面积 567 平方千米,是国家级自然保护区,主峰凤凰山海拔 2570.5 米,金顶海拔 2493.4 米。早在明代,这里就是全国有名的佛教圣地,原始森林茂密,溪流纵横,飞瀑悬泻,风光绮丽,是世界上同纬度地区森林生态系统保存最完好的地区。山中动植物资源丰富,著名的有国家一级保护的黔金丝猴、珙桐树等。金顶太子石、凤凰山旅游区,岩溶奇特,风光独具。

第五节　昆明旅游副区

　　昆明旅游副区是以昆明市为中心的云南省中部地区,包括路南石林、安宁温泉等旅游景区。

一、昆明景群

　　昆明市是云南省省会,位于云贵高原中部。昆明市地形北高南低,北窄南宽,绝大部分地区海拔在 1500 米～2800 米之间。三面环山,南濒滇池,东、西有金马、碧鸡二山夹峙。全市聚居着汉、回、彝、白、苗、纳西、哈尼等十二个民族。

　　昆明是一座具有两千多年历史的名城,位于滇池之滨。这里土地肥沃、物产富饶,空气干湿适度,气候温凉宜人,四季如春,素有"春城"之美称。昆明又因常年繁花似锦而有"花都"之称,尤以山茶、杜鹃、报春、玉兰四大名花为贵。

　　滇池又名昆明湖、昆明池,古称滇南泽,位于市区西南部,距市区 4 千米,为断层陷落淡水湖泊。湖面海拔 1886.5 米,湖面面积 298 平方千米,湖岸线长163.2 千米,南北长 39 千米,东西宽 9～12.5 千米,湖体略呈胃状形,素有"高原明珠"之称。池面一碧万顷,风帆点点,湖光山色令人陶醉。周围有大观楼、观音山、白鱼口等风景区。

　　1.西山森林公园

　　西山森林公园位于昆明西南郊滇池西岸。西山,原名碧鸡山,距市区 15 千米,由碧鸡山、华亭山、太华山、太平山、罗汉山、挂榜山等山峰组成。绵亘 40 余千米,海拔 2500 米,高出水面 470 米。远眺西山群峰,既像一尊庞大的卧佛,又似一个曲腿仰卧青丝散垂的妙龄少女,所以既称卧佛山,又称睡美人山。山间苍崖万丈,绿水千寻,月印澄波,云横绝顶。

　　2.华亭寺

　　华亭寺位于华亭山山腰。现存建筑主要是光绪、民国时期所建,占地面积1.2 万平方米,是云南省规模最大的佛门巨刹。寺内有彩塑泥像 572 尊,仙禽神兽 260 余头,造型神奇,极富浪漫色彩。寺内存有明清碑刻 17 方,清代塔墓 7座,缅甸佛教徒赠送玉佛四尊,泰国佛教徒赠送镀金佛两尊。主要建筑有钟楼、放生池、雨华台、天王宝殿、八德池、大雄宝殿、藏经楼等。

3.太华寺

太华寺位于西山太华山麓,海拔 2167 米。始建于元大德十年(1306 年),原名佛严寺,主要建筑有天王殿、大雄殿、大悲阁(缥缈楼)、思召堂等。寺内重要文物有高 1 米的铜铸观音 14 尊,高 2.8 米的三世佛 3 尊。游太华寺最引人入胜的是赏名花、望滇池、观日出。太华寺的古银杏、朱砂玉兰和桂花最享盛名。

4.三清阁

三清阁位于西山主峰罗汉山悬崖峭壁上,是一组道教建筑群,包括灵官司殿、老君殿、三清阁等 9 层 11 阁建筑群,层楼叠宇,其奇险壮观,可与山西悬空寺媲美。

5.龙门

龙门北起三清阁,南至达天阁,全长 66.5 米。开凿龙门,始于清乾隆四十六年(1781 年),历经 72 年之久凿成。龙门上接天际,下临滇池,是领略滇池风光最理想的地点。龙门石窟内共有道教神像 22 尊,祥禽瑞兽 28 头,全系原岩雕成。

6.金殿

金殿位于昆明市东北约 7 千米的鸣凤山上,是明代道观太和宫中的真武殿。初建于明万历三十年(1602 年),明崇祯十年(1637 年)被移走。现在的金殿是清康熙十年(1671 年)仿铸的。殿高 6.7 米,宽、深各 6.2 米。殿中的瓦、柱、墙、屏、匾、联以及神像等,全部用黄铜铸成,重约 200 吨。整座建筑结构严谨,连接精密,浑然一体。

7.大观楼

大观楼位于昆明市西南 6 千米处的滇池之滨。清康熙二十一年(1682 年)在此建筑观音寺。8 年后,在寺内建大观楼、涌月亭、澄碧堂等。后毁于火,清同治五年(1866 年)重建。大观楼三层飞檐,金漆彩画,巍峨壮观。楼前两边柱上悬挂着清代名士孙髯翁作、赵藩书写的大观楼 180 字长联,上联描绘滇池风物,下联述记云南沿革,曾有"天下第一长联"之誉。大观楼面临滇池,池中仿杭州西湖"三潭印月"立石鼓 3 个。大观楼背还有"千秋怀抱三杯酒,万里云山一水楼"的佳联。

8.筇竹寺

筇竹寺位于昆明西郊玉案山麓,距市区 12 千米。筇竹寺创建于宋元年间,明代时烧毁后又重建,现存庙宇是清光绪九年至十六年间(1883～1890 年)重新修建的,著名的彩塑五百罗汉像,也就是在这一时期完成。五百罗汉是四川民间雕塑家黎广修和他的五六个助手,历经七年辛勤劳动完成的。这些作品分别列在大雄宝殿(68 尊)、天台来阁(216 尊)、梵音阁(216 尊)中,上下两层多为坐像,中间一层多为立像，排列讲究对称。五百罗汉衣着各异，五花八门，色彩缤纷。众人相貌，喜怒不一，其形态之逼真，宛若栩栩真人，体现了现实主义与浪漫主义相结合的创作手法，摆脱了佛教传统泥塑千人一面的模式，以现实社会中的人物形象为模特，因而被誉为"东方雕塑艺术宝库中的一颗明珠"。

9. 黑龙潭

黑龙潭位于昆明北郊，距市区 12 千米。黑龙潭的寺院建筑可分为上下二区，下区为黑龙宫，一进二院，古朴幽雅。黑龙宫前，分深浅两潭，深潭即黑龙潭，呈圆形，面积 600 平方米，深 15 米，水质清澈呈黝黑色；浅水潭面积 2600 平方米，水深 0.5 米，水质混浊呈现黄色，一黑一黄对比鲜明，似道家阴阳各半的太极图。从潭旁山间小径盘曲而上达龙泉观，山门额题"紫极玄都"四字，龙泉观有著名的唐梅、宋柏、元杉和明山茶花，号称"四绝"。唐梅，相传为唐开元、天宝年间道安和尚所植两株重瓣红梅。主干于 1923 年自然死去，现仅存 1/4 支干，虽经千年寒暑，仍然枝干虬结苍劲。宋柏，大的一株要四五人才能合抱，高 25 米，小的一株胸径 1.4 米，两株巨柏枝叶茂密。北极殿前，还有两株元代的孔雀杉，长势旺盛。

10. 圆通寺

圆通寺位于市区圆通街中段。原名补陀罗寺，始建于唐朝时期的南诏国中期，后倾圮。1301～1319 年重建，改称圆通寺。全寺沿中轴线布局，左右对称，由山门、圆通胜境坊、天王殿、八角亭、大雄宝殿、回廊等建筑和咒蛟台、摩崖石刻等组成。寺院布局结合倒坡地形，采取前高后低的独特手法，在我国古建筑中，独具匠心，实属罕见。大雄宝殿内有元塑三世佛、明塑蟠龙柱，工艺高超，造形生动。殿后的咒蛟台，相传为盘龙祖师设台镇妖之地，峭壁上有明清两代名人题刻数十处。

11. 世博园

世博园 1999 年 5 月 1 日到 10 月 31 日，在昆明市举办了主题为"人与自然——迈向二十一世纪"的 A1 类世界园艺博览会（简称世博园），历时 184 天。世博园设在金殿风景区，占地面积 218 万平方米，植被覆盖率达 76.7%，其中 120 万平方米为灌木茂密的缓坡，水面占 10%～15%，会场同自然环境——山、林、水融于一体，使会场构成源于自然又归于自然，并将中国园林、园艺的传统精髓与当代的先进科技相结合，既充分体现博览会主题，又把整个会场建设成高水平的景观环境和高质量的展览场馆。室内展馆包括中国馆、人与自然馆、大温室科技馆和国际馆；室外展区包括国外展区、国内展区、专题园区和企业展区。

二、石林

石林在石林彝族自治县境内,距昆明 126 千米。这个罕见的自然奇观地域广阔,远远望去只见茫苍一片"森林",总面积达 260 多平方千米。目前开辟的游览区已有 80 多万平方米,游览路程 5 千米。

石林是典型的喀斯特地貌,形成于距今 2.7 亿年以前的古生代。经各个时期的造山运动和地壳变化,又经长期溶蚀、冲刷和风化,形成了这一片天然奇峰和石簇怪崖。主要浏览区为大、小石林及乃古石林、大小芝云洞、外石林等。附近还有狮子山、狮子池、石林湖和众多的奇峰怪石;狮子山上有狮子亭,可放目石林全景;山下的大石林入口附近,有许多摩岸题刻,赞叹这里景物奇绝。进入大石林,可看到头顶悬石欲坠的"千钧一发",侧身方可通过的"极狭通人",备有石桌、石凳、石床的"全住为佳",可敲出音阶的"石钟",池、水、石相含的"剑峰池"等,名字起得风趣,与景相配,惟妙惟肖。"林"间小径回旋曲折,如入迷宫。小石林中有著名的"阿诗玛",这位撒尼小女子背篓归来,伫立池畔,正深情地聆听乡亲的呼唤。小石林中,还有一片草坪,每年农历 6 月 24 日,当地撒尼人在此欢度火把节,白天摔跤、斗牛、爬竿、骑射,夜晚燃篝火歌舞,通宵达旦。

第六节　滇西旅游副区

滇西旅游副区主要包括大理、西双版纳以及丽江和迪庆。该区以自然景观为主,包括玉洱银苍的大理、佛教胜地鸡足山、丽江的虎跳峡、玉龙雪山等;西双版纳的热带景观和独具特色的少数民族风情也是本区旅游的一大特色。

一、大理景群

大理位于云南西部,是大理白族自治州州府所在地。大理市西依点苍山,东滨洱海,四周群山环抱,气候寒暑适中,年平均气温 15℃。以"下关风、上关花、苍山雪、洱海月"的绮丽风光着称。主要风景名胜有苍山、洱海、崇圣寺三塔、蝴蝶泉等,还有独特的民族风情和民族传统节日盛会。

1.苍山

苍山又名点苍山,古时称为熊苍山、灵鹫山等。地处云岭山脉南端,北临洱源邓川,南止下关天毛桥,因山色苍翠而得名。苍山南北长 42 千米,东西宽 25

千米,有 19 峰 18 溪,山峰海拔一般都在 3500 米以上。主峰马龙峰,高达4122
米。每个峰之间有 1 溪,溪水如飞瀑汇入洱海。山顶终年积雪不化,被层层白云
笼罩,似白玉宝带,故有"玉带锁苍山"之说。苍山素以云、雪、峰、溪四大奇观闻
名,清代即有"苍山八景"名闻遐迩。

2. 洱海

洱海位于大理和洱海两县之间,又称叶榆泽,因"湖形似人耳,气势如海"而
得名,是云南仅次于滇池的高原湖泊,海拔 1972 米,面积 240 平方千米,为中国
七大淡水湖泊之一。洱海湖光与苍山积雪相映,称"玉洱银苍";月光与湖水相
映,称"洱海月"。另有"三岛"、"四洲"、"五湖"、"九曲"胜景。

3. 崇圣寺三塔

崇圣寺三塔位于苍山庄东峰下,一大二小,均为砖塔。大塔居中,名千寻塔,
高 69.13 米,密檐式 16 层,建于唐代。小塔建于五代时期,高 42.19 米,八角形
实心,各 10 层。此三塔与弘圣寺塔层为偶数,实属罕见。寺后有"大崇圣寺碑"。

4. 蝴蝶泉

蝴蝶泉位于苍山云弄峰下,是一处用大理石栏围护的约 30 多平方米的泉
池。一株古老的蝴蝶树从泉上横卧而过,每年春末夏初,古树开花,彩蝶汇聚于
此。连须钩足首尾相接,缀成彩带,从树上倒垂在泉面。每年农历四月十五日举
行传统的蝴蝶盛会。

5. 鸡足山

鸡足山又名九重岩,位于宾川县城西的炼洞区内。因山势前伸三支,后出一
趾,形似鸡足而得名。最高峰为天柱峰,海拔 3240 米。登峰顶可东观日出,南看
祥云,西望苍山洱海,北眺玉龙雪山。有大小寺庙百余座,为云南第一佛教名山。
山上有金顶寺塔、睹光台、铜阁、铜佛、华首门、祝圣寺等名胜。还有传经洞等崖
窟 45 个,乌龙潭、云龙瀑等溪泉百余处,明代就有"绝顶四观"、"古洞别天"等鸡
足山十景。

6. 石钟山石窟

石钟山石窟位于剑川县西南 25 千米处,是云南现存最大、保存较好的石窟
群,开凿于南诏大理时期,历时 300 多年,依山开凿,宏伟壮观,有石钟寺、狮子
头、沙登村三个区,计 16 窟,造像 139 尊,有南诏王全家造像、佛像、天竺僧人及
动物造像等,其中尤以石钟寺 8 窟为最,是剑川石窟艺术代表作。

7. 巍宝山

巍宝山位于巍山县东南 10 千米处,山形似一头蹲坐的青狮,海拔 2568 米。
山势坐北朝南,分为前山和后山,元代后为云南道教名山,有历代道观 10 余座。
现尚有龙塘殿、玉皇阁、老尊殿、道元宫等。还有龙池首柳、青霞古观、观书台、古

洞藏春等。

二、西双版纳

西双版纳为热带景观与傣族风情相结合的旅游区域,是北回归线沙漠带上的一颗明珠,为全国第一批重点风景名胜区之一。这里林木茂盛,树种齐全,动物种类繁多,有鸟类 399 种,兽类 67 种,鱼类百余种,是我国最著名的天然动植物乐园。西双版纳有原始森林 467 平方千米,还是我国第二个天然橡胶种植基地和驰名中外的普洱茶产地。其主要景点有橄榄坝、勐腊自然保护区、勐龙的曼飞龙塔、勐海的八角亭等。

1.橄榄坝

橄榄坝是驰名中外的"孔雀尾羽"(意为西双版纳内最美的地方),位于景洪东南 28 千米处,是一片 50 平方千米的平坦大坝,森林绿洲。坝内有傣族村落 64 座,竹楼、佛寺掩映在绿丛林中,群鸟起舞,是典型的傣族特色和热带风光。

傣族的泼水节是一大盛事。每年清明节后 10 天左右,为傣族新年,也叫泼水节,村寨群众汇集于此,互相泼水祝福。

2.曼飞龙白塔

白塔位于景洪市大勐龙区的曼飞龙后山上。塔群由大小九塔组成,洁白的塔身,金色的塔尖,宛如玉笋,故又名笋塔。主塔通高 16.29 米,四周环抱 8 个小塔,分布于 8 角,小塔高 9.1 米,均为实心。白塔建于 1204 年,砖石结构,塔基为八角须弥座;座上外圈为 8 个佛龛,内壁各有浮雕小佛像 30~50 尊,中围为 8 座小塔,环拥中心塔。

3.勐仑热带植物园

该植物园即云南热带植物研究所,坐落在勐腊县罗梭江葫芦岛上,1958 年创建,占地 130 多万平方米,引进国内外热带经济植物、野外植物、观赏植物 1500 多种,其中有龙血树、萝芙木、美登木等贵重树木,有轻木、柚木等稀有林木,有油瓜、油棕、油橄榄等油料作物以及香蕉、菠萝、芒果、神秘果等热带、亚热带水果,在热带植物的发掘利用、引用驯化等方面,取得 120 多项成果,成为我国热带植物研究中心。

4.景真八角亭

八角亭建于康熙十四年,是傣族为纪念佛祖释迦牟尼而建的。亭高 15.42 米,宽 8.6 米,由基、身、顶三部分组成。亭基为折角亚字形,砖砌须弥座,亭身为多角砖砌墙,外有 32 角,内有 12 面墙,开 4 扇门,墙壁内外抹成红色泥皮,镶彩色玻璃,并用金银粉印出各种花卉、动物、人物图案,光彩夺目。亭顶为木结构锥形 10 层屋檐,遍挂铜铃。

5.曼典瀑布

曼典瀑布位于景洪市阿诗玛山。曼典河在阿诗玛山有十多级瀑布。河水从石灰岩悬崖处陡落,形成落差约 300 米、宽约 10 米的瀑布,雨季水量大,如千百只野兽在嘶鸣。断崖处有一株高约 10 余米的大树,由于河水冲刷根茎露在外面,如柳叶船飘逸欲下,每年 5～10 月观赏效果最佳。

三、丽江

丽江位于云南省西北部,地处横断山纵谷地带的东部。最高点为玉龙山,海拔 5596 米,最低海拔为华平县荣将镇临江村 1060 米。丽江地区属于暖温带季风气候,所以一年四季温暖如春。但随着海拔高度的变化,立体气候较为明显,具有河谷亚热带至高山寒带气候的变化,有"一天潜四季,十里不同天"的称誉。境内有玉龙雪山、老君山两大山脉和金沙江、澜沧江两大水系。丽江以象形文字、《东巴经》、东巴绘画及音乐舞蹈构成的东巴文化在中华民族文化宝库中独树一帜,被视为稀世奇宝。

1.丽江古城(大研镇)

丽江古城西枕狮山、北依象眼山,周围绿山环绕,宛如一碧玉大砚(砚、研相通),故名大研镇,始建于宋末元初。城区以四方街为中心,四周小巷排列有序,民房均为瓦房。东河、中河、西河三条河水穿街而过,形成"家家溪水绕户绕,户户垂杨赛江南"的独特风貌。路面采用玉花石铺砌,雨季不泥,旱季无尘并常用流水洗城,形成独特景观。丽江古城兼有水乡、山城容貌,以其科学建筑布局着称于世。

2.玉龙雪山

玉龙雪山是横断山脉南段的著名山地,为北半球最南端终年积雪的山脉。全山 13 峰耸立在金沙江东侧,南北绵亘 35 千米,主峰扇子陡海拔 5596 米,山顶终年积雪,宛如玉龙横卧,故名玉龙雪山。山体高差悬殊大,立体气候突出。从海拔 1800 米的金沙江河谷到海拔 4500 多米的永久积雪带之间,有着亚热带到寒带的多种气候,土壤、植物按不同的气候带生长在不同的高度上,组成明显而完整的山地垂直带,成为滇西北横断山脉植物区的缩影。主要景点有云杉坪、干海坝、毛牛坪等。

3.虎跳峡

虎跳峡全长 17 千米,落差 213 米,分上虎跳、中虎跳、下虎跳三段,共 18 处险滩。江面最窄处仅 30 余米。峡口海拔 1800 米,江水被玉龙、哈巴两大雪山所夹峙,海拔高差 3900 多米,为世界最深的峡谷之一。江心有一块 13 米高的大石即虎跳石。江水湍急、飞瀑撼天,景色相当壮观。

4. 万里长江第一湾

长江第一湾又名玉壁金川。据资料记载,金沙江水古代是沿横断山脉南流,因地壳运动使地貌改变,迫使金沙江流到石鼓镇突然向东北急转,形成长江第一湾的奇景。这里江面宽阔,水流舒缓。历史上诸葛亮"五月渡泸"、忽必烈"革囊渡口"都选择此处为渡口。由此顺流而下,便是虎跳峡。在长江第一湾旁山冈上的石鼓镇,有一双白玉雕刻的鼓状石碑,是明代丽江木氏土司扩张势力的纪功碑。

5. 玉峰寺与万朵茶花

玉峰寺是丽江五大喇嘛寺之一,茶花树植于明代,已有 500 多年树龄,枝茎分出的众多枯干,盘缠交错,形成直径 4 米多的大花篷,每年 2 月至 4 月的白天,先后开 20 多批花,每批千余朵,每朵 5～7 寸大,共计 2 万余朵,并蒂开放,素有"环球第一山茶王"之誉。

6. 东巴文化

纳西族象形文字《东巴经》、东巴绘画、东巴音乐舞称为东巴文化,是 1000 多年前纳西族的东巴教所创。东巴文约 3000 多单词、单字和 700 多个象形简化字。《东巴经》是用东巴文书写的内容丰富的纳西族百科丛书,记录了古老的神话故事、民谣以及纳西族古老的生活面貌。在玉泉公园内的东巴文化研究所里可观赏到。

7. 丽江壁画

壁画主要存于丽江城西北白沙村一带的寺庙内壁上,共 55 幅,总面积139.2平方米。在大宝宫内,现存 12 幅,多为宗教题材,其中最大的一幅画有人物 100 个。其特点是把纳西、藏、白、汉等民族的画风融为一体,并把佛教、道教的经典故事糅合在一个画面上,有很高的艺术价值。

8. 泸沽湖

丽江与四川交界处的泸沽湖是摩梭人的故乡,青山环抱,烟波百里,秀丽异常。泸沽湖海拔 2685 米,面积 50 余平方千米,水深 40 米。摩梭人是纳西族的一支,以仍有母系氏族社会的残余习俗而引人注目,被称为女儿国。纳西族的婚姻制度称为阿注婚姻,男女之间互称阿注,即朋友、伴侣的意思。阿注关系存续时间短则 1 天,长则几年。子女只知其母,不知其父。纳西族住房布局中间为大房子,大房子周围是小房子。大房子供老年妇女和当晚没有找到女阿注的男子居住,小房子供适婚年轻女子居住,每人一间,晚上可以自由接待男阿注,只是男阿注必须在天亮前离开。男阿注也不必对女阿注和子女尽任何义务。

每年三月十五日和七月二十五日,永宁纳西族聚会泸沽湖,架舟游湖,登女神山——狮子山祭女神,青年男女则寻找意中人,物色阿注。

9.香格里拉

英国人詹姆斯·希尔顿写的小说《消失的地平线》中描绘了东方一个非常美丽的地方,雪山草甸的世外仙境——香格里拉。云南省认为,小说描写的情境应该是滇西北的迪庆、丽江、怒江一带。2001 年,云南迪庆藏族自治州中甸县改名香格里拉县,从此香格里拉县成为游人寻觅神秘的香格里拉的第一选择。

香格里拉县位于云南省西北部的迪庆藏族自治州,面积 11600 平方千米,人口 13 万。境内群山起伏,雪山掩映,林深草茂,寺庙众多,风景秀丽。

第七节　本区其他旅游资源

随着旅游业的蓬勃发展,本区旅游资源也在不断地开发。除了上述各景区景点外,其他旅游资源还有:四川的螺髻山、洪雅瓦屋山国家森林公园、卧龙自然保护区、剑阁县剑门关、蜀南竹海风景区等;重庆的万盛石林景区、四面山风景区、綦江仙渡洞等;贵州的十丈洞瀑布、百里杜鹃、红枫路荔波樟江;云南的三江并流等。

一、螺髻山

螺髻山在西昌市西南郊,距城 30 千米。主峰海拔 4359 米,南北绵延 100 千米,著名景观有七十二峰、五彩海子、杜鹃花林、温泉瀑布、仙人洞、土林和冰川遗迹,被称为"螺髻山七绝"。色彩斑斓的大小高山湖泊 36 个,镶嵌在海拔 3700～4000 米的深山密林之中。30 多个品种的杜鹃花生长在高山冷杉林中,还有山茶花、草灵芝、红木耳和珍贵的雪茶散布其中。

二、四面山

四面山位于重庆市江津区境内,面积近 30 平方千米。林间镶嵌有头道河天然湖和洪海,以及吊桥、水帘洞、骆驼山、象鼻岭、猴子山、老虎嘴、摩天岭等景点,尤以高达 172 米、宽 40 米的望乡台瀑布和高达百米的水口寺双瀑布最为壮观。

此外,该区有中国一类保护动物大熊猫、金丝猴,也有孔雀、亚洲象等珍贵野生动物,树木以珙桐最为珍贵。

该区还是少数民族聚居的地方,因此其特有的曲艺和节日也别具一番韵味。川剧十分有名,诙谐风味,表演细腻,有"变脸"等绝技。每年农历五月初五,新津县举行龙舟会；正月十五和二月十五，成都分别举行灯会和花会；八月十五，新都桂花会；清明彭州牡丹会。少数民族节日有：农历正月初九花溪区苗族跳场节；正月十五花溪区布依族地戏节；四月初八贵阳市喷水池苗族"四月八"；六月初六花溪区布依族"六月六"等。黔东南苗族侗族自治州民族节日有：凯里苗族流行芦笙舞、踩鼓舞和板凳舞等。每逢节日或喜庆日子，他们都要吹响芦笙，敲起铜鼓，举行跳芦笙舞、赛歌、赛马、斗牛、斗鸟等传统娱乐活动。民族节日有：每年傣历六月中旬（公历 4 月 13 日～15 日）为傣族人民辞旧迎新的节日泼水节；农历六月二十四日为彝族火把节；纳西族民族节日有农历二月初八的"三朵节"；大理民俗节庆活动有白族三月街，于每年农历三月十五日至二十一日在大理市苍山中和峰麓、中溪河畔等地举行。

本区著名特产有四川的蜀锦、蜀绣、玉雕、竹器、江津广柑、奉节红桔、五粮液、剑南春、瓷胎竹编、邛崃文君酒、郫县豆瓣、叙永桃片糕，以及贵州的茅台酒、安顺的"三刀"蜡染及其制品、云南宣威火腿（云腿）、普洱茶、白药、下关沱茶、大理雪茶、大理雪梨等。

川菜是中国四大菜系之一，有"一菜一格，百菜百味"之说，尤以麻味浓著称。名菜有麻婆豆腐、宫宝鸡丁、酿嫩冬瓜、怪味鸡。四川小吃全国闻名，赖汤元、夫妻肺片、钟水饺等名扬海内外。贵阳风味小吃有肠旺面、恋爱豆腐果，大理砂锅鱼，云南的汽锅鸡、过桥米线也很有名。

第十一章　西北旅游区(甘青宁)

本章提要

　　西北旅游区地处我国西北内陆,地域辽阔,旅游资源富集,开发潜力巨大,古代的丝绸之路为本区留下了众多的名胜古迹,其中以古城、古陵墓、古石窟等为主要特色。本区也是少数民族聚集之地,绚丽多姿的民族风情与大漠景观交相辉映,充满了神奇与浪漫的色彩。本章在概述全区旅游环境的基础上,主要论述以兰州、银川、西宁等旅游城市为主的西北各省旅游资源的特点和分布情况。

　　西北旅游区由甘肃、青海和宁夏回族自治区二省一区组成。土地总面积121.6万平方千米,人口约3.94千万,是所划分的旅游区中土地面积较广、人口数量较少的地区,也是目前经济发展水平在全国明显偏低,同时又是旅游资源富集、开发潜力巨大的地区。

第一节　西北旅游区旅游资源基础

一、位置偏远,地势高亢,自然环境复杂多样

西北旅游区地处我国西北内陆,位置偏远,地域辽阔,地势高亢,自然地理条

件纷繁复杂。本区地形大致可分三部分:河西走廊、柴达木盆地和宁夏平原。其间纵横交错着六盘山、陇东高原、陇南山地、祁连山和北山山地。

河西走廊又称甘肃走廊,长约 1000 千米,宽数千米至百余千米不等,海拔1500～2000 米,属于祁连山脉山前凹陷带,自古就是黄河以东的黄土高原通往西域的交通要道。这一带气候干燥,但地势平坦,阳光充足,加之得益于祁连山雪水灌溉,因而各内流河中游地区绿洲成片,呈现出生机盎然的自然景观。

柴达木盆地位于阿尔金山、祁连山与昆仑山之间,面积 22 万平方千米,是我国第三大内陆盆地;海拔 2600～3000 米,又是一个典型的高原盆地。盆地内部气候干燥,风力强劲,风沙地貌广布。各种矿藏资源(盐类、有色金属、黑色金属、稀有金属、煤炭、石油、天然气、石棉等)储量极为丰富,素有"聚宝盆"之称。

宁夏平原是贺兰山、鄂尔多斯高原、黄土高原之间的断层陷落地带,是由黄河、贺兰山山洪冲积而成,总面积 1.7 万平方千米。这里沟渠纵横,林木成行,沃野千里,景色宜人,被誉为"塞上江南"。

六盘山又称陇山,耸立于黄土高原之上,南北延伸 200 多千米,海拔一般2000 米,山峰峰脊岩石裸露,山路曲折,有古盘山道 6 重,故名"六盘"。在其北端东麓有堪称我国石窟寺精华之一的须弥山石窟。

陇东高原位于六盘山以东,是黄土高原主体之一,这里黄土深厚,黄土塬地貌发育。广阔的黄土塬与陕北的洛川塬同为黄土高原的代表性地区。

陇南山地为陕西的秦岭山地西延并向青藏高原过渡的地带,这里山高谷深,峰险坡陡,海拔 2000～4000 米。山地东部俗称"西秦岭",这一带有历史文化名城天水和国家重点风景名胜区麦积山。

祁连山脉位于青藏高原的东北边缘,由一系列西北—东南走向的平行山脉组成;海拔一般在 3000～4000 米以上,与北临的河西走廊形成 2000 米的高差。主峰祁连山,海拔 5547 米,山顶终年积雪,发育有现代冰川,是河西走廊众多内流河的发源地,被称为"高山水库"。

北山山地是内蒙古高原的西南边缘,包括北山、合黎山、龙首山等山脉,西北—东南走向,海拔 1500～2500 米,呈现出典型的砾漠、戈壁景观。

二、干旱半干旱大陆性气候,孕育出浩翰神秘的大漠绿洲

西北旅游区在气候上,除甘肃东南部外,均属典型的温带大陆性干旱半干旱气候,其主要特点是:光照长,热量资源丰富,气温变化大,干燥少雨且多风沙天气。

本区云量稀少,日照时间较长,这对作物的生长发育有促进作用。加之区内热量丰富,气温昼夜变化大,因而使本区的瓜果糖份含量很高,如驰名中外的兰

州白兰瓜、黄河蜜,敦煌葡萄等,香甜诱人,成为一项重要的土特产品。

本区气温变化大,从气温日变化看,升降剧烈,呈现出"早穿皮袄午穿纱,围着火炉吃西瓜"的奇妙场面。从气温年较差看,区内四季分明,冬夏气温差别大。冬季,月平均气温在 0℃ 以下的时间很长,如甘肃、宁夏约有三四个月(11、12~2月)。寒冷的气候条件导致旅游淡季持续时间过长,因而使得本区旅游资源的利用率不高;但在旅游旺季的七、八月份,气候又非常炎热,尤其是在广阔的沙漠、戈壁地区则更加酷热难挡,也给旅游业的发展造成一定困难。而在一些地势较高的山地地区,气温则相对较低,是避暑、观光、疗养的良好场所。

本区干旱少雨,植被稀少,广大地区被黄土、戈壁、沙漠所覆盖,呈现出单调、荒凉的大漠景观。但由于区内高大山地的迎风坡可以获得较多的降水,因而在这里便形成了荒漠中的"湿岛",加之高山上孕育的众多冰川积雪,使山坡上满布了绿色草原和苍翠森林,与山前的片片绿洲一起,为这单调的景观平添了无限生机。

总之,深居内陆的地理位置和大山的阻挡,使得来自海洋的水汽难以深入,因而形成了干旱少雨、冬冷夏热的干旱半干旱大陆性气候。浩瀚的戈壁、茫茫的沙海、无垠的绿洲,无不充满着神奇与浪漫的色彩。它们共同构成了祖国西北奇特的自然景观。

三、丝路文化遗存丰厚、深邃,引人入胜

丝绸之路是一条联结亚、欧、非三大洲的陆上交通线,千百年来,中西各国沿着这条丝绸古道进行了广泛的、卓有成效的政治、经济和文化交流,也留下了众多的名胜古迹,其中以古城、古遗址、古陵墓、古寺庙、古石窟等为主要特色。古城、古遗址有甘肃的阳关、玉门关遗址,秦安大地湾遗址,敦煌故城遗址、汉长城遗址及宁夏水洞沟遗址等;古陵墓有甘肃武威雷台汉墓、宁夏西夏王陵等;古寺庙有甘肃夏河拉卜楞寺、张掖大佛寺、宁夏同心大清真寺、青海塔尔寺等;古石窟有甘肃敦煌石窟、天水麦积山石窟、永靖炳灵寺石窟和宁夏须弥山石窟等。这些古城、古遗址、古寺庙、古石窟无不折射出极高的艺术观赏价值和历史文化价值,是本区最有吸引力的人文旅游资源。此外,甘肃的汉、明古长城和号称天下雄关的嘉峪关,宁夏的海宝塔、高庙等古建筑,也都以其悠久的历史和独特的风格为中外游客所向往。

丝绸之路除众多著名的城关、古道、古墓、石窟、伊斯兰教清真寺外,还有那些曾跋涉于古丝路上的历史名人留下的踪迹和遗迹,以及那脍炙人口的游记、小说和诗篇,都增添了丝绸之路的旅游内容,并赋予它豪壮、神奇的色彩。

四、民族风情绚丽多姿，特色浓郁

众多兄弟民族交错居住，长期和睦相处，不少民族在宗教信仰和生活习俗方面都有相同之点，且又都保持着各自独特的文化习俗和民族特征，使本区展现出绚丽多姿的民族风情。本区除广泛分布的汉族之外，还聚居着裕固族、保安族、东乡族、回族、藏族、蒙古族、土族、撒拉族等少数民族。

西北地区民族由于长期生活在草原上，所以很多民族是能歌善舞的能手。如在甘肃、宁夏一带，有一种广为流传的群众喜闻乐见的民间口头文学形式"花儿"，乡土气息非常浓郁。另外，热情豪放、雄健刚劲的蒙古族舞蹈，风格各异的藏族男女舞蹈（男子憨厚朴实，粗犷奔放；女子舞姿轻盈、优美）等，无不使人感受到西北少数民族风情的浓厚意趣与斑斓色彩。

同时，在西北少数民族中开展的体育活动项目很多，也很普遍。其中，赛马是各族人民共同喜爱的体育活动，其内容很多，除了比速度、马上射击、马上倒立、双刀劈刺外，跳马叼羊赛是最受欢迎的。射箭比赛则在蒙、藏、回、撒拉等民族中具有悠久的历史。

饮食是民族文化、生活的一部分，本区各民族在饮食特点上有很大的差异。蒙古、藏、裕固等民族主要从事畜牧业生产，所以饮食中肉类和奶类占重要地位。每年夏秋正值牲畜膘肥奶足之时，牧民就用多余的鲜奶制成奶豆腐、奶皮子、奶油、奶酪等各种乳制品，还将黄油、牛奶、大米和面粉调制成食品。而藏族则多以炒熟的青稞、豌豆粉拌以油菜捏成糌粑为食。

总之，本区兄弟民族动人的歌声、优美的舞姿、民族风味的饮食、独特的习俗等无不体现出强烈的民族特色、浓郁的民族风情，也令人回味无穷、流连忘返。

五、经济基础薄弱，旅游交通不便，但发展前景广阔

目前，本区二省一区都是我国的待发展省份，贫困人口众多，国有大中型企业效益长期低下，地方财政入不敷出，因而旅游开发资金短缺，旅游投入严重不足。

与此同时，由于本区地域辽阔，景区景点比较分散，多数偏离经济发达、人口密集的中心城市，加之全区尚未形成快捷通畅的现代化立体交通网络，机场、航线、航班和火车卧铺及高等级公路均少。高速公路有京藏高速和连霍高速经过本区。旅游旺季，便难进难出。如若遇上自然灾害，则更是被动不堪。另外，西北地区远离国内外主要客源市场，旅程漫长，旅游直观价格又高，这在一定程度上限制了当地旅游资源的开发。

本区现有陇海、兰新、包兰、兰青等普速铁路干线与全国铁路网相连，并正在

建设兰渝铁路。区内各地及城市有公路相通,近年随着兰新铁路与欧洲铁路的接通和新疆口岸的开放,以及兰新铁路复线的建设,将使本区旅游资源的开发建设更加深入广泛,西北旅游业的发展前景更为广阔。

六、旅游业地位

由于本区在对外开放方面的滞后性,本区旅游业的起步比全国大约迟了数年。20 世纪 80 年代中期以来,随着我国改革开放进程的加快和旅游交通条件的改善,本区旅游业凭借资源优势和自身不懈努力,获得了较快发展。旅游业已经成为本区最重要的非贸易创汇产业。与此同时,这里的国内旅游亦从无到有,方兴未艾,发展业绩可谓喜人。目前,本区旅游业的空间布局已在较大地域范围内初步展开,并呈现出两大特点:一是旅游资源和线路开发以丝绸之路为主轴,依托亚欧大陆桥,初步形成了东西延伸、辐射南北的发展格局;二是旅游区建设重点突出,以兰州、敦煌为中心,已基本形成黄河干流上游、河西走廊西部两个功能比较齐全的特色旅游井景区。上述旅游中心城市则已成为行、游、住、吃、娱、购等 6 大要素配套、接待能力初具的西北旅游业发展的增长点。

尽管如此,其目前的发展水平仍然较低,不仅与东部沿海地区无法相提并论,就是与全国平均水平相比也有明显差距,更与其自身突出的资源优势极不相称。主要表现有三:其一,产业规模小,在全国的地位微乎其微。其二,旅游热点过于集中。主要限于前述两个旅游中心城市,其他大部地区的旅游资源开发程度普遍偏低,有些甚至还鲜为人知,处于待开发状态。其三,受自然环境影响,旅游旺季短,淡季长(每年 10 月~翌年 4 月),旅游设施的利用率低。

第二节　陇东旅游副区

陇东旅游副区位于六盘山以东的甘肃省境内,行政上包括庆阳和平凉两个地区,有平凉、庆阳等主要旅游城市。

平凉崆峒山耸立于平凉市南,为六盘山支峰,主峰海拔 2123 米。传说轩辕黄帝曾到此求道于神仙广成子,故有"道家第一名山"之誉。崆峒山始建于唐,以后各代均有扩建,原有寺观 42 处,总称"八台九宫十二院"。据《史记》、《汉书》记载,秦始皇、汉武帝曾来此登山巡游,司马迁也曾登临山顶,观赏游览。崆峒山高峻突兀,松柏参天,山势磅礴,道路艰险,自古即有"山川雄秀甲于关塞"之称。

此外,本区著名的景点还有平凉柳湖公园、清真大寺、泾川王母宫石窟、南石窟寺、泾川温泉,庆阳北石窟寺等。

第三节 兰州旅游副区

兰州旅游副区位于乌鞘岭以东、六盘山以西的甘肃省境内,有兰州、天水、临夏等主要旅游城市。

一、金城兰州

兰州古称金城,位于皋兰山北麓,跨黄河两岸,地处中国大陆几何中心,自古即是中原入藏、出疆和丝绸之路上的名城重镇,现为甘肃省的政治、经济、文化中心,西北第二大都市和最大铁路枢纽。兰州集黄河文化与丝路文化于一体,现已成为西北商贸、旅游依托中心。

兰州盛产白兰瓜、冬果梨等,素有"瓜果城"之称。主要旅游胜地有白塔山、五泉山、黄河铁桥、刘家峡水库、兴隆山、拉卜楞寺等。

1.白塔山

白塔山位于兰州市黄河北岸,山上有一白塔,初建于元,重建于明,高17米,8面7级,上覆绿顶,下筑圆基,塔身雪白,挺拔秀丽,具有印度佛塔的特点。登白塔山顶,兰州市容尽收眼底。"钟声闻紫塞,塔形漫黄河"。

2.五泉山

五泉山位于兰州市城南皋兰山北麓,相传是西汉骠骑将军霍去病与匈奴作战时的屯兵处,当时因无水饮马,霍去病便着鞭戳地,地下顿时涌出五股泉水,五泉山便由此而得名。在其东西两侧的山崖上,有从石缝中流出的水形成的瀑布,人称东、西龙门口。

3.黄河铁桥

黄河铁桥也称天下黄河第一桥,有"到兰州不看铁桥,就像到了北京不看长城和故宫"之说。黄河铁桥是1907年,在当时甘肃省洋务总办彭英甲建议下,由泰来洋行的德商喀斯承包建造的。桥全长250米,宽8米,桥下设四墩,下用水泥铁柱,上用石块。全部工程共耗资白银30.6万余两。铁桥与对面白塔山上的白塔交相辉映,蔚为壮观,已成为兰州的象征。

4.刘家峡水库

刘家峡水库位于兰州市以西的永靖县境内。1964年春动工,1974年建成,大坝高147米,装机容量122.5万千瓦,年发电量57亿度。在大坝下方的游船码头,游人可乘船溯黄河而上。这里黄河含沙量不高,水呈碧绿色,越往上则水越清。约两小时后游船进入一个峡谷,这里奇石峭壁,千峰林立,象佛塔,如怪物,似情侣,此即刘家峡水库尾部——甘肃积石山群峰。待至右侧的一个简易渡口时,便能看到拔地而起秀出于外的姊妹峰。从此渡口上岸,右侧的山沟便是闻名遐迩的炳灵寺石窟。

5.炳灵寺石窟

炳灵寺石窟位于刘家峡水库上游寺沟峡。石窟分上寺、洞沟、下寺三部分,其中以下寺最为壮观,这里保存着西秦、北魏、隋、唐、宋、元、明、清各个朝代约1500多年间的历史文物,窟龛183个,大小石雕像694尊,泥塑82身,石雕石塑小塔5座,各式壁画900多平方米。石窟开凿在大寺沟两端的红色砂岩上,四周奇峰林立,岩前黄河滔滔,风光秀丽迷人。耸立于沟口的姊妹峰,宛若两个并肩亭亭玉立的仙女,笑迎八方来客。

6.拉卜楞寺

拉卜楞寺位于甘南藏族自治州夏河县,在藏语中意为“僧侣的宫殿”,是我国喇嘛教格鲁派六大宗主寺之一,规模仅次于拉萨的布达拉宫。该寺创建于清康熙四十八年(1709年),距今已有近300年的历史。寺院占地近100万平方米,僧舍万余间,可容喇嘛3000多人。拉卜楞寺设闻思、续部下、时轮、医药、喜金刚、续部上六大学院,藏书65000多卷,其中佛教大百科全书200多卷。过去,这里既是学府,又是信仰中心,也是政治领导中枢。

拉卜楞寺的建筑,宏伟壮观,气势非凡。那雄伟庄严的寿禧寺、高不可及的铜铸弥勒佛、金碧辉煌的大经堂,瑰丽奇巧的舍利宝塔,以及能煮四头大牛的铜锅、五尺长的象牙,吸引着千千万万慕名而来的游客,同时也吸引着众多的宗教信徒前来朝拜。

7.兴隆山

兴隆山位于榆中县南部,向以山奇水秀、树木葱茏、气候凉爽闻名陇右。历史上兴隆山是军事要塞和屯兵之地。1277年,元太祖成吉思汗攻打西夏时就曾在这瑞安营扎寨,指挥作战。兴隆山也是道教名山,早在东汉时就有人在山上建观,唐代更大兴土木,修建庙宇宫观达100多座,长年香烟缭绕,号称“洞天福地”、“陇右第一名山”。

二、羲皇故里天水

天水古称秦州,向为陇西重镇。主要景点有麦积山石窟、伏羲庙、秦安大地湾遗址等。

麦积山石窟位于天水市东南 45 千米的天水县麦积山,高 150 余米,如同农家积麦之状,故名。这里冬暖夏凉,秋季细雨霏霏、云雾缭绕,被誉为"秦地林泉之冠"。石窟历代开凿于距山基 20~30 米、70~80 米高的悬崖峭壁上,其开凿完全按照我国民族建筑形式:方形、平顶、前壁开门、两侧开龛,层层相叠,上下错落,密如蜂房。窟群分东崖和西崖两部分。现保存有北魏、西魏、北周、隋、唐、五代、宋、元、明清等各代洞窟 194 个(东崖 54 个,西崖 140 个),泥塑像、石雕像 7000 余身,壁画 1300 多平方米。泥塑有高浮塑、圆塑、粘贴塑、壁塑 4 种。其中,数以千计的与真人大小相仿的圆塑,极富生活情趣。窟内从高约 16 米的阿弥陀佛,到 10 余厘米的小彩塑;从神圣的佛到天王脚下"金角银蹄"的牛犊,均精巧细腻、栩栩如生,堪称中国塑像博物馆。

三、工艺品和土特产品

本区著名的工艺品有兰州黄河卵石雕、刻葫芦,天水雕漆、保安族腰刀等。

著名的土特产有兰州白兰瓜、黄河蜜瓜、冬果梨、百合、黑瓜子、玫瑰花、凉皮、三泡台茶,天水花牛苹果,岷县当归等。牛肉面是兰州的名小吃,初创的马保子牛肉面以"一清(汤)二白(面)三绿(香菜、蒜苗)四红(辣子)五碎(牛肉)"著称,口味清淡,价格廉宜,制作时拉伸动作风情万种,是当地人引以为自豪并让众多游客神往景仰的美味佳餐。

第四节　河西旅游副区

河西旅游副区位于乌鞘岭以西的甘肃省境内,占据整个河西走廊,为青藏高原、黄土高原和内蒙古高原的交界地带,有武威、张掖、酒泉、敦煌、嘉峪关等旅游城市。

一、金张掖景群

张掖古称甘州,位于河西走廊中部,为河西四郡之一和丝路重镇。自古有

"若非祁连山上雪,错把甘州当江南"的佳句。张掖因有世界上最大的室内卧佛和甘肃独有的裕固族风情而闻名。

1.大佛寺

大佛寺位于张掖城内,建于西夏永安元年(1098年),是甘肃省境内最大的西夏建筑遗存。大佛殿高两层,面阔9间,进深7间,正中塑有释迦牟尼涅盘像,即大佛。卧佛为木胎泥塑,金装彩绘,身长34.5米,肩宽7.5米,耳长2米有余,造型比例匀称,姿态自然,是我国现存最大的室内卧佛。其身后塑有迦叶、阿难等大弟子,为释迦牟尼涅盘时聚哀的群像。殿内南北两侧还塑有十八罗汉。大佛寺是与西夏及元代王室关系甚密的名刹之一,笃信佛教的西太后常来此居住。元世祖忽必烈的母亲别吉太后亦曾来此居住,并在寺中生下忽必烈。

大佛寺院内的白杨树树枝、树心为紫色,呈现五角星形状,称"五星杨"。

2.焉支山

焉支山又名胭脂山,位于张掖市东南,属祁连山脉,是一座充满传奇色彩的河西名山。西汉时,焉支山为匈奴所占,汉武帝为保障丝绸之路畅通,遂派大将军霍去病越过焉支山,大破匈奴,终于完成了河西归汉的伟业。匈奴人退居漠北,南向而泣曰:"亡我祁连山,使我六畜不蕃息;失我焉支山,使我嫁妇无颜色。"原来山上有一种草,叫焉支,可以作为颜料,旧时妇女用以涂面,今通作胭脂。

焉支山旧有庙宇数十座,今俱废,但自然景色仍然令人神往。满山松柏匝植,野鸟争鸣,药草丰盛,其中,尤以大黄为最,故又称大黄山。历史上焉支山曾演出过壮观的一幕,即在隋大业五年(609年),隋炀帝西巡张掖,至焉支山,高昌王等西域三十余国国王拜谒于道左,隋炀帝于御行殿设宴款待,并尽调武威、张掖仕女,数十里丝竹歌舞、灯火光烛,使丝绸之路出现了空前繁荣的景象。隋炀帝虽然奢靡,但历来中原王朝的帝王之中,巡幸大西北的独此一人。当时中国正处于长期分裂后重归统一的形势下,向边缘地区再塑中原王朝的形象,对增强中原和西域各国的友好往来、推动丝路贸易无疑是十分必要的。

二、地应有酒泉

酒泉,古称肃州,是古丝路的重镇。早在公元前5世纪,这里就是通往中亚、西亚的交通枢纽。汉唐以来,成为东西方经济、文化交流的中转站,迄今已有2100多年的历史。酒泉地域辽阔,历史悠久,名胜古迹遍布全境,自然风光独具特色。市境南缘的祁连雪峰冰川、原始森林、广袤草原及浩瀚戈壁、长城烽燧、绿洲沙漠、草湖水面,交相辉映。

1.酒泉公园

酒泉公园位于市中心东,是一座拥有2000多年历史的古迹园林。相传西汉时,大将霍去病率大军征讨匈奴,在河西获得全胜。汉武帝派人从长安送来御酒犒赏功臣,霍去病将御酒倒入泉中,与全军共饮,此泉遂得名为酒泉。游人至此,莫不记起唐代诗人所写的《凉州辞》;吟诵起"葡萄美酒夜光杯"这脍炙人口的诗句。进公园大门,左右两侧有建于清光绪年间的佛祖庙与文昌阁。过"酒泉"后,是一座人工湖泉池,四周杨柳依依,环湖游步道高低曲折。湖内有湖心亭、飞虹桥、九曲桥和各式小船。公园内除了动物园、水禽池等,还能看到相传当年左宗棠将军进军新疆时所栽种的"左公柳"。整座公园水光潋滟,波平如镜,芦苇起伏,绿柳如烟,景色清幽喜人。游人可在这里观泉、饮茶、荡舟、游泳、拍照。到了冬天,湖面结冰,人们则三三两两来此滑冰,十里冰、千里雪,景色分外壮丽。

2.鼓楼

鼓楼位于市中心,是东晋前凉时期酒泉古城的东门楼,距今已有 1600 多年历史。鼓楼高 26 米,为四方形三层塔形木楼。楼下有四门通向东西南北四条大街。各门的上方分别有四个大字"东迎华岳"、"西达伊吾"、"南望祁连"、"北通沙漠",由此,酒泉的地理位置可见一斑。

三、嘉峪关景群

嘉峪关市是 1958 年在古丝路的一片戈壁滩上以"嘉峪关"命名建设的一座钢城。经过 30 余年的建设,现已成为古丝绸道上一座发展速度较快且魅力独具的新型工业化城市和旅游城市。

1.嘉峪关

嘉峪关是举世闻名的万里长城的西端点(近来考古发现,万里长城的西止点应延伸到新疆境内的罗布泊),河西走廊的尽头,因地处嘉峪关市西南隅的嘉峪关山麓,故名。此处地势险要,依山傍水,关城两侧城墙横穿戈壁,与南北两山连为一体,是长城关城中保存最完整的一处。关城平面呈梯形,由内城、瓮城、外城、楼阁和附属建筑构成,重城并守,易守难攻。东西城垣开门,城门上建有 17 米高的三层木结构关楼,城四隅建有城堡式的角楼与角台,构成了一个完整、严密的军事防御体系。

嘉峪关关城独立大戈壁,雄视古丝路,墙垣挺立,楼阁高耸,自古即有"天下雄关"之称。特别值得一提的是,在重关小楼上,有一块古代遗留下来的青砖,据说在初建关城时,工匠对这座关城的结构、外形及全部所需材料,均一一精心考虑和细致计算过。待关城建成之后,只剩下一块青砖,遂把它留在重关小楼上以作纪念,足见古代我国劳动人民的聪明才智和卓越的建筑技巧。而且,在这荒凉的戈壁滩上建造如此规模的建筑,其艰难程度也是令现代人所难以想象的。

2.七一冰川

七一冰川是亚洲离城市最近的冰川,距嘉峪关仅 130 千米,先沿嘉玉(门)公路行 40 千米,然后折向南进入祁连山,翻过海拔 3800 多米的吊大坂即可抵达冰川脚下。过去这里无路,1986 年,专为登山者辟出一条山间小道,小道沿山坡蜿蜒而上。盛夏季节,一路上芳草如茵,野花争艳,流水叮咚,鸟叫虫鸣,如此美丽的景色,无不让游客陶醉。尤其当蓝天丽日之时,横卧在高山怀抱中的冰川晶莹洁白,光芒四射,如同巨画悬挂眼前;厚达 6 米多的冰川舌下面融水汇集,滚滚而下。连绵逶迤的高山冰川,养育了这里的千万儿女,是千里河西走廊绿色生命的源泉。

四、丝路明珠——敦煌

敦煌位于甘肃河西走廊最西端、青藏高原北部边缘地带,是一个被高山环绕的凹地。敦煌是古丝绸之路上的咽喉要道,东西方经济、文化交流的中心,"丝路明珠"由此而起。敦煌旅游四季皆宜,春季桃花盛开,垂柳飞絮;夏季日光朗朗,万物争荣;秋季天高云淡,瓜果飘香;冬季则大漠落雪,风光绮丽。更有世界艺术宝库莫高窟,国家级自然风景名胜区鸣沙山——月牙泉,声名显赫的阳关、玉门关遗址等众多品味一流的景点。

1.莫高窟

莫高窟是一座灿烂辉煌的建筑、绘画和雕塑的综合艺术之宫,是中国现存的石窟艺术宝库中规模最大、内容最丰富的一座。莫高窟俗称千佛洞,位于敦煌市东南 25 千米的鸣沙山东麓。洞窟开凿于南北长约 1600 多米的断崖上,上下 5 层。现尚存有北魏、西魏、北周、隋、唐、五代、宋、西夏、元各代壁画和塑像的洞窟 492 个,壁画 45000 多平方米,彩塑 2415 身,唐、宋木结构建筑 5 座,莲花柱石和铺地花砖数千块。形制有中心柱式、方形佛殿式和覆斗式等。窟最大的高 40 余米,30 见方米;最小的高不及盈尺。造像均为泥制彩塑,有单身像和群像。佛像居中心,两侧待立弟子、菩萨、天王、力士,少则 3 身,多则 11 身,最大者 33 米,最小者仅 10 厘米,并且多以夸张的色彩表现人物性格。壁画内容有佛像、佛教史迹、经变、神话、供养人等题材。画面构图精细,人物表现栩栩如生,具有极高的艺术观赏价值和科学考察价值。特别是随着满贮经卷、文书、织绣、画像等共 5 万余件文物的著名的藏经洞的发现,这里更引起了国内外学者的极大注意。

2.鸣沙山—月牙泉

鸣沙山位于敦煌市南约 5 千米处,由流沙堆积而成,东西绵延 20 多千米,海拔 1650 米,山体高达数十米,峰峦陡峭,沙脊如刃。游人登上沙山,由峰顶下滑,沙亦随着泻落,且轰鸣作响,故称"鸣沙山"。

月牙泉是古疏勒河的主要支流——党河改道后遗留在沙漠中的一处古河湾,位于鸣沙山前山与后山之间的山谷中,面积很小,形如月牙,故名"月牙泉",这正如古诗中所说的"银沙四面山环抱,一池清水绿漪涟"。早在东汉时,月牙泉就已成为敦煌一处胜景。千百年来,风沙曾吞噬过不少泉水,而月牙泉却能如此和谐绝妙地与沙山共处一处,不为风沙所埋没,这不得不叫人称奇。鸣沙山、月牙泉二者共同构成了世所罕见的沙漠自然奇观。

3.两关遗址

"两关"即玉门关和阳关的简称,系西汉武帝"列四郡、据两关"的产物,同为当时与西域交通的门户,自汉唐以来"两关"遗址声名一直大震于中外。其中,玉门关在敦煌市西北小方盘城,因从西域输入玉石取道于此而得名,是丝绸之路北道必经的关隘。关城方形如盘,北、西两面有门,城垣保存完整。城北坡下弛道,是来往过乘及邮驿之路。唐代诗人王之涣有"羌笛何须怨杨柳,春风不度玉门关"的千古绝句;阳关古城,在敦煌市西南古董滩上。今滩上尚有古代房屋遗迹,是丝绸之路南道的重要关卡。附近有寿昌城废址。唐代诗人王维也有"劝君更尽一杯酒,西出阳关无故人"的千古绝句。

4.榆林窟

榆林窟又称万佛峡,是甘肃四大石窟之一,位于河西走廊西端的安西县南。现存41窟,彩塑百余尊,壁画千余平方米。壁画中有许多是唐、宋绘画艺术的精品。出自唐僧取经故事画中的孙悟空艺术原型,据考证要比《西游记》成书还早300年。榆林窟开凿约与莫高窟同期,可以说它是敦煌艺术的重要组成部分。

5.西千佛洞

西千佛洞开凿在甘肃党河崖壁的北侧,自西向东排列,距河底20余米,窟顶为平坦的戈壁滩。现存洞窟19个,始建于北朝晚期,隋、唐、五代、宋初和西夏续加兴修。所存壁画、塑像与莫高窟具有同等价值,是敦煌石窟艺术系统的一个重要分支。

五、银武威景群

武威古称凉州,是古代汉族和西北各民族杂居的河西第一重镇。武威土地肥沃,物产丰富,素有"凉州不凉米粮川"之誉,与富饶的河西名城张掖合称为"金张掖,银武威"。主要景点有雷台汉墓、海藏寺、文庙等。

1.雷台汉墓与铜奔马

在武威城北门外右侧,高大的土台上有座飞檐斗拱的庙宇,在青松翠柏和古榆老槐的掩映下显得巍峨壮观。因庙内供奉雷祖,俗称"雷台"。1969年10月,在台下发现东汉时期大型砖石墓一座,出土文物230余件,其中铜制器物170余件,包括铸造精致的武装车马。马有驾车马、骑马,骏健生动、姿态各异。足踏飞鸟的铜奔马,工艺水平最高,是罕见的古代艺术珍品。铜奔马高34.5厘米、长45厘米,昂首啸鸣,飞跃奔驰,头向左微微昂起,口鼻微张,三足腾空,右后足踏一飞鸟,飞鸟展翅回首,注目惊视。唐诗曰:"騕裹似龙随日换,轻盈似燕逐年新。"(李洞《才调集》)这匹马,应该就是神马騕裹;足下所踏之鸟即是飞燕。铜奔马出土以后,其定名马踏飞燕,又叫铜奔马。国家旅游主管部门确定我国旅游标志时称为马超龙雀。1984年中国社会科学院在《新中国的考古发现与研究》中改称"马踏飞鸟"。天马是西域良种马的通称,不是神马。《汉书武帝纪・应劭注》说:龙雀"身似鹿,头如爵,有角而蛇尾,文如豹纹",故不是龙雀。鉴于此,我们认为应该是唐李洞诗中的騕裹和飞燕,故"马踏飞燕"的名称是确切合适的。

马踏飞燕塑造者以娴熟精湛的技巧,把奔马所具备的力和速度,融合成为充沛的气韵,浑然一体地贯注在昂扬的马首、饱满健壮而呈流线型的躯体和四条正在飞奔的腿及踏石有迹的马蹄上。虽然它把全身着力点集中于一足,却完全符合力学平衡原理,充分表现了作者丰富的想象力和高超的创作手法,成为艺术珍宝。

2.海藏寺

海藏寺位于武威城西北,建于宋、元之间,后遭兵焚。明成化间重修,赐名清化禅寺。相传古代寺周林泉茂密,犹如海中藏寺,遂得名。海藏寺南北长204米、东西宽66米,占地面积13464平方米。寺前是一座四柱三间三楼的木构牌坊,上书"海藏禅林"。进山门有大殿、灵钧台、天王殿、无量殿等建筑,苍松翠柏,蔽日参天。寺周溪流纵横,绿树成荫。夏秋之季,晨光透过茂密的树林,远远看去,寺前牌楼檐下青烟袅袅,时隐时现,缭绕于垂柳之间,此即有名的"海藏烟柳"。

3.文庙

文庙位于城东南隅,建于正统二至四年(1437～1439年),坐北向南,南北长170米、东西宽90米,是一处规模宏伟的古建筑群。庙内松柏参天,殿宇轩昂,有泮池、棂星门、大成殿、尊经阁等古建筑,被誉为"陇右学宫之冠"。

六、工艺品和土特产品

本区著名工艺品有酒泉夜光杯、武威仿铜奔马等。王翰的《凉州曲》赞美葡萄美酒和夜光杯:"葡萄美酒夜光杯,欲饮琵琶马上催。醉卧沙场君莫笑,古来征战几人回。"

著名土特产有敦煌李广杏、紫胭桃,南湖葡萄,张掖苹果梨、发菜等。

第五节　西宁旅游副区

西宁旅游副区,东起甘青交界处,西至日月山,北抵达坂山,南达黄河支流隆务河畔。主要旅游城市为西宁。

一、高原历史文化名城——西宁

西宁位于湟水中游盆地,扼青藏高原的东北门户,有"天河锁钥"、"青海咽喉"之称,是一座具有 2000 多年历史的古城。主要旅游景点有塔尔寺、瞿昙寺、青海湖、孟达植物自然保护区、日月山等。

1. 塔尔寺

塔尔寺位于西宁西南 27 千米的湟中县鲁沙尔镇。藏语意为"十万佛像",是喇嘛教格鲁派(即黄教)创始人宗喀巴的诞生地,也是我国喇嘛教格鲁派六大寺院之一。塔尔寺始建于明嘉靖三十九年(1560 年),占地 14.2 万多平方米,是汉、藏艺术风格相结合的古建筑群。

大金瓦寺是塔尔寺的主殿,也是寺内最早的建筑物,为汉式宫殿三檐歇山式建筑,因屋顶全是镏金铜瓦而得名。屋脊上还装饰着金轮、金幢、金鹿,配上碧绿的琉璃砖墙,显得雄伟壮观、金碧辉煌。殿内大银塔白银嵌面,上裹数十层"哈达",高 11 米,相传是宗喀巴诞生之地。宗喀巴神座,纯金铸造,堪称稀世珍宝。四壁和天花板上绘有栩栩如生的佛教故事图画。此外,殿内还有乾隆帝所赐"梵教法幢"匾额一块。

大经堂是塔尔寺的最大建筑,也是宗教组织的最高权力机关,为藏式平顶建筑。经堂内一次可供上千喇嘛集体诵经。四壁的经架上存放有数以百计的经卷,神龛中则放置有上千尊小巧精致的铜质镏金佛像。

酥油花、壁画和堆绣被誉为塔尔寺"三绝",它们风格独特,有很高的艺术价值。

酥油花是由酥油锤炼后捏成的人物、花卉、山水、建筑、飞禽走兽和佛经故事等图像,并施以色彩的一种工艺美术品。每逢农历正月十五,塔尔寺举行"酥油灯会",远近闻名。

壁画是塔尔寺内最常见的一种艺术形式。它大多绘于布幔上,悬挂或钉在墙上。壁画染料采用石质矿物,色泽绚丽,经久不变,有"千年如新"之誉。每年

6月的观经会上，喇嘛们将几十米长的大佛像在山坡上展开，谓之"展佛"，围观和膜拜者常达数十万人。

堆绣是用各式绸缎剪成多种形状，塞以羊毛、棉花等物，在布幔上绣成具有明显立体感的佛像以及山水、花鸟等图案，形象生动活泼，色泽艳丽。

塔尔寺每年都要举行四大法会，是我国西北地区佛教活动的中心，吸引着数以万计的藏、蒙、土、汉等各族群众以及中外旅游者。

2. 瞿昙寺

瞿昙寺位于乐都县城南25千米的瞿昙乡。寺院依山傍水，占地27000平方米，由前、中、后三进院落组成，参差错落，是典型的明代宫殿式建筑群。从山门起依次排列着金刚殿、瞿昙殿、宝光殿、隆国殿等主要殿宇，两侧陪衬着碑亭、壁画廊、小钟鼓楼等建筑。其中隆国殿规模最大，面积912平方米。瞿昙寺最为珍贵的文物当属壁画。寺内两侧共有壁画廊51间，其中28间布满了巨幅彩色壁画，面积在360平方米以上。此外，寺内还有精美的石雕和铜、泥塑像以及明宣德年间铸造的铜钟，都是十分珍贵的艺术品。

3. 青海湖

青海湖古称西湖，位于世界屋脊青藏高原东北部，周围有大通山、日月山、青海南山环绕，湖面海拔3266米，面积4635平方千米，是我国最大的咸水湖。景区以高原湖泊为主体，兼有草原、雪山、沙漠等景观。湖中有海心山、三块石、鸟岛、海西山、沙岛五个形态各异的岛屿，山峦叠翠，景观独特。其中尤以鸟岛闻名遐迩。

鸟岛，高出湖面10米，素有"鸟儿王国"之称。春末夏初，计有十多万只珍禽俊鸟来此栖息。岛上鸟窠密密层层，鸟蛋无处不是。若稍不留神惊动了鸟儿，则万鸟突飞，遮天蔽日，鸟粪降落如雨，饶有趣味。到了冬季，这里则银装素裹，千里冰封，又是一派瑰丽景象。

青海湖中还盛产湟鱼，有"石头砸一条，棍子能打俩；下钩钓一串，一网网千斤"之谚。它与鸟岛一同被誉为青海湖的两大奇观。

4. 孟达植物自然保护区

孟达植物自然保护区位于青海循化撒拉族自治县东北部，被称为青藏高原上的西双版纳。总面积9300多万平方米，平均海拔2500米以上，主峰高4178米。孟达林区气候温和，空气湿润，是植物生长和繁殖的良好场所。这里植物种类异常丰富，有种子植物89科、301属、530多种，蕨类植物10种，从而组成了特殊的自然生态景观。云杉、冷杉、圆柚、华山松、肆萼猕猴桃、钓樟、辽东栎等优质栋材遍布。林间坡底生长着紫丁香、金银花、红杜鹃、八仙花、珍珠梅等野生观赏植物。还有党参、三七、淫羊藿、羌活、贝母等名贵药材和文冠果、红端木、毛樱桃、毛榛子等油脂植物。苏门羚、林麝、狍鹿、岩羊、狐狸、雪鸡、马鸡等珍禽异兽在林区中也常有出没。

天池是林区景色最为秀丽的地方,水深 20~25 米,面积约 20 万平方米。四周群山环抱,郁郁葱葱,池水清澈碧绿,景色宜人,是一个理想的旅游、疗养胜地。

5.日月山

日月山位于青海湖滨,自古即为从内地进藏的必经之地。贞观十五年(公元642 年),文成公主远嫁吐蕃时,吐谷浑首领曾在此建行宫,热情迎接。据传,当时文成公主到达这里时,东望长安,思念父母,泪水汇成了倒淌河,父皇唐太宗遂派人送一面日月宝镜,让她从里面看看长安美景,得点安慰,但公主想到最终还要长途跋涉入藏,为坚此心,便把日月宝镜摔了,此即日月山一名之由来。山头建有两座六角亭,立碑说明此事。

日月山因古代是边陲重地和"茶马"互市而闻名于世。公元 734 年,唐与吐蕃在此划界立碑,定点互市,这里遂成为唐蕃道上的重要贸易集市,并正式确定为边防关隘,曾修筑过颇具盛名的石堡城。古石堡城的断壁残垣,至今仍依稀可见,人们尚可想见它昔日的雄风。

二、工艺品和土特产品

本区著名的工艺品主要有藏族寺院酥油花等。

著名的土特产有牦牛、大通马、湟鱼、冬虫夏草、发菜、麝香和蕨麻等。

第六节　银川旅游副区

银川旅游副区位于黄河上游,包括整个宁夏回族自治区。有银川、石嘴山、青铜峡等主要旅游城市。

一、塞上历史名城——银川

银川别称凤凰城,位于宁夏平原中心。平原上河渠纵横交错,宛若江南水乡,自古即有"天下黄河富宁夏"之说。银川始建于宋,是一座塞上历史名城,历史上曾经是西夏国都,创建了灿烂的西夏文化。主要景点有西夏王陵、海宝塔、承天寺塔、南关清真寺等。

1.西夏王陵

西夏王陵位于银川西郊 35 千米处的贺兰山东麓,占地约 40 平方千米,是西夏历代帝王陵墓所在地。陵区范围南北 10 千米、东西 4 千米,随地势错落分布着 8 座西夏帝王的陵园和 70 余座陪葬墓。各座王陵都是一个完整的建筑群,造型基本相似。四角建角楼,由南往北为门阙、碑亭、外城、内城、献殿、灵台。地下部分有墓道、墓室、龛形配室;地上建筑只剩遗址,但留下的建筑材料和西夏文、汉文碑刻以及出土的金银首饰、铜牛、石马等殉葬品对研究西夏文化艺术有重要价值。

在茫茫的阔野沙原上,映衬在险峻峭拔的贺兰山背景之下的西夏王陵,至今依然显现出至尊、浩大、威严的帝王之风,享有"东方金字塔"之誉,是今天人们研究西夏政治制度、经济状况和文化形态的珍贵实物。

2.海宝塔

海宝塔俗称北塔,位于银川市北郊,高 54 米,9 层 11 级。始建于汉晋,明清重修。塔室呈方形,侧面呈"亚"字形,外观古朴壮观,层次丰富,艺术风格独特,为中国数千座塔中所仅见。登临塔顶,可饱览塞上江南风貌;极目远眺,巍巍贺兰山,绵绵黄河水,尽收眼底。"古塔凌霄"为宁夏八景之一。

3.承天寺塔

承天寺塔即西塔,位于银川市东城西南隅承天寺内,是一座平面八角形的楼阁式砖塔。始建于西夏天佑垂圣元年(1050 年),塔高 645 米,11 层。塔室呈方形,厚壁空心式木板楼层结构。立体轮廓为角锥形,秀丽挺拔。四周林木葱郁,百花竞妍。

二、银北煤城——石嘴山

石嘴山市位于宁夏回族自治区北部,因煤而立,因煤而兴,有"塞上煤城"之称。石嘴山也是宁夏的旅游城市,境内风景名胜点多面广。尤其是集江南秀丽的水上景观与塞外豪放的沙漠风光于一体的国家级旅游景点——沙湖,吸引了越来越多的中外游客。背靠巍巍贺兰山,面对滔滔黄河水的北武当山(寿佛寺)和结构精巧、层次分明、错落有致的玉皇阁。贺兰山古岩画、古长城遗址等景观,也均有较高的艺术观赏与考古价值。

1.沙湖

沙湖位于银川市东北 56 千米、包兰铁路和姚(伏)西(大滩)公路交汇处。是一个兼具塞外雄浑与江南秀色、备受游客青睐的旅游点。沙湖有万亩大湖,湖中有游鱼飞鸟,200 多万平方米形状各异的芦苇丛,将广阔水面分割成大小不一的港汊。这里湖光沙色,鱼跃鸟鸣,绿波荡漾,苇丛如画。南边沙漠连绵起伏,是开展滑沙、沙浴等多项运动的良好场所。

2. 贺兰山岩画

岩画分布于贺兰山的山谷中,共 300 余幅,是匈奴、鲜卑、敕勒、突厥、党项等北方古代游牧民族在贺兰山中巨石上留下的手迹,也是他们光彩夺目的业绩、悲壮的历史进程、灿烂的文化艺术、杰出的才华以及丰富的想象力的历史见证。贺兰山岩画造型粗犷浑厚,用笔简练,构图朴实,比例适度,姿态自然。岩画数量最多的是各种各样的人面形,人面形中有的长着犄角,有的插着羽毛,有的大耳、高鼻、满脸长毛,有的则嘴里衔着骨头,真是五花八门,千奇百怪。占岩画数量一半的是多种多样的动物,有奔跑的鹿、双角突出的岩羊、摇尾的狗、飞驰扬鬃的骏马以及飞鸟、猛兽等,栩栩如生。总之,大千世界的千姿百态,在岩画中多有表现;游牧民族生活中的人物、动物、事件、场景,也大都可以得到典型精练的艺术反映。

三、工艺品和土特产品

本区著名的工艺品有银川提花毛毯、仿古地毯和贺兰石刻等。

著名的土特产首推宁夏"五宝":"红宝"枸杞、"黄宝"甘草、"蓝宝"贺兰石、"白宝"滩羊二毛皮、"黑宝"发菜。饮誉中外的宁夏大米,被称为"珍珠粳米",清代曾居"贡米"之列,又誉为"朔方贡米",具有粒圆、色洁、油润、味香四大特点,堪与天津"小站稻"相媲美。此外,宁夏荞麦、红瓜子、黄河鲤鱼、中卫山羊毛绒等也很有名。

第七节 本区其他旅游资源

一、文县天池

文县天池位于"甘肃的西双版纳"文县万宝山中,北距文县城 100 千米,海拔 2400 米,有 9 湾 108 曲,四周奇峰竞秀,松柏争荣,中间一弘碧波,漾红漾绿。远远望去,烟波茫茫,水天一色。乘着木筏逆湖而上,穿过伸入湖中的象嘴石,经过饮马池,绕到捉鱼沟后,只见两侧悬崖峭壁,遮天蔽日,一声号子,山鸣谷应,婉转回荡,恍若置身仙境。

二、武山水帘洞

武山水帘洞位于甘肃武山县城东北 25 千米的鲁班乡,包括显圣池、拉梢寺、千佛洞、三清洞和水帘洞等五处名胜古迹,其中以水帘洞和拉梢寺最为壮观。水帘洞在试斧山东侧峭壁上的天然洞穴内,因雨季流水像珠玉垂帘而得名,洞内有四圣宫、观音寺、南殿、菩萨泉殿、老君阁等。拉梢寺建于北魏,修建时,树枝沿着岩壁堆积,工匠们边凿边拉掉树枝,故名拉梢寺。崖壁上有 30 米高的释迦牟尼像及胁侍菩萨浮雕等。

三、江河源头

长江、黄河均发源于青海境内。长江源头景色绮丽,几十米高的冰塔林,耸入晴空,绵亘十余里,犹如座座水晶峰峦,千姿百态,是自然形成的艺术宝库。这里不仅风光极美,而且资源丰富,蕴藏着水晶石、磁铁矿和铅锌矿等,还盛产无鳞鱼和雪鸡,并时有野驴、大头弯羊、白唇鹿、野牦牛和雪豹出没其间。

黄河源头风光宜人,水草丰美,湖泊、小溪星罗棋布,蔚为壮观。上游落差大而水流急,是探险漂流的好地方。到江河源头,将会使人们领略到那袒露无遗而又神秘莫测的大自然之美。

四、扎陵湖和鄂陵湖

扎陵湖和鄂陵湖是黄河源头的一对姐妹湖。扎陵湖,面积 526 平方千米,湖面东西宽而南北窄,平均水深 8.6 米,最浅的地方不到 2 米。水色平时澄碧发亮,河水流过的地方,水色发黄,远看像是一条很宽的乳黄色彩带将湖面分成两半,其中一半清澈碧绿,一半微微发白,所以又叫"白色的长湖"。

鄂陵湖,面积 618 平方千米,湖面南北宽而东西窄,平均水深 17.6 米。水色清澈碧绿。风和日丽时,天空的云彩、周围的山岭都倒映在水中,清晰可见,因此又叫"蓝色的长湖"。

扎陵湖和鄂陵湖畔,也是水草丰美的牧场。站在高处鸟瞰,只见蜿蜒的黄河像一条金链将两湖贯穿在一起,而浩森的扎陵湖和鄂陵湖则宛如两颗晶莹闪亮的宝石系在金链上。尤其在盛夏季节,蓝天、白云、青山、绿水……,数以万计的候鸟在平如明镜的湖面上嬉戏飞翔,数不清的牛羊像颗颗珍珠在翡翠般的湖畔滚动。

五、柴达木盆地盐湖

柴达木盆地盐湖包括察尔汗盐湖和茶卡盐湖等。有的已干涸,远望像刚翻犁的土地;有的像淡水湖泊,碧波荡漾,清澈见底;有的则周围凝结了一圈白色盐带,好似镶嵌的花边。盐的形状十分奇特,有的像夺目的珍珠,有的似朵朵盛开的宝石花,还有的像宝塔、像星斗、像雪花……,而且红、白、青、蓝、黑各种颜色的都有,妍丽多彩,晶莹璀璨。需提及一点的是,察尔汗盐湖上有一条横跨盐湖的公路(为青藏公路的一部分),它全用盐铺成,总长 32 千米,被称为"万丈盐桥"。桥上路面光洁平坦,山色湖光相映,景致很美,堪称举世无双。

六、中卫沙波头

中卫沙波头以治沙成果丰硕而饮誉世界,且因自然景观独特而驰名中外。凡是来过这里的人们,不仅惊叹那一张张用草编织成方格状巨网般的固沙障,而且流连于那悬若飞瀑的百米沙山,以及那黄河上的古老运输工具羊皮筏子。

沙波头是腾格里大沙漠的边缘,浩瀚的沙海一望无际。当年在修建包兰铁路的时候,这儿有几十千米长、数以百计的大小流动沙丘横亘在计划中的铁路线上。因而从 1956 年起,中国科学院的专家和中卫固沙林场的工人开始同沙漠展开了较量。30 多年过去了,不但确保了包兰铁路不被沙漠侵袭而阻断,而且还在沙漠上开出了绿洲。难怪香港的一家杂志撰文,称赞沙坡头是阻挡沙漠前进的桥头堡。

从沙坡头顶向下俯视,百米沙山好似一道扇形瀑布,倾泻而下。坐着细沙顺坡滑下,身上则会发出沉闷的"空、空"声,这便是"沙坡鸣钟"。这声音好似万鼓齐鸣,又像是强烈地震时天空中轰鸣的雷响,让人胆颤心惊。其实,造成这种鸣沙现象的原因是:这里以细沙为主的沙丘高大、陡峭,沙下有泉水涌出,而且沙粒矿物成分大部为石英,表面干燥,当受太阳曝晒,再经摩擦就会发出这种响声。

七、同心清真大寺

同心清真大寺坐落于同心县旧城(旧称半个城),相传始建于明代,是宁夏境内建立年代较久、建筑规模较大的一座清真寺。清真大寺建在高出地面 7 米的青砖台面上。寺门朝北,门前有仿木建筑的砖照壁,照壁中心,砖雕大幅花木图,非常精美。主体建筑礼拜殿,是一座单檐歇山式顶的宏大建筑,右前侧为唤醒楼,它们将汉族传统建筑艺术和伊斯兰教建筑艺术融为一体,不仅展现了精湛的建筑技巧,也体现了中国与阿拉伯文化的融合与交流。

八、须弥山石窟

须弥山石窟位于宁夏固原县西北 55 千米的须弥山东麓。大约开凿于北朝中晚期,距今已有 1400 多年的历史。石窟主要分布在五座山崖上,共一百多个。

在须弥山入口处的第五石窟,有高达 26 米的弥勒坐像,神情端庄,十分壮观,是全国最大的石窟造像之一,也是须弥山石窟的象征。须弥山石窟的造像,造型淳厚,面形丰圆。与云冈、敦煌早期的造像有相似之处。无论是凿窟数量,还是雕刻艺术,都达到了前所未有的水平。

九、一〇八塔

位于青铜峡水电站西侧陡峭的山峦上,背山面河,依山就势、凿石分阶而建。一〇八塔是佛教纪念性建筑(佛教把人生烦恼归结为 108 种。建造 108 塔,意为消除烦恼),它自上而下,按 1、3、5……19 的奇数排列,共 12 排,从而构成一个等边三角形的大型塔群。每座塔的结构大体相似,略有差异。塔自第二层以下,均为单层八角须弥座,宝珠式塔顶,但大部分已毁。就塔体形制看,大致可分四种类型:第一层塔,形体较大,塔基呈方形,塔身为覆钵式,面东辟有龛门;二至四层的塔为八角鼓腹尖锥形;五至六层的塔为葫芦状;七至十二层的塔呈宝瓶状。108 塔是实心喇嘛塔。塔心正中立一柱木,内填土坯,外砌青砖,塔体涂白灰,白灰脱落处,可看到最早塔体的彩绘遗迹。塔基下曾出土用西夏文题的帛书和佛祯。青铜峡两岸山峰对峙,黄河水深流急,风光旖旎。

第十二章　东北旅游区(辽吉黑)

本章提要

东北旅游区山环水绕、沃野千里,冰雪旅游资源堪称全国之最。众多的抗日战争和解放战争纪念地散布在茫茫林海之中,构成了本区旅游资源的主要特色。本章在概述全区旅游环境的基础上,主要论述以沈阳、长春、哈尔滨等旅游城市为主的东北各省旅游资源的特点和分布情况。

第一节　东北旅游区旅游资源基础

东北旅游区地处我国东北部,包括黑龙江、吉林、辽宁三省。总面积80万平方千米,占全国土地面积的8.4%,东北旅游区辽阔的地域带来了变化多样的自然条件。人口1.06亿,东北曾有不同少数民族统治历史,尤其是东北东部地区更是满族的故乡。该区特有的自然资源与人文资源在我国旅游业发展中居于重要地位。

一、山环水绕、沃野千里的地表结构特征

东北旅游区外侧有水,水界内侧又由一系列山地环绕。山地的内部是宽阔

坦荡的平原地带。这里有我国最大的平原——东北平原,是我国重要粮食基地。

东北地区的水界长度占全区边界的 2/3 左右。鸭绿江和图们江是中朝的国界。中俄界河为兴凯湖、乌苏里江和黑龙江,在辽东半岛的两侧是黄海和渤海。仅东北西部和内蒙古自治区之间为陆界。

在水界内侧,东北区北部经伊勒呼里山转向东南与小兴安岭相接,这里有张广才岭、老爷岭、龙岗山、千山等一系列平行排列的中山和低山所组成的山系,西南部还有努鲁儿虎山、七老爷山和医巫闾山。

由山地包围的是松辽平原和渤海凹陷。东北平原内部有东北区与华北地区联系的重要路上通道辽西走廊,它是一条狭长的海滨平原;辽东半岛的大连是东北区与国外贸易往来的重要港口。

二、温带暖温带大陆性季风气候为主的气候特征

本区大部分地方属温带与暖温带范围,仅大兴安岭北部山地属寒温带,大陆性季风气候极为明显。大陆东岸的位置,复杂的地面结构,又形成东北区各地不同的气候条件。最明显的差别是热量的南北变异和水分自东南向西北递减。仅黑龙江省境内年平均气温由北向南递减温差为 8℃。本区的降水量以大小兴安岭和东部山地的西缘为界,东部湿润多雨,西部为半干旱区,干燥、少雨、多风。

三、多民族聚集的历史渊源

从远古时代起东北便有匈奴、东胡、夫余、肃慎、貊等北方少数民族的祖先生息繁衍,至唐代最早的封建政权——渤海国建都于今吉林敦化市敖东城,后移都于上京龙泉府,即今黑龙江宁安县东京城。故黑龙江多有这些政权的文物古迹。吉林高句丽文物古迹中以有关高句丽古国者最多。高句丽是夫余别支,集安县有高句丽都城内城、吉林市龙潭山高句丽山城等,为了解高句丽历史提供了大量资料。辽、金、元政权也以东北为其重要活动范围,金代前期都上京城即在今黑龙江阿城市之白城。辽宁是满族发祥地,沈阳故宫是仅次于北京故宫的保存完好的封建帝王宫殿;清朝入关前的三座皇陵俱在辽宁,其中北陵、福陵在沈阳。吉林长春伪皇宫是伪满洲国皇帝爱新觉罗·溥仪的宫殿,近年因人们对末代皇帝的兴趣,这里已成为游览重点。东北人文旅游资源中以清代遗存居首要地位,抗日战争和解放战争时期许多革命先烈曾在东北地区浴血奋战,留有多处纪念地,有的还以先烈姓名命名。

四、丰富的物产和便捷的交通

东北旅游区大平原与广阔的山地纵横交错,多样的地形和良好的降水条件,

造就了东北地区丰富的农牧业物产和发达的工业发展基础。

沈阳、大连、长春、哈尔滨都是闻名国内外的重要工业城市。东北地区重工业特别是机械工业比较发达。哈尔滨的发电设备,长春的汽车拖拉机工业、光学工业,沈阳的飞机和机械工业,大连的石油与化工工业、服装工业享誉全国。鞍山是著名"钢都"。

东北是全国的粮仓,大豆、高粱、玉米、稻米质量好、产量高,占有重要的产业地位。

山区的动植物资源丰富。人参、鹿茸、貂皮号称"东北三宝"。东北虎更是珍稀动物。大小兴安岭、长白山木材蓄积量居全国首位。山区还蕴藏着丰富的水力发电资源。

主要矿产有煤炭、石油、铁、金刚石、菱镁、岫岩玉石等。

东北交通发达便捷。沈阳、大连、长春、哈尔滨是重要的航空中心。东北有四通八达的铁路网,密度全国第一。很长时间以来,东北地区的铁路长度占全国的1/3。普速铁路主要有哈大线、滨洲线、滨绥线、京沈线、沈丹线等。

各主要城市都有通往京沪等重要城市的直达列车。哈尔滨至大连的高速铁路也已通车,并通过沈阳至秦皇岛的准高铁连通京沪、京广高铁。

东北的高速公路和普通公路网密集而完善。主要高速公路有哈大、哈佳(佳木斯)、沈丹、满洲里至绥芬河等高速等。

五、丰富多彩的旅游资源

东北地区旅游资源特色鲜明,独特的气候条件使东北三省冰雪旅游资源堪称全国之最,少数民族风情和某些城市的欧式建筑风格亦有其吸引力。

黑龙江冬季漫长而寒冷,多冰雪,一些河湖与山坡成为开展冰雪活动的好场所。黑龙江是中国火山遗迹较多的省区之一,也是开展森林旅游的好地方。全省江河纵横,水资源居北方各省之首,丰富多彩的人文资源别具一格,民俗、民情浓郁,少数民族历史源远流长;森林草原、湿地、江河湖泊提供了开展生态旅游的资源基础。

吉林长白山是东北旅游资源的主要优势。它有茫茫林海、巍巍高山,其自然环境和生态保存完整。长白山天池为著名的火山堰塞湖,兼有瀑布。松花江及松花湖,绰约多姿,其雾凇(俗称雪挂)构成一个悬珠堆玉的世界,全国闻名。辉南、靖宇之间的龙岗火山群为中国第二大火山群,包括72座火山。全省已建自然保护区84处(其中,国家级7处,省级17处)。

辽宁有山海之胜。千山、凤凰山为著名风景区,岩溶地貌分布虽不广,但发育典型,尤其水洞为中国北方罕见的地下河溶洞。辽东半岛海岸线长达到2200

千米,不乏优美的海滩与避暑胜地,其中以大连海滨为最。鸭绿江沿线兼有自然与人文旅游资源,已被定为国家重点风景保护区。辽宁也是中国文物大省之一,现有文物古迹 1.13 万处,其中国家级重点文物保护单位 19 处、省级重点文物保护单位 159 处。国家级风景名胜区 7 处,省级风景名胜区 7 处。近年来,辽宁推出了丰富多彩的文化旅游活动,各地举办的民间节庆活动备受国内外游客青睐,最著名的有大连国际服装节等。

第二节　大连旅游副区

　　大连位于辽东半岛的最南端,地处渤海、黄海之滨,是我国重要的对外开放贸易口岸之一。这里三面环海、地处要道,自秦汉以来,一直是我国北方海上交通要冲和海防战略要地,有“东北前哨”之称。据考,大连陆地始成于 20 万年前,而有人类活动是 6000 多年前,唐称三山浦,唐中期称清泥浦,明清以来称为青泥洼。东晋时,旅顺口称马石津。1371 年,明朝朱元璋派辽都指挥使渡海于旅顺口登陆,为纪念这次出兵顺利取“旅途平顺”之意始称旅顺口。1895 年 4 月 17 日,清政府签订了丧权辱国的《马关条约》,将其割让给日本。12 月 25 日,清政府交付了 3000 万两“赎辽费”后,收回旅顺口和柳树屯（大连港）两港。1898 年又将两港租与俄国,后让给日本,直至 1945 年 8 月 22 日才再次收回。

　　大连依山傍海,景色秀丽,气候宜人,素有“田径之乡”、“苹果之乡”、“服装城”和“足球城”的盛誉。是我国著名的避暑胜地和旅游热点城市,不仅有“半个中国近代史天然博物馆”的人文历史旅游资源,还有许多风景奇秀的自然旅游资源。南部沿海风景区、旅顺口风景区、金石滩风景区和冰峪沟风景区是大连四大名胜风景区。大连有很多大型的海滨浴场和风景区。主要景点有星海公园、天然海滨公园、老虎滩公园以及渤海湾中的避暑胜地棒槌岛。旅顺旅游资源有白玉山、东鸡冠山、203 高地、黄金山海水浴场等。

一、金石滩国家旅游度假区

　　金石滩国家旅游度假区位于辽东半岛南端、黄海沿岸,大连市东北端的黄海之滨,毗邻大连经济技术开发区;交通便捷,距大连市中心 50 千米。陆地面积 62 平方千米,海域面积 58 平方千米,内有长达 30 米宽的平缓沙滩,延伸达 4 千米,是国家级重点风景名胜区。金石滩三面环海,呈元宝状,东部半岛在 8 千米的海岸线上。金石滩浓缩了距今 6 亿至 3 亿年间的地质奇观,是震旦纪、寒武纪地质地貌,其沉积岩石、古生物化石形成了众多景观、景点,有百余处海蚀岸、海蚀洞、海蚀柱等景观。这里礁石林立,形状怪异,海光山色,是一处大自然鬼斧神工雕塑的神奇世界,被称为"神力雕塑公园"。龟裂石是 6 亿年前的震旦纪成的沉积环境地质标本,亦是目前世界上发现的块体最大、断面结构最清晰的天下奇石,称"天下第一石",对研究古气候的演变有重要意义。另外还有由色、形俱似玫瑰的礁石组成的玫瑰园;专家们称之为"凝固了的动物世界"的"大鹏展翅"、"恐龙吞海"、"鹦鹉拜海"等景点,气势恢弘,栩栩如生。

二、冰峪风景区

冰峪风景区位于庄河市城北 40 千米的仙人洞镇附近,面积达 47 平方千米,由于几十亿年前的地壳运动,使冰峪沟形成独特的地理地貌,成为中国北方罕见的自然景观,有"北国桂林"之美誉。保护带 64 平方千米,规划总面积 100 多平方千米。风景区内有景点 30 多处、景观数百个,整个景区由龙华山、小峪河谷和英纳河谷构成。

龙华山,又名天台山,古称小华山,位于风景区南部,海拔 561.2 米。山上有天台峰,半山腰有般若洞,当地人称仙人洞,洞中有长年不枯的两眼泉水,由仙人洞东上可登天台峰之顶天上天,天台峰下悬崖、峡谷上姿态各异的怪石形成了独特的自然景观。

小峪河谷位于龙河山北,河谷狭长幽深,以小峪河弯曲潺潺和沟谷挺拔巍然而著称。

英纳河位于景区北端,是冰峪风景区最雄伟壮观之处。河谷东端为云水渡,沿之西行可至双龙会,再西为冰峪沟。景区内的山属千山余脉,石英岩结构,是黄河以北罕见的保存完整的喀斯特地貌。经地质专家的多次考察断定,这里的地质是第四纪冰川期形成的,并在这里发现了多种冰川遗迹。景区内植被丰富,1740 万米的原生型生态森林里不仅有高寒山区植物,而且还有亚热带植物。这里 600 多万平方米的赤松林不论在亚洲还是在世界上都堪称一绝。

三、星海公园

星海公园位于大连东部星海湾风景区,是一座由陆地公园和海滨浴场组成的公园。公园占地 195 万平方米,是集观光、避暑、游泳于一体的综合性大型海滨公园。海水浴场是沿园内 800 米长的半圆形涌潮而成,为大连四大海水浴场之一。园内建有望海楼、探源幽洞、涌泉溪流等景观。这里的圣亚海洋世界是中国第一座海底通道水族馆,是中国、新西兰等国的五家公司共同投资兴建的大型旅游项目,主要提供水下海洋生物观赏服务。分上下二层:一层是 10000 平方米五彩缤纷的热带鱼展厅;二层为 118 米海底通道,至今仍是亚洲最长的海底通道。放养海洋动物 200 余种、10000 余只。圣亚海洋世界以提供海洋生物和水下海景观赏为主,为世人开辟了一条通向海底之路。

四、大连自然博物馆

大连自然博物馆是国内著名自然博物馆之一,创建于 1910 年。新馆在风景秀丽的黑石礁海滨,是一座大型现代自然科学博物馆。整个建筑面积为 15000 平方米,半地下一层,地上为三层,是大连市近年在海滨建设的重要建筑物之一。大连自然博物馆重点展示海洋生物,展现了我国丰富的自然资源、生物物种和生态环境的多样性。该馆三面环海,被成片的黑色礁石环绕,并有许多形态各异的石林,是罕见的滨海岩溶地貌。新馆陈列面积约 8000 平方米,主要是海洋生物和恐龙,分为海洋无脊椎动物和海藻软骨鱼、硬骨鱼类、小型海兽、大型海兽等六个展厅。其他还有陆地动植物、地质矿物等。

五、大连虎滩乐园

大连虎滩乐园坐落在大连南部海滨的中部,占地面积 118 万平方米,有 4000 余米海岸线,有造型独特、占地 1.8 万平方米的我国最大的鸟笼——鸟语林。园区自然风光秀丽,景色迷人,是集游览、观赏、娱乐、科普、文化于一体的现代化大型综合游乐场所。园区景点独具特色,设施齐全,有由 386 块坚硬的黑白花的花岗岩石组成的、重达 2000 多吨的、目前全国最大的动物雕塑——群虎雕塑,我国第一条跨海连接东西景点的客运索道,海洋动物表演馆等。这里有我国内地第一座海豚表演场、各种惊险刺激的娱乐活动与海洋世界景观等。

六、棒槌岛景区

棒槌岛景区距市中心约 9 千米,这一景区北部为群山环绕,海域开阔,沙滩平坦,是一处优美的海滨浴场。在距海岸 600 米处,有一形似人参状的小岛,称棒槌岛。东北称人参为棒槌,但此岛是否由此得名众说不一。岛面积 0.3 平方千米,岛上岸崖陡峭,怪石嶙峋,游人来到这里可以观海听涛,或在海滨浴场游泳。这里夏季气候平均比市区低 2℃,是夏日避暑的胜地。大连的国宾馆——棒槌岛宾馆就坐落在这座岛上。

七、白玉山

白玉山位于旅顺港畔,海拔 130 多米,此山原来叫西官山,清代开始经营旅顺港,改称白玉山。甲午战争中我两万多殉难同胞的墓地万忠墓,就坐落在白玉山的东北麓。山腰陈列的 210 毫米口径的加农炮的炮身,于 1884 年德国军火工厂制造,原是清军设置于老铁山的备炮,1908 年日军于此筑基,将该炮置于山上。在南巅有一座高达 66 米的白玉山塔,它是日俄战争后日本人为纪念死去的日军战士组织修建,当时名为表忠塔,后被保留下来。1985 年正式改为白玉山塔,为日本帝国主义的侵略罪证。站在此山上可纵览旅顺口全貌,成为游览旅顺口必登之地。

八、黄金山景区

黄金山景区旅顺黄金山位于旅顺口东侧,山峰险峻,1880 年清政府曾在此修筑黄金山炮台。黄金山与老虎尾半岛之间,是旅顺港出入口。黄金山海水浴场滩涂较平缓,海水清澈无污染,面积达 50 万平方米,风景秀丽,环境幽雅,是著名的疗养和旅游胜地。景区内有中日甲午战争、日俄战争的重要遗迹和唐代的鸿胪井,有面积为 1050 平方米、有 8 条泳道的岸边游泳池。海滩长达 600 余米。是大连市四大海水浴场之一。

九、蛇岛

蛇岛又名蟒岛或小龙山,位于大连市旅顺口西北方,距大陆最近处为 10 千米,是个面积仅约 8000 平方米的不规则长方形小岛。岛上岩石裸露、山峦起伏,主峰海拔 216.9 米,是黑眉蝮蛇所独据的乐园,岛上无其他蛇类。这里的蝮蛇生活习性及形态不同于大陆之上的蝮蛇,它们由何处而来至今未解,成为世界奇岛。在蛇岛还生长 200 余种植物,其中至少 15 种以上为药用植物。

十、大连特产

大连菜属于鲁菜系,以海鲜为主要原料,兼蓄中外菜系之长,形成了自己的独特风格。大连的名菜有烤全虾、清蒸鲍鱼、通天海参、八仙过海、珍珠海胆、清蒸扇贝等。大连的餐馆颇具特色,大部分餐馆经营以海味为主的大连海味名菜。大连海产品丰富,其中紫海胆产量占全国同类产量的 95% 以上,不仅具有较高的经济价值,而且还具有药用价值。大连鲍鱼资源量占中国 70% 以上,是中国鲍科中的优质品种——皱纹盘鲍的主产地。皱纹盘鲍素称“海味之冠”。同时大连也是中国开展人工鲍鱼养殖生产最早的地区,大连也是“八珍”之一刺参以及对虾、太平洋牡蛎主产区之一。

西岗区胜利桥北的俄罗斯风情街是一条具有欧洲风情的商业街,保留有 38 栋俄式风情建筑,经营俄式餐厅、酒吧、夜总会、旅游商品等。

第三节　沈阳旅游副区

　　沈阳是辽宁省省会,位于辽宁省中部,背倚长白山麓,南向渤海之滨,是全省的政治、经济、文化中心,也是我国著名的重工业城市。沈阳历史悠久,在西汉时期就已初具规模,称侯城县;辽金时称沈州,元代始称沈阳;1625年清太祖努尔哈赤迁都于此长达19年,称盛京,后称奉天;辛亥革命又改为沈阳。1931年日本侵占中国时沦为殖民地,震惊中外的"九·一八"事变即在沈阳发生。1947年重新设为沈阳市。

　　沈阳是清王朝和奉系军阀的发迹之地,历史悠久,文化遗产丰富,为国家历史文化名城。沈阳现存古遗址、古城址、古墓葬、古建筑、烽火台、边墙和历史纪念物、革命纪念物400多处,有清朝初期两代皇帝的皇宫——沈阳故宫、努尔哈赤和黄太极的陵寝。沈阳还有一座安葬在抗美援朝战争中牺牲的烈士的陵园。

一、沈阳故宫博物院

　　沈阳故宫博物院位于沈河区,是中国现存的最完整的两座帝王宫殿建筑群之一,整个建筑群落充满了浓郁的满族特色,具有较高的历史和艺术价值。沈阳故宫始建于后金天命十年(1625年),建成于崇德元年(1636年),是清太祖努尔哈赤和清太宗皇太极营造和使用过的宫殿。清世祖福临也曾在这里即皇帝位。故宫占地6.7万多平方米,全部建筑100余座,计500多间,共组成20多个院落。按其布局,可分为东路、中路和西路三大部分,以中路为主体,东、西路为两翼。东路建于清太祖努尔哈赤时期,主要建筑是皇帝举行大典的大政殿和八旗议政的十王亭。这两座建筑是少数民族中帐殿制的定型化,充分体现了汉、满、蒙各民族建筑特点的融合。中路建筑的主体部分位于沈阳古城的中心部位上,建于清太宗皇太极时期。南端始自大清门,依次向北为皇宫正殿崇政殿,又称金銮殿,皇太极于1636年在此正式称帝;凤凰楼是当时盛京的最高建筑,上有乾隆亲笔手书的"紫气东来"匾额;供帝后居住的清宁宫等。诸多建筑排列在一条中轴线上,两侧还有许多对称式的附属建筑。西路建筑为清入关后续建,建成于乾隆四十八年(1783年),主要有戏台、嘉荫堂、仰熙斋和以藏有四库全书闻名的文溯阁等。沈阳故宫为蜚声中外的清代皇家文物精品的储藏地。故宫内陈列文物丰富且颇具历史价值。故宫博物院始建于1926年11月,东北有识之士在此建

立了东三省博物馆,其间三起三落,历尽坎坷。1931 年改为奉天故宫博物院,
1954 年改为沈阳故宫博物馆,1986 年 8 月复改为沈阳故宫博物院。

二、福陵

福陵位于沈阳东郊的丘陵上,俗称东陵。前临浑河,后倚天柱山,是清太祖
努尔哈赤和孝慈高皇后叶赫那拉氏的陵墓,是关外三陵中最具民族风格和中国
古代建筑特色的陵墓。福陵建于明崇祯二年(后金天聪三年,1629 年),崇德元
年(1636 年)定名福陵,基本建成于顺治八年(1651 年),康熙、乾隆时期又有部分
增建。陵寝占地 19.48 万平方米,自南向北地势逐渐增高。陵园坐北朝南,四周
围以红墙,南面为正红门,门东西墙上有五彩琉璃壁,上雕有蟠龙,门侧有石狮、
华表、石牌楼各一对。再南为下马碑,门内参道对列驼、马、狮、虎 4 种石兽,尽头
是 108 阶石蹬,依山势修成,象征 36 天罡、72 地煞。过石桥为碑楼,楼内有"大
清福陵神功圣德碑"字,为清圣主玄烨亲撰。碑文记载努尔哈赤的功绩,用满汉
两种文字书写,碑楼两侧是用于祭祀准备场所的建筑群。再北为方城,其四角建
有角楼,方城南面正中有隆恩门,门内为隆恩殿。为祭祀用的享殿,殿东西有配
殿。方城后为圆型宝城,宝城正中圆形土堆为宝顶,宝顶下的地宫埋葬着努尔哈
赤和叶赫那拉氏的棺木及骨灰。

三、昭陵

昭陵位于沈阳市区北部的北陵公园内,俗称北陵,是清太宗皇太极和孝端文
皇后博尔济吉特氏的陵寝。始建于清崇德八年(1642 年),建成于清顺治八年
(1651 年),至今已有 340 余年的历史。昭陵在"关外三陵"中规模最大,占地最
多,其面积为 450 万平方米。平面布局分为前、中、后三个部分,主要建筑都在中
轴线上。两侧采取对称形式,中轴线的最后面就是全部建筑的主体。前部是从
下马碑到正红门,主要建筑有华表、石狮子、石桥、石牌坊等。石牌坊东是更衣
亭,西为宰牲亭。中部位正红门到方城,正红门内有参道,参道两侧有擎天柱 4
个,又有石兽 6 对,分别为象、驼、马、麒麟、狮、獬。石兽群北中轴线上有碑亭,内
有康熙亲自撰文的《昭陵神功圣德碑》。碑楼两侧有茶果房、膳房、涤器房等建
筑。北面有牌楼,后部是方城、宝城。方城是陵园的主体建筑部分。方城内正中
隆恩殿。隆恩殿东西两侧还有配殿、焚帛楼等建筑。在方城四角各有一座角楼,
宝城正中凸起的半圆形土堆称宝顶,宝顶下是置藏棺椁的地宫。昭陵的第一、二
部分均是祭陵时的准备处,第三部分是昭陵的主体。

四、古陨石山森林公园

沈阳古陨石分布在沈阳东南郊的东陵区李相镇和苏家屯姚千户镇一带，面积达 168 平方千米。其中最大的一块位于东陵区李相镇滑石台山，长 160 米，宽 64 米，高 42 米，重量约 200 万吨，形成于 45 亿年前，号称"世界上最大的陨石"，1996 年被世界地质大会确定为 19 亿年前陨落到地球上，是世界上首次发现的外星来客。在陨石南侧有巨大的陨落坑，一些体积不等的小陨石散落在其周围。根据科研的需要，在这颗陨石的中间开了一个 50 多米长的洞，以便观察其内核。目前这里已建起了全国第一家陨石公园，并建有陨石展览馆。

五、"九·一八"事变博物馆

"九·一八"事变博物馆位于沈阳东北部、柳条湖立交桥西北，西靠长大铁路。博物馆造型特别，是一本翻开的"台历"，矗立在望花立交桥西北角上。"台历"的左面刻着"1931 年 9 月 18 日"，右面记录着事变发生的过程。馆内的"九·一八"事变纪念碑碑体为砖石水泥筑成的空心体，正面为 1931 年 9 月 18 日台历，并刻有碑文。在纪念馆附近有"九·一八"事变炸弹碑，是 1938 年日本帝国主义为炫耀他们在"南满铁路"柳条湖附近制造的震惊中外的"九·一八"事变而建立的。"九一八"事变纪念碑和博物馆，以其独特的艺术造型和深邃的思想内涵，向国人昭示"勿忘国耻、振兴中华"的永恒主题。

六、张氏帅府

张氏帅府是"大帅府"、"少帅府"的合称，是奉系军阀张作霖及其子张学良将军的官邸和寓所，位于沈河区朝阳街少帅府巷 48 号，建于 1914～1939 年，占地 29146 平方米，总建筑面积 27570 平方米。这是一座由青砖素面墙围廊的中西混合建筑群，墙高 3 米余，四角归方，分东、中、西三院。帅府中院为青砖结构的三进四合院仿王府式建筑，坐北朝南呈"目"字型，共有 11 栋、57 间。东院是帅府的早期建筑，由大、小青楼和帅府花园等组成。西院是后期建筑，其中的 7 座红楼建筑群，是 1930 年由张学良规划并筑好地基，"九一八"事变后建成的。

七、抗美援朝烈士陵园

抗美援朝烈士陵园位于北陵公园东侧五里的上岗子。始建于 1951 年初，同年 8 月落成，占地面积 20 余万平方米。陵园坐北朝南，通过宽阔的广场，拾级而上，便是陵园正门。在高大的门柱上镶有一块刻有郭沫若同志手书的"抗美援朝烈士陵园"的方形汉白玉匾额。陵园中心，竖立着一座抗美援朝烈士纪念碑。该碑是 1962 年 10 月 23 日建成,高 6.7 米,基座宽 14.8 米。碑体是用巨型花岗岩条石精雕而成。碑身正面刻有董必武同志题词:"抗美援朝烈士英灵永垂不朽"。碑身背面刻有郭沫若 1962 年夏所题诗句的手迹。

八、千山

位于鞍山市东南 20 千米,与吉林的长白山齐名,有"东北明珠"之称。据说,此山层峦起伏,大小山峰近千,故名千山。千山风景区的范围大约 44 平方千米,最高峰仙人台海拔 708 米。整个风景区按地形分为北、中、南、西四个游览区。千山寺庙建筑的特点是凭山建庙,山庙一体,山中有寺,寺外环山。著名的有称为"五大禅林"的祖越寺、龙泉寺、大安寺、中会寺、香岩寺。千山有许多形状怪异的石峰,向有"无峰不奇,无石不峭,无寺不古"的美誉。千山最高峰仙人台可观赏千山全景。山上石崖题刻、碑文塔记、匾额楹联,不可胜数。

沈阳的风味小吃很多,且都历史悠久,制作精细。著名的有老边饺子、李连贵熏肉大饼、那家白肉血肠、马家烧麦、老山记海城馅饼等,还有杨家吊炉饼、朝鲜族烤牛肉、打糕等小吃等。

第四节　长春旅游副区

长春市位于我国东北松辽平原的腹地,是吉林省省会,著名的汽车城、电影城和科技文化城、森林城,在我国众多城市之中属于新兴城市。明末清初这里荒无人烟,直至 1800 年清政府在长春市南伊通河东岸的新立屯设立了长春厅,长春的名字由此诞生。长春是海内外宾客避暑、度假和观光旅游的胜地。重要旅游景区有位于市区东北部的伪满洲国皇宫以及众多的伪满殖民遗迹,及位于长春市东南 12 千米的净月潭等。

一、净月潭

净月潭国家森林公园位于长春市东南部,距市中心仅 18 千米,得天独厚的区位优势,堪称"喧嚣都市中的一块净土"。森林面积逾 100 平方千米,潭水面积430 万平方米。净月潭风景具有独特风貌,集山、水、林、田为一身。净月谭群山延绵不绝,辖区海拔 200 米以上的山有 119 座。潭北的山峰最为集中,有 86 座山由北向南至潭边,净月谭潭水碧波荡漾,宽 1000 米,长 4000 米,深 16 米,水面平滑如镜,群山倒映水中。潭因筑坝蓄水呈弯月状而得"净月"之名,因山清水秀而闻名,被誉为台湾日月潭的姊妹潭。景区内山青水秀、林木繁茂,空气清新宜人,环境优越,先后被命名为国家级风景名胜区和国家级森林公园,有"亚洲之第一大人工林海"之称的净月潭人工林海,是含有 30 个树种的完整森林生态体系。气候四季分明,是泛舟、垂钓、游泳的避暑胜地。位于净月潭人工森林内的净月滑雪场是亚洲最大、最好的滑雪训练场之一,建有 1800 多米长的滑雪道,还有空中索道和世界第一长的轨式滑道。

二、长春电影城

长春电影城位于长春市南湖公园西侧,是国家旅游局确定的重点旅游项目,分电影技术展览区、电影摄制区、仿古建筑区、旅游服务区、民族特色区五个景区,以及声控中心共六部分。其中电影大世界、电影宫、欧洲街区等匠心独具,不仅是电影、电视的拍摄基地,还可供观光游览。

三、伪满洲国皇宫和八大部旧址

伪满皇宫位于长春市东北角。占地 4.3 万平方米。这里原是清朝末代皇帝爱新觉罗·溥仪第三次登基时的宫殿。1934 年 3 月 1 日,溥仪在长春即帝位,并命其住所原吉黑榷运局办公楼为帝宫。帝宫分内廷、外廷。内廷是溥仪及其后妃日常生活起居的区域;外廷是溥仪从事政治活动的场所。内廷有东、西两院,西院为缉熙楼,是溥仪和皇后及祥贵人居住的地方。东院有 1936 年开始修建的同德殿,楼顶的黄玻璃瓦上有"壹心壹德"四字,意为日、满一心一德,原定给溥仪居住和办公用,但因担心楼内有窃听装置,溥仪并未使用。中和门之外称外廷,勤民楼是溥仪处理政务、接见外交使节和伪满官吏的地方;怀远楼为宴会厅,祠堂和溥仪下属的办公室、嘉乐殿是举行大型宴会和赐宴的地方。现伪皇宫东院已改为历史博物馆,西院为伪皇宫陈列馆。

伪八大部旧址位于市区新民大街,始建于 1938 年,当时是伪满洲帝国的统治中心。伪满洲国成立后,日本人规划长春,把长春解放大路以北,东、西民主大街之间的区域定为"宫廷建筑用地"。地质宫位于"八大部"建筑中心区——新民大街北端,是长春科技大学(原长春地质学院)教学楼,地质宫曾为日伪新宫内府所在地,是作为溥仪的正式"皇宫"来修建的。1938 年 9 月动工,因太平洋战争爆发,财力紧张而停工,只完成地下部分,而金碧辉煌的宫殿系 20 世纪 50 年代作为长春地质学院教学主楼续建完成。其余日本宫廷式原貌风格的建筑群分别为伪满国务院(现白求恩医大基础部)、司法部(现医大校部)、交通部(现医大卫生系)、治安部(现医大一院)、兴农部(现师大附中)、文教部(现师大附小)、民生部（现省石化设计院）、外交部（现省社会科学院）、综合法卫（现空军 461 医院）等。

四、长春世界风景园

长春世界风景园是东北三省唯一的以世界著名建筑与名胜古迹为主体的主题文化公园，位于二道区劝农山镇（长吉公路南线 17 千米处），占地面积为 138 万平方米。园内有世界上近四十个国家的近百个著名人文、自然景观，"游一园之景，观世界风光"，这里汇聚着古代与现代、东方与西方风格各异的景观与建筑，展现了世界各地的秀美风光。

卡伦湖度假村位于长春市以东长吉公路北线 17 千米处，区内有水面 30 多万平方米、陆地面积 1360 万平方米，园林绿地覆盖达 50%，景色秀丽，风光迷人。度假村以旅游度假为主，文化教育、体育训练及渔牧养殖、果树种植并举。这里有林中别墅、西苑宾馆、金塔饭店、彩色喷泉、罗马石竹广场、网球场、露天浴场。

五、吉林雾凇

吉林雾凇又称树挂，是吉林冬天在一定的气候条件下形成的比较独特的自然现象。吉林雾凇形成时，满树白花，千姿百态，晶莹圆润，犹如水晶宫殿里的艺术品。在吉林市的上游约 30 千米，有著名的松花湖丰满水电站，电站终年发电，江水涛涛、汹涌西下；在松花湖的下游，江面开阔，水势平缓，高于零度的江水在水面生成水雾，又适逢无风，夜晚气温下降到零下 20 至 30 度时，雾遇冷就结成霜挂在树上。雾不断地飘，树上的霜会越结越厚，形成雾凇。每年 12 月下旬到翌年 2 月底，是观赏雾凇的最佳时节。每当雾凇来临，吉林市松花江岸十里长堤"忽如一夜春风来，千树万树梨花开"，柳树结银花，松树绽银菊，把人们带进如诗如画的仙境。雾凇作为一种气象景观，不是常有的，而是带着神奇、俏丽出现在人们面前。虽在中国很多地方都可以看到雾凇，但吉林雾凇与众不同。吉林雾凇降临时，十里江堤上在寒风中摇曳的树木，一夜之间披上银装，垂柳苍松，凝霜挂雪，十里长堤，十里雾凇，整个世界变成了一个洁白的银色世界。人们把观赏雾凇的过程形容为三个阶段，即"夜看雾，晨看挂，待到近午赏落花"。"夜看雾"是指在雾凇形成的前夜，观看松花江上出现的雾景。大约在夜里 10 点左右，松花江上开始有缕缕雾气出现，继而越来越大、越来越浓，大团大团的雾气升腾着、翻滚着涌向江的两岸，江边的街路、建筑都被大雾笼罩，人们仿佛置身于云雾之中，江边的建筑物在雾中忽隐忽现，灯光也变得扑朔迷离，整个街路仿佛成为梦中的云海。"晨看挂"是说清晨起来看树挂。冬天的北国江城，气候比较寒冷。

走进雾凇观赏区,一个银色的梦幻般的奇妙景观会呈现在人们面前。

六、工艺品和土特产

特色饮食有满族八大碗即为满汉全席之一"下八珍",长春酱肉、冷面、渍菜白肉火锅、鼎丰真糕点和长春老茂生糖果等。土特产有长春木雕、德惠草编、吉林鹿茸等。

第五节　哈尔滨旅游副区

哈尔滨是黑龙江省省会,中国东北部的政治、经济、文化中心,我国著名的历史文化名城和旅游城市,素有"天鹅项下的珍珠"之美称。

哈尔滨历史悠久,古时为女真部落称阿勒锦,意为"名誉、荣誉",后转音为哈尔滨。哈尔滨不仅荟萃北方少数民族的历史文化,而且是中外文化融合的名城。拥有哈尔滨文庙、极乐寺和西方古典式建筑及造型奇特的东正教、天主教、基督教的教堂,被世人誉为"东方小巴黎"。

哈尔滨自然风光旖旎,四季分明,多姿多彩,太阳岛、东北虎林园、松花江畔斯大林公园、松峰山、二龙山、玉泉狩猎场和亚布力都是著名的旅游胜地。哈尔滨是世界冰雪文化发源地之一,融文化、体育、艺术、经济贸易、科技、旅游为一体的综合性活动——哈尔滨冰雪节是世界四大冰雪节之一。高山滑雪、冰灯游园会、冬泳、雪塑、冰雪游乐在国内外享有盛誉。哈尔滨是以冰雪、避暑为主要特色的多功能旅游城市。

大马哈鱼、大列巴(面包)、俄式红肠是哈尔滨最有特色的食品。

一、太阳岛

位于哈尔滨市的松花江中,是闻名中外的旅游胜地。它始建于20世纪20年代初,原是白俄的夏季度假村,至20世纪40年代形成沿江别墅群和绿地公园。20世纪50年代以后,经过扩建与改造,成为疗养、休闲、娱乐的场所。太阳岛四面环水,绿树成荫,气候宜人,是著名的避暑胜地。太阳岛多带形沙滩,阳光充沛,是上等的天然浴场。太阳岛的中央是大花园,"水阁云天"是园中园。为太阳岛的著名景点。它以太阳湖和荷花湖为中心,沿湖四周建有太阳山、方阁与长廊。这些建筑中西合璧,既有中国建筑风格,又有欧洲建筑风格,是用餐、品茗、观鱼和欣赏荷花的好地方。登上方阁平台,可一览岛上的迷人风光。"极乐村"是青少年之家,有 4000 平方米的大溜冰场及儿童游乐园、田径体育场等。太阳岛上的别墅式建筑星罗棋布,它们大多是休养所或疗养院。广袤的自然园林,柔软细腻的沙滩,构成了太阳岛"碧水、白沙、蓝天、绿林、别墅"的优美景致。

二、中央大街

中央大街位于道里区商业中心,它北起松花畔的防洪纪念塔,南至经纬街,全长 1450 米,宽 21.34 米,是哈尔滨最具特色的历史文化名街和重要的商业街,1997 年 2 月 15 日被哈尔滨市人民政府正式定为步行街。中央大街为最具有影响的四大建筑流派,最具魅力的是坐落在这里的建筑。大街两旁的建筑物不过几十座,却融汇了世界上许多建筑流派和建筑思想,集聚了一些难得的建筑遗产。整个中央大街就像是一条建筑艺术长廊,又是一本西方建筑史的教科书。中央大街是哈尔滨欧陆风情的集中体现,现已成为人们购物、娱乐、观赏、休闲和欣赏音乐的理想天地。

三、圣·索菲亚教堂

圣·索菲亚教堂是远东地区最大的东正教堂,始建于 1907 年 3 月,是沙俄东西伯利亚第四步兵师修建的随军教堂。中途经两次重建,1932 年正式建成。该教堂是由俄国建筑师克亚西科夫主持设计。墙体为砖石结构,建筑平面呈希腊十字方式布置。建筑面积 721 平方米。整个教堂分成四层,高度 53.35 米。该教堂基本属于拜占庭风格,主穹顶、钟楼又有俄罗斯传统的"帐篷顶"、"洋葱头"的造型。索菲亚教堂以它恢宏气势矗立于哈尔滨,成为建筑艺术博物馆。

四、阿城金源游览区

阿城金源游览区位于黑龙江省阿城市内,主要由金上京历史博物馆、金太祖完颜阿骨打陵遗址公园、亚沟石刻、料甸乡南红满族民俗风情村、金上京会宁府遗址等景区组成。金上京历史博物馆的前身是阿城县博物馆,它始建于 1961年,占地 50000 平方米,建筑面积 5400 平方米,馆内共有展厅 9 个,最大的 660平方米。地平面以上有 6 个展厅,其余 3 个在地下。地上展厅以金上京历史为主,分为序言厅、金上京历史一厅、金上京历史二厅和第四展厅的金代铜镜专题展;三厅为临时展厅。金上京历史博物馆是全国唯一的金代文物展藏场所,馆藏文物 2000 余件。

金太祖完颜阿骨打陵遗址公园位于市区南 2 千米处,公园占地面积 5.1 万平方米,建筑面积 1000 多平方米。共分为前导空间、神道空间、陵墓和宁神殿四个部分,可供游人观赏的景点有鹊台、乳台、玉带桥、华表石像生、宁神殿、陵台和地宫等。

亚沟石刻为金代早期女真族石刻,在阿城市亚沟镇5千米的石人山峭壁上。石刻图像共两幅,为武士和贵妇人。

金上京会宁府遗址坐落在阿城市区南2千米处。这座都城,周长11千米,分南北两城。南城为皇城,北城为居民区。皇城内现存宫殿遗址五处,城墙、午门、马面、角楼、瓮城,轮廓清晰。

料甸乡南红满族民俗风情村位于阿城市区东13千米处。这里土地肥沃,物产丰富,全村95%以上人口是满族人,是著名的满族集居地。至今,这里保留着许多满族特有的民俗风情。

五、亚布力滑雪旅游度假区

亚布力地处哈尔滨以东黑龙江省尚志市,距哈尔滨市195千米,占地面积2255万平方米。亚布力为俄语"果木园"之意,清朝时期曾是皇室和满清贵族的狩猎围场。亚布力雪山山高林密,海拔高度1374米,属温带大陆性气候,年平均气温2℃～10℃。冬季山下积雪深度为30～50厘米,山上积雪厚达1米左右,雪质优良,硬度适中,滑雪期长达120天。亚布力滑雪场具有国内条件最好的滑雪场地,是我国目前最大的综合性雪上训练中心。区内东南部建有著名的风车山庄。亚布力滑雪中心的雪场分为竞技滑雪区和旅游滑雪区。滑雪场自然条件良好,处于群山环抱之中,林密雪厚,风景壮观,地貌独特。高山雪道海拔1300多米,滑雪道全长3080米、宽40米,设有全封闭式吊箱和半封闭式吊椅索道。雪场内还有高山跳台滑雪场地、越野滑雪场地和花样滑雪场地。

六、玉泉狩猎场

玉泉狩猎场位于黑龙江省长白山余脉张广才岭西麓,东接松峰山自然保护区,西临红星水库旅游区,北靠风光秀丽的大杨树岭,是亚洲最大的封闭式狩猎场,占地3000万平方米,有17座山峰绵延环绕,最高峰黑石峰海拔547米。场内森林覆盖率80%,有60多种树木,山上野生动物、飞禽资源十分丰富,茂密的次生林带栖息着十几种野生动物,人工圈养和放养的马鹿、梅花鹿千余只。玉泉还是中国最早的滑雪旅游基地,被誉为"中国的滑雪之乡"。同时,因有金代石像群、金兀术下马处、神泉和古井,故被誉为"金源文化旅游带上的一颗明珠"。建于狩猎场内的"哈尔滨北方民族文化展示中心",收集有中国北方民族历史的、当代的民族民俗实物1700多件,充分展示了北方民族精神和物质的文化积淀及其深刻的内涵,是民俗研究的宝贵资料。被国外学者誉为"东亚文化之宝"。

七、东北虎林园

东北虎林园位于哈尔滨松北开发区,占地面积 1.44 平方千米,是目前世界上最大的东北虎野生自然园林。其前身是 1986 年建立的世界上最大的东北虎饲养和繁育基地——中国横道河子猫科动物饲养繁育中心。建此园的目的是为挽救、保护和繁殖世界濒危物种东北虎,现该园占地面积 144 万平方米,拥有各种不同年龄的纯种东北虎 200 多只,建有成虎园、育成虎园、幼虎园、非洲狮园和步行区 5 个景点。

第六节　本区其他旅游资源

一、镜泊湖

镜泊湖位于黑龙江省牡丹江市宁安县内的崇山峻岭之中。唐代时称忽汗海,金代时称必尔腾湖。后因湖面清乎如镜,故称之为镜泊湖,湖底曾是牡丹江上游的古河道,大约一万年以前这一带火山喷发,汹涌奔腾的玄武岩流壅塞牡丹江河床,形成了我国最大、世界第二大的高山堰塞湖。镜泊湖南北长 45 千米,东西最宽处 6 千米,为狭长形。湖面海拔 350 米,湖水南浅北深,最深处 62 米,最浅处只有 1 米,水面约 90 平方千米,容水量约 16 亿立方米。这里环境幽雅,风光绮丽,湖周围很少人工建筑。镜泊湖大致可以划分为三个景区:一是以吊水楼瀑布为主的百里长湖景区;二是以火山口、溶岩洞为主的火山口原始森林景区;三是以兴隆寺、博物院为主的渤海国遗址景区。

镜泊湖镶嵌在老爷岭和张广才岭两座山岭之间,湖面延绵百余里,所以又被称为"百里长湖"。吊水楼瀑布,是镜泊湖的重要一景,它也是我国纬度最高的瀑布,丰水期瀑布四周溢流落差可达 17 米。

火山口原始森林位于镜泊湖西北约 50 千米,坐落在张广才岭海拔 1000 米的深山区。镜泊火山是休眠火山,大约一万年前爆发,形成大小不等、形状不一的 10 个火山口。经千万年沧桑变化,成为低陷的原始林带,故称"火山口原始森林"。树种繁多,有的树龄高达 600 年以上,平均树龄在 300 年左右。附近处有小北湖、鸳鸯池及熔岩洞等景观,构成奇特的熔岩风光。

渤海国遗址景区是渤海国上京龙泉府遗址,坐落在宁安市渤海镇。遗址有:

上京龙泉府遗址、古井址、禁苑址、街坛址、寺庙址、古墓、古桥址、兴隆寺。主要遗物有石灯幢、大石佛、舍利函、大石龟、文字瓦等。现今保存最完整的遗址是兴隆寺。

二、扎龙丹顶鹤自然保护区

该保护区位于黑龙江省齐齐哈尔市境内，面积21万平方米，主要保护对象为丹顶鹤等珍禽及湿地生态系统。该区属北温带大陆性季风气候，是同纬度地区景观最原始、物种最丰富的湿地自然综合体。嫩江支流乌裕河在此失去河道，漫溢成大片沼泽，苇丛茂密，鱼虾众多，适于丹顶鹤和其他水禽栖息。区内有鸟类248种，水禽有120多种，占中国的半数以上，属国家重点保护的野生动物有20多种，尤以鹤的种类多而令人瞩目。目前，世界上分布的15种鹤，在扎龙即可见到6种。每年的四五月初八九月，是观鸟的最佳季节。

抚顺赫图阿拉城在新宾满族自治县永陵镇苏子河南岸，"赫图阿拉"是满语，汉意为横冈，即平顶的山冈。赫图阿拉城由内城和外城组成，建在横岗之上，其中位于城北的汗宫大衙门是全城的心脏所在，称金銮殿，又叫尊号台，是1616年努尔哈赤建立后金政权称汗的地方。殿左右两侧分别是一深潭、一池塘，成为"神龙二目"。内城中部有全城唯一的饮水井——罕王井。赫图阿拉城西南角建有普觉寺，即关帝庙。寺内雕塑生动，贴金彩绘，姿态各异，栩栩如生。每年农历四月十八庙会之日，各地进香者、朝拜者如潮水涌来，蔚为壮观。出赫图阿拉城东行约200米，是被合称为皇寺的地藏寺和显佑宫。

三、五大连池

位于松嫩平原的北端，由火山喷发时岩浆阻塞白河上游的水流，形成了五个犹如串珠相连的火山堰塞湖而得名。在五大连池周围大约1200平方千米的范围内，分布着拔地而起的14座火山锥，它们的顶部是火山口，形如漏斗状、盆状，或是向一面开口的圈椅状。一个个山头都是平顶圆锥形，远近相望，排成两列，是我国著名火山胜地之一。尤其是其中的老黑山和火烧山因喷发时间晚，原始形态几乎未遭破坏。这里有着多种多样的火山地质地貌，素有"天然火山博物馆"之称。五大连池火山群是第四纪更新世以来，多次火山喷发的产物。五大连池景区以山秀、石怪、水幽和泉奇著称，池水面积近40平方千米。五大连池的矿泉水富含多种矿物元素，是优质矿泉水。

四、兴凯湖

位于黑龙江省东部密山市城东约25千米处，为中俄界湖、亚洲东部最大的淡水湖之一。南北长约 90 千米,东西宽约 50 千米,总流域面积为 36400 平方千米。湖内生长有 120 余种经济鱼类,尤以大白鱼驰名全国。这里建有兴凯湖自然保护区,主要保护自然景观和天鹅、丹顶鹤、鸳鸯等珍贵水禽。

五、漠河极光

漠河镇又被称做不夜城、中国的北极村。在这里可以看到一种神奇的天文景观——北极光。漠河县地处北纬 53 度以北、大兴安岭山脉北麓、黑龙江上游南岸,与俄罗斯赤塔州、阿穆尔州隔江相望,边境线长达 245 千米。境内边境贸易十分活跃,已经开通了俄边境旅游。由于纬度过高,北极光在漠河县一带经常出现,这是一种绚丽多彩、千姿百态的现象。夏季,这里几乎没有黑夜,深夜 11 时,天色尚未全黑,而在凌晨 1 时又现晨光,形成有名的"白夜"。

六、玉佛苑

玉佛苑坐落在鞍山市城区内"二一九"公园映碧楼东北依山傍水之处,玉佛苑建筑集殿堂、庙宇、园林于一体,有大殿、山门、厢房、长廊、玉带桥和庭院。玉佛殿内的玉佛重达 260.76 吨,号称中国"玉石王",玲珑剔透,精美绝伦。该玉石王是 1960 年在中国玉乡——辽宁省岫岩满族自治县发现的,高 7.95 米,宽 6.88 米,厚 4.1 米。整块玉石集赤、橙、黄、绿、青、蓝、紫为一体,色彩斑斓,润泽明丽,属于特种玉料,堪称稀世珍宝。1992 年鞍山市政府将玉石王运抵鞍山,将世界最大的美玉,琢成世界第一玉佛。玉石王正面为高 5.2 米的释迦牟尼佛,背面为高 2.66 米的渡海观音,该玉佛已被收入吉尼斯世界记录,为世界上最大的玉佛。

七、松花湖

松花湖是修建丰满水电站时,电站大坝将松花江拦腰截断,在其上游形成的人工湖。湖区面积 500 平方千米,平均水深 26.1 米,最大水库容量 110 亿立方米。松花湖风景区的主体是水、林、山。主要景点有骆驼峰、凤舞池、五虎岛、卧龙潭、石龙壁、摩天岭、额赫岛等。越往上走,湖越窄,山越陡,石越奇,林越密,有人认为其景颇具黄山之美、漓江之秀。湖中有许多小岛,有很多游人乘船来到这里游泳、泛舟、野餐。

八、长白山

长白山在吉林省东南部,一部分在朝鲜境内,最高峰海拔 2749 米。长白山山高地寒,山上终年积雪,草木不生,望之皆白,故名"长白山"。1980 年列入联合国国际生物圈保护区。从长白山山麓到山顶，可以看到从温带到寒带不同植物的类型。植物的分层分布情况十分清楚。在山脚，主要是阔叶林。往上，直到海拔1000米左右，是针叶和阔叶混合林；在这混合林带，树木品种繁多，不同季节的风霜雨雪，使大森林的景观，变化多端，千姿百态。海拔 1000～1800 米之间，是针叶林带。再往上到 2000 米左右，是岳桦林带。2000 多米以上，不再有树木，而是苔藓地带。长白山最著名的景点是天池。长白山是座火山，天池就是这座火山的喷火口。自乾隆以后，长白山就停止喷火，原来的喷火口成了高山湖泊。水面海拔高达 2150 米，因此被称为"天池"。天池呈椭圆形，周围长约 13 多千米，平均水深约 200 米。在天池周围环绕着 16 个山峰。天池除了水之外，就是巨大的岩石，没有一草一木。天池的水从一个小缺口上溢出来，流出约 1000 多米，由悬崖上下泻，成为著名的长白山大瀑布，高达 60 余米，流下的水汇入松花江。此外还有长白湖、长白温泉等景观。

九、高句丽遗迹

高句丽遗迹包括 3 座城址（五女山城、国内城、丸都山城）、12 座王陵和 26 座贵族墓等。吉林集安和辽宁桓仁是高句丽早期文明的中心，留有丰富的古代高句丽遗迹。

五女山城是高句丽王朝创建的第一座都城，位于辽宁省桓仁满族自治县桓仁镇北侧 8 千米处，突兀雄伟，巍峨壮观，悬崖绝壁，险峻奇秀，是桓仁美景之冠。五女山四周皆为峭壁，呈长方体，主峰海拔 824 米，南北长 1500 米，东西宽 300 米，壁高 200 余米，山下为浑江水库。历代曾有纥升骨城、合罗城、五龙山、五老山、郁灵山、于郎山、五余山等名。据史料载，此山为高句丽开国都城。明永乐以来，五女山城一直是建州女真的防守驻地。山上有自然景观和人文景观 60 余处。原建有玉皇观，殿三楹，庙前凿一方井名天池，终年不涸，清冽可饮。

丸都山城是高句丽早中期的都城，周长 7 千米，依山建筑，构思巧妙，石材筑城，坚实牢固。山下平原有高句丽时代墓葬 7000 座。

十、兴城古城

兴城古城位于辽宁兴城海滨，城垣始建于明宣德三年（1428 年），为宁远卫城，城墙周 3200 米、高 8.8 米，正方形，四城设门，四角筑炮台。清代改建，称宁远州城。明将袁崇焕在此抵御清兵两获大捷，即宁远大捷和宁锦大捷。《三进山城》等多部电影在此拍摄。

第十三章　内蒙古、新疆、西藏旅游区

本章提要

　　内蒙古、新疆、西藏三旅游区虽然人口稀少、交通不便,但地形开阔,草原广布,少数民族占据了大部分地区,故旅游资源主要以草原风光、绚丽多彩的民族风情为主。本章在概述各区旅游环境的基础上,主要论述以呼和浩特、乌鲁木齐、拉萨等旅游城市为主的各自治区旅游资源的特点和分布情况。

　　内蒙古、新疆、西藏都是我国少数民族聚居地区,三自治区人口密度小,交通与经济欠发达,但其民族风情浓郁,各具特色,故将其各自单列为旅游区。

第一节　内蒙古旅游区旅游资源基础与旅游景点

一、内蒙古旅游区旅游资源基础

　　内蒙古旅游区即现今内蒙古自治区的行政范围。全区面积 118 万平方千米,占全国总面积的 12.3%。本区地处内蒙古高原,平均海拔高度 1000 米左右。地表起伏平缓,开阔坦荡,地面上草原宽广,景色粗犷。内蒙古的草原面积居全国各省市之首,著名的天然草场有呼伦贝尔、科尔沁、锡林郭勒、乌兰察布、鄂尔多斯等,草原上还培育了牛、羊、马、驼等优良畜种。本区发展草原旅游具备优良条件。

本区目前居住着 49 个兄弟民族,以蒙古族、汉族为主,总人口 2466 万。各民族人民都创造了灿烂的民族文化和独特的民俗传统,成为本区重要的旅游资源。

内蒙古经济以农业、畜牧业为主,经济欠发达;加上地理位置的限制,内蒙古旅游业尚不发达。普速铁路有京包线和包兰线。高速公路有京藏高速和二广高速。旅游资源主要以草原风光、民族风情为主。

二、内蒙古旅游区旅游景点

(一)呼和浩特旅游副区

呼和浩特旅游副区是指以呼和浩特、包头为中心的内蒙古西部地区,有成吉思汗陵、昭君墓、五当召等古迹,也有乌兰图格、灰腾锡勒等草原旅游点。辽阔的草原、众多的古迹、多彩的民俗为本区主要旅游特色。

呼和浩特是内蒙古自治区的首府,我国北疆的历史文化名城。它北依宏伟的大青山,南向开阔的大草原,风光宜人,景色秀丽。悠久的历史给这座塞外古城留下了许多珍贵的名胜古迹,主要有昭君墓、大召、小召、金刚座舍利宝塔、将军府、玉泉井、青山公园等旅游点。

1.昭君墓

昭君墓位于呼和浩特城南 10 千米大黑河南岸,相传为汉时远嫁单于的王昭君之墓。墓高 33 米,绿树掩映,顶上有青瓦红柱凉亭。据传深秋时节各处草木皆枯,唯昭君墓上坟草青青,故又称"青冢"。杜甫曾有诗云:"一去紫台连朔漠,独留青冢向黄昏。画图省识春风面,环佩空归月下魂。千载琵琶作胡语,分明怨恨曲中论。"有点悲凉的诗句,恰当地反映了历史的真实。"青冢拥黛"被列为呼和浩特八景之一。

2.大召

大召位于呼和浩特旧城区,始建于明万历七年(1579 年),明廷曾赐名弘慈寺,因寺中铸有释迦牟尼银像,故又称银佛寺,明万历十四年(1586 年),达赖三世亲临主持了银佛的开光法会,大召遂成为内蒙古知名寺院,呼市又被称为"召城"。康熙年间曾整修,现存有三门、过殿、经堂、九间楼及配殿寺。

五塔寺也叫金刚座舍利宝塔,位于市区南部,建于清朝,由塔基、金刚座和顶部五个塔组成,造型优美,装饰别致。塔身刻有蒙、藏、梵三种文字的经文,以及 1000 多尊小佛像。后山墙镶有一幅国内仅有的用蒙文标注的石刻天文图。

3. 包头

包头由蒙语"包客图"的谐音转化而来,意为"有鹿的地方"。古时,这里山清水秀,水草丰美,鹿群出没。现在,包头是内蒙古最大的工业城市,我国著名的钢铁工业基地之一,称为"草原钢城"。包头市的旅游点主要有五当召、赵长城、美岱召等。

五当召是内蒙古现存唯一一座完整的喇嘛教庙宇,位于包头市北 75 千米的固阳县吉忽伦图山下的五当沟内。五当召汉名广觉寺,始建于康熙年间,建筑为藏式,屋宇共 2500 间,绵延 1500 米,主要建筑有苏古沁独宫、洞阔尔独宫、当屺希独宫等,泥塑、壁画绚丽多彩。五当召历经七代活佛,香火极盛。

美岱召位于包头市默特右旗美岱召乡,建于明万历年间。美岱召在建筑艺术上有城寺结合的独特风格,既是五公的住宅,又是供奉佛像的庙宇,还是一座典型的封建城垒,对于研究蒙古族风俗习尚、明代蒙古史和建筑史都有着重要价值。

4. 成吉思汗陵

成吉思汗陵位于呼和浩特市西南的伊金霍洛旗,是一座具有蒙古民族传统建筑风格的宫殿,高 20 多米,主体是中央纪念堂,上置以金黄色琉璃宝顶,光耀夺目,纪念堂正厅内塑有成吉思汗坐像,两廊有彩绘壁画,堂后寝宫安放灵柩。蒙古人民每年农历三月二十一日在此举行公祭。

5. 土默川

土默川即古敕勒川,位于包头以东、呼和浩特以南、和林格尔以北。因有阴山、贺兰山由北、西两面阻挡寒流风沙,因而蓝天碧净,气候温和,更得黄河灌溉之利,故农牧业发达,历史上享有盛名,脍炙人口的《敕勒歌》所歌颂的就是这个地方。现今为领略草原风光、体验牧人生活、观察民族习俗的旅游胜地。

(二)呼伦贝尔旅游副区

本区包括大兴安岭山地、呼伦贝尔高原和锡林郭勒高原,以林海和草原风光为主,加之民族风情浓郁,在内蒙古自治区的旅游业中占有重要地位。

1. 呼伦贝尔湖

呼伦贝尔湖位于呼伦贝尔盟满洲里市东南 30 千米处,是我国东北部最大的咸水湖。呼伦贝尔湖水面宽广,湖水清澈,水产丰富,湖周的呼伦贝尔草原是我国最佳天然牧场,泛舟湖上可充分领略草原的湖泊风光,夏秋时节气候凉爽,是避暑的理想场所。

2. 扎兰屯市

扎兰屯市位于大兴安岭南部的雅鲁河畔,是呼伦贝尔盟岭南交通枢纽。扎兰屯风景秀丽,气候宜人,有内蒙古"小杭州"之称,是个冬暖夏凉的避暑防寒胜地。

3. 阿尔山温泉

阿尔山温泉位于大兴安岭西麓、兴安盟阿尔山镇南。这里分布着 48 个泉眼，富含矿物质，对各种疾病有疗效。附近山林覆盖茂盛的苍松白桦，山珍药材遍地丛生，每当盛夏，不少游人来此疗养。

（三）那达慕大会

"那达慕"的意思是游戏、娱乐。每年七八月间，内蒙草原各地都要举行盛大的那达慕大会，是蒙古族一年一度的盛大节庆。届时，牧民们身穿节日盛装，乘车骑马，从各地云集到会场，搭起帐篷，挂起彩旗，宁静的草原变成了人欢马叫、歌舞飞扬的欢乐海洋。赛马、摔跤、射箭是蒙古族男子传统的竞技项目，是那达慕大会的核心活动，套马、叼羊、长跑、蒙古象棋、歌舞、史诗说唱等，也是那达慕大会的竞技和娱乐项目。那达慕大会是蒙古族民俗的集中体现，是民俗旅游的最佳资源。为了更好地开发这一旅游资源，从 1991 年开始，每年 7 月 15 日至 8 月 15 日为草原旅游节。

首届草原旅游节开设了鄂尔多斯草原的伊金霍洛、鹿城包头、锡林郭勒草原、呼伦贝尔草原、希拉穆仁、葛根塔拉等旅游点。举办了成吉思汗祭典、沙漠旅游、鄂尔多斯歌舞、诈马宴、鄂尔多斯婚礼、鹿城经贸消夏文化节、草原那达慕、参观成吉思汗行军大帐、贝子庙马奶酒节、民族美食节、民族服装表演、民俗旅游、钓鱼、中苏边境旅游、扎兰屯自然风光、庙会、祭敖包等旅游项目。

内蒙古的草原旅游独具特色，游人可以领略内蒙草原辽阔迷人的风情，领略北方山河湖泊粗犷、深邃的风采，领略内蒙历史悠久的文物古迹以及各族人民绚丽多彩的民族风情。

第二节　新疆旅游区旅游资源基础与旅游景点

一、新疆旅游区旅游资源基础

新疆维吾尔自治区总面积达 166 万平方千米，人口 2103 万。新疆地域辽阔，民族众多，除聚居着维吾尔族外，还是哈萨克、塔吉克等民族的主要聚居区。

新疆地形复杂，基本可概括为"三山夹两盆"，即北边是阿尔泰山，中间是天山，南边是著名的昆仑山和帕米尔高原。阿尔泰山与天山间夹着准噶尔盆地，而昆仑山又与天山夹着塔里木盆地。除高山盆地外,本区内还分布着大片沙漠,其中有我国面积最大的沙漠——塔克拉玛干沙漠。

新疆为典型的大陆性气候,夏季炎热,冬季寒冷,年温差高达35℃以上。受地形变化影响,气候亦多变,多风少雨,日温差可达11℃~16℃。新疆农业、牧业发达,盛产瓜果。受气候影响,瓜果异常甜美,极负盛名。吐鲁番的葡萄、库尔勒的香梨、哈密的甜瓜,均享有极高的知名度。

新疆地域广阔,交通线长。高速公路有连霍高速和吐和高速;铁路有陇海线、北疆线和南疆线;普通公路通达各县市。

新疆民族众多,少数民族人口占总人口的60%以上,因而有丰富多彩的民族风情。主要少数民族有:维吾尔族、哈萨克族、乌孜别克族、柯尔克孜族、塔吉克族、塔塔尔族以及回族和俄罗斯族。各民族风情各异,而又共同生活于祖国大家庭中,构成了本区绚丽多彩的民族风情。

由于地理位置偏僻,新疆旅游区开发较晚,解放后城市建设的发展及交通运输条件的改善,极大地促进了旅游业的发展。旅游者中以中青年居多。由于地域辽阔,来本区的旅游者一般逗留时间较长,这为提高旅游收入创造了良好条件。

二、新疆旅游区旅游景点

新疆位于古丝绸之路上,因而拥有许多文物古迹,其中有石窟、古墓、竹简、绘画等,也有以楼兰古城、高昌故城为代表的古城市遗址。众多古迹具有神秘色彩,有极强的旅游吸引力;新疆民族众多,丰富多彩的民族文化,又是本区另一重要旅游资源;此外,多变气候形成的多种风蚀地形(雅丹地貌)也是典型的自然景观。气候变化比较剧烈。岑参诗句"一川碎石大如斗,随风满地石乱走。马毛带雪汗气蒸,五花连钱旋作冰"是确切的描述。

本区主要旅游景区有乌鲁木齐、喀什、吐鲁番等。

(一)乌鲁木齐旅游副区

乌鲁木齐市是新疆维吾尔自治区首府,也是新疆旅游区的旅游集散中心,位于天山北麓,降水较多,气候宜人。市内聚居各族群众,极富民族风味,是当地旅游的一大特色。市内有八路军办事处、红山等遗址和风景点。

1.天山天池

天池位于天山博格达峰西北坡,海拔1980米,是我国著名的高山湖泊,素有"天山明珠"美誉,是传说中的瑶池。天池有大小之分,一上一下,相距很近。小天池一池清水,湖面似镜,像一块碧玉,湖水从悬崖峭壁的裂缝中喷出,飞流直下,形成美丽的瀑布。大天池南北长3000米,东西宽1000米,湖水澄碧,雪山倒映,四周云松挺拔,塔松苍翠,狍子出没,花草遍地,有如仙境。此地夏季是避暑胜地,冬季乃高山冰场,是我国重要的风景胜地。博格达峰屹立天池之侧,主峰海拔 5445 米,终年积雪,人称"雪海",是观赏冰川雪峰的游览胜地。

2.南山牧场

南山牧场是天山山麓的一片绿洲。由于天山北坡迎风,降水量大,故绿树茂盛,水草肥美,形成天然牧场。牧场内绿草如茵,牛羊遍野,景色恬人。牧民的白色毡房点缀其间,犹如人间仙境。新近又开发了叼羊、"姑娘追"等民族风俗活动,以及吃手抓羊肉、烤羊肉串等旅游活动,吸引了大量中外游客。

3.吐鲁番

吐鲁番盆地是我国海拔最低的一个盆地,也是古丝绸之路上的重镇,拥有独特的人文条件和自然条件,具有较高的旅游吸引力。

吐鲁番地区有我国最低的湖泊——艾丁湖,低于海平面 154 米。这里还是著名的火洲,气温高而降雨少,七月份平均气温达 40℃,沙表最高可达 82.3℃。红色的火焰山横亘于盆地中部,山上寸草不生,砂砾岩与红泥岩在阳光的照耀下,红光闪闪,更增添了"火"的色彩。

吐鲁番地区盛产水果,尤以哈密瓜和葡萄著名。因昼夜温差大、日照强,故瓜果味道甘美,成为游人争先食之、购之的主要商品。火焰山河谷中新开辟的葡萄沟景色恬人,且有大量鲜果供应,游人可大饱眼福、口福。本区内的哈密,为著名的瓜果集散地。

吐鲁番有高昌及交河故城遗址,尚保留有部分城市原貌,成为重点景点。另外还有佛教遗址伯孜克里克千佛洞和吐峪沟千佛洞,有很高的宗教价值。吐鲁番还有一批古墓葬,阿斯塔那古墓群有"地下博物馆"之誉。由于气候干旱,墓葬内尸体仍然完好,形成干尸,很有研究价值。

(二)阿尔泰旅游副区

阿尔泰旅游副区指以阿尔泰山为中心的阿尔泰—喀纳斯自然保护区。

阿尔泰山是我国现代冰川的主要发育地区之一,又是西伯利亚动植物区系在我国的主要分布区,在科学研究上有重要价值。同时,这里的湖光山色还是优良的旅游资源,是理想的避暑和疗养胜地。

喀纳斯湖位于布尔津县,状如哈密瓜,南北长 34 千米,东西宽 9 千米,水深188.5 米。它有众多的诱人之迷,有探险考察的良好环境。湖水会随季节和天气的变化而变换自己的颜色。

禾木村位于喀纳斯湖东,山间公路大约有半天的路程,是图瓦(蒙古族的一支)人聚居的村落。原木搭成的房屋,图瓦式地灶、土炕、服装、马车等充满了原始的味道。秋天,万山红遍,炊烟冉冉升起,烟雾梦幻,禾木河静静地流淌,空谷幽深,木桥流水,胜似仙境,故有"中国第一村"之称。

（三）南疆旅游副区

新疆南部分布着大量的沙漠、戈壁,原始古朴的自然风貌充满传奇色彩。本区主要旅游点有喀什、和田、罗布泊等。

1. 喀什

喀什为南疆的第一大城市,2000 多年前即为疏勒国的都城。汉代成为丝绸之路南道和北道的交汇点,是古丝绸之路的重镇。喀什城 90％以上居民为维吾尔族,故民族特色浓郁,是喀什城最主要的旅游特点。喀什的主要名胜有艾提尕清真寺、香妃墓等。

艾提尕清真寺位于城中心广场,始建于 1426 年,规模宏大,有塔楼、门厅、水池、礼拜殿等。民族建筑特色浓郁,为我国最大的清真寺,是全疆伊斯兰教活动中心,有"小麦加"之称。

香妃墓是维族人民为纪念他们有民族气节的小和卓木王的妻子香妃而建的。香妃墓外景美丽,高大的门楼和四角的原柱全用蓝白相间的琉璃砖砌成,光辉夺目,墓外有精致的大小礼拜寺 2 座。

2. 和田

和田位于塔里木盆地西南部,为古于阗国所在地,是西域最早的佛教中心。许多高僧如晋代法显、唐代玄奘都在此留有足迹。这里是一块肥美的绿洲,源于昆仑山的墨玉河、白玉河流经和田,盛产美玉,与丝绸、地毯并称和田三大特色,名扬中外。沿和田深入塔克拉玛干沙漠,是沙漠探险的理想路线。丝路玉石参观、沙漠古城探险是本区旅游的特色。

3. 罗布泊

罗布泊位于新疆塔里木盆地东部、若羌县的北部,是一块充满神秘色彩的土地。古代它曾是一个大湖泊,后由于修建大西海子水库,罗布泊得不到河水补给而消失。汉晋时期,这里水草肥美,建有一座盛极一时的名城——楼兰古城。随着自然环境的变迁,古城逐渐荒废,掩埋于黄沙之中。20 世纪初,古城遗址被发现,被称为"沙漠中的庞贝"。城内断壁残梁,有佛塔、烽燧、古渠道等遗迹,出土文物有古陶瓷、漆器、玉器、丝毛织品残片和古代中外钱币等。

罗布泊地区发育着极为典型的雅丹地貌。淡黄色的小丘,鳞次栉比,逶迤起伏,气势雄伟,形态多样,形成奇特的景观。雅丹地貌和古城遗址吸引着大量中外学者、探险家,但因其气候条件恶劣,交通不便,普及型大众旅游还有待发展。

除上述景区外,新疆著名的景点还有:克拉玛依市附近乌克禾的"魔鬼城"是风蚀地貌的典型;拜城县的克孜尔千佛洞,是研究新疆历史宗教文化的珍贵资料;伊犁河谷的天然牧场是游览胜地,赛里木湖面积达 454 平方千米,湖水清澈,四周雪山草地掩映,美丽异常。

新疆饮食具有浓郁的民族特点。抓饭、手抓羊肉、烤全羊最具特色。近年从玛纳斯、沙湾等地发源的大盘鸡已风靡全国。

第三节　西藏旅游区旅游资源基础与旅游景点

一、西藏旅游区旅游资源基础

西藏自治区面积 123 万平方千米,人口 302 万,位于青藏高原上,平均海拔高,地貌复杂,多高山湖泊,是我国湖泊最集中的地区。境内高山海拔多在 5000 米以上,其中以海拔 8848 米多的珠穆朗玛峰最为著名。它是世界最高峰,被称为"世界第三极",吸引着中外探险旅游者来此攀登。

由于地形变化大,西藏气候变化很大。藏北高原气候寒冷,人烟稀少,而藏南的察隅、墨脱、林芝等地,地处雅鲁藏布江河谷,海拔低,气候温暖湿润,呈现热带景观,有许多珍贵的热带树种及野兽珍禽,是珍贵的旅游资源。

青藏高原是地壳运动隆起抬升而形成的,强烈的构造运动形成了当地丰富的地热资源,形成温泉、热泉、喷气井等奇特景观,其中以羊八井热气田最为著名。这些地热资源不仅是难得的能源,而且可以用于医疗保健,同时也为旅游开发提供了条件。

西藏除聚居着藏族以外,还居住着门巴族、珞巴族等少数民族和汉族。各民族和睦相处,又保留着各自的生活习惯,形成当地浓郁的民族风情。当地居民普遍信奉藏传佛教,寺庙及宫殿建筑别具一格,形成独特的宗教文化,也给西藏增添了神秘色彩。

西藏的工艺品唐卡和高山雪莲是著名特产。饮食中酥油茶和青稞酒最具特色。

西藏经济欠发达,加上受交通条件的限制,旅游业尚不发达。但西藏旅游资源丰富,高原景观、藏族风情及宗教建筑吸引着海内外游客,旅游业发展前景看好。

二、西藏旅游区旅游景点

西藏自然景观丰富,民族文化独特,旅游资源十分丰富,有雪山湖泊、地热喷泉,也有宫殿庙宇、藏族风情。主要旅游景区有历史文化名城拉萨、日喀则、江孜以及国家重点风景名胜区雅砻河等。

（一）拉萨旅游副区

拉萨是西藏自治区首府,全区的政治、经济、文化中心。拉萨海拔高,日照强,素有"日光城"之美誉。市内主要景点有布达拉宫、大昭寺、罗布尔卡等。

1.布达拉宫

布达拉宫位于拉萨市中心,最早由松赞干布为文成公主所建,但毁于战火,后重建,分红宫和白宫两部分。红宫内有8座金皮包裹、宝玉镶嵌的灵塔,塔内安放前世达赖的遗体。白宫内有寝室、经堂、客厅,是历代达赖的居所。整座建筑依山势而建,群楼高耸,崇阁巍峨,金瓦覆顶,气势非凡。布达拉宫建筑艺术别具一格,体现了藏族人民的勤劳与智慧,也表现了汉藏文化的融合。宫内保存着艺术价值极高的壁画、文物等,其中包括历代中央政府敕封西藏地区领袖和僧俗官员的诏书、册印等物。布达拉宫是西藏的象征。

2.大昭寺

大昭寺位于市区中心,是著名的藏传佛教中心。现存金殿5座,主殿4层,建筑精美,具有典型的唐代建筑风格,又兼有印度、尼泊尔的建筑特色,反映了中外文化的交流与合作。大昭寺以壁画精美而著称,以"文成公主进藏图"等最为著名。此外,寺内亦供奉松赞干布和文成公主的塑像。寺前有一棵古柳,相传为文成公主亲手种植,故称"公主柳"。寺内还存有一座唐番会盟碑,又名长庆碑,是为纪念唐长庆三年(823年)唐番最后一次会盟而建,是汉藏人民团结友好的象征。寺外的八角街,是著名的商业街,也是了解藏族风情的好地方。

3.罗布尔卡

罗布尔卡即拉萨市人民公园,位于布达拉宫西南,始建于1755年,为历代达赖避暑之夏宫。现占地36万平方米,分为东区、西区和中区。园内树木繁茂,宫殿辉煌,亭台楼榭掩映于花木丛中,宫殿造型庄重别致。园内还饲有鹿、豹等珍禽猛兽,是西藏最著名的园林。

除上述外,拉萨市郊的哲蚌寺和色拉寺也是著名的藏教寺院。两寺建筑宏大,设计巧妙,壁画、雕塑也都十分精美,藏有大量经典和文物,是亚洲著名寺院。

拉萨市以北的羊八井、纳木错,以南的羊卓雍错,都是重要的旅游地。

4.雅砻河风景名胜区

雅砻河风景名胜区雅砻河风景名胜区位于西藏自治区山南地区南部,是藏民族的发源地之一。这里雪山冰川、田园牧场、河滩谷地、古老文化遗址和民风民俗等构成一幅幅神秘、古朴而又壮丽的画面。区内植物种类丰富,植被随海拔变化呈垂直带分布。人文景观有西藏最早的宫殿雍布拉康、西藏第一座寺庙桑鸢寺、全国重点文物保护单位昌珠寺和藏王墓群等。保留着中世纪建筑特色的民居以及民风民俗、宗教活动等,都具有鲜明的地区特点。

（二）日喀则旅游副区

日喀则是西藏第二大城市,是一座有着 500 年历史的文化名城,是班禅额尔德尼的驻地,是后藏地区的政教中心。日喀则市周围土地肥沃,农牧业发达,历来为西藏的粮仓和农牧产品的集散地。主要旅游资源有扎什伦布寺、萨迦寺、江孜宗山与白居寺等。

1. 扎什伦布寺

扎什伦布寺位于尼喀日山下,为黄教圣地,由宗喀巴弟子根敦珠什巴于明正统十二年(1447 年)兴建。四世班禅时又大规模扩建,后为历世班禅住地。扎什伦布寺依山傍水,金碧辉煌,气势庄严雄伟。塔内供奉历世班禅灵塔,塔身包裹银皮,镶嵌宝石。寺内的大强巴殿,共 7 层,高 30 多米,殿内供奉的镀金强巴佛高 26.7 米,是国内少有的大型镀金铜佛。此外,寺内还收藏了许多佛像、珍宝、刺绣、印章等文物,其中以八思巴文的元代"大司徒"印章和乾隆皇帝的画像最有价值。

2. 萨迦寺

萨迦寺位于日喀则以西萨迦县奔坡山附近,寺内建有全藏最大的经堂。寺为宫殿楼阁式建筑,大经堂长 80 余米,宽约 40 米,可容 7000 人诵经。藏经库长 100 米,宽、高各 20 米,内分 428 龛,每龛藏经约 300 卷,共可藏经十万卷。寺内有反映萨迦教派生活和思想的壁画,有很高的艺术价值;同时还是研究西藏历史、宗教的宝贵资料,被誉为"第二敦煌"。此外,寺内还藏有由印度传入历经 1500 多年的"贝叶经",为稀世珍宝。还有宋元瓷器、鸵鸟蛋化石等珍品,以及数量浩繁的有关喇嘛教经典和历史、天文、历法、医学等方面的书籍。

3. 江孜宗山与白居寺

江孜是日喀则东南的藏南重镇。土质肥美,历来是贵族修建庄园的宝地,现为重要粮食产区。江孜织毯业历史悠久,素有"藏毯之乡"之称。江孜主要景点有宗山、白居寺等。宗山是 1904 年江孜人民抗击英军入侵的根据地,山上有抗英炮台遗址。目前,此地已被列为全国重点文物保护单位;白居寺位于江孜县城区,以兼容藏传佛教五大教派于一体而著称。寺中心的菩提塔造型优美,结构独特,为西藏群塔之冠,其突出的特点为塔中有寺,寺合为塔。全塔共 11 层,通高 40 米左右,共有 77 间佛殿、神龛和经堂,塔内有精美雕塑和壁画,数量惊人,仅佛像就有十万余尊,被称为"10 万佛塔"。菩提塔是我国建筑史上独一无二的珍品。

(三)珠穆朗玛峰

珠穆朗玛峰是喜马拉雅山脉的主峰,海拔 8844.43 米,是世界第一高峰,有"地球之巅"和"世界第三极"之称。她无与伦比的海拔高度、独特的自然景观和深藏的科学奥秘,强烈地吸引着世界各地的探险旅行家不畏艰险,勇于攀登。1960 年 5 月 25 日,中国登山队首次从北坡攀上顶峰。此后,珠峰即开放供国内外登山队登山、探险和考察。

第十四章　中国香港、中国澳门、
中国台湾旅游区

本章提要

中国香港、澳门、台湾旅游地区地处低纬,气候条件优越,经济发展迅速,建筑风格独特,是中西方文化交汇之处,在国际旅游市场上具有较高的声誉。

本章主要论述这三个旅游地区旅游资源基础和旅游景点概况。

第一节　中国香港旅游资源基础与旅游景点

中国香港特别行政区位于广东省的南面、珠江口的东侧,北接深圳市,南临南中国海,和中国内地直接相通,距离广州市约 140 千米,包括香港岛、九龙半岛、新界与离岛四大部分,总面积 1104 平方千米,现有人口 703 万。

中国香港一直以来都是中国的一颗璀璨明珠,具有丰富的人文和自然资源,吸引着海内外的游客,它在国际旅游市场上的地位不可小觑。

一、中国香港旅游资源基础

(一)典型的滨海丘陵地形

香港是广东岭南山脉的延伸,属于典型的滨海丘陵地形,陆地部分呈菱形,境内平地很少,山地丘陵众多,沿海的大部分平原是百年填海造陆建成的。香港地形主要是由两条平行的东北—西南走向的山脉构成,一是以大帽山为中心的山脉,一是始于马鞍山、经狮子山,一直到笔架山的一条山脉。

香港的海岸线非常曲折,地形险要,湾深多良港,著名的维多利亚港位于九龙和港岛之间,地处南海和台湾海峡的交汇处,是世界上著名的海港之一,也是香港不可多得的旅游景点之一。

香港地面以陡坡为主,因为处在热带环境,水系发达,径流丰富,但是集水面积不大,为了解决饮水和工业用水短缺的问题,从 1963 年开始,就在山中建水库,形成了许多有名的水塘(水库),如今在这些水库周围建立了公园,湖光山色,风景秀丽,是常居闹市的香港居民回归大自然的理想休憩地。

(二)亚热带海洋季风气候,四季分明,冬暖夏凉

香港所处的纬度较低,又濒临海洋,夏天不热,冬天不冷。全年平均温度22.8℃,湿度为 78%,夏季最高温度超过 30℃,有明显的干湿季节之分。热带气旋和冬季季风经常使香港的天气变得恶劣。5～9 月是香港的台风季节。秋天是香港的黄金季节,阳光灿烂,秋高气爽,气候宜人,是旅游的最佳季节。

(三)坎坷曲折的历史

香港这一名字的来源大致有两种说法:一是和莞香有关,莞香从产地行销到其他地方过程中,在今天的香港仔集中出口,凡是莞香途径的地方都以"香"冠名,因此莞香出口的地方就称为香港。另一种说法是因为香港村有一条甘香清甜的泉水,注入大海形成一小的港口,泉水被称为"香江",因此香江的入海口被称为香港。

香港是中国的领土。公元前 214 年起,也就是秦国时期,香港就一直处于我国历代封建王朝设置的地方行政管辖之下。到了清代,1842 年第一次鸦片战争结束后,英国殖民政府强迫清政府签订了《南京条约》,强行割让了香港岛;1860年第二次鸦片战争后,中英政府签订了《北京条约》,割让了今天的九龙半岛,1898 年又强迫清政府签订《展拓香港界址条例》,强行租新界 99 年;在第二次世界大战中又曾被日本占领。1984 年经过多方面的努力,中英政府签订了关于香港问题的联合声明。1997 年 7 月 1 日,中国政府恢复了对香港行使主权,将香港划为特别行政区,实行一国两制,港人治港,高度自治。

（四）中西方文化的巧妙结合

香港位于东西方两大文明的交融枢纽位置，长期以来形成了东西方文化巧妙结合的城市实体，既有国际大都市的繁华，又保留了许多中国的传统。在香港回归前，官方语言为英语，大多数香港人讲粤语。1997 年香港回归后普通话逐渐流行起来。香港特别行政区的行政、立法和司法机关除了使用中文以外，还可以继续使用英文；在香港，一部分人受过西方教育，信奉基督教，大部分香港人信奉佛教、道教，普遍敬奉祖先神位、门神土地，每到宗教节日都举行盛大的庆典，成为旅游观光的一大风景；在香港，人们既注重西方的节日，又非常注重东方的传统节日，传统的中国节日风俗和内容与内地基本一致。

（五）经济发达，地理位置优越，交通非常便利

香港地窄人多，自然资源有限，但由于充分利用有利的区位优势和采取适当而又符合香港实际情况的经济政策，使得香港的工业和经济突飞猛进，电子、纺织、钟表等成为主要的工业，在外汇、期货、证券等买卖方面也成为亚太地区的中心，是国际著名的工商金融市场和自由港，位居亚洲"四小龙"之首。

香港著名高等学校有香港大学、香港中文大学等。

香港不仅是亚太地区最发达的现代化工商、金融、贸易、旅游、港口城市之一，也是重要的航空和空运中心，交通十分发达便利。香港每周有大约 1000 班定期的客货机飞往世界各地，航空网分布在世界的各大主要城市，是世界上运作效率最高、最繁忙的国际航空港之一；香港的海运也十分发达，是世界第二大货柜港，并且有客轮通往内地的广州、上海、厦门等地；京九铁路的开通，使香港和内地紧紧地联系在一起。另外也有直通巴士通往内地。

（六）旅游业的地位

因香港开埠至今才一百多年的历史，又因地方不大，旅游资源十分有限，名胜古迹不多。但香港充分利用现存的自然和人文景观，在现有旅游资源基础上充分挖掘和开发新的旅游景点，根据自身的实际情况发展旅游业。

香港的酒店业十分发达，既有国际一流酒店如"文华"、"半岛"、"丽晶"等，又有适合来港各种人士的酒店。香港的饮食也颇具盛名，融汇了世界上各地的美食，既能品尝到精致考究的中国传统菜肴（以粤菜为主），又能品尝到地道的西餐，是名副其实的美食天堂。香港的娱乐生活多姿多彩，夜生活令人陶醉，可以欣赏美妙绝伦的香港夜景、颇具特色的夜总会酒廊等。除此之外，香港的六合彩和赛马也是人们趋之若鹜的娱乐项目。香港还是一个购物天堂，许多国外名品都是免税的。商品种类多，品质高，包装精美，工艺考究。

二、中国香港主要旅游景点

(一)香港城市

香港的繁华商业区、金融业及行政官署主要集中在香港岛北部和九龙半岛南部一带。香港岛是香港地区第二大岛,面积75.62平方千米,市容繁华,大厦林立,是香港的政治、经济、文化中心。香港位于亚洲大陆东南部沿海地区,属南亚热带海洋季风气候。秋季是香港的黄金季节,除偶尔有台风袭击或遭到冷空气侵袭外,一般都是天高气爽,阳光灿烂,气候宜人,是人们前往香港旅游的最佳季节。

来香港旅游观光,"老八景"引人遐思无限,"新八景"让你流连忘返。宋王台畔草绿花红,万佛寺里晚钟悠扬;青山岭中多名胜,望夫山上望夫石;黄大仙祠香火不断,仿古宋城游人如织。作为国际大都会的香港,它创造的经济奇迹、秀丽的自然风光和众多的古寺名刹,使之成为名副其实的"东方之珠"。

一百年沧桑变迁,今日的香港不仅成为国际大都会、著名的商埠城市,同时也是亚太地区出口加工、商贸、金融发达的地区和联络东南亚、欧美、大洋洲的枢纽,有"东方之珠"、"世界第三大金融中心"、"旅游购物天堂"之称。香港经济经历了由转口贸易为主向发展出口加工业的转变过程,现在以出口加工业、旅游业、金融业和房地产业为经济支柱。

香港位于东西两大文明交融与传播的枢纽位置,是东西文化巧妙而又温馨结合起来的城市实体,是亚太地区最发达的现代化工商、金融、贸易、旅游、港口城市之一,是举世瞩目的重要海空交通枢纽和自由贸易港,有著名的维多利亚港和大屿山的香港国际机场,对内、对外交通都十分发达。

新界是香港地区面积最大的部分,过去曾以农业生产为主,现在到处是新市镇,已成为香港的海运中心和世界闻名的集装箱码头。新界有许多富有宗教色彩的景观,如道风山、万佛寺、青松观、妙法寺等。

香港仔位于香港岛西南部的港湾,是客家和疍家渔民的聚居地。它既是香港最大的渔业基地之一,也是港岛著名的工业区。这里既有清雅的郊野风情,又有闹市的喧嚣,令志趣各异的游客各有所获。游客在这里不仅可以领略到富有东方情调的渔村秀色,还可品尝到风味特色小吃和海鲜美味。装饰豪华的海鲜坊是由一艘大型的三层船改建而成的,泊于港湾以东的海面,以"珍宝"、"太白"、"海角皇宫"最为著名,游客夜间光临此地,面对那五彩缤纷的霓虹彩幻与迷离奇异的翁朦雾气,有一种海市蜃楼的写意快感。

浅水湾是香港最著名的海滨浴场,有"东方夏威夷"、"天下第一湾"的美称,位于赤柱和海洋公园的中点,湾呈弯月形,依山面海,水浅湾阔,滩长坡缓,沙细浪平,全年水温变化不大,海滩上设有齐全的服务设施,东侧的千岁门内供奉着观音和后天圣母,保佑泳客和渔民的平安。浅水湾也是香港著名的高档住宅区。

(二)香港主要景点

1.海洋公园

海洋公园位于香港岛南部的深水湾畔,占地 68 万公顷,是亚洲最大的海洋水族场馆和东南亚最大的休闲娱乐中心。海洋公园分为南朗山公园和黄竹坑公园两部分。南朗山公园设有海洋馆、海洋剧场、海涛馆和鲨鱼馆四大场馆,融科学性、知识性、趣味性为一体。海洋馆让你如置身于多姿多彩而又神秘莫测的海底世界;海涛馆以其独特的人造海浪、逼真的生态环境,让你一睹海豹、海狮、企鹅的芳容;海洋剧场更有精彩绝妙、刺激惊险的节目表演令人目不暇接。黄竹坑公园风景秀丽,有栽植世界各种奇花异草的世界花园,有仿照古代文物所建的集古村。集古村仿古的城郭宫苑、亭台楼阁、市井作坊,仿佛时间倒流,让人们回到了从前,体验一下先人的生活。在集古村中还可以欣赏到制陶、刺绣等传统的工艺,重温古代的文明。此外,还有"蝴蝶屋"、"百鸟居"等新的赏景点和惊险刺激、迂回曲折的水上乐园等。

两公园之间设有架空缆车,全长 1.4 千米,是海洋公园的标志。人在"笼"中,凌空飞渡,从 200 多米的高空鸟瞰地面,深水湾、浅水湾,历历在目,黄竹坑公园也一览无余。

2.宋城

宋城坐落在九龙荔枝角的荔园游乐场旁,建于 1979 年,是以宋代画家张择端的《清明上河图》为蓝本建造的仿宋风格建筑群,占地面积 2000 平方米。

宋城的主要建筑有高大的城门楼、二郎神庙、钱庄、庭园大宅、歌剧院、蜡像馆以及各类店铺和食品店。走进宋城,看着那古朴雄伟的城墙与斗拱飞檐的武楼建筑,好似时光倒流,恍如回到了 1000 年前的宋代社会。时代的错位更给游乐增添了几分喜剧气氛。大街上古老的铺户、食肆、茶叶店、裱画店林立,商人穿着宋代服装营业,游客还可以在钱庄兑换铜钱购物。城内有传统的民间艺术表演及现场手艺制作,有抛绣球及武术、书法、杂耍等表演,更有迎亲花轿表演作为压轴好戏。蜡像馆陈列了 70 多位中国历代帝王伟人蜡像,从远古的轩辕黄帝到孙中山等近代名人,雕刻逼真,生动传神,堪称宋城一绝。

3.太平山

太平山是香港的最高峰,海拔 554 米,是香港著名的景点,也是香港开埠以来香港的标志。山下有公路和缆车直通山顶,山上有瞭望台,可鸟瞰港岛和九龙鳞次栉比的高楼大厦,以及千樯万桅的维多利亚港。另外,太平山也是欣赏香港夜景最佳的地方,万家灯火,色彩纷呈。

4.大屿山

大屿山面积 1.42 万平方米,是香港面积最大的岛屿。岛上的主要景点有宝莲寺、东涌堡垒、长沙海滩和大澳。宝莲寺是香港的佛教圣地之一,坐落在大屿岛凤凰山中,寺庙巍峨壮观、金碧辉煌。大雄宝殿内供奉三尊金佛。寺中最著名的是天坛大佛,坐落在木鱼峰顶上,高 23 米,1993 年开光。寺庙香火旺盛,游人香客络绎不绝。东涌城堡在大屿岛的北面,是清军抵抗入侵者的驻地,现在仍然保留着古炮和营房。长沙海滩是全香港最美丽、最长的海滩,是夏天游泳的最佳选择。大澳在大屿岛的西北角,是个具有几百年历史的渔村,古迹众多,如关帝庙、天后庙、杨侯庙等,并且大澳还颇具水乡特色,有"香港威尼斯"的美称。

迪斯尼乐园坐落在大屿山下,是全球第五个以迪斯尼乐园模式为蓝本兴建的主题乐园。美国小镇大街是根据典型的美国小镇设计而成,富于怀旧色彩。到访幻想世界的游客会首先在睡公主城堡展开他们的旅程:游客犹如置身迪斯尼故事中,可以找到他们最心爱的迪斯尼人物。探险世界让游客亲身感受亚洲及非洲地区原始森林的旅程;同时探险世界亦将多种奇珍异卉集中展出;探险世界的室内剧场是为迪斯尼现场表演而设。

5.太空馆

太空馆位于九龙尖沙咀维多利亚港海滨,占地 8000 多平方米,整个建筑呈半球形,由展览厅、太阳厅和天象厅三个场馆组成,向游客展示各种模型、仪器和图表,介绍天体知识,观看神奇美妙的天文现象,太空馆以先进的手段向游人传播天文知识,是世界上设施设备最先进的科学馆之一。

6.文武庙

文武庙是香港香火最旺盛的庙宇之一,位于环荷李活道和楼梯街的交界处。该寺庙供奉文武二帝,即文昌帝君和武将关云长。庙宇呈二进式,分为前殿和后殿,整个建筑构造精巧,金碧辉煌,庄严肃穆。寺内香客众多,香火鼎盛,紫烟缭绕。

香港比较著名的景点还有:皇后像广场、中环、铜锣湾、黄大仙祠、尖沙咀等。

第二节　中国澳门旅游资源基础与旅游景点

中国澳门特别行政区位于珠江三角洲的南端,北面与珠江市拱北接壤,南面临南海,东面与香港隔海相望,西面与珠江市的湾仔相邻,包括澳门半岛、氹仔岛、路环岛三部分,总面积 29 平方千米,人口约 54 万。

澳门有着优美的自然环境和古老的人文景观,既具有东方古老的神韵,又洋溢着浓郁的葡国情调,具有独特、诱人的魅力。

一、中国澳门旅游资源基础

(一)地域狭小,以平原、丘陵为主

澳门地域比较狭小,土地资源紧缺,如今澳门有约一半以上的面积是人工填海造成的,最新的造地是氹仔岛与路环岛之间的填海区。澳门主要的地形为平原和低山丘陵,各占澳门面积的 47% 左右。

(二)亚热带海洋气候,温暖潮湿,雨量充沛

澳门地处亚热带,又濒临海洋,具有高温、多雨、湿热、干湿季节明显等特点。全年气候温和,温差不大,年平均温度 20℃。1 月至 3 月天气较凉,5 月至 9 月较炎热,并有台风,10 月至 12 月气候温暖,湿度低,是最理想的旅游季节。

(三)屈辱的历史,光明的未来

澳门一直以来都是中国的领土,1517 年葡萄牙人买通澳门的官员,取得了在澳门停泊船只、经商的权利,后来又以相同的手段取得居住的权利,以及以借用的名义占据了部分地区。1557 年葡萄牙殖民者强行租借该地,在鸦片战争后拒付租地款,并且在 1887 年强行占领澳门,使得澳门成为葡萄牙的殖民地。1987 年,经过多方的工作和协商,中葡政府签订了关于澳门问题的联合申明,中国政府于 1999 年 12 月 20 恢复对澳门行使主权,保持原有的经济体制和生活方式,并且享有高度的自治权。澳门回归后,以崭新的姿态迎接着各方的挑战;同时地处经济发展迅速的亚太地区,背靠祖国,邻近香港,优越的地缘优势,将为澳门的经济发展带来更多的机会。

(四)中西文化交汇的桥梁

澳门由于其独特的历史,使得它在中西方文化交流中起到了桥梁纽带的作用,澳门文化的主调仍然是具有华南文化特征的中国传统文化,却又揉和了葡萄牙文化,具有浓郁的南欧文化特色,这两种文化长期互相融合与渗透,形成了今天独特的澳门文化。这种融合在语言、文字、风俗、建筑等各方面都得到了体现。在澳门,中、葡两种文字并用,既可以信仰佛教、道教,又可以信仰西方的天主教、基督教、伊斯兰教。

(五)典型的海岛型经济

澳门是一个国际自由贸易的港口,拥有独立的微型化经济体系和独立的货币与贸易体系,属于典型的海岛型经济,产业结构特殊,具有较强的独立性和对外适应性。出口工业、建筑业、旅游业已成为澳门经济的三大支柱产业。

（六）旅游业的地位

澳门拥有 400 多年的开埠历史,是久负盛名的旅游城市。优越的地理位置,宜人的亚热带气候,独具特色的博彩业,丰富的中西交融的人文景观,人员和货币自由进出的国际自由港制度,使澳门在亚洲和远东旅游市场占据重要位置,闻名遐迩。澳门旅游博彩业由博彩业、旅游业、娱乐业、饮食业、酒店业、旅运业、古玩业等组成。有东方"蒙特卡罗"称号的澳门,旅游博彩业在经济结构中占有重要的地位,是澳门的四大经济支柱之一。赌博在 1847 年开始合法化,1962 年由现在澳门旅游娱乐有限公司投得专营权一直经营至今。目前澳门娱乐博彩业以葡京酒店为大本营,包括幸运博彩(赌场)、赛马、赛狗、白鸽票、彩票在内的多种项目。加上东西方文化交汇的特殊历史背景为号召,东西方文化、艺术、民族习俗、礼仪互相影响与渗透,形成了澳门独有的观光模式的赌博,吸引了大量的外来游客到澳门,带动了澳门旅游业的兴旺。

澳门交通非常便利,主要交通港口有澳门半岛东侧的外港和西侧的内港,与内地的广州、中山、珠海、上海等地以及香港都有客货轮直航运输。澳门国际机场的建成和投入使用,结束了澳门没有空港的历史。另外随着澳凼大桥以及新澳凼大桥的建成,使得澳门半岛和环岛、凼仔岛的交通更方便。多项交通设施的建设和多样化的交通工具,使得澳门与海内外的联系更加方便、快捷,为旅游活动提供了可靠的保障。

澳门的美食也是十分吸引游客的,中西结合,品种丰富,花色齐备,风格特异。葡国菜融合了葡国本土、中国、印度、马来西亚菜式的烹饪技巧,别有风味。

澳门是一个自由港口,实行低税率政策。手信街是游客必到之处,可以购买到富有澳门地方特色的食品。议事亭前地、白马行、荷兰园、新马路、南湾街,商铺林立,货品琳琅满目。另外澳门还是购买古董家具的天堂。

二、中国澳门主要旅游景点

（一）澳门城市

澳门葡文作 MACAU,英文为 MACAO,古称濠镜澳,旧属广东香山县(今中山市)管辖。南宋末叶,澳门地区始有人烟,至 16 世纪初,澳门已是一个滨海渔村。明末随着广东对外贸易的发展,东南亚、南洋各国的商船陆续来到澳门及附近地区易货。明嘉靖三十二年(1553 年)后被葡萄牙逐步侵占。根据 1987 年中葡联合声明,中国政府于 1999 年 12 月 20 日恢复对澳门行使主权,并设澳门特别行政区。澳门由澳门半岛、凼仔岛和路环岛三部分组成。澳门半岛是澳门政治、经济、文化中心,面积为 9.1 平方千米,全澳绝大部分人口和工商业均集中于此。

　　澳门依山傍海,属亚热带海洋性气候,常年气候宜人。这里不仅有优美的自然风光,而且亦有闻名遐迩的名胜古迹。澳门历史城区具有"中西结合,华洋杂处"的市井风情。东西方文化几百年的交汇相融,使澳门既充满着古老的东方神韵,又洋溢着浪漫的南欧情调。市内绿树成荫,高楼大厦耸峙其间,代表了澳门最具现代化特色的一面;而那些具有东方色彩的寺院庙宇、体现西方文艺复兴时期特点的天主教堂、欧洲中世纪古堡式炮台等,则表现出澳门作为文明交汇点的特有魅力。

　　今日的澳门经过 400 多年的艰辛发展,已成为世界三大赌城之一,有"东方蒙特卡罗"之称,是中国联系欧洲的桥梁和窗口、著名的国际商埠,同时也是在国际上颇具影响的旅游、工业城市,并形成了以旅游博彩业、出口加工业、银行保险业和房地产建筑业为四大支柱的经济体系。由于历史原因,目前旅游博彩业在澳门经济中仍处于重要地位。

　　交通运输是澳门社会经济发展的生命线。近年来,澳门大力发展港澳、港粤之间的水路、陆路运输服务。1995 年建成了澳门国际机场,大大缩短了澳门同世界各国的距离。澳氹双桥是沟通澳门半岛与氹仔、路环的大动脉;而莲花大桥的建成通车则更加方便了澳门同内陆的联系。

　　走进澳门,在摩天大楼的夹缝间,既可看到中式建筑的寺庙,又可看到西式建筑的教堂;既可看到人们在求神拜佛,也可看到人们在做礼拜。在现代商住楼宇、豪华酒店、华丽的教堂和飞驰的小轿车之外,传统的风采韵味随处可见:东方式的园林建筑,香火鼎盛的庙宇,沉默的炮台,狭窄的石子街道,黄昏时的三轮车,还有中老年人的唐装……宁静的传统情致与动感十足的现代节拍相互融合补充,形成澳门独特的城市景观。

　　(二)澳门主要旅游景点

　　1.澳氹三桥

　　澳氹三桥横跨在茫茫镜海之上,如同张开的弯弓反扣着,将澳门半岛与氹仔岛连接在一起。它独特的设计风格,给人以勃勃生机与美的憧憬。澳氹大桥 1974 年建成通车,结束了澳氹两地几百年来隔海相望的历史。大桥全长 2500 米,连同引桥总长度为 3449.1 米;桥面宽 9.2 米,弯弯细长的桥体投影在海面上,仿佛巨大的手臂在拂摸层叠的浪花。随着澳门经济的日益发展,1990 年,澳门又兴建了第二澳氹大桥,又称"友谊大桥",象征着中葡两国的友谊。这座新大桥全长 5522.86 米,其中正桥长 4414 米,宽 19.3 米,双向四车道。澳氹三桥——莲花大桥也已建成。三座桥不仅是沟通澳门半岛与氹仔、路环岛的大动脉,还是澳门稳定发展的标志;既富有优美的自然景观魅力,更具有时代的气息,反映了澳门经济前进的步伐。

2.妈祖阁

妈祖阁又名妈阁庙,俗称天后庙,坐落在澳门半岛西南隅,枕山面海,古木葱茏,山石峥嵘,风景幽雅,是澳门最古老的庙宇,与莲峰庙、普济禅院并称为澳门"三大古刹"。整座庙宇依山势而筑,庙内主要建筑有石殿、大殿、弘仁殿、观音阁等。石殿建于明万历年间,呈四方形,梁、柱、基均用石头筑成,故名石殿;大殿从前为正觉禅院,曾作过佛寺;弘仁殿是庙中最古老的建筑,建于1488年(弘治元年);观音阁在山顶,除观音阁供奉观音菩萨外,石殿、大殿、弘仁殿都供奉天妃,即天后。澳门妈祖的庙殿有七八间,在中国南方习俗中,海神妈祖专司航运、渔业安全,颇受渔民、水手崇拜。澳门多妈祖庙宇,也反映了澳门昔日为渔村的历史。妈祖庙历来香火甚盛,每年夏历三月二十三天后诞辰纪念日,善男信女纷纷前来顶礼拜祀,庙前广场还盖搭戏棚演戏。

3.大三巴牌坊

大三巴牌坊是圣保禄教堂的前壁,气势恢宏,造型雄奇,雕刻精美,揉合了欧洲文艺复兴时期的建筑风格与东方建筑的传统风格,长期以来受到中外建筑界、文物界、艺术界人士的重视,是澳门的象征,也是澳门的骄傲。牌坊是一座古希腊式的建筑,矗立在大三巴街附近的小山岗上,呈叠柱式,为花岗石结构,前临68级宽敞的石阶,侧临著名的大炮台,上下共有40多根装饰性的圆石柱,犹如生来就是单独的艺术品。

4.普济禅院

普济禅院俗称观音堂,位于澳门望厦之东,创建于明末天启年间,至今已有350多年的历史,是澳门各禅院中规模最大、占地最广、建筑最为宏伟的一家。禅院是中国古代佛教建筑,共分三殿,大雄宝殿是主殿,次殿是长寿佛殿,第三是观音殿,此外还有许多附属建筑。这样大的宗教建筑群体在港澳地区是罕见的。院内园林的景色颇具东方佛教建筑特色,跟一墙之隔的现代高层楼宇极不协调,好似一个手捏佛珠、身裹袈裟的僧侣夹在一群西装革履者之中。1844年,第一个使我国丧失领事裁判权的中美《望厦条约》就在这里签订,使得普济禅院从此声名远扬。

5.东望洋山

东望洋山位于澳门市区东部,是澳门半岛最高的山,海拔93米。山上遍植松树,苍翠常青,又名松山。登临松山,既可饱览九洲洋之波光帆影、珠江秀色;又可鸟瞰澳门半岛胜景和路氹风情。清风徐来,松涛滚动,鸟语花香,极富野趣。山巅有一座圆柱体的灯塔,名为东望洋灯塔,又称松山灯塔,高13米,建成于1865年,是远东第一座灯塔,也是澳门的象征和标志之一。它高高地站立在山顶,傲视海岸,放射出巨大的光柱,横空扫射,为夜航者指引方向。灯塔侧畔有一小教堂,名为圣母雪地殿教堂,建于 1622 年,内部依照 17 世纪葡萄牙隐修院修建而成。

6. 卢廉若公园

卢廉若公园坐落在罗利老马路与荷兰园马路交界处,占地 5.4 万平方米,历史已近百年,幽雅恬静,是港澳地区唯一具有苏州园林风韵的名园。园内亭台楼阁,池塘桥榭,修篁飞瀑,曲径回廊分布有致。它的出现,宛如江南少女走入闹市,给喧嚣的都市带来了一阵云野清新。

7. 氹仔岛

氹仔岛位于澳门半岛南端,旧名龙头环,面积 6.33 平方千米,由澳氹大桥、友谊大桥和澳氹三桥与澳门半岛相连。氹仔环境优美,道路两旁栽满了树木,绿叶成荫;近年来新建了赛马场、豪华酒店、国际机场、大学、花园和高级住宅区,是定居、休闲、旅游的好去处。特别是龙环大新星山后背湾临海一面,景色秀丽,海边一条碎石马路映衬着一排葡式建筑,饶有欧陆风味;也有一些屋宇纯为中国农村小屋,年代久远,也别有一番神韵。在这里,我们不但可以欣赏中式和葡式房屋建筑,而且还能品尝中葡美食,特别是驰名中外的氹仔老婆饼。岛上有设备豪华的假日酒店,有建于 19 世纪末的教堂和氹仔最大的中式庙宇菩提园,有填海兴建的赛马场、国际机场,有环境优美的澳门大学。岛上还有大氹仔山、小氹仔山、北澳山等,其中最高是大氹仔山,海拔 159 米。氹仔岛与路环岛之间填海造地工程已经完成,今氹仔岛与路环岛已连为一体。

8. 黑沙滩海湾

黑沙滩海湾位于路环岛南部,是澳门最著名的天然浴场,沙软滩平,古称大环,因沙滩的细沙呈黑色,故有黑沙一名。当人们手抚脚触那轻滑、闪光、黝黑的沙粒时,一种神秘感便油然而生。躺卧其上,可以尽享神思遐想的乐趣。黑沙滩海湾呈半月形,滩面广阔,长达数里,且坡度平缓,可同时容纳上万人游泳。临近有一片木麻黄林,葱翠茂盛,给海滩平添了一层秀色。人们在此可以饱享海水浴、日光浴和寻潮乐趣。附近还兴建了综合游乐场供游人消遣娱乐,游客们可以租上一艘款式新颖的游艇,出海遨游;可以让俱乐部的工作人员在万顷碧波上定上靶位,作为水上射击目标;还可以在游乐场内,面对大海,踢足球、打网球、玩水上单车和冲浪滑板。体乏肚饥时,在椰树下点燃早已准备好的柴薪,围炉烧烤,别具一番情趣。

第三节 中国台湾旅游资源基础与旅游景点

中国台湾包括台湾本岛和澎湖列岛、大小金门岛、马祖岛、钓鱼岛等许多小岛,总面积共约 3.6 万平方千米,是我国最大的岛屿。台湾本岛形似纺锤,又如一片漂浮在中国东南部海面上的芭蕉叶,在亚洲东部乃至整个太平洋地区战略位置极其重要。台湾人口(包括金门、马祖)2230 多万。

一、中国台湾旅游资源基础

台湾史前文化属祖国中原文化系统。三国时的吴国最早有组织地开发台湾;宋、元时期中国政府正式在此设官建制,管辖台湾、澎湖;1624 年荷兰人入侵台湾,变台湾为荷兰殖民地;1661 年,郑成功从厦门率军进发台湾,于 1662 年收复台湾,使台湾回到祖国怀抱;清康熙二十三年(1684 年)清政府设台湾府,隶属福建省;清光绪十一年(1885 年)台湾正式设省;清光绪二十年(1894 年)清政府在中日甲午战争中战败,1895 年一纸《马关条约》将台湾、澎湖列岛割让给日本;第二次世界大战结束后,台湾和澎湖列岛回归中国。

(一)碧海突兀出奇峰

台湾岛是世界上少有的高山之岛,本岛南北长 394 千米,东西最宽处为 144 千米,最窄处不过十余千米。除了西岸一带为平原外,其余占全岛约 2/3 面积的地区是高峻的山岭。千百座山组成了四条南北纵列的山脉,平行伸展。台东山脉、中央山脉、玉山山脉、阿里山脉都是岛上有名的山脉,中央山脉以最高的海拔而号称"台湾屋脊"。众多的山峰中,海拔 3500 米以上的有 22 座,海拔 3000 米以上的有 62 座,低于 2000 米的更是不可胜举。岛内山势巍峨,群峰竞秀,山林风光绮丽,是著名的游览胜地。

(二)长夏无冬,四季如春

热带与亚热带的气候特征使台湾长夏无冬。盛夏时节有海风吹拂,不会感到闷热;冬天,来自蒙古和西伯利亚的寒潮南下来到这里时已是强弩之末,只是使气温降到 20℃左右。季风与台风给台湾带来了丰沛的雨水,哺育着岛上的植物苗壮成长,使这里成为一座四季如春的大花园。

(三)资源丰富,经济繁荣,交通便利,文化教育发达

台湾资源丰富,是我国的宝岛。岛内山地森林资源丰富,从山麓到山顶,分

布着热带、亚热带、温带和寒温带的森林,树种很多,是亚洲著名的天然植物园。其中以樟树最为著名,樟脑产量居世界首位。台湾西部平原,气候温暖湿润,土壤肥沃,水稻种植普遍。此外,甘蔗和蔗糖的产量也很大。台湾享有热带、亚热带"水果之乡"的美名,四季鲜果不断,这里的香蕉、菠萝和茶叶驰名中外。台湾的地下矿藏多种多样,中央山脉是金、铜等金属矿的重要产地;西部是煤、石油等的主要分布区。台湾岛北部的火山地带有着丰富的天然硫磺。台湾周围的浅海流域水产资源丰富,同时还蕴藏着石油和天然气资源,西海岸又是重要的海盐产区。

台湾主要工业门类有纺织、服装、电子、食品加工等。以台北为中心的北部工业区是台湾最大的工业区,以纺织、食品、电子、机械工业为主;以高雄为中心的南部工业区,以钢铁、造船、石油化工为主。

台湾交通便捷发达。有环岛铁路和环岛公路通达各地。西海岸有台北到高雄的两条平行的高速公路。台湾航空业发达,通达世界主要城市。

台湾教育发达,拥有众多的高等学校和职业教育机构。著名高等学校有台湾大学、台湾师范大学、阳明大学、台湾医学院以及大陆迁台的中央大学、清华大学和东吴大学等。

(四)中国台湾旅游业

台湾是著名的高山之岛,岛内山势巍峨,群峰竞秀,山林风光绮丽,旅游资源十分丰富,有许多著名的游览胜地。旅游交通十分便利,台湾的桃园机场每天都有许多航班通往世界各地的著名城市,台湾与香港、澳门的交通更是十分便利,另外岛内交通多样化(铁路、地铁、大巴等)。便利的对外以及对内交通,使得在台湾出行非常方便。另外,台湾的娱乐业、酒店业、餐饮业都十分发达,为旅游业的蓬勃发展提供了有利条件。由于台湾的经济基础较好,加上其旅游资源丰富,台湾的旅游业得到了迅猛的发展,成为亚洲的著名旅游地区。

二、中国台湾主要旅游景点

(一)台北城市

台北市是台湾跻身国际都会之列的城市,是台湾政治、经济、教育、娱乐、文化的中心,是台湾第一大城市,面积 272 平方千米,人口约 300 万。由空中鸟瞰台北市,棋盘式的道路系统,交错耸立的参天高楼,星点状的公园绿带,以及终年川流不息的车流,是让人辨识这座城市的绝佳指标。

台北市是一座山环水抱的美丽城市,新店溪环绕在城的西南,基隆河蜿蜒于城的东北,两河在城的西北交汇成淡水河,就像一颗璀璨的明珠镶嵌在台北盆地的中央。就在四五百年前,这里还是一片沼泽密林。郑成功驱逐荷兰殖民者后,实行"寓兵于农"的政策,派兵到这一带开荒;康熙四十七年(1708 年),从福建来的移民在此建立了村庄,15 年后出现了市街。台北市初名大加蚋,又称莽甲、莽葛、文甲等。清光绪元年(1875 年),钦差大臣沈葆桢在此建立了台北府,统管台湾行政,从此有"台北"之名。

台北拥有相当便捷的交通。松山机场、台北车站均可通往岛内各地。捷运为台北市最快速便捷的大众交通工具。木栅线贯穿台北市东、南区,淡水线前往北区、中和,新线通南区,板南线横贯东西,搭配班次密集的联营公车、客运,十分便捷。

台北风光美丽,旅游资源丰富。市北囊括大屯火山群、七星山系而形成的阳明山公园,不但是自然保护的生态教室,更是大台北的后花园,四季各有不同风情韵致;坐落在台北市中心的和平公园、植物园、大安森林公园,为典型的城市绿洲,加上人文、艺术活动频繁,是都市人舒解身心的好去处。南区的木栅山区,除登山健行之外,还可享受茶香四溢的品茗闲情。

台北的主要商业区有西门町、士林等,以及家具街、书店街、电脑街、婚纱街、花市、玉市等各种专卖街,也是大都会细致分工下的产物。而街头巷尾一家家咖啡厅、泡沫红茶店、KTV、卡拉 OK、PVB 等,华灯初上后,闪烁的霓虹灯装点出不夜城的景象,让台北的夜晚展现另种风情。

台北 101 大楼,正式名称是台北金融大楼,地上 101 层,地下 5 层,标高 508 米,当前世界第一高楼。地下 1 层至地上 4 层为饮食、购物和休闲广场,5~6 层是健身中心,7~84 层为高级写字楼,85 层为高级会所,86~88 层为高级餐厅,89 和 91 层为观景台。

西门町是台北火车站附近的一块宝地。以中华路与成都路、宝庆路交叉口为中心,向西扩张。成都路及西宁南路一带电影院密集,又称"电影街"。中华路、宝庆路以百货公司为多,如远东百货、力霸百货等。每到黄昏,这片街区开始热闹起来,有时还举行街头艺术表演。西门町的大小店铺很多,有两种是最吸引人的:一是武昌街的书局,一是各种风味小吃。武昌街是知识分子游台北的必到之处,这一带书局林立,宛如上海的福州路;西门町国泰百货公司后面的横街和火车站旁的两层走廊上有许多小吃店,这里有新竹肉丸、肉饭和各类刨冰、各种水果拼盘和木瓜牛乳等,冬天还有地道的石头火锅。

台湾规模最大的鲜花交易市场在台北市的酒泉街,从玫瑰、菊花、兰花等到各种盆栽、花器应有尽有。这里的花市分早市和晚市,终日清香飘逸。鲜花早市的花源多由中南部的田尾、后里、永靖、埔里、丰原和高屏等地的花农供应。

士林夜市是台湾最具规模的夜市,以阳明戏院为中心,包括文林、大东、大南路等地段。士林夜市分为两大部分,一是慈城宫对面的市场小吃,其品种繁多,令人垂涎。这里有刀削面、大饼包小饼、木瓜奶、蜜豆冰、蟹仔煎等,味道甚佳。另一就是以阳明戏院为中心,包括平安街、大东路、文林路围成的弧形市场。这里物廉价美的服饰精品让人趋之若鹜。阳明剧院右侧一条两米宽的小巷称"情人巷",展示着琳琅满目的服饰品。此外,还有文林路后段的家具街、前段的快速冲印街、大南路的银楼街、基河路的艺术品街等。

圆环夜市位于台北建成区、大同区与延安区,以圆环为中心,放射状延伸至重庆北路、宁夏路、平阳街、南京西路等。"圆环夜市"是台北小吃的代号,有"小西门町"之称,但自台北市整顿交通秩序与环境卫生以后,这里已多贩卖衣服、皮鞋和化妆品;冰果店和海鲜店是这里最吸引人的地方,这里的圆环蟹仔煎、炒生螺、鱼翅糖等也都享有盛名;此外,玻璃制品摊位光顾的客人也很多。

台北的饮食场所很多,著名的餐馆有万喜大酒楼、红宝石酒楼、葡京潮州大酒楼、第一龙凤茶楼和春风得意茶楼等。供应北京菜、江浙菜、四川菜、湖南菜、广东菜、台湾菜等。近年来又增添了广式饮茶、港式海鲜、福州菜、天津菜、杭州菜、湖北菜等。

台北市拥有为数可观的美术馆、博物馆、纪念馆、庙宇、古迹等。外双溪的故宫博物院是岛内首屈一指的艺术宝库;圆山周边的台北市立美术馆、儿童娱乐中心、大龙峒保安宫、台北孔庙、行天宫等,刻画着浓厚的人文活动轨迹;大稻埕和艋甲是汇聚台北移民的历史街区,其中迪化街、霞海城隍庙、龙山寺、华西街都是想要了解老台北不可不去的地方。

（二）台北主要旅游景点

1. 故宫博物院

故宫博物院即中山博物院,俗称台北小故宫,位于台北外双溪,依山而建,坐落在文化城东北边,即台北市的正北部。这座宫殿式的建筑于 1966 年建成,这一年正好是孙中山先生诞辰百年之际,故以"中山博物院"命名,以示纪念。它是一座仿北京故宫样式设计的宫殿式建筑,朱栏碧瓦,庄严宏伟。其正前方牌坊台阶,典雅而抒人胸怀。伫立在院前大眺台上观瞻全院,令人恍若置身北京故宫。紧贴博物院、覆盖着浓密树林的雄伟山势,又令人宛如站在南京紫金山麓。博物院内配备有世界一流的现代化设施,采取传统宫殿式的设计,同宁波天童寺相似,正院平面呈梅花形,屋顶上绿色的琉璃瓦配合着黄色的屋脊与浅黄色的墙壁,内墙壁完全由大理石砌成。这座精心设计的 4 层楼房占地 7040 平方米,包括 8 个画廊、16 间展览室、1 个演讲所、1 个办公室和 1 个图书馆。

全院收藏文物很多,原有 25 万件,后受捐赠与收藏,至今总数约为 70 多万件。在后院开设一山洞库房,长 180 米,宽 3.6 米,贮存文物,防止灾害。每次展出约 3000 件,并定期更换,使观众能看到更多的文物。这些文物大多数原收藏于北京故宫和沈阳故宫中,1949 年运来台湾。在珍贵的周代铜器中有一件毛公鼎,在周宣王时铸成;更令人叹为观止的是唐、宋、元、明、清各代的国画精品;此外尚有隋唐书法、商周的古玉饰物、精巧的清代雕玉与雕牙作品、织绣艺术品等。

正在建设的台北故宫博物院南院位于嘉义,计划展出亚洲艺术,预计 2015 年开馆。

位于博物院东侧的至善园,是仿宋明庭院式的公园,也是一处优美的休闲场所。

2. 国父纪念馆

国父纪念馆建于 1972 年,与馆外的中山碑林和中山公园形成一体,成了台北闹市中一个洋溢着书香的庄重肃穆之所。纪念馆占地 4 万平方米,中山公园占地 12 万平方米。主体建筑高 30 米、边长 100 米。大门内即孙中山纪念厅,正中的孙中山坐姿青铜塑像高 5.8 米、重 17 吨。纪念馆还包括大会堂、孙逸仙博士图书馆、中山画廊、4 个展览室、励学室、演讲室、联合服务中心等。

国父纪念馆以孙中山史料的整理、研究和展出为重点工作。北京、上海、广东、南京等地都精心保护了孙中山先生生前的居所并设为纪念馆,且有大量丰富的史料和研究成果。该馆与武汉武昌起义纪念馆、孙中山故居纪念馆、北京湖广会馆孙中山研究室等六家单位于 1997 年 11 月 12 日孙中山诞辰纪念日联合推出"海峡两岸孙中山纪念史料陈列展",观者踊跃,反响如潮。大陆方面精心制作了各纪念馆建筑的模型,复制了中山先生纪念文物、图片,推出了"中山先生与南京"、"中山先生与广东"等专题展,再配合台北国父纪念馆推出的"中山先生与台湾",成为两岸孙中山研究学界的一桩盛事。纪念馆除中山先生史绩展外,两岸及海外各种文化、艺术展览、演出在此争奇斗艳;演讲厅、中山讲堂举办各种公益讲座及学术研讨活动;励学室提供自修场所;视听中心备有文化艺术音像制品供人欣赏,播放最多的是京剧,也有大陆风光片。国父纪念馆是历史的纪念之所,也是学术的研讨之地和艺术的分享殿堂,两岸的历史、文化、艺术是中国人共同创造的,是两岸同胞共有共享的精神财富,在两岸都应得到珍惜与爱护,并发扬光大,泽被万代。

3. 中正纪念堂

1975 年 4 月蒋介石在台湾去世,台湾当局于 1976 年 10 月开建"中正纪念堂",2002 年 3 月竣工。纪念堂坐东向西,高 70 米,八角形仿天坛屋顶,蓝色;仿埃及金字塔之身,白色墙面。堂内蒋介石青铜像高 6 米、重 21 吨。大理石后墙上刻着"伦理、民主、科学"六字。

2007 年 5 月民进党主政时将中正纪念堂易名台湾民主纪念馆,2008 年又恢复原名。

4. 木栅动物园

号称"亚洲第一"的木栅动物园,离圆山旧动物园 14.3 千米,面积达 1.82 平方千米,为旧园的 30 倍,可容纳 15 万游客。其动物不关在笼中,而以壕沟阻隔方式放养;以展示该地区野生动物为主,让游客认识台湾本地自然生态的台湾动物区、蝴蝶公园及蝴蝶馆是很具有"乡土味"的区域。台湾动物区展示有 20 多种台湾野生动物,如石虎、台湾猕猴等;蝴蝶馆是一座建筑新颖、占地 3305 平方米的温室,采取开放式,展示了柑桔凤蝶、粉蝶、斑蝶等珍贵蝶类的风采,从中可了解台湾"蝴蝶之国"的盛况;夜行馆可供游客在夜色中观察夜行性动物,馆内共分55 个展示馆,展示橱窗采用电脑自动控温,游客在人造夜色中不会干扰动物们的生活,使人和动物有更和谐的感受;非洲、澳洲沙漠区及鸟园的设计主要是模仿自然环境景象,让游客认识动物与环境的关系。在面积为 6 万平方米,动物达45 种、280 只的非洲区,四处可见茅草盖顶,如非洲土著住家的形象,大象、长颈鹿漫步其间,很有特色。

木栅动物园有几个之最十分有趣:蝴蝶馆的规模世界最大;鸟园共有鸟类110 多种、1100 多只;身价最高的动物是金刚猩猩,一只价值新台币近 1000 万元;体型最小的哺乳动物是绒猴,体长不足成人的一只手掌。

5. 阳明山

阳明山原名草山,因盛产茅草而名,蒋介石到台湾后改名阳明山。它位于台北市区的正北方,纱帽山以东、七星山以南,海拔 443 米,以天然的溪谷、温泉、瀑布和森林公园著称。阳明山风景区地域很广,四周群山环绕,风光明媚,一年四季气象万千,是台湾的避暑胜地之一。1982 年正式形成"国家公园",是台湾最大、景色最美的郊野公园,分前山公园和后山公园。

前山公园位于七星、纱帽二山鞍部的台地,旧称草山公园。园内多亭榭,低山清水,小桥小溪。沿着阳明湖两岸,遍植杜鹃花和樱花。泛舟湖上,仿佛置身江南秀色之中。在通向金山的路旁,有一道长白如练的"草山瀑布",终年流淌;后山公园是阳明山胜景的精华所在。每年二月下旬至四月初是阳明山的花季。樱花杜鹃齐放,绿草如茵,姹紫嫣红。蓝天白云之下,徜徉在迷人的阳明山,如梦如画。后山公园除锦簇花团外,还有莲花池、山洞怪石、鱼乐园、快雪亭、小河台和阳明飞瀑等胜景。

阳明山(草山)行馆和中兴宾馆是蒋介石和宋美龄的夏季官邸,平时蒋、宋多住在中山北路五段的士林官邸。

阳明山温泉为台湾四大温泉之一,自七星山麓涌出,属乳白色和暗绿色两种单纯硫化氢泉;泉水常年不绝。此外,阳明山景区的草原、红叶、蝴蝶、五色鸟及野兔、白鼻心猕猴、爬虫等野生动物均富有盛名。

（三）日月潭

日月潭位于阿里山以北、能高山以南的鱼池乡水社村,被海拔 2400 米的大尖山和水社山环绕着,树木苍郁,山峦叠嶂,湖光山色,日月倒影,诗情画意,有"海外别一洞天"之称,以"双潭秋月"闻名于世。

关于日月潭的名字,有一个美丽的传说。很久很久以前,这个大潭里住着两条恶龙,有一天公龙飞跃起来将路过的太阳吞到了肚里。晚上,月亮走过天空,又被飞跃起来的母龙一口吞进肚里。这对恶龙只顾自己好玩,将太阳月亮一吞一吐,一碰一击,却不管人类因失去太阳和月亮正遭受的深重灾难——树木枯萎,粮食吃光,日子无法往下过……当地有一对聪明的青年男大尖哥和水社姐,决心为人们找回太阳和月亮。他们钻进恶龙居住的岩洞,从它们的谈话中得知它们最怕阿里山下埋着的金斧头和金剪刀。大尖哥和水社姐一刻也不停地赶到阿里山下挖出了武器,并看准时机,杀死了两条恶龙。为了让太阳和月亮从潭里重新回到天上,他们分别吞下了两条恶龙的眼珠,变成了巨人,站在潭里像两座高山,大尖哥用劲把太阳抛起来,水社姐拔起潭边的棕榈树把太阳托上了天空。他们又用相同的办法把月亮也送上了天。从此万物复苏了,人们欢呼雀跃,而大尖哥和水社姐却永远变成了大山矗立在潭边。

人们为了纪念勇敢的青年英雄,把大潭叫做日月潭,而把那两座大山各取为大尖山和水社山。直到现在,每年秋天仍然可以看到人们穿着美丽的服装,拿起竹竿和彩球来到日月潭玩托球舞,学着大尖哥和水社姐的样子,把彩球抛向天空,然后用竹竿顶着不让它落下来,以此来纪念这对青年英雄。

日月潭是台湾最大的天然湖泊,湖面海拔 760 米,平均深度 4 米,面积 4.5 平方千米。湖中有一孤岛光华岛,也称珠子山或浮珠屿。以光华岛为界,潭分丹、碧两种颜色。北半部为前潭,水色丹,形如日,故名日潭;南半部为后潭,水色碧,形似月,故名月潭,合称日月潭。

日月潭旧称水沙连、水社大湖、龙湖、珠潭,当地人也称它为水里社。在祖国的名湖中,它独具亚热带的秀丽,环湖皆山,郁郁葱葱;潭水清澈,湛蓝辽阔;一年四季,景色不同。风和日丽之日,阳光明媚,山是翠的,水是蓝的,山水辉映,景色怡人;雨雾蒙蒙之时,群山如洗,色泽碧绿,水中有山,山更依水,山水相偎,令人陶醉。就连晨昏之景也变幻莫测,时而静若处子,在朝日的照耀下放出奇光异彩;时而如神秘少女,披上轻纱薄雾飘荡回旋。日月潭最美是秋夜,明月皎洁,湖上满是银辉,水与月相辉映,宁静优雅,如临仙境。日月潭的美,美在神秘,美在变幻,美在它亦晴亦雨无不蕴藏着大自然美的神韵,它是台湾乃至整个中国人民心中的珍宝奇景!

湖心的光华岛原来并不是这样小。1919 年 6 月,在这里筑坝蓄水汇集了各种散流,其中 80％的水源来自浊水溪;1931 年上游山麓兴建水电工程;1934 年第一个发电站完成后,湖面水位提高 21 米,最大深度增至 27 米,面积扩大至7.7 平方千米,轮廓已不再像原状。珠子山面积就由原来的 8 万平方米缩减到 1 万平方米,改名光华岛。光华岛为四方形,下面的基石都是卵石砌成,岛上有许多龙柏,远看就像一颗墨绿色的珠子。日月潭湖中风光无限,湖畔的群山上也有多处名胜古迹,如文武庙、玄光寺、青龙山和孔雀花园等。

文武庙坐落在日月潭北部的山腰上,形势陡险,若搭船要停在山麓崖。由于庙依山而建,愈到后面愈高。庙为三进:第一进文庙祭祀孔子。第二进武庙祭祀武圣关羽,此处还附祭文昌帝君、神农大帝、三官大帝、玉皇大帝等,可谓集众神之圣气。庙门前有一大理石牌楼,正面书"文武庙",左右分别题字"崇文"和"重武"。从山脚到庙门,有笔陡的石梯 365 级,俗称"走一年"的"登天路"。

玄光寺建在青龙山山麓,距潭 10 米,供奉玄奘法师金身,寺中悬有"民族法师"的匾额,以纪念其西行万里,历经艰辛,携回万卷经典,对我国佛学文化的重大贡献。在玄光寺后面有条小路,共 1300 级石阶,直达玄奘寺。寺内有一小塔,供奉玄奘的灵骨。此寺金碧辉煌,寺前有一白色柱子的门楼,楼顶飞檐翘角,极具民族特色。据说抗日战争期间,日本人从南京天禧寺劫走部分玄奘遗骨,于 1966 年从日本取回,初存狮头山开善寺,继而移到玄光寺,最后存放在玄奘寺。寺后青龙山巅,建有一座 9 层高塔——慈恩塔。塔仿辽宋古塔式样,为八角宝塔,檐角垂挂小钟,迎风会叮当作响。据说塔基至塔顶高 45 米,加上青龙山高955 米,正好是 1000 米。登塔远眺,日月潭的旖旎风光尽收眼底。

日月潭附近德化社,是高山族聚居的村落,现已建为山地文化村。村民们以他们热情洋溢的歌舞吸引着各路游客,尤以表演舂米的"杵舞"最受欢迎。日月潭西畔的孔雀花园里数十对受过专门训练的孔雀,一见到游人就热情献舞,竞相开屏敬礼,羽翎五光十色,让游人流连忘返。

日月潭以其天生的绝色、诗情画意的氛围被称为台湾的"人间仙境"。

（四）阿里山

阿里山——台湾久负盛名的风景区,地跨南投、嘉义二县,为大武峦山、尖山、祝山、塔山等 18 座山的总称。这里是少数民族高山族的聚居地,他们能歌善舞,代代安居乐业。高山族是一个历史悠久的少数民族,文化内涵丰富,因此关于阿里山,民间也流传下来许多娓娓动听的传说故事。

很久很久以前的一天,有个叫阿巴里的高山族首领,被一只他正追逐的白鹿引到了一片云笼雾罩、鸟语花香的大森林里。当他看到这里迷人的景色和丰富的物产时,立刻想到了族人。他把他们领到这里,要开辟新的猎场。可他们的行为惹怒了山里的两条恶龙,给高山族人民带来了灾难。勇敢的年轻人们在阿巴里的带领下登上高山之巅,与呼啸而来的恶龙展开了殊死搏斗,阿巴里抓住机会,挥刀砍断了一条恶龙的尾巴。从此恶龙再也不敢胡作非为了。高山族同胞为表示对首领的尊敬,就把此山命名为"阿里山"。

阿里山的传说感人心,阿里山的风景更是美如画。从嘉义乘登山火车4小时可达阿里山景区。景区面积约为175万平方米,既有幽谷飞瀑之秀,又有悬崖峭壁之险。最高峰为大塔山,海拔2663米,东距台湾最高峰玉山(3997米)甚近,以其"神木"、樱花、云海、日出四大奇观享誉国内外。通往阿里山的铁路由海拔30米攀升到2450米,以其罕见的坡度列入阿里山"第五奇"。

阿里山诸峰海拔2400～2900米,由于地势高低悬殊,从山麓到山顶温度相差很大,热带、亚热带、温带和寒带林相分明。森林茂密,种类繁多,海拔最低的热带林区生长着许多高大挺拔的桉树、椰子树、槟榔树等;亚热带林区则主要生长着楠、榉、樟、槠等阔叶树;再往上就是茂密的扁柏、红桧、亚杉、姬松、铁杉等温带针叶树林;海拔最高的是寒林带,以冷杉为代表。其中扁柏、红桧、亚杉、姬松和铁杉就是著名的阿里山五木。阿里山的森林面积广达3.1亿平方米,是省内最早开始采伐的三大林场之一。每当山风袭来,阿里山绿浪排空,景致十分壮观。

阿里山树木闻名于世,不仅在于其种类繁多,变幻莫测,还在于它的"神"。在阿里山主峰的神木车站东侧,耸立着一棵树龄超过3000年的红桧,高50多米,树围约23米,需十几个人才能合抱。大自然赋予了它无尽的沧桑,虽然它的身躯倾斜,主干折断,但在树梢的分枝上,苍翠的叶子依然高挂。"神木"据考证是生于周公摄政时代,所以被称为"周公桧",是亚洲树王。在它的东南方有一棵"三代木",其实就是三代同一根株,树中生树。虽然第一代、第二代已根老壳空,但残存的树干上又长出繁枝茂叶。如此枯而复荣,不能不说是世间罕见。

每年春天,樱花漫山遍野,花团锦簇,与森林的黛绿交织在一起,呈现一派盎然生机;吉野樱花的纯白犹如梅花般朴实,一堆堆,一丛丛,形成花的海洋,花海人潮相映成趣。每到阳春时节,阿里山就被点缀得如同披上了节日的盛装,活泼亮丽。

阿里山的云海景色蔚为壮观。黄昏时分登上塔山山顶,极目远眺,白云从山谷涌起,随风变幻,时而如连绵起伏的冰峰突现于山谷;时而如高潮迭起的大海,从天外滚滚而来;时而又如空谷堆雪,让林海中的山头若隐若现于一片白茫茫中。伫立山峰,有"云生足下,羽化登天"之感。余辉中的云海,谲异诡变,在万道金光的照射下,闪现出千万种颜色,璀璨艳丽,变化无穷,令人如痴如醉。

在阿里山的祝山顶上,有一座漂亮的观日楼。这里是观赏"日出奇观"的最佳地点。凌晨登上平台,空气清新怡人,四周林涛声声,好不惬意。但看朝阳将出之时,霞光逐渐从东方升起,将天空染成一片金红,灿烂夺目,远方玉山的轮廓突然镶上耀眼的金边,刹那间,朝阳跳跃般腾空出世,如挣断了线的大红球,云霞迅速隐没,万丈光芒顿时四射,青山绿谷于万道金光之间,壮丽之美无与伦比。

除了阿里山的"四大奇观",还有姐妹潭和孔雀溪为游人们所称道。相传姐妹潭是偷偷下凡的两个仙女为陪伴舍身救她们的阿里而化成的。孔雀溪则是二仙女带下来的孔雀所变。姐妹潭是两个彼此依偎的小湖,姐潭为长形,水深呈黛色;妹潭为圆形,积水甚浅,十分明净。沿着姐妹潭生长着许多树木,仿佛要保护姐妹二人不再遭遇灾难。坐在沿岸的凉亭中小憩,别有一番情趣。阿里山林区还有慈云寺、树灵塔及高山博物馆等。

（五）其他旅游资源

1. 太鲁阁

太鲁阁风景区位于花莲县北部,峡谷的入口处有长春祠,祠前紧邻溪崖处有两股飞瀑奔泻直下,声震山谷,名为"怒瀑长春"。祠后有一道 380 级的天梯叠到岩顶,上有太鲁阁,以蓝天苍林为映衬,气派非凡。往峡谷深处行进,转过一个岩角,面前突然出现一座高插云天的大断崖,像一座无比巨大的屏风垂直竖立在奔腾湍急的立雾溪边,人称屏风岩。距离太鲁阁峡谷口 8 千米远的地方有一段 2 千米长的峡谷,峭壁相对,如同巨斧劈成。崖上有无数的小洞,是地下水沿着岩层石纹侵蚀而成,很多燕子以这些小洞为巢。春暖时节,成群的燕子飞来飞去,羽影交织,呢喃啾鸣声不绝于耳,这里就是燕子口。再向里行,就到迎宾峡了。这里一个峡中之峡,峡谷门口是一座拔地冲天的大断崖,高达 1660 米,形如长锥,又如一支锐利的长剑直刺青天,这个锥麓大断崖为大理石断崖。进入迎宾峡便是太鲁谷中最壮丽的景观"虎口线天"。这里断崖接着断崖,一座座紧密相连,好像猛虎张口。置身峡中,只见三面石壁,一面深谷,俯视可见万丈深渊,仰首只见一线青天。到"太鲁合流"时,险景就完全消失了,两溪汇合处有兰亭。太鲁阁峡的终点是天祥山,因纪念南宋爱国名臣文天祥而得名。山中有祠,祠中有文天祥的塑像,像后的屏墙上镌有文天祥的《正气歌》全文。村子旁边还有梅园、福园等,几座竹屋点缀其间。青山环抱、溪流潺潺,使这里显得宁谧而安详。

2. 清水断崖

清水断崖位于台湾东海岸,是世界第二大断崖,由崇德、石腔、清水等大理石崖组成,临海绵亘 21 千米,垂直插入太平洋,高度均在 800 米以上,气派雄伟,震撼人心。过崇德大隧道,坐在车中的人如果从车窗向外望去,会看到一个惊心动魄的场面:一边是峭壁插天,突兀的岩石在头顶上似乎摇摇欲坠;另一边是临海危崖,惊涛拍岸,卷起千堆银浪。近人黄嘉焕《清水断崖》中的诗句"惊向车窗开倦眼,几回看海几回山"淋漓尽致地描述了清水断崖的惊险。

3. 玉山积雪

每到冬季,玉山山顶就会出现雪花飘飘的北国风光。到了晴天,阳光照耀着山顶,积雪闪闪发光,仿佛一块洁白的玉石。

4. 安平夕照

安平是一个具有 300 多年历史的古老城镇。这里的安平古堡,原为荷兰殖民主义者建立的城堡,1661 年郑成功率军攻克此处,并以此作为承天府署。夕阳西下,古堡、灯塔等古建筑披着落日的余晖,颇具古老的情味。

5. 南湾极点

极点指的是台湾岛最南端的鹅銮鼻,长约 5 千米,宽约 2 千米。这里有一块高 10 多米的帆形巨石,而"鹅銮"在高山族语言中的意思即为船帆;又因为这里犹如中央山脉的鼻梁,因而得名。鹅銮鼻是太平洋、台湾海峡和巴士海峡的分界点。鹅銮鼻的出名,缘于这里的一座始建于 1883 年的大灯塔,塔高 18 米,塔内灯光每 10 秒闪亮一次,光力可达 20 海里之外。它是远东地区最大的灯塔,有"东亚之光"的美誉。

6. 澎湖渔火

澎湖列岛上的居民,大多以捕鱼为生。每当夜幕降临,渔火星星点点,密如繁星,一派人与自然的和谐景象。

7. 慈湖与头寮

桃源县大溪镇慈湖陵寝和头寮陵寝是蒋氏父子蒋介石与蒋经国的灵柩安厝之地,通称两蒋陵寝。蒋介石曾于抗战时期在南京中山陵紫霞湖畔为自己选定墓地,并建正气亭以为标记。蒋介石病危时曾吩咐日后希望"奉安于南京紫金山"。

8. 垦丁国家公园

垦丁国家公园位于台湾本岛最南端的恒春半岛,三面环海,范围包括陆地海滨地带和部分海域,总面积 32631 万平方米。垦丁国家公园属于热带气候区,终年气温和暖,热带植物繁盛。周围海域清澈,珊瑚丛生。鹅銮鼻面临台湾海峡与巴士海峡的分界处,视野开阔,海景无限。

思考与练习

第一章　旅游资源的概念与特征

1. 试述旅游资源的概念与综合特征。
2. 谈谈自然旅游资源、人文旅游资源、社会旅游资源的个性特征。
3. 试述旅游资源的观赏方法。

第二章　旅游资源的分类

1. 简述旅游资源的认识性分类与专项工作性分类。
2. 请你设计一个新的旅游资源分类表。

第三章　旅游区域的划分与等级

1. 谈谈世界与我国目前旅游区域划分的几种方案。
2. 设计一张新的中国旅游区域划分图,说明分区依据与理由。

第四章　旅游资源评价与旅游容量

1. 谈谈旅游资源评价的内容与方法。
2. 试述旅游容量概念与构成体系。
3. 选一个旅游景区(点)进行旅游地容量测算。

第五章　华北旅游区(京津冀鲁)

1. 试评述华北旅游区的旅游环境。

2.故宫的建筑有何特色？

3.根据泰山游览线路图安排游客游览时间。

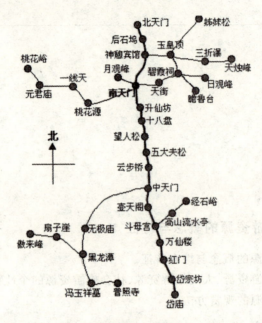

泰山登山示意图

4.综述华北地区长城的分布和建筑特色。

5.对比野三坡和苍岩山景观的异同点。

6.分析下列景点（区）的旅游价值：

北海　卢沟桥　燕塞湖　蓬莱阁

第六章　华东旅游区（苏浙皖赣沪）

1.为什么上海能成为我国最大的旅游城市之一？

2.南京作为十朝故都，旅游资源价值最高的是哪个朝代的遗迹？举例说明。

3.搜集有关资料，对比分析苏州与威尼斯城市结构的异同点。

4.有人说"西湖的每一滴水都含有文化"，谈谈你对这句话的体会。

5.为什么把普陀山称为"海天佛国"？

6.分析下列景点（区）的旅游价值：

京杭大运河　中山陵　夫子庙　瘦西湖

7.简述寒山寺"一诗二圣两桥三宝，诗书画碑四合一"的特色。

8.太湖既是旅游型湖泊又是生产型湖泊，举出几个同类型湖泊，说明双重性质。

第七章　中原旅游区(豫晋陕)

1.概述中原旅游区的主要特色并举例说明。

2.为什么云冈石窟在北魏时期的成就最大?

3.你认为黄河游览区应在哪个城市附近开发建设最为合理?

4.西安被誉为"天然历史博物馆",有哪些古迹能反映这一特色?

5.试分析平遥古城成为世界文化遗产的旅游资源基础。

6.分析下列景点的旅游价值:

　　恒山悬空寺　　西安碑林　乔家大院　鸡公山

第八章　华南旅游区(粤闽琼桂)

1.评价华南旅游资源在全国旅游市场上的主要优势。

2.分析"厦门旅游环境得天独厚"之说的资源依据。

3.海南最具魅力的旅游景区在哪里? 为什么?

4.广州和上海同为著名旅游城市,有何相似之处?

5.谈谈你对"桂林山水甲天下"的看法。

6.分析下列景点的旅游价值:

　　厦门鼓浪屿　　海瑞墓　锦绣中华　北海银滩

第九章　华中旅游区(鄂湘)

1.三峡工程的修建对华中旅游资源结构有何影响?

2.试析神农架的旅游资源特色和价值。

3.长沙作为历史文化名城有何特点?

4.归纳我国各地"桃花源"的开发状况。

5.黄鹤楼建筑功能的演变说明了什么?

6.分析下列景点的旅游价值:

　　葛洲坝工程　黄鹤楼　桔子洲　昭君故里

第十章　西南旅游区(渝川云贵)

1.西南地区旅游资源开发的主要障碍有哪些? 如何克服?

2.简述成都旅游副区的主要旅游景点(武侯祠、杜甫草堂、都江堰、峨眉山、青城山等)。

3.大足石刻与云冈石窟、龙门石窟有何不同?

4.评述世界园艺博览会在云南旅游发展中的地位和作用。

5.举例说明西南地区少数民族风情的游览价值。

6.如何有效地保护玉龙雪山的自然环境？

7.根据下图设计一条长江专题游览线路。

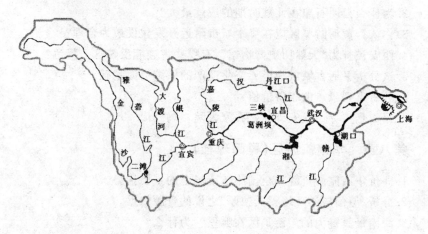

第十一章　西北旅游区（甘宁青）

1.西北地区旅游资源开发的劣势在哪里？

2.设计一条丝绸之路专题旅游线路并在下图中标出。

3.兰州的旅游资源优势如何体现？

4.评述塔尔寺"三绝"的艺术价值。

5.列举我国享有"东方金字塔"之誉的旅游资源。

6.分析下列景点的旅游价值：

　崆峒山　拉卜楞寺　"七一"冰川　贺兰山岩画

第十二章　东北旅游区（辽吉黑）

1.东北地区独特的气候条件造就了哪些特色鲜明的旅游资源？

2.大连为何号称"半个中国近代史天然博物馆"？

3.比较沈阳故宫与北京故宫的异同点。

4.从哈尔滨冰雪节分析旅游资源开发的多重性。

5.收集有关东北地区火山旅游资源的资料。

6.分析下列景点的旅游价值：

大连虎滩乐园　长春电影城　漠河极光　松花湖

第十三章　内蒙古、新疆、西藏旅游区

1.简述那达慕大会形成的地理背景。

2.雅丹地貌的观赏价值如何体现？举例说明。

3.新疆瓜果之旅应包括哪些内容？

4.为什么说布达拉宫是西藏的象征？

5.比较罗布尔卡和避暑山庄的旅游功能。

6.分析下列景点的旅游价值：

　　五当召　火焰山　纳木错　香妃墓

第十四章　中国香港、中国澳门、中国台湾旅游区

1.中国香港缺少传统形式的旅游资源，它是怎样发展旅游业的？

2.鹅銮鼻能否成为旅游景点？为什么？

3.剖析中国澳门历史城区成为世界文化遗产的文化基础。

综合练习一——在图内填写我国世界遗产地和国家级重点风景名胜区。

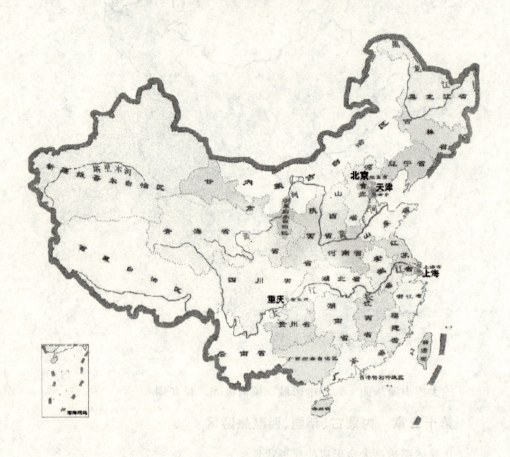

综合练习二——设计一次适合一日游的本地旅游资源考察实习(因多日游旅游资源考察将在学期结束时结合远程导游实训进行)。学生应进行相对固定的分组,便于多项实习活动的进行。实习结束后填写电脑打印的报告。《旅游资源考察学生实习报告表》中,实习时间、实习目的、实习内容应由教师统一填写。

旅游资源考察学生实习报告表

姓　　名		学号		专业与班级	
实习时间				年　月　日(基本设定为一日游)	
实习目的					
实习景点与内容					
实习职务与履职经过	实习职务：				
收获与体会					
				报告人签名： 报告日期　　年　月　日	
实习成绩	小组初评	教师终评			

注：实习成绩按 A、B、C、D、E 五等评议，E 等为不及格。请用 A4 纸打印。

（此表只是样表，不供实填。请从网站下载电子表格，用电脑填写。）

主要参考文献

1.叶骁军.中国都城发展史.西安:陕西人民出版社,1988

2.叶骁军.中国都城历史图录.兰州:兰州大学出版社,1988

3.叶骁军.中国墓葬发展史.兰州:甘肃文化出版社,1996

4.叶骁军.中国墓葬历史图鉴.兰州:甘肃文化出版社,1996

5.何裕德.中国世界遗产名胜旅游.长沙:湖南旅游出版社,2001

6.魏向东等.旅游概论.北京:中国林业出版社,2000

7.叶骁军.中华名胜100景.北京:中国地图出版社,上海:中华地图学社,2004

8.杨时进,沈受君主编.旅游学.北京:中国旅游出版社,1996

9.傅文伟.旅游资源评估与开发.杭州:杭州大学出版社,1994

10.孙文,陈元泰.应用旅游地理学.长春:东北师范大学出版社,1990

11.陈传康,刘振礼.旅游资源鉴赏与开发.上海:同济大学出版社,1990

12.杨桂华,陶犁.旅游资源学.昆明:云南大学出版社,1994

13.雷明德.旅游地理学.西安:西北大学出版社,1988

14.保继刚等.旅游地理学.北京:高等教育出版社,1993

15.周维权.中国古典园林史.北京:清华大学出版社,1990

16.刘敦桢.中国古代建筑史.北京:中国建筑工业出版社,1980

17.刘敦桢.苏州古典园林.北京:中国建筑工业出版社,1979

18.刘策.中国古代苑囿.银川:宁夏人民出版社,1982

19.徐华铛.中国古塔.北京:轻工业出版社,1986

20．马书田．华夏诸神．北京：北京燕山出版社，1988

21．明旸法师．佛法概要．上海：上海佛教协会，1990

22．罗哲文等．中国著名佛教寺庙．北京：中国城市出版社，1995

23．石高俊．中国旅游资源．南京：江苏教育出版社，1986

24．中国名胜词典．上海：上海辞书出版社，1984

25．钱今昔．中国旅游景观欣赏．合肥：黄山书社，1993

26．王兴斌．中国旅游客源国·地区概况．北京：旅游教育出版社，1996

27．国家旅游局资源开发司，中国科学院地理研究所．中国旅游资源普查规范．北京：中国旅游出版社，1992

28．苏文才等．旅游资源学．北京：高等教育出版社 1998

29．叶骁军．中国长三角名胜精华．北京：中国地图出版社，上海：中华地图学社，2004

30．谢彦君．基础旅游学．北京：中国旅游出版社，2000

31．丁季华等．旅游资源学．上海：上海三联书店，1999

32．吴芬清．湖南旅游大全．长沙：湖南地图出版社，1991

33．刘振礼．中国旅游地理．天津：南开大学出版社，1988

34．陶犁．旅游地理学．北京：科学出版社，2007

35．陈福义，范保宁．北京：中国旅游资源学，2003

36．林嘉书．土楼——凝固的音乐和立体的诗篇．上海：上海人民出版社，2006

37．冯学敏，梅子．点击三星堆．广州：广东旅游出版社，2001

38．拉木·嘎吐萨．梦幻泸沽湖——最后一个母性王国之谜．昆明：云南美术出版社，1999

39．武旭峰．发现婺源．广州：广东旅游出版社，2005

40．张建萍．生态旅游理论与实践．北京：中国旅游出版社，2001

41．张立明，胡道华．旅游景区解说系统规划与设计．北京：中国旅游出版社，2006

42．肖星．中国旅游资源概论．北京：清华大学出版社，2006

43．李志伟，彭淑清，陈祥军．中国风物特产与饮食．北京：旅游教育出版社，2003

44．赵永芬，赵玉芝．中国博物馆旅游指南．北京：中国旅游出版社，1999

45．刘沛林．风水——中国人的环境观．上海：上海三联书店，1999

46．徐伦虎．人文旅游景观观赏指南．西安：西安地图出版社，1999

47．吴国清，孙振华．自然旅游资源原理．上海：中华地图学社，1999

48.谢敏聪.北京的城垣与宫阙之再研究.台北:台湾学生书局,1989

49.叶永烈.我的台湾之旅.广州:广东旅游出版社,2005

50.民政部.2013 中华人民共和国行政区划手册.北京:中国地图出版社,2013

51.台湾宏硕文化事业有限公司.台湾旅游指南.北京:中国旅游出版社,2005

52.阿斌.台湾之旅.广州:广东旅游出版社,2006

53.华讯事业股份有限公司.台湾精华旅游与特色饭店.北京:中国旅游出版社,2006

54.沙润.旅游景观审美.南京:南京师范大学出版社,2004

55.刘红缨,王健民.世界遗产概论.北京:中国旅游出版社,2003

56.庞规荃.中国旅游地理.北京:旅游教育出版社,2006

57.陆素洁等.江苏省旅游景点集萃.南京:江苏人民出版社,2007

58.应舍法.江南乡村游指南——农家乐 渔家乐.杭州:浙江人民出版社,2007

59.李世麟,张锦华.中国旅游地理.南京:东南大学出版社,2007

60.余海波主编.光明书系·百城赋.北京:光明日报出版社,2008

61.周建平,曹存语等.中国知识地图册.长沙:湖南地图出版社,2008

62.申有顺.中国大运河——邯郸.北京:研究出版社,2010

63.江苏省旅游局.走读江苏.北京:中国旅游出版社,2013

第 二 版 后 记

苏州科技大学旅游教材编撰中心联合多所旅游院校和旅游类专业教师,在南开大学出版社的支持下,策划和编撰有较强特色的现代应用型旅游教材。

《中国旅游资源基础》是旅游类专业的一门重要的专业基础课。为了使学生对旅游资源理论、各旅游区和旅游景点有一个比较完整的认识,我们在上编理论概述的基础上,下编按区域分论,并将城市本身作为重要旅游资源进行论述。

旅游资源论述不同于旅游地理学,旅游也不是地理实习,不应强调地理单元与要素的完整性,应尊重旅游资源的经济价值,不必平均论述;有鉴于此,我们将论述重点放在旅游业发达地区利用率较高的旅游资源上,因而各地区、各景点论述篇幅不一。由于各地发达程度和资源分布的差异很大,编撰体例上,特别是旅游景点无法使用同一层次的统一编号。

从旅游景点的旅游推销和利用价值看,大体可分为世界级、国家级、地区级和本地级。本书在旅游景点的遴选上,主要选择公认具有世界意义和全国意义的即世界级、国家级等较高价值的观光型景点,一般不依据城市和景点获取的正式和非正式的各种荣誉名片。对于休闲娱乐型旅游资源,考虑将另册撰述。旅游区的排列次序没有采用通常的标准排序,而是将东部旅游业特别发达的华北、华东等旅游区尽量排在前面。香港、澳门、台湾按惯例排在最后。各旅游区中不在旅游副区区域范围的旅游资源,列在《本区其他旅游资源》中论述。

本书撰写工作如下:

上编第一章～第四章由苏州科技学院叶骁军、温一慧撰写。

下编第五章～第十四章,参加编写工作的有扬州大学黄炜炜,南京师范大学陶卓民,南京农业大学崔峰,苏州科技大学马洪元、邢夫敏、于德珍、周玮、刘晓娟、朱月华、王冉、黎洁、陈燕、黄艳婷、吴英、朱勤铁、韦艺华等,以及袁红霞、祁玮等,登云科技职业学院郭梁也参加了部分工作。

吴新宇和单鹏飞曾经负责第一版稿件的审校工作,单鹏飞负责组织 FRO-NTPAGE 的制作工作。

本书 2008 年出版以后,承蒙各教学单位积极使用,并提出了改进建议。

根据南开大学出版社的提议,这次再版,总的体例和安排没有变化。一些旅游区根据这几年的发展变化,增删了一些内容。在语言文字上作了一些修饰,使之更加精炼简洁。

全书结构和内容是否合适,亟盼学术界同仁批评指正。

本套教材全套虚拟光盘软件请从南开大学出版社南开教育云网站下载。

联络信息:E-mail:yxjsz2012@163.com.cn;电话 13861333856。

微信:观音山、叶居士。

苏州科技大学旅游教材编撰中心

2014 年 2 月于苏州太湖之滨

南开大学出版社网址：http://www.nkup.com.cn

投稿电话及邮箱： 022-23504636   QQ：1760493289
                                 QQ：2046170045(对外合作)
邮购部：   022-23507092
发行部：   022-23508339   Fax：022-23508542

~~~~~~

南开教育云：http://www.nkcloud.org

App：南开书店 app

　　南开教育云由南开大学出版社、国家数字出版基地、天津市多
媒体教育技术研究会共同开发，主要包括数字出版、数字书店、数
字图书馆、数字课堂及数字虚拟校园等内容平台。数字书店提供图
书、电子音像产品的在线销售；虚拟校园提供 360 校园实景；数字
课堂提供网络多媒体课程及课件、远程双向互动教室和网络会议系
统。在线购书可免费使用学习平台，视频教室等扩展功能。